Photoshop Elements 7 pour LES NULS

Photoshop Elements 7 pour LES NULS

Barbara Obermeier
Ted Pavoda

FIRST
> Interactive

Photoshop Elements 7 pour les Nuls
Titre de l'édition originale : Photoshop Elements 7 For Dummies
Publié par
Wiley Publishing, Inc.
909 Third Avenue
New york, NY 10022

Collection dirigée par Jean-Pierre Cano
Traduction : Bénédicte Volto, Véronique Warion
Relecture et adaptation : Jean-Claude Hache
Édition : Pierre Chauvot
Maquette et illustration : Stéphane Angot

Edition française publiée en accord avec Wiley Publishing, Inc.

Éditions First
60 rue Mazarine
75006 Paris
Tél. : 01 45 49 60 00
Fax : 01 45 49 60 01
e-mail : firstinfo@efirst.com
ISBN : 978-2-7540-1218-8
Dépôt légal : 1er trimestre 2009
Imprimé en France - n° L49038

Sommaire

Introduction

Photoshop Elements, qui n'était à l'origine qu'un petit programme de retouche d'image pour débutants considéré comme le petit cousin du grand Adobe Photoshop, a atteint, avec la version 7.0 pour Windows, un stade de développement qui lui confère tous les honneurs. À l'heure d'écrire ce livre, la version 7 pour Mac n'est pas encore disponible, mais à l'instar des versions antérieures, sa sortie suivra celle de la version Windows de quelques mois.

Ce livre n'est pas destiné à comparer Adobe Photoshop Elements et Adobe Photoshop. Vous n'aurez pas besoin d'utiliser Photoshop, car Photoshop Elements est un outil puissant qui satisfait tous les besoins des amateurs et des professionnels.

Quel est l'intérêt d'acheter Elements et, au final, ce livre ? Les utilisateurs susceptibles d'être intéressés par Elements sont très nombreux et très différents. Du débutant en retouche d'image au professionnel, en passant par l'utilisateur intermédiaire, chacun y trouvera son compte. Nous pensons même que de nombreux utilisateurs de Photoshop pourraient y gagner à ajouter Elements à leur panel de logiciels. En effet, Elements propose quelques outils fabuleux de création et de partage que Photoshop n'est pas prêt de prendre en charge. Par exemple, dans Photoshop Elements 7, quelques clics de souris suffisent pour créer des cartes postales, des cartes de vœux et des albums photos. Le programme vous permet également de faire imprimer vos photos par des professionnels. Nous reviendrons sur toutes ces fonctionnalités aux Chapitres 15 et 16.

Si vous voulez bien démarrer avec Photoshop Elements, ne le considérez pas comme une version inférieure d'Adobe Photoshop ; ce n'est absolument plus le cas. Si vous êtes photographe professionnel et que vous photographiez en format JPEG ou Camera Raw, Elements possède tous les outils pour ouvrir, modifier et retoucher vos photos. Si vous appréhendez les problèmes liés aux profils de couleurs, rassurez-vous. Elements s'occupe de tout, comme nous le verrons au Chapitre 4, où nous étudierons Camera Raw, et au Chapitre 14, consacré aux profils et à l'impression des couleurs. Si vous êtes professionnel, Photoshop Elements met à votre disposition tous les outils nécessaires pour créer des images à imprimer sur des supports commerciaux.

Si vous êtes débutant ou intermédiaire, vous n'aurez aucune difficulté à améliorer vos images à l'aide des commandes de Photoshop Elements, comme l'expliquent les Chapitres 9 et 10. Ensuite, lorsqu'il sera temps d'imprimer vos propres cartes de vœux et albums photos – que vous soyez débutant ou expert –, il vous suffira de suivre les procédures de réalisation de vos créations, abordées aux Chapitres 15 et 16.

À propos de cet ouvrage

L'objectif de ce livre est de fournir un tour d'horizon aussi complet que possible d'un programme riche en fonctionnalités. Nous avons essayé de vous donner le maximum d'informations dans un nombre limité de pages. Par conséquent, même si nous avons dû omettre quelques détails, tout ce qu'il est indispensable de savoir sur Photoshop Elements est traité dans ce livre et notamment comment concevoir des images destinées à l'impression, au partage, à l'hébergement sur le Web, à l'envoi par courrier électronique, etc.

Photoshop Elements est un programme qui s'adresse à tous. Aussi, savons-nous bien que chacun n'utilisera pas tous les outils, commandes ou méthodes figurant dans ce livre. Nous avons donc inséré dans le texte de nombreux renvois à utiliser comme références. Ainsi, si dans un chapitre un concept mérite d'être appronfondi, laissez-vous guider et retrouvez les explications qui s'y rapportent.

Conventions utilisées dans ce livre

Tout au long de ce livre, nous vous faisons parcourir des menus accueillant des commandes dans le but de suivre le détail des étapes d'une procédure. Pour accéder à une commande de menu, vous verrez une phrase construite de la manière suivante :

Choisissez Fichier/Obtenir des photos et des vidéos/A partir de fichiers et de dossiers.

Vous êtes dans ce cas invité à cliquer le menu Fichier pour ouvrir le menu déroulant, à cliquer la commande intitulée Obtenir des photos et des vidéos, puis à choisir la commande A partir de fichiers et de dossiers dans le sous-menu qui apparaît.

Il faut parfois accéder à des menus contextuels. Un *menu contextuel* apparaît là où se situe le pointeur et présente un menu semblable à celui que vous avez sélectionné en haut de l'espace de travail d'Elements. Pour ouvrir un menu contextuel, cliquez du bouton droit de la souris (Maj+cliquez sous Mac).

Un troisième élément concerne l'emploi des touches du clavier. Lorsque nous indiquons qu'il faut appuyer sur certaines touches du clavier, nous présentons l'instruction sous la forme :

Appuyez sur Alt+Maj+Ctrl+S.

Dans ce cas, vous maintenez enfoncées les touches Alt, Maj et Ctrl, puis vous appuyez sur la touche S. Relâchez ensuite les touches simultanément.

Structure du livre

Ce livre est divisé en six parties logiques, lesquelles regroupent les fonctionnalités associées en chapitres.

Première partie : Découvrez Photoshop Elements 7

Si vous venez juste d'acheter un appareil photo numérique et que vous découvrez la retouche d'image dans un programme tel que Photoshop Elements, vous serez probablement tenté de retoucher directement vos images. Les connaissances de base préalables constituent rarement la partie la plus excitante d'un programme ou d'un livre. Ce livre ne déroge pas à la règle : les trois premiers chapitres sont en effet consacrés à la compréhension des fondamentaux. Bien que ces informations ne soient pas aussi passionnantes que celles des chapitres suivants, vous devez les assimiler avant de commencer à modifier des images. Maîtrisez bien les trois premiers chapitres avant de vous plonger dans la suite.

Dans cette partie, nous passerons en revue les différents outils, menus, commandes, préférences, espaces de travail et fonctionnalités. Cette exploration vous fera gagner un temps précieux par la suite. Par conséquent, ne négligez pas ces chapitres indispensables pour se familiariser à la manière de travailler avec Elements.

Deuxième partie : Organisez vos images

Dans cette partie, nous verrons comment ouvrir et classer des photos, ainsi que rechercher et organiser des fichiers. Nous aborderons également en détail l'*Organiseur* de Photoshop Elements, lequel constitue votre espace de travail principal. Il est essentiel de bien le connaître pour naviguer plus rapidement dans le programme.

Troisième partie : Sélectionnez et corrigez des photos

La troisième partie est consacrée à la création et à la manipulation des sélections. Dès lors que vous saurez créer des sélections (voir Chapitre 7), vous pourrez découper une image et en déplacer une partie dans une autre image, changer l'arrière-plan de vos photos ou isoler une zone pour régler sa luminosité ou son contraste. Au Chapitre 8, nous étudierons les calques et leur gestion dans Elements. Nous vous renverrons souvent vers ce chapitre, car les calques sont indispensables pour accomplir de nombreuses autres tâches.

Le Chapitre 9 explique comment résoudre les problèmes et les défauts des images. En effet, il se peut que votre photo numérique soit un peu floue ou endommagée par une poussière ou une rayure. Elle nécessite peut-être également une légère accentuation.

Dans le Chapitre 10, nous verrons comment corriger les problèmes liés aux couleurs, à la luminosité et au contraste. Nous vous expliquerons comment améliorer rapidement vos photos et comment personnaliser les corrections d'image.

Quatrième partie : Exprimez votre côté artistique

Cette partie va vous permettre de dévoiler vos capacités artistiques. Il vous suffit d'appliquer l'un des filtres Elements pour transformer une photo en peinture ou de les combiner pour métamorphoser complètement votre image.

Le Chapitre 12 explique comment dessiner et peindre, tout en laissant libre cours à votre imagination. Vous découvrirez ensuite au Chapitre 13 comment ajouter du texte à des photos afin de créer vos propres posters, cartes, etc.

Cinquième partie : Imprimez, créez et partagez

Le Chapitre 14, consacré à l'impression des photos, est l'un des plus importants de ce livre. Si votre image imprimée n'apparaît pas comme à l'écran, vous obtiendrez dans ce chapitre toutes les explications pour remédier au problème.

Si l'affichage à l'écran vous importe davantage, vous trouverez toutes les options d'affichage au Chapitre 15. En effet, celui-ci aborde toutes les manières de présenter les images Elements : diaporamas, Web, animations, transfert sur télévision, films…

Cette partie s'achève avec le Chapitre 16, qui explique comment réaliser vos propres créations à partager ou à imprimer.

Sixième partie : Les dix commandements

La dernière partie du livre regroupe deux chapitres : le premier donne des astuces pour améliorer les images, tandis que le second vous propose dix idées de projets pour vous entraîner à utiliser Elements.

Icônes utilisées dans ce livre

Des icônes apparaissent en marge pour vous indiquer que le texte comporte un élément important.

Cette icône indique que l'élément dont il est question est une nouvelle fonctionnalité de Photoshop Elements 7.

Cette icône vous offre une autre méthode possible pour une procédure, en vous donnant par exemple un raccourci ou une autre information permettant d'effectuer une tâche de la section.

Accordez une attention particulière à cette icône. Elle indique les effets susceptibles de se produire lorsque vous effectuez certaines opérations dans Elements.

Cette icône a pour objectif de vous faire mémoriser un détail. Elle propose généralement un raccourci pour une tâche répétitive, dans le but de vous faire gagner du temps.

Elements reste un programme informatique. Même si nous essayons de simplifier au maximum nos explications, il nous est impossible d'éviter totalement les informations techniques. Si un sujet nous semble complexe, nous le signalons par cette icône.

Et maintenant

Comme nous l'avons indiqué précédemment, la première partie de ce livre constitue la base indispensable avant de poursuivre avec les autres chapitres. Consacrez le temps nécessaire à lire ces trois premiers chapitres. Ensuite seulement, consultez les chapitres de votre choix et repérez bien les renvois, au cas où vous seriez bloqué sur un concept.

Si vous avez besoin d'une aide supplémentaire, reportez-vous au Chapitre 1, qui décrit comment accéder à l'aide en ligne.

Nous espérons que la lecture de ce livre vous permettra d'exploiter Adobe Photoshop Elements 7 dans les meilleures conditions, et que ces quelques pages vous auront apporté une première base pour bien démarrer avec ce programme.

Première partie

Découvrez Photoshop Elements 7

"Et si on essayait de mettre un filtre Ondulation sur des photos de nous ? Peut-être qu'on aurait des têtes marrantes !"

Dans cette partie...

Il existe enfin un livre qui permet d'exploiter au maximum un programme informatique, et puissant qui plus est, avec de nombreuses fonctionnalités avancées. Vous avez probablement envie de sauter cette partie et de vous lancer dans la retouche à proprement parler, afin d'obtenir le résultat dont vous rêviez pour vos photos. Néanmoins, même si ce livre n'est pas conçu de manière linéaire, nous vous conseillons de vous concentrer sur cette première partie, car elle regroupe les bases indispensables pour apprendre à modifier des photos.

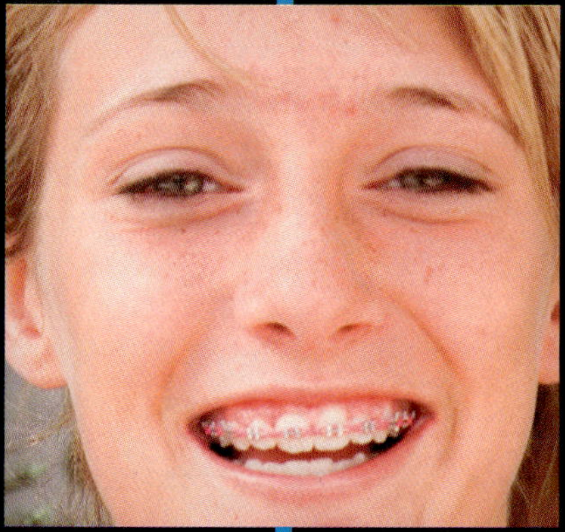

La première partie de ce livre offre les bases indispensables pour bien comprendre les parties suivantes. Nous commencerons par l'environnement de travail de Photoshop Elements, puis nous passerons en revue les différents outils et fonctionnalités. Nous verrons également comment obtenir le meilleur jeu de couleurs pour l'affichage à l'écran. Cette partie contient des informations capitales qu'il faut absolument assimiler avant de commencer à exploiter les fonctionnalités d'Elements.

1

Découvrez la zone de travail

Dans ce chapitre :

- Ouvrez Photoshop Elements.
- Découvrez l'espace de travail d'Elements.
- Changez l'affichage de l'espace de travail.
- Utilisez la Corbeille des projets.
- Exploitez la palette Annuler l'historique.
- Obtenez de l'aide.
- Utilisez les touches de raccourci clavier.

Au premier démarrage de Photoshop Elements, l'écran de bienvenue s'affiche et vous propose plusieurs modes de retouche et les différentes tâches possibles.

Le mode Editeur permet de modifier une photo en donnant accès à de nombreux outils, palettes, boutons et options. En mode Retouche standard, l'espace de travail d'Elements donne un aperçu de toutes les possibilités. Face à cette multitude d'options, il est normal que vous vous sentiez un peu perdu et que vous n'osiez pas naviguer dans les espaces de travail du programme et démarrer une session. Pour vous faciliter cette première approche, nous allons les analyser tour à tour dans ce chapitre.

Elements possède plusieurs zones de travail. Nous commencerons par l'écran de bienvenue, puis nous passerons au mode le plus souvent utilisé : Retouche standard. Ce mode propose de nombreux outils et fonctionnalités, tels que les filtres, outils de dessin, calques, etc., qui vous aideront à laisser libre cours à votre créativité. Par la suite, nous présenterons d'autres zones et outils de travail que vous ne connaissez peut-être pas, à savoir Retouche rapide pour apporter des corrections rapides à des photos, Créer pour collecter vos photos et élaborer des projets, comme des calendriers, et la Corbeille des projets pour naviguer parmi toutes les images ouvertes.

Avant de commencer à exploiter Elements, vous devez également savoir comment annuler des modifications et accéder à d'autres ressources d'aide au sein du programme. Nous aborderons en outre l'une des manières les plus pratiques de sélectionner des outils et d'exécuter des commandes courantes : les raccourcis clavier.

Elements 7 possède également un outil appelé *Organiseur*, lequel regroupe et organise toutes vos images. Il inclut des fonctionnalités qui permettent également d'afficher et de rechercher des images. Nous y reviendrons dans la deuxième partie de ce livre.

Démarrez Photoshop Elements 7

Elements comporte une zone de navigation centrale où l'on choisit le mode et l'activité à démarrer. Il s'agit de l'écran de bienvenue, qui s'affiche à l'ouverture du programme et qui offre une navigation simple et intuitive, comme le montre la Figure 1.1.

Voici ce qu'il contient :

- **Organiser :** Le bouton Organiser ouvre l'Organiseur, où vous gérez vos collections d'images stockées sur le disque dur. Nous étudierons l'Organiseur et ses nombreuses fonctionnalités dans la deuxième partie de ce livre.
- **Editer :** Si vous voulez modifier une photo, cliquez le bouton Editer. Choisissez ensuite le mode Retouche rapide pour apporter quelques modifications rapides ou Retouche standard pour vous atteler aux tâches de modification avancées.

- **Créer :** Le bouton Créer démarre le mode Créer, où vous choisissez parmi plusieurs tâches comme créer des cartes de vœux, des catalogues de photos ou des calendriers.
- **Partager :** L'espace de travail Partager concentre tous les éléments liés au partage. Il est toujours agréable d'admirer ses propres créations, mais le plaisir de les montrer est souvent encore plus appréciable. Cet espace de travail propose de créer un album en ligne, d'envoyer des photos par courrier électronique, d'imprimer des images, de commander des tirages et de copier des photos sur des CD-ROM ou des DVD-ROM. Toutes les informations concernant le partage des images sont disponibles au Chapitre 16.

Figure 1.1 : L'écran de bienvenue de Photoshop Elements apparaît lorsque vous démarrez Elements.

Si vous savez déjà ce que vous voulez faire dans Elements, cliquez le bouton approprié. En revanche, si vous sélectionnez un mode, puis décidez de changer d'activité, vous pouvez également passer à un autre mode à partir de l'espace de travail en cours.

Avant de quitter l'écran de bienvenue, sachez qu'il reste disponible à tout moment. Quel que soit le mode sélectionné, une icône de maison figure dans la barre de menus, comme le montre la Figure 1.2, et sert à ouvrir cet écran.

Figure 1.2 : Cliquez l'icône de maison de la barre de menus de n'importe quel mode pour rouvrir l'écran de bienvenue.

Découvrez le mode Retouche standard

Le mode Retouche standard offre une large gamme d'outils pour modifier vos images, allant des outils de correction des couleurs et de la luminosité aux filtres, calques et autres outils permettant de transformer des photos ou de créer totalement de nouvelles images. En contrepartie, ce sont tous ces formidables outils qui rendent le mode Retouche standard un peu complexe.

La Figure 1.3 illustre Elements en mode Retouche standard, mettant en évidence tous les outils et fonctionnalités que nous allons analyser dans les prochaines sections.

Activez le mode Retouche standard

Il existe deux manières d'activer le mode Retouche standard :

- **À partir de l'écran de bienvenue :** Cliquez Editer et ouvrez une photo. La fenêtre d'Elements apparaît en mode Retouche standard, comme le montre la Figure 1.3.
- **À partir de l'Organiseur :** Cliquez une photo, puis Retoucher. Cliquez Retouche standard pour afficher le fichier sélectionné en mode Retouche standard.

TRUC

Vous pouvez également ouvrir le menu contextuel (cliquez du bouton droit) d'une photo dans l'Organiseur et choisir Retouche standard pour ouvrir le fichier sélectionné en mode Retouche standard.

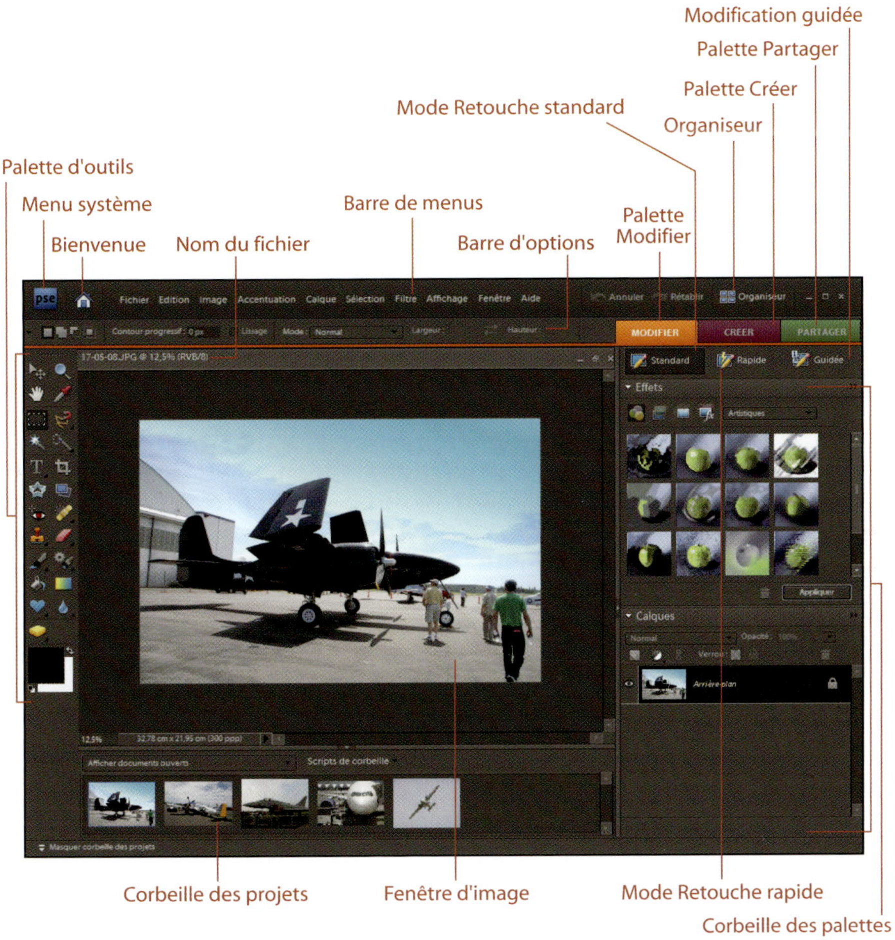

Figure 1.3 : L'espace de travail de Photoshop Elements s'affiche lorsque vous ouvrez un fichier en mode Retouche standard.

Explorez la fenêtre d'image

Les outils et fonctionnalités de la fenêtre d'image sont évidemment les plus utiles lorsqu'une image est ouverte dans la fenêtre. Pour ouvrir une image dans cette fenêtre, comme dans la Figure 1.3, procédez comme suit :

1. **Choisissez Fichier/Ouvrir.**

   La boîte de dialogue Ouvrir apparaît. Elle est identique à celle de toutes les applications.

2. **Parcourez votre disque dur pour accéder à vos dossiers, puis choisissez une image.**

   Si vous n'avez pas encore téléchargé d'images de votre appareil photo ou numérisé de photos à l'aide d'un scanner, vous pouvez utiliser une image du dossier Images, installé avec Windows.

   Elements installe également quelques images lors de l'installation de l'application. Elles se trouvent dans le dossier Photoshop Elements 7.

3. **Une fois l'image sélectionnée, cliquez Ouvrir.**

   La photo s'ouvre dans une nouvelle fenêtre d'image d'Elements.

Ouvrez autant de fenêtres d'image que vous le souhaitez. Seule la mémoire de votre ordinateur peut limiter le nombre de fenêtres ouvertes. Dès que vous ouvrez un nouveau fichier, une vignette d'image s'ajoute à la Corbeille des projets au bas de l'écran (voir Figure 1.3) et les fenêtres d'image s'empilent, l'image active étant située au-dessus de la pile. Pour remonter un fichier au premier plan et l'activer, cliquez sa vignette dans la Corbeille des projets.

Voici un aperçu des éléments importants de la fenêtre d'image, illustrée par la Figure 1.4 :

- **Barres de défilement :** S'activent lorsque vous agrandissez le facteur de zoom d'une image. Vous pouvez cliquer les barres de défilement ou sélectionner l'outil Main dans la palette d'outils, puis cliquer et faire glisser l'image pour la déplacer.
- **Case de zoom :** Indique le facteur d'agrandissement en cours.

- **Zone d'informations :** Affiche une information particulière, que vous choisissez en sélectionnant l'une des options du menu déroulant, sur lequel nous reviendrons plus loin dans cette section.

  Lorsque vous travaillez avec une image, il peut être utile de connaître sa taille, sa résolution et son mode de couleurs (termes que nous expliquerons aux Chapitres 3 et 4). Quel que soit le menu sélectionné dans la barre d'état, vous pouvez visualiser ces données d'un seul coup d'œil en cliquant la zone d'informations, qui ouvre un menu semblable à celui de la Figure 1.5.

Figure 1.4 : La fenêtre d'image contient un fichier ouvert dans l'espace de travail d'Elements.

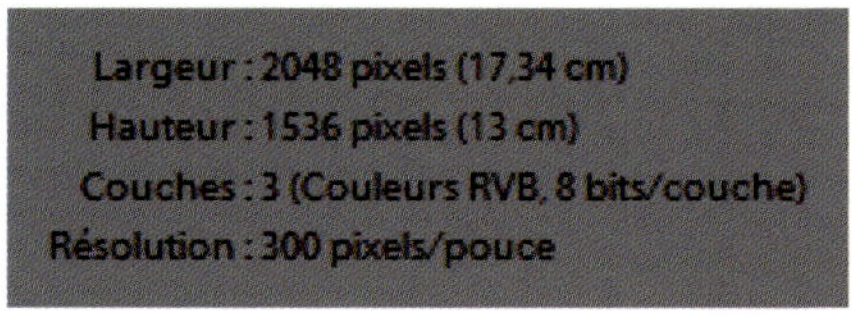

Figure 1.5 : Cliquez dans la zone d'informations de la barre d'état pour afficher un menu avec les informations sur le fichier.

- **Case de redimensionnement :** Permet de redimensionner la fenêtre. Si vous placez votre pointeur sur la case, une ligne diagonale apparaît avec deux flèches opposées. Cliquez et faites glisser le curseur pour réduire ou agrandir la fenêtre.

  Vous pouvez aussi redimensionner la fenêtre en faisant glisser l'un de ses angles.

- **Bouton Réduire :** Bouton (–) situé dans l'angle supérieur droit de la fenêtre d'image, qui sert à masquer la fenêtre. Celle-ci reste ouverte ; il suffit de cliquer l'image dans la Corbeille des projets pour rétablir la taille de l'image dans la fenêtre.

- **Bouton Agrandir :** Bouton avec l'icône de cadre, qui fait disparaître la barre de titre en haut de la fenêtre et offre un peu plus d'espace pour visionner les images.
- **Bouton Fermer :** Bouton marqué d'une croix, qui ferme la fenêtre d'image active mais pas le programme. Vous pouvez aussi appuyer sur Ctrl/⌘+W ou choisir Fichier/Fermer pour fermer la fenêtre active.

Maintenant que la fenêtre d'image n'a plus aucun secret pour vous, passons au menu déroulant de la zone d'informations, lequel propose de choisir le type d'informations à afficher. Cliquez la flèche vers la droite pour ouvrir le menu, comme le montre la Figure 1.6.

Voici les différentes options du menu :

- **Tailles du document :** Indique la taille du fichier enregistré.
- **Profil du document :** Indique le profil colorimétrique employé avec le fichier.
- **Dimensions du document :** Indique la taille du document dans l'unité de mesure définie par défaut, à savoir les centimètres, comme le montre la Figure 1.6.

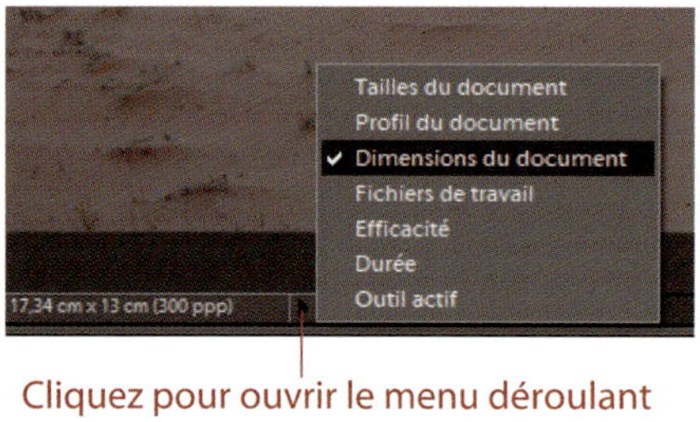

Figure 1.6 : Ouvrez le menu déroulant de la barre d'état pour sélectionner les informations sur votre fichier.

- **Fichiers de travail :** Indique la quantité de mémoire du disque dur mobilisée par tous les documents ouverts dans Elements. Par exemple, 20Mo/200Mo signifie que les documents ouverts consomment 20 Mo et que 200 Mo sont à la disposition d'Elements pour modifier vos images. Si vous ajoutez du contenu à un fichier, comme des nouveaux calques, le premier nombre va augmenter, mais pas le second.

- **Efficacité :** Indique le nombre d'opérations que vous exécutez en mémoire RAM par rapport à la taille de l'espace disque. Si vous avez 100 %, vous travaillez en mémoire vive. Si le nombre est inférieur à 100 %, vous exploitez le disque de travail. Si vous êtes continuellement sous 100 %, cela signifie qu'il vous faut davantage de RAM pour améliorer votre efficacité.
- **Durée :** Indique le temps nécessaire pour achever la dernière opération.
- **Outil actif :** Présente le nom de l'outil sélectionné dans la palette d'outils.

Il n'est pas indispensable de comprendre tous ces termes. Retenez que vous pouvez consulter ce menu et modifier les éléments à votre guise pendant que vous travaillez.

Parcourez la barre de menus

À l'instar de tous les programmes qui s'exécutent avec Windows, Elements possède des menus déroulants. Ils sont organisés de manière logique et proposent des commandes permettant de manipuler les images (dont beaucoup sont absentes des outils et des palettes). Un rapide coup d'œil sur les noms des menus peut vous donner une idée de leur contenu.

Voici les dix menus différents :

- **Fichier :** Comme son nom le suggère, le menu Fichier contient des commandes permettant de manipuler l'image en tant que fichier. Il propose ainsi d'enregistrer, d'ouvrir, de traiter, d'importer, d'exporter et d'imprimer le fichier. Reportez-vous au Chapitre 3 pour enregistrer des fichiers et à la cinquième partie pour imprimer ou exporter du contenu.
- **Edition :** Vous y retrouvez notamment les fameuses commandes Copier, Couper et Coller. De plus, ce menu comporte certaines commandes concernant les paramètres du fichier, à savoir les préférences, que nous étudierons au Chapitre 12.
- **Image :** Il permet d'apporter des modifications à la totalité de l'image. Vous pouvez ainsi changer le mode de couleurs ou recadrer, faire pivoter et redimensionner l'image. Reportez-

vous au Chapitre 3 pour définir les dimensions et les modes de couleurs et au Chapitre 9 pour recadrer et faire pivoter des images.

- **Accentuation :** Le nom de ce menu suffit pour dévoiler le type de commandes que l'on y trouve. Il permet de modifier l'apparence d'une image et ainsi de modifier sa luminosité et son contraste, de régler ses couleurs et son éclairage et d'apporter quelques petits réglages supplémentaires. Les commandes du sous-menu Accentuation/Régler la couleur proposent de nombreuses façons de régler les couleurs. Consultez le Chapitre 10 pour apprendre à corriger les couleurs. Les Chapitres 9 et 10 décrivent comment exploiter les outils de correction de manière à optimiser l'apparence des images.
- **Calque :** Comme vous le verrez au Chapitre 8, consacré à lui tout seul aux calques, il est préférable d'effectuer la plupart des modifications en travaillant avec des calques. Ce menu accueille pratiquement toutes les commandes importantes qui s'associent aux calques.
- **Sélection** : Les sélections sont à peu près aussi importantes que les calques. Contrairement aux commandes du menu Image qui s'appliquent à l'ensemble de l'image, celles du menu Sélection vont concerner des zones isolées d'une image. Pour isoler une zone, vous devez créer une sélection, comme nous le verrons au Chapitre 7. Ce menu contient des commandes qui permettent de manipuler des sélections.
- **Filtre :** Le menu Filtre vous propose d'explorer deux univers : celui des professionnels de la chambre noire et celui des artistes. La multitude de commandes proposée vous permet d'obtenir des effets extraordinaires, comme le révèle le Chapitre 11.
- **Affichage :** Avec le menu Affichage, vous diminuez ou augmentez le facteur de zoom, affichez une grille ou des règles, ajoutez des annotations et consultez la taille d'impression de vos images. Le Chapitre 5 revient sur tous ces éléments.
- **Fenêtre :** Elements possède de nombreuses palettes, comme nous le verrons à la section "Manipulez les palettes", plus loin dans ce chapitre. Il en existe trop pour pouvoir toutes les

afficher simultanément à l'écran. Grâce au menu Fenêtre, vous décidez quelles palettes afficher ou masquer, vous accédez à l'écran de bienvenue, vous organisez les fenêtres ouvertes et remontez au premier plan celles qui sont inactives.

- **Aide :** Nous espérons que vous trouverez toute l'assistance nécessaire dans ce livre. Cependant, en cas de besoin, vous pouvez consulter l'aide interactive accessible à partir du menu Aide. Ce menu offre également des liens vers le site Web d'Adobe si vous souhaitez davantage d'informations et une assistance supplémentaire. Pour en savoir plus sur l'aide disponible, reportez-vous à la section "Obtenez de l'aide", plus loin dans ce chapitre.

Découvrez les menus contextuels

Les menus contextuels apparaissent dans de nombreux programmes et Photoshop Elements ne déroge pas à la règle. Il s'agit de menus qui s'affichent lorsque vous cliquez du bouton droit (Windows) ou appuyez sur Ctrl+cliquez (Mac) ; ils vous proposent des commandes et des outils associés à la zone ou à l'outil cliqué.

TRUC

Les menus contextuels constituent une bonne solution lorsque vous ne savez pas vraiment quel menu consulter pour retrouver une commande. Il vous suffit de cliquer un élément du bouton droit et un menu déroulant apparaît. Avant de connaître parfaitement Photoshop Elements et pour éviter de perdre patience à retrouver une commande, essayez toujours d'ouvrir un menu contextuel et d'y rechercher la commande dans la liste.

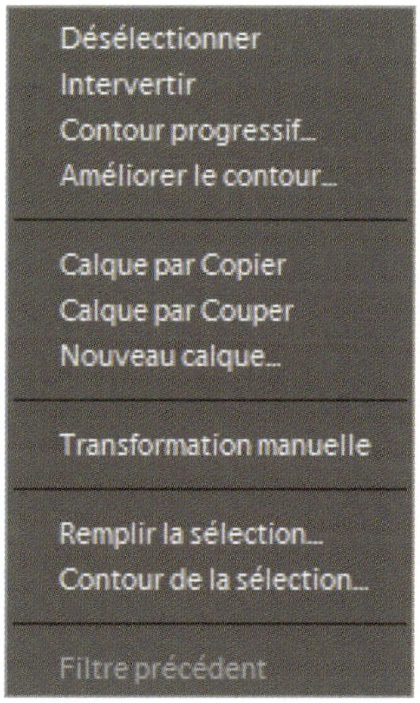

Figure 1.7 : Menu contextuel des sélections.

Comme les menus contextuels proposent des commandes associées à l'outil en cours d'utilisation, ces dernières varient selon l'outil ou la fonctionnalité que vous employez et selon l'endroit où vous cliquez pour ouvrir le menu. Par exemple, la Figure 1.7 illustre le menu contextuel qui apparaît lorsque nous créons un rectangle de sélection et que nous le cliquons du bouton droit dans la fenêtre d'image. Notez que les commandes proposées sont toutes en relation avec les sélections.

Exploitez la palette d'outils

Elements propose de nombreuses palettes. Celle que l'on utilise le plus souvent est la palette Outils. En termes de hiérarchie de palettes, on commence généralement par celle-ci pour choisir un outil, puis on fait appel à une autre palette ou à la barre d'options pour en définir les options (voir section "Sélectionnez les options des outils dans la barre d'options"). Dans la plupart des cas, le choix de l'outil dans la palette correspondante constitue la première étape de toute session de retouche.

Les outils sont facilement accessibles *via* les touches de raccourci clavier. La Figure 1.8 présente un aperçu rapide de la palette d'outils et des raccourcis nécessaires pour y accéder.

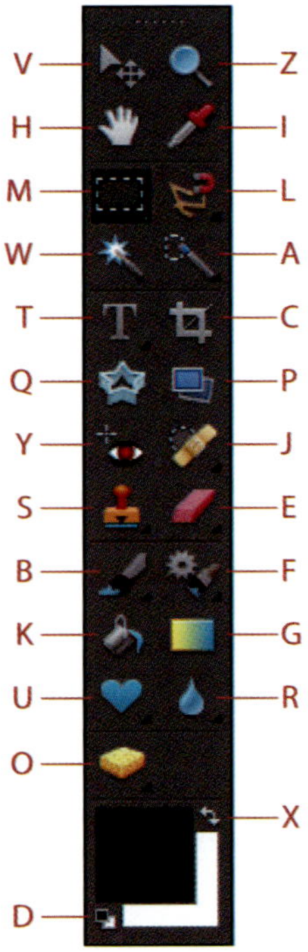

Figure 1.8 : Accédez aux outils en cliquant l'outil dans la palette d'outils ou **via** un raccourci clavier.

Plusieurs outils de la palette comportent une petite flèche dans l'angle inférieur droit. Cela signifie que des outils supplémentaires se cachent derrière l'outil affiché. Cliquez l'un de ces outils et maintenez enfoncé le bouton de la souris ou cliquez l'outil du bouton droit. Une barre d'outils déroulante apparaît, illustrée par la Figure 1.9, qui propose d'autres outils.

Pour sélectionner des outils d'un groupe à l'aide d'un raccourci, maintenez enfoncée la touche Maj et appuyez sur la touche respective (voir Figure 1.8) pour activer l'outil. Maintenez Maj enfoncée et appuyez sur la touche de raccourci de chacun des outils d'un groupe donné.

TRUC

Un paramètre des préférences détermine si vous devez appuyer sur la touche Maj pour sélectionner des outils. Pour modifier ce paramètre par défaut et ne pas avoir à appuyer sur cette touche, choisissez Edition/Préférences/Général ou appuyez sur Ctrl/⌘+K.

Les raccourcis fonctionnent toujours, sauf si vous tapez du texte avec le curseur actif dans un bloc de texte. Assurez-vous de cliquer la palette d'outils pour sélectionner un outil lorsque vous avez terminé de modifier du texte.

Les outils sont très variés et il est très probable que vous n'aurez pas besoin de tous les utiliser pour votre projet. Au lieu de décrire les fonctions de tous les outils, nous les avons distribués dans tout le livre aux endroits où ils servent à effectuer une tâche spécifique.

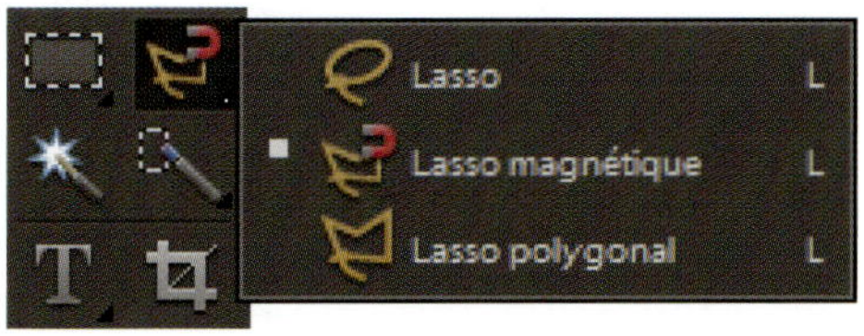

Figure 1.9 : Cliquez et maintenez enfoncé le bouton de la souris sur un outil comportant une petite flèche pour afficher une barre d'outils déroulante.

Manipulez les palettes

Elements propose un ensemble de palettes contenant des paramètres et des options qui permettent d'ajuster les outils sélectionnés dans la palette d'outils et les tâches que vous effectuez pour modifier vos images. Imaginez que vous voulez laisser libre cours à votre créativité et créer une peinture digne de Picasso – ce qui ne pose aucun problème avec Photoshop Elements.

Commencez par cliquer l'outil Pinceau, puis sélectionnez une couleur dans la palette Nuancier. Créez un nouveau document et commencez à peindre. Pour changer de couleur, faites à nouveau appel au Nuancier. Il est très fréquent d'avoir à interagir entre la palette d'outils et les autres palettes dans Elements.

Les palettes sont accessibles *via* la Corbeille des palettes ou le menu Fenêtre. De nombreuses options des palettes sont intuitives. Pour bien apprendre à les connaître, passez un petit peu de temps à les explorer et à les manipuler.

Définissez les options des outils dans la barre d'options

Lorsque vous cliquez un outil dans la palette d'outils, la barre d'options affiche les options associées à l'outil sélectionné. La Figure 1.10 présente les options disponibles si l'outil Pinceau est sélectionné.

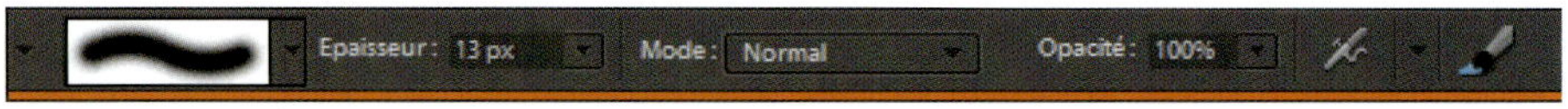

Figure 1.10 : La barre d'options propose les options de l'outil sélectionné dans la palette d'outils.

Manipulez toutes les options de l'interface

Vu le nombre impressionnant de paramètres disponibles pour chaque outil, il peut être délicat de retrouver une option spécifique pour effectuer la modification voulue. Pour vous aider à utiliser les outils et à en définir les options, voici la procédure classique à suivre pour réaliser votre projet :

1. **Sélectionnez un outil dans la palette d'outils.**

   Évidemment, vous devez savoir préalablement quelle tâche effectuer pour sélectionner l'outil approprié.

2. **Observez la barre d'options.**

   Avant de sélectionner d'autres options, assurez-vous d'avoir fait le tour des possibilités dans la barre d'options. Si vous voulez employer un outil comme le Pinceau ou le Tampon de duplication, vous voudrez peut-être définir la taille du pinceau. Ce choix est spécifique à l'outil sélectionné et apparaît par conséquent dans la barre d'options.

3. **Ouvrez une palette pour afficher d'autres options.**

   Si vous souhaitez utiliser l'outil Pinceau pour appliquer par exemple de la couleur à une image, sélectionnez d'abord la forme du pinceau dans la barre d'options, puis ouvrez la palette Nuancier et choisissez une couleur.

4. **Ouvrez un menu déroulant.**

   Tous les outils ne possèdent pas un menu déroulant dans la barre d'options. Lorsque vous voyez une flèche dirigée vers le bas, cliquez-la pour ouvrir un menu proposant d'autres outils.

5. **Obtenez de l'aide.**

   Lorsque vous survolez un outil avec votre souris, son nom s'affiche en bleu. Si vous cliquez ce nom, votre navigateur Web par défaut s'ouvre et affiche une page du site Web d'Adobe avec des informations d'aide et des astuces concernant l'emploi de l'outil. Tout texte écrit en bleu signifie que vous avez accès à des informations d'aide dans votre navigateur Web.

Essayez de reproduire cette procédure lorsque vous modifiez des images ; à savoir sélectionner un outil, jeter un coup d'œil à la barre d'options, ouvrir les palettes qui proposent des options pour effectuer la tâche, cliquer les menus déroulants pour accéder à d'autres options et rechercher de l'aide en cas de besoin.

Utilisez les raccourcis

La barre de raccourcis se trouve à droite de la barre d'options, sous les boutons Modifier, Créer et Partager (voir Figure 1.11). Elle a plusieurs objectifs :

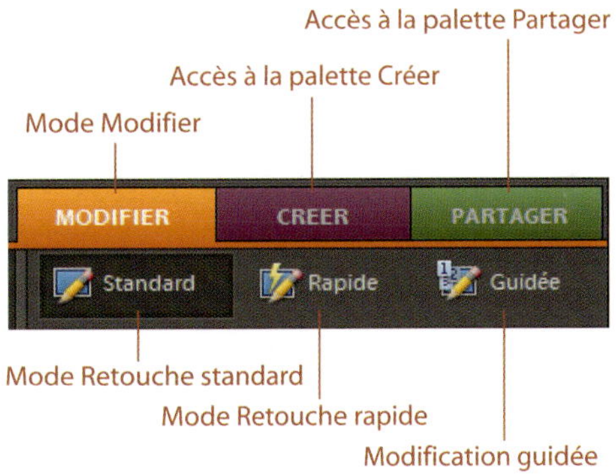

Figure 1.11 : La barre de raccourcis se trouve à droite de la fenêtre d'image et propose des options relatives aux différents modes de retouche.

- **Accès rapide aux tâches de modification :** Les boutons donnent un accès rapide aux modes Retouche standard et Retouche rapide. Le bouton Guidée affiche les instructions étape par étape des tâches de retouche courantes.

- **Accès rapide aux autres fonctions d'Elements :** Des boutons donnent accès aux autres fonctions d'Elements pour créer notamment des calendriers, des collages photos, des galeries en ligne et des diaporamas. Le bouton Partager permet de partager des photos en ligne et de les envoyer en pièces jointes, de commander des tirages en ligne et de les copier sur CD/DVD.

Selon votre mode de retouche, notamment Retouche standard, Retouche rapide, Créer ou Partager, les palettes varient pour refléter les options de retouche du mode sélectionné.

Les raccourcis contiennent des outils et des boutons regroupés de la manière suivante :

- **Modifier :** Cliquez ce bouton pour basculer entre les modes Retouche standard et Retouche rapide ou accéder à la Modification guidée.
- **Créer :** Cliquez ce bouton pour créer des catalogues de photos, des collages photos, des diaporamas, commander des tirages et créer des cartes de vœux. Cliquez Plus d'options pour afficher d'autres options de création.
- **Partager :** Cliquez ce bouton pour afficher les options permettant de partager des photos. La palette Partager propose de créer un album en ligne, d'envoyer des photos en pièces jointes, de créer un message photo, de commander des tirages, d'imprimer des photos et de graver des CD et des DVD de collections de photos et de diaporamas. Cliquez Plus d'options pour afficher d'autres options de partage de photos.

Modifiez les espaces de travail

Lorsque vous êtes en mode Retouche standard, étudié à la section précédente, il est possible d'apporter n'importe quelle modification à une image, d'améliorer son apparence et d'utiliser tous les outils offerts par Elements. Ce mode est le plus complet en termes de fonctionnalités. Les possibilités de retouche étant très nombreuses, le programme propose plusieurs vues de l'espace de travail, adaptées aux types de tâches courantes.

Mode Retouche rapide

Le mode Retouche rapide a été conçu pour fournir uniquement les outils nécessaires pour préparer une image à son utilisation ; à savoir l'impression, l'affichage à l'écran ou l'un des autres éléments d'organisation. Il sert à améliorer l'aspect des images. Vous n'y trouvez aucun outil permettant d'ajouter du texte, de peindre à l'aide de pinceaux ou d'appliquer des dégradés. En revanche, vous disposez d'un groupe de palettes avec lesquelles vous réglez par exemple le contraste, la luminosité, l'éclairage et l'accentuation. On pourrait comparer ce mode à une chambre noire numérique, où l'on améliore une image comme dans une vraie chambre noire professionnelle.

Pour activer le mode Retouche rapide lorsque le mode Retouche standard est sélectionné, cliquez le bouton Rapide de la barre de raccourcis (voir Figure 1.12).

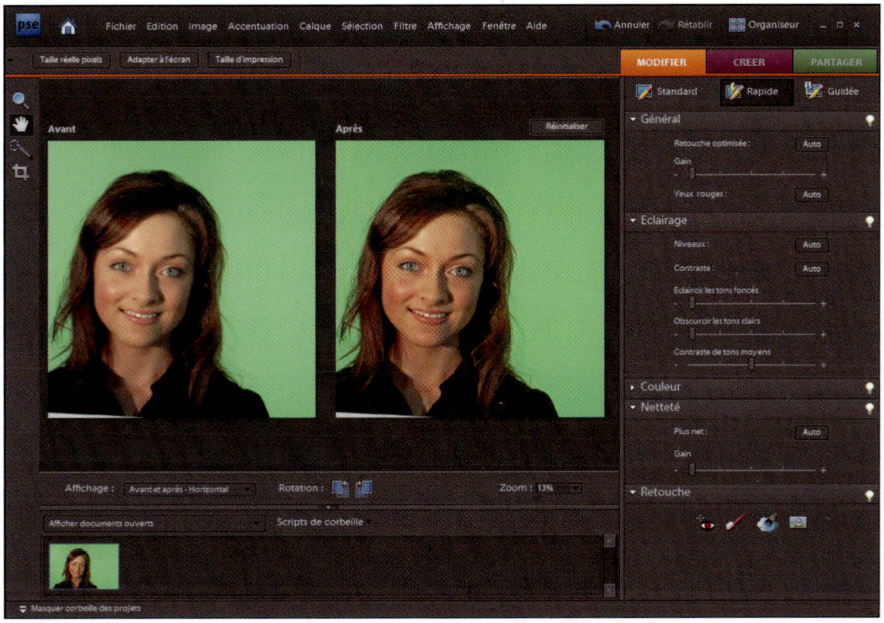

Figure 1.12 : Cliquez Rapide en mode Retouche standard pour modifier l'espace de travail.

Les modes Retouche standard et Retouche rapide diffèrent en plusieurs points :

- **Les palettes ancrées dans la Corbeille des palettes sont complètement différentes.** En mode Retouche rapide, toutes les palettes concernent le réglage des contrôles de luminosité et servent à améliorer l'apparence globale des images. En outre, toutes les commandes du menu Fenêtre qui permettent d'accéder aux palettes sont grisées. Lorsque vous travaillez en mode Retouche rapide, les seules palettes disponibles sont celles qui sont ancrées dans la Corbeille des palettes. De plus, à la différence des autres modes, il est impossible de détacher les palettes de la Corbeille des palettes en les faisant glisser.

- **La palette d'outils disparaît.** Le mode Retouche rapide propose moins d'outils :

  - *Zoom*
  - *Main*
  - *Sélection rapide*
  - *Recadrage*

  N'OUBLIEZ PAS

  Si vous avez déjà travaillé avec une version antérieure de Photoshop Elements, vous vous souvenez peut-être de l'outil Retouche des yeux rouges, situé dans la palette d'outils en mode Retouche rapide. Les options de cet outil sont toujours disponibles dans Elements 7, mais elles n'apparaissent que dans la palette d'outils en mode Retouche standard.

- **Plusieurs options d'affichage sont disponibles.** La Figure 1.12 présente deux aperçus de la même image. À gauche, la vue Avant présente l'image d'origine, non modifiée. La vue Après montre l'image avec les modifications apportées à l'aide des options des palettes et les commandes des menus. Pour sélectionner d'autres modes d'affichage, cliquez la flèche du menu déroulant Affichage sous la fenêtre d'image.

Pour revenir au mode Retouche standard, cliquez le bouton Standard.

Exploitez les outils de création

Si vous voulez organiser vos images pour les présenter de différentes manières, cliquez le bouton Créer. Les palettes de la Corbeille des palettes se transforment pour afficher les options de création. Cliquez l'une des options de la liste pour réaliser une nouvelle création ou le bouton Plus d'options pour accéder à d'autres options. Dans la Figure 1.13, nous avons cliqué le bouton Créer, puis Collage photo. Comme vous pouvez le constater, la Corbeille des palettes a changé pour afficher les options disponibles avec le collage photo.

Nous reviendrons sur chaque option des différentes palettes de création au Chapitre 16.

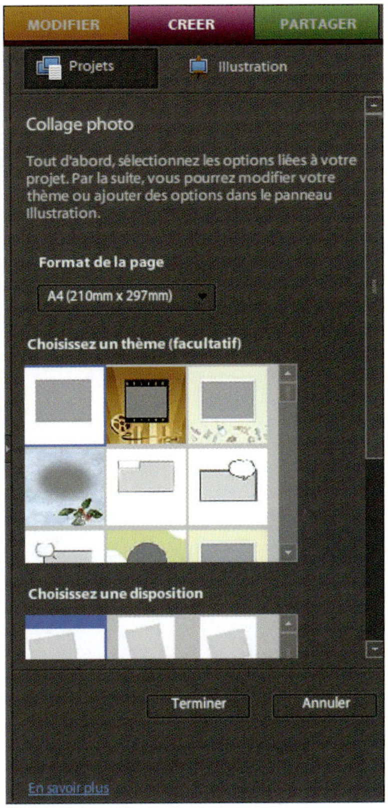

Figure 1.13 : Cliquez Créer, puis choisissez le type de création à réaliser.

Utilisez la Corbeille des projets

La Corbeille des projets contient les vignettes de toutes les images ouvertes. Que vous travailliez en mode Retouche standard ou Retouche rapide, vous visualisez immédiatement et simultanément une miniature de toutes les images que vous avez ouvertes, comme le montre la Figure 1.14. Vous pouvez également voir des vignettes de toutes les vues que vous avez créées pour une seule image. Les sections suivantes expliquent comment procéder.

Si vous souhaitez réorganiser les vignettes de la Corbeille des projets, cliquez et faites glisser les vignettes à déplacer.

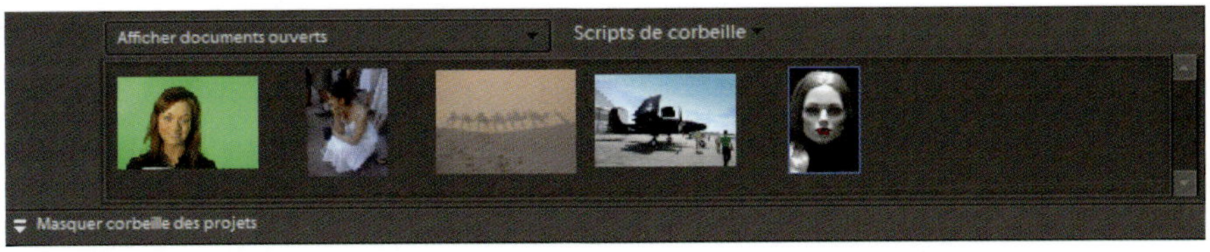

Figure 1.14 : Toutes les images ouvertes s'affichent sous forme de vignettes dans la Corbeille des projets.

Créez plusieurs vues pour une image

Des vues différentes de la même image ? Tout à fait. Vous pouvez créer une nouvelle vue lorsque vous voulez zoomer une zone pour apporter une modification précise, puis revenir à une vue plus éloignée. Voici comment procéder :

1. **Double-cliquez une vignette d'image dans la Corbeille des projets.**

   La photo apparaît dans la fenêtre d'image en tant que document actif.

2. **Choisissez Affichage/Nouvelle fenêtre pour <nomdufichier>.**

   <nomdufichier> est le nom du fichier dans la fenêtre d'image.

3. **Zoomez dans la nouvelle fenêtre.**

   Le document actif change de vue et une vignette s'ajoute à la Corbeille des projets.

   TRUC

   Pour zoomer rapidement, cliquez l'outil Zoom et cliquez plusieurs fois dans l'image pour l'agrandir.

4. **Passez d'une vue à l'autre de la même image.**

   Double-cliquez la vignette d'origine pour afficher la première vue et l'autre vignette pour afficher la vue agrandie.

Masquez la Corbeille des projets

La Corbeille des projets, qui occupe une place non négligeable au bas de la fenêtre d'image, peut être inutile lorsque vous modifiez une image. Heureusement, il existe plusieurs méthodes pour la masquer lorsque vous avez besoin d'espace supplémentaire pour travailler.

Pour masquer temporairement la Corbeille des projets, procédez comme suit :

- Placez le pointeur sur la barre de séparation entre la fenêtre d'image et la Corbeille des projets. Lorsque le pointeur se transforme en lignes horizontales avec des flèches verticales de directions opposées, glissez le séparateur vers le bas pour masquer la corbeille. Pour récupérer la corbeille, faites glisser le séparateur vers le haut.

- Double-cliquez la barre de séparation pour masquer la Corbeille des projets.
- Au bas de la Corbeille des projets, cliquez Masquer corbeille des projets.
- Ouvrez un menu contextuel en cliquant du bouton droit et choisissez Fermer en haut du menu.

Utilisez les scripts de corbeille

Le menu Scripts de corbeille, situé au-dessus de la Corbeille des projets, est une fonctionnalité très pratique d'Elements. En cliquant Scripts de corbeille, vous avez la possibilité de démarrer une nouvelle création, de partager des photos, d'imprimer tous les fichiers de la corbeille et d'enregistrer ces fichiers sous forme d'album.

À gauche du menu Scripts de corbeille, une autre fonctionnalité permet d'afficher des fichiers dans Elements. Le menu Afficher documents ouverts (par défaut) est un autre menu déroulant qui propose d'afficher les fichiers ouverts ou les fichiers de l'Organiseur. Choisissez la seconde option pour ajouter les fichiers de l'Organiseur à la Corbeille des projets.

Revenez sur vos pas

La commande Annuler est sans conteste l'une des plus utilisées dans tous les programmes. Vous effectuez une modification sur un document et, si vous n'êtes pas satisfait, il vous suffit de choisir Edition/Annuler ou d'appuyer sur les touches Ctrl/⌘+Z.

Elements offre davantage de contrôle avec ses options que si vous revenez simplement à la vue précédente.

Exploitez la palette Annuler l'historique

Elements modernise la commande Annuler en proposant une palette dans laquelle quasiment toutes les modifications effectuées au cours d'une session de retouche sont enregistrées et réversibles à tout moment.

Chaque modification effectuée s'enregistre dans la palette Annuler l'historique. Pour ouvrir cette palette, choisissez Fenêtre/Annuler l'historique. Si vous modifiez votre document, vous pouvez constater que chaque opération s'enregistre dans la palette, comme le montre la Figure 1.15.

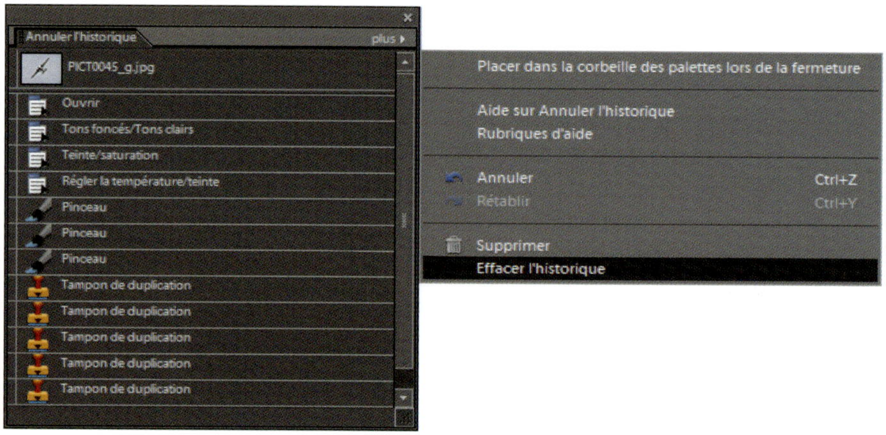

Figure 1.15 : Palette Annuler l'historique avec son menu Plus.

Si le programme ralentit et que votre pointeur se déplace trop lentement, ouvrez le menu Plus de la palette et choisissez Effacer l'historique. Elements nettoie alors l'historique enregistré et libère de la mémoire, ce qui améliore souvent les performances.

Nous avons bien dit que quasiment toutes les modifications étaient enregistrées, car le nombre d'étapes que la palette Historique peut enregistrer n'est pas illimité. Il est déterminé par un paramètre de préférence qui limite l'enregistrement à 1 000 étapes. Si vous choisissez Edition/Préférences/Performances (voir Chapitre 2), vous pouvez vérifier que le nombre d'états d'historique (nombre de fois qu'il est possible de revenir en arrière dans l'historique) est défini par défaut à 50. Vous pouvez définir jusqu'à 1 000 états d'historique. Néanmoins, sachez que plus vous enregistrez d'états d'historique, plus le programme mobilise de la mémoire.

Pour annuler la dernière modification, vous pouvez appuyer sur Ctrl/⌘+Z. Si vous voulez annuler plusieurs opérations, ouvrez la palette Annuler l'historique et cliquez l'un des éléments de la liste. Elements vous ramène à la dernière modification et annule toutes les opérations qui ont suivi l'élément sélectionné. Si vous souhaitez rétablir les modifications, il vous suffit de cliquer à nouveau sur une étape grisée de la palette pour revenir à ce niveau.

La palette Annuler l'historique conserve toutes vos étapes tant que vous ne fermez pas Elements ni le fichier. Ce faisant, toutes les informations de l'historique s'effacent.

Rétablissez la dernière version enregistrée

Lorsque vous travaillez sur un projet Elements, pensez à enregistrer régulièrement votre travail. Chaque fois que vous enregistrez une session de retouche, la palette Annuler l'historique conserve la liste des opérations effectuées avant l'enregistrement et jusqu'à atteindre le nombre maximal d'états d'historique défini dans les préférences Général.

Si vous enregistrez un document et que vous le modifiez par la suite, sachez qu'il existe un moyen de rétablir sa dernière version enregistrée. Choisissez Edition/Version précédente. Elements supprime vos dernières modifications et vous ramène à votre dernier enregistrement.

Si vous choisissez Version précédente, *Version précédente* apparaît dans la palette Annuler l'historique. Pour effacer cette commande de la palette, cliquez-la du bouton droit dans la palette et choisissez Supprimer dans le menu contextuel. Vous rétablissez ainsi les modifications apportées après le dernier enregistrement.

Obtenez de l'aide

Vous pouvez consulter ce livre chaque fois que vous recherchez une information sur une tâche. Cependant, il se peut que vous ayez besoin d'une autre description d'une fonctionnalité provenant d'une source différente.

Au lieu de collectionner une quantité de livres sur Elements, il vous suffit de regarder directement dans le programme pour retrouver rapidement et aisément des informations de qualité. Si vous avez un problème avec une fonctionnalité, un clic de souris peut vous aider à surmonter toutes les difficultés rencontrées.

Utilisez l'aide

La première chose à faire pour obtenir des informations d'aide sur Elements consiste à afficher le menu Aide. Vous y retrouvez plusieurs commandes :

- **Aide de Photoshop Elements :** Choisissez Aide/Aide de Photoshop Elements ou appuyez sur la touche F1 pour ouvrir le fichier d'aide Adobe Photoshop Elements 7. Saisissez un terme à rechercher et appuyez sur Entrée pour afficher la liste des rubriques en rapport avec les mots recherchés.

  Pour accéder rapidement au document d'aide, tapez le texte à rechercher dans la zone de texte à droite de la barre de menus lorsque vous êtes en mode Retouche standard ou Retouche rapide.

- **Glossaire :** Si, dans ce livre, vous rencontrez un terme que vous ne comprenez pas bien, faites appel au glossaire de Photoshop Elements. Vous y trouverez les définitions des termes couramment utilisés en photographie et en retouche d'image, ainsi que les termes spécifiquement employés avec Elements.

- **Support en ligne :** Cette commande démarre votre navigateur Web par défaut et vous dirige vers le site Web d'Adobe, où vous trouverez des informations sur Elements, les problèmes signalés par des utilisateurs et des méthodes et astuces pour effectuer des tâches. Si vous cliquez Photoshop Elements en ligne et Ressources d'apprentissage en ligne, vous accédez à des informations d'aide suppplémentaires. La grande quantité de pages du site Web d'Adobe fournit une assistance, des conseils, des techniques et des solutions à de nombreux problèmes susceptibles de se produire lorsque l'on modifie des images. N'hésitez pas à passer du temps à les parcourir.

Exploitez les fichiers PDF du CD d'installation

De nombreux fichiers PDF sont stockés sur le CD d'installation. Ils requièrent le programme Adobe Reader ou l'une des visionneuses Acrobat disponibles. Adobe Reader peut s'installer à partir du CD lors du processus d'installation.

Selon la provenance de votre CD d'installation d'Elements, il se peut que la version proposée d'Adobe Reader soit dépassée. Si vous voulez bénéficier de la dernière version du programme, ouvrez votre navigateur Web et tapez cette adresse dans la barre d'adresse :

```
http://get.adobe.com/fr/reader/
```

Adobe Systems explique comment télécharger la dernière version gratuite d'Adobe Reader et l'installer sur votre ordinateur.

Exploitez les infobulles

Survolez des outils et des palettes avec votre pointeur et arrêtez-vous un instant avant de cliquer. Une infobulle s'affiche pour vous donner une aide dynamique suplémentaire.

2

Préparez-vous à retoucher vos images

Dans ce chapitre :

- Définissez les préférences de retouche.
- Définissez les préférences d'organisation.
- Utilisez les paramètres prédéfinis.
- Appliquez de la couleur dans Photoshop Elements.
- Définissez votre système de gestion des couleurs.

Vous êtes sans doute impatient de vous lancer directement dans la retouche de vos images, mais avant tout il est primordial de personnaliser Elements selon votre projet et de définir correctement la gestion des couleurs. Ce chapitre explique comment prendre en main Elements et personnaliser l'environnement de travail en ajustant des paramètres de préférences et en définissant un système de gestion des couleurs. Si vous découvrez Elements ou la retouche d'image de manière générale, vous ne savez peut-être pas encore si vous vous servirez un jour de certaines fonctionnalités, auquel cas vous pourrez revenir à ce chapitre.

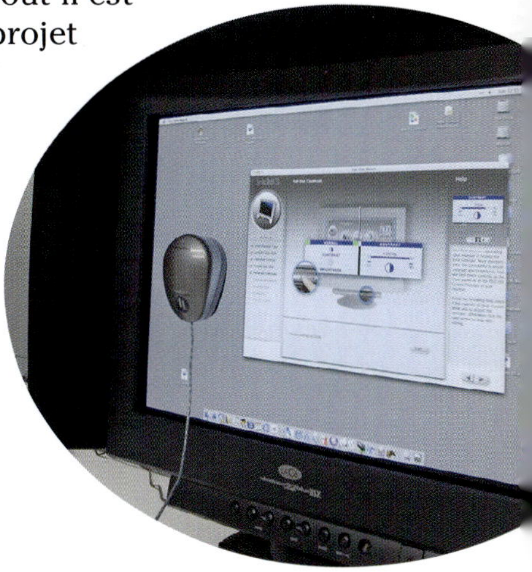

Contrôlez l'environnement de retouche

Le premier démarrage d'Elements équivaut à intégrer un nouveau bureau. Avant de vous mettre au travail, vous devez organiser la pièce. Il vous faut au minimum disposer le bureau et l'ordinateur avant de pouvoir faire quoi que ce soit. Dans Elements, l'organisation de la pièce consiste à définir les paramètres des préférences. Les *préférences* sont des paramètres qui personnalisent le travail et régissent le fonctionnement du programme selon les habitudes de travail de chacun.

Les sections suivantes décrivent comment spécifier les options des préférences. S'il vous faut des informations sur une option particulière des préférences, consultez les documents d'aide dont nous avons parlé au Chapitre 1 ; il n'est pas obligatoire de mémoriser la totalité des paramètres proposés.

Retrouvez et parcourez les préférences

Les préférences sont regroupées dans une boîte de dialogue et classées en neuf volets. Pour y accéder, choisissez Edition/Préférences/Général ou appuyez sur Ctrl/⌘+K. Par défaut, le volet Général s'affiche (voir Figure 2.1).

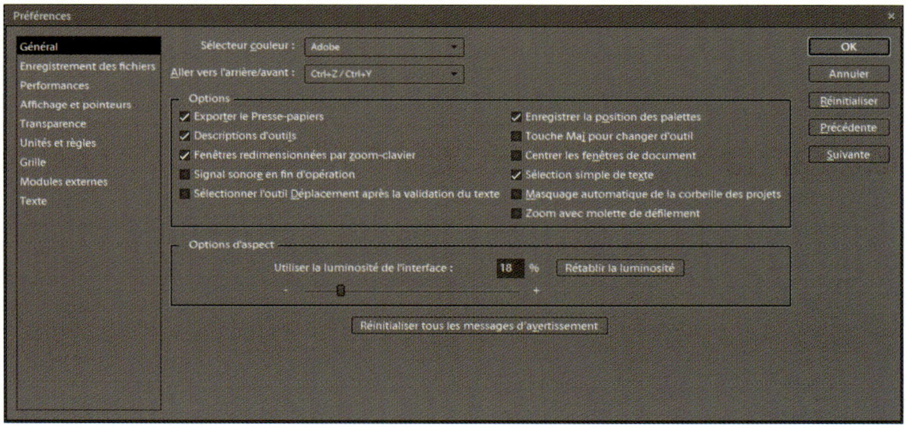

Figure 2.1 : Volet Général de la boîte de dialogue Préférences.

La Figure 2.1 présente les éléments communs à tous les volets :

- **Liste des volets :** Elements liste tous les volets dans la partie gauche de la boîte de dialogue Préférences. Cliquez un élément de la liste pour afficher son contenu dans la partie droite de la boîte de dialogue. Les versions précédentes d'Elements proposaient un menu déroulant pour sélectionner les différents volets.
- **OK :** Cliquez OK pour accepter toutes les modifications apportées dans tous les volets et fermer la boîte de dialogue.
- **Annuler :** Cliquez Annuler pour rétablir les paramètres d'origine et fermer la boîte de dialogue. Si vous maintenez enfoncée la touche Alt, le bouton Annuler devient Réinitialiser et produit le même effet.
- **Réinitialiser :** Si vous modifiez des paramètres et cliquez Réinitialiser, vous rétablissez les paramètres tels qu'ils étaient à l'ouverture de la boîte de dialogue Préférences et celle-ci reste ouverte.
- **Précédente :** Affiche le volet précédent.
- **Suivante :** Affiche le volet suivant. Vous pouvez aussi appuyer sur Ctrl/⌘+(touches 1 à 9) pour accéder à un autre volet. Ctrl/⌘+0 ouvre l'espace de travail Organiseur et sa boîte de dialogue Préférences lorsque vous êtes dans la boîte de dialogue Préférences en mode Modifier.

Découvrez tous les volets de préférences

Les paramètres de la boîte de dialogue Préférences sont organisés en *volets*, selon les catégories de préférences. La liste suivante décrit brièvement les types de paramètres que l'on définit dans chacun des volets de préférences :

- **Général**, comme son nom l'indique, concerne l'ensemble des paramètres généraux qui affectent l'environnement de travail.
- **Enregistrement des fichiers** regroupe les options disponibles pour enregistrer des fichiers. Dans ce volet, vous ajoutez des extensions aux noms de fichiers, vous enregistrez des fichiers avec des calques ou aplatissez les calques à l'enregistrement

(voir Chapitre 8), vous enregistrez des fichiers avec des aperçus d'image qui s'affichent lorsque vous visionnez les fichiers sous forme d'icônes sur le bureau et vous définissez des options de compatibilité pour l'enregistrement.

- **Performances** est le volet qui contient les états d'historique (voir Chapitre 1) et les paramètres liés à la mémoire tels que les paramètres des disques de travail. Reportez-vous à l'encadré "Qu'est-ce qu'un disque de travail ?".

N'utilisez pas de disque dur externe USB 1.1 ou de lecteur dont la connexion est inférieure à USB 2 ou FireWire, car ils ralentissent les performances d'Elements.

Qu'est-ce qu'un disque de travail ?

Supposez que vous possédiez 100 Mo de RAM disponibles et que vous souhaitiez travailler sur une image qui consomme 200 Mo d'espace disque dur. Elements doit charger la totalité des 200 Mo du fichier dans la RAM. Par conséquent, une source auxiliaire de RAM est nécessaire pour que vous puissiez travailler : Elements va exploiter votre disque dur qui, en tant qu'extension de la RAM, devient un *disque de travail*.

Si plusieurs disques durs sont connectés à votre ordinateur, vous pouvez indiquer à Elements de tous les employer pour étendre la RAM et choisir leur ordre d'utilisation. Tous les disques et supports sont numérotés dans une liste.

- **Affichage et pointeurs** propose des options relatives à l'affichage de certains pointeurs d'outils et de l'outil Recadrage.
- **Transparence** permet de définir les options de transparence, un concept essentiel en retouche. Imaginez par exemple que vous peignez un portrait sur une feuille transparente. La zone peinte est opaque, celle qui entoure le portrait est restée transparente. Dans Elements, pour afficher la transparence, il vous faut un moyen de représenter les zones transparentes (voir Chapitre 7 pour plus de détails). Ouvrez les préférences Transparence et choisissez comment afficher la transparence dans votre environnement de travail 2 D.
- **Unités et règles** permet de définir les paramètres des unités de mesure des règles, des repères de colonnes et des résolutions prédéfinies des documents.

- **Grille** est un volet dont les options concernent la couleur, le pas et les sous-divisions de la grille. Une grille est constituée de lignes horizontales et verticales qui n'apparaissent pas à l'impression. Elle sert à aligner des objets, du texte ou n'importe quel autre élément. Il est possible de coller des éléments aux lignes de la grille pour les aligner plus aisément.
- **Modules externes** permet de sélectionner un dossier de modules externes supplémentaires contenant des utilitaires tiers à exploiter avec Elements.
- **Texte** fournit des options qui définissent les attributs du texte, à savoir les différents guillemets, les options de texte asiatique, les polices anglaises et la taille d'aperçu des polices.

Contrôlez l'environnement d'organisation

N'OUBLIEZ PAS

Les préférences disponibles sont complètement différentes si vous êtes dans l'Organiseur. Même si la boîte de dialogue s'appelle également Préférences, un simple coup d'œil permet de constater que les choix sont différents. Les sections qui suivent présentent brièvement l'Organiseur et ses préférences.

TRUC

En mode Retouche standard ou Retouche rapide, si vous appuyez sur Ctrl/⌘+K pour ouvrir la boîte de dialogue Préférences, puis que vous appuyez sur Ctrl/⌘+0 (zéro), vous accédez aux Préférences de l'Organiseur. Si vous effectuez une modification et cliquez sur OK ou Annuler pour fermer la boîte de dialogue, vous revenez à la boîte de dialogue Préférences de l'Editeur.

Faites connaissance avec l'Organiseur

Comme le Chapitre 6 regroupe tout ce qu'il faut savoir sur l'environnement de l'Organiseur, nous n'allons pas décrire toutes ses fonctionnalités dans cette section. Sachez néanmoins que lorsque vous définissez les préférences de l'Organiseur, vous ne touchez pas aux autres préférences. Pour afficher l'Organiseur, cliquez le bouton Organiseur en mode Retouche standard ou Retouche rapide.

Parcourez les préférences de l'Organiseur

La boîte de dialogue Préférences de l'Organiseur est accessible une fois ce dernier ouvert. Sur les versions antérieures à Elements 6, il existe une option permettant d'accéder aux préférences de l'Organiseur tout en étant dans la boîte de dialogue Préférences de l'Editeur. Cette option a été supprimée dans Photoshop Elements 6 et n'est pas réapparue dans la version 7, mais il existe un raccourci clavier qui ouvre la boîte de dialogue Préférences de l'Organiseur. Appuyez sur Ctrl/⌘+0 (zéro) pour ouvrir l'Organiseur à partir de la boîte de dialogue Préférences dans n'importe quel éditeur pour accéder à celle de l'Organiseur. Vous pouvez également choisir Edition/Préférences ou appuyer sur Ctrl/⌘+K dans l'Organiseur pour ouvrir la boîte de dialogue Préférences, illustrée Figure 2.2.

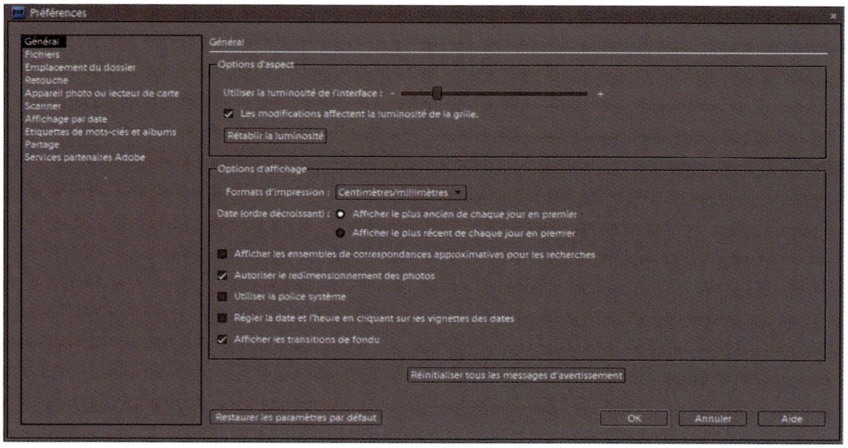

Figure 2.2 : Choisissez Edition/Préférences et sélectionnez un sous-menu pour ouvrir la boîte de dialogue Préférences de l'Organiseur.

La boîte de dialogue Préférences de l'Organiseur fonctionne de la même manière que celle de l'Editeur, avec les volets. Cliquez les noms de la liste à gauche de la boîte de dialogue pour ouvrir les volets correspondants dans la partie de droite. Des éléments communs à tous les volets figurent au bas de la boîte de dialogue :

- **Restaurer les paramètres par défaut :** Rétablit tous les paramètres des volets par défaut.
- **OK :** Valide toutes les modifications.

- **Annuler :** Annule toute modification effectuée.
- **Aide :** Ouvre la fenêtre d'aide et affiche des informations sur les préférences de l'Organiseur.

Définissez les préférences de tous les volets

Voici un aperçu du contenu de la boîte de dialogue Préférences de l'Organiseur :

- **Général :** Ces éléments concernent des paramètres divers qui s'appliquent aux fichiers lorsque vous exploitez l'outil Créer. Consultez le Chapitre 16 pour de plus amples informations sur cet outil.
- **Fichiers :** Ces options permettent de gérer les données des fichiers, de reconnecter les fichiers manquants, d'inviter à sauvegarder les données, d'enregistrer des catalogues, de choisir l'emplacement des fichiers enregistrés, de faire pivoter des images, de graver des CD/DVD et de déterminer la taille des aperçus.
- **Emplacement du dossier :** Détermine l'affichage des fichiers par groupe ou dans le dossier sélectionné.
- **Retouche :** Il est possible d'activer d'autres applications possédant des fonctionnalités de retouche absentes d'Elements afin de retoucher une image en fonction du type de fichier. Par exemple, on peut retoucher des clips vidéo. Si vous possédez Adobe Premiere Elements, vous pouvez ajouter Premiere en tant qu'éditeur supplémentaire. Si Premiere n'est pas installé, faites appel à un autre éditeur, comme Microsoft Media Maker.
- **Appareil photo ou lecteur de carte :** Gère l'acquisition d'images à partir d'un appareil photo numérique et d'un lecteur de carte. Votre ordinateur contient peut-être des lecteurs de carte intégrés dans lesquels vous insérez des cartes mémoire, comme CompactFlash ou Smart Media, ou un lecteur USB prenant en charge les clés USB. Il se peut également qu'un câble relie votre appareil photo à un port USB de votre ordinateur. Les options de ce volet concernent les lecteurs de carte, la connexion avec l'appareil photo et le téléchargement.

- **Scanner** : Si vous numérisez des images avec un scanner branché à l'ordinateur, servez-vous de ce volet pour définir toutes les options relatives.
- **Affichage par date :** Affiche les fichiers selon des dates que vous ajoutez au volet ou à partir de jours fériés proposés.
- **Etiquettes de mots-clés et albums :** Permet de retrouver et de classer des images (voir Chapitres 5 et 6). Les préférences concernant les étiquettes de mots-clés servent à trier les mots-clés et leurs étiquettes.
- **Partage :** Définit le partage de fichiers en ligne. Des options permettent de définir un client de messagerie et d'ajouter des légendes aux fichiers envoyés.
- **Services partenaires Adobe :** Permet de gérer les mises à jour du programme et les commandes de tirage en ligne. Il est possible de rechercher automatiquement ou manuellement des mises à jour, de choisir des options relatives à l'impression et au partage d'images et de spécifier comment mettre à jour les créations, comptes, etc.

Personnalisez les paramètres prédéfinis

La retouche d'image devient amusante lorsqu'il s'agit de choisir des formes de pinceau, des couleurs, des dégradés et des motifs pour obtenir le résultat souhaité. Elements vous offre un point de départ en vous proposant un grand nombre de bibliothèques de paramètres prédéfinis que vous chargez et exploitez à votre guise. Par exemple, vous pouvez charger une bibliothèque Formes afin de bénéficier de formes à associer à l'outil Pinceau. En outre, il reste possible de personnaliser quelque peu ces bibliothèques prédéfinies.

Les bibliothèques se modifient à l'unité, à l'endroit où vous utilisez l'élément correspondant. Par exemple, vous pouvez modifier les bibliothèques du nuancier de couleurs dans la palette Nuancier ou celles des formes de pinceau parmi les choix de la barre d'options. Les bibliothèques se modifient également à l'aide du Gestionnaire des paramètres prédéfinis, illustré Figure 2.3.

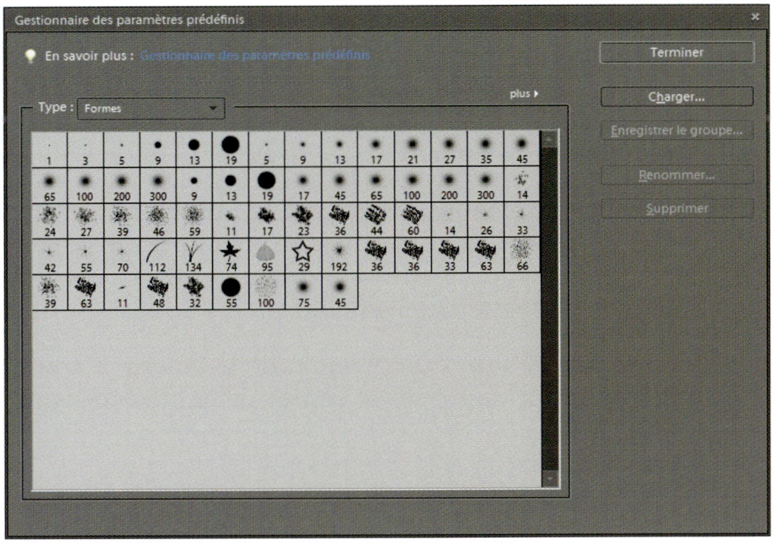

Figure 2.3 : La boîte de dialogue Gestionnaire des paramètres prédéfinis permet de modifier les bibliothèques.

Nous reviendrons sur les paramètres prédéfinis au Chapitre 12, où vous apprendrez à les utiliser. Retenez toutefois qu'il est possible de les modifier en fonction de vos besoins de retouche.

Pour ouvrir la boîte de dialogue Gestionnaire des paramètres prédéfinis, choisissez Edition/Gestionnaire des paramètres prédéfinis. Voici les options disponibles :

- **En savoir plus : Gestionnaire des paramètres prédéfinis :** Cliquez le lien hypertexte bleu pour ouvrir le document d'aide correspondant.
- **Type :** Ouvrez le menu déroulant pour choisir entre Formes, Nuancier, Dégradés ou Motifs.
- **Plus :** Liste les différentes options d'affichage sous forme de vignettes ou avec leur nom.
- **Terminer :** Enregistre toutes les modifications effectuées.
- **Charger :** Ouvre une autre bibliothèque. Elements en propose plusieurs parmi lesquelles vous choisissez un type de paramètre prédéfini.

- **Enregistrer le groupe :** Toutes les modifications apportées dans le Gestionnaire de paramètres prédéfinis peuvent s'enregistrer en tant que nouvelle bibliothèque. Servez-vous de cette option pour effectuer une modification sans toucher aux paramètres prédéfinis d'origine.
- **Renommer :** Chaque élément d'une bibliothèque possède un nom unique. Pour en renommer un, cliquez sa vignette dans la fenêtre d'aperçu, cliquez Renommer et tapez son nom dans la boîte de dialogue qui s'affiche.
- **Supprimer :** Cliquez un élément de la fenêtre d'aperçu, puis cliquez Supprimer pour le retirer de la bibiothèque.

Découvrez les couleurs

Nous pourrions consacrer beaucoup de temps et de pages de ce livre à parler des couleurs, avec des théories et des définitions à n'en plus finir, mais cela ne vous intéresserait probablement pas et sortirait de la portée de ce livre. Nous allons donc uniquement consacrer les prochaines sections de ce livre aux bases indispensables pour retoucher les couleurs des images.

Couches de couleurs

Avant toute manipulation des couleurs, il est essentiel de savoir ce que signifie *RVB : rouge*, *vert* et *bleu*. Il s'agit des couleurs primaires dans l'univers informatique. Oubliez tout ce que vous savez sur les couleurs primaires réelles et pensez RVB, comme votre ordinateur.

Les couleurs RVB se divisent en *couches de couleurs*. Même si vous ne pouvez pas visualiser chaque couche dans Elements, vous devez tout de même avoir une idée de ce dont il s'agit.

Lorsque vous voyez un *pixel* de couleur (minuscule point carré), la couleur est représentée comme des niveaux de gris dans chaque couche. Cela semble étrange au premier abord, mais vous allez comprendre. Lorsque vous avez une couche de couleur, comme la couche rouge, et que vous laissez passer toute la lumière au travers, vous obtenez un rouge très clair. Si vous masquez légèrement cette lumière à l'aide d'un filtre gris, vous bloquez le passage de la lumière et assombrissez la couleur rouge. Voilà comment fonctionnent les couches. Individuellement, elles utilisent toutes différents niveaux de gris qui se laissent traverser par 256 niveaux de lumière au maximum. Si vous changez l'intensité de lumière des différentes couches, vous modifiez la couleur résultante.

Chaque couche accepte jusqu'à 256 niveaux de gris qui masquent la lumière. Dans le modèle RVB, le nombre total de couleurs possibles correspond au produit des valeurs de chaque couche (256 × 256 × 256). Le résultat dépasse 16,7 millions, autant de couleurs qu'un écran d'ordinateur peut en afficher en mode RVB.

Maintenant que les bases théoriques sont posées, qu'en est-il de la pratique ? En effet, de nombreux outils et boîtes de dialogue mentionnent RVB dans Elements. Par exemple, si vous ouvrez un fichier et choisissez Accentuation/Régler l'éclairage/Niveaux, la boîte de dialogue de la Figure 2.4 s'affiche.

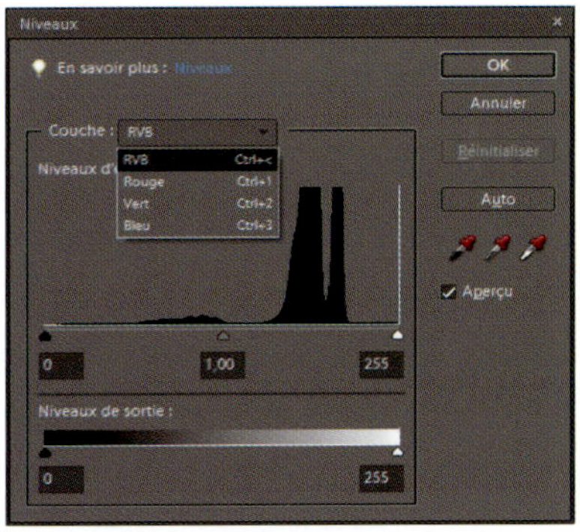

Figure 2.4 : Choisissez Accentuation/Régler l'éclairage/Niveaux pour ouvrir la boîte de dialogue Niveaux.

Notez que le menu déroulant Couche contient Rouge, Vert et Bleu comme couches individuelles, ainsi que RVB. De plus, la zone Niveaux de sortie présente les valeurs allant de 0 à gauche à 255 à droite. En comptant 0, vous obtenez un total de 256 niveaux de gris différents.

N'OUBLIEZ PAS

Retenez que vous allez travailler avec des images RVB comportant trois couches différentes. Cela signifie que 256 niveaux de gris peuvent laisser passer ou retenir la lumière et affecter les valeurs de la luminosité et de la couleur. Reportez-vous aux Chapitres 9 et 10 pour de plus amples informations sur l'emploi des outils, tels que les niveaux, qui règlent la couleur de cette manière.

Concept de profondeur

La description des couches comporte un autre élément important : la profondeur. Un *bit* contient deux valeurs, l'une pour le noir et l'autre pour le blanc. Avec 256 niveaux de gris, votre image comporte 8 bits par couche – soit 8 bits ayant chacun 2^8, autrement dit 256, niveaux de gris possibles. Si vous multipliez vos 8 bits par couche par vos trois couches, vous obtenez 24 bits, ce qui correspond à la profondeur classique des images imprimées *via* une imprimante de bureau.

Et maintenant, observez le menu Image/Mode. Vous devriez apercevoir un menu proposant 8 bits/couche, comme le montre la Figure 2.5. Lorsque vous ouvrez une image dans Elements, si cette commande de menu est grisée, cela signifie que vous travaillez avec une image 24 bits, ou possédant 8 bits par couche.

Par conséquent, lorsque cette commande est disponible, cela signifie que votre image ne contient pas 8 bits par couche. Cette commande existe car certains appareils photo et la plupart des scanners de base peuvent capturer des images de profondeur supérieure. Vous pouvez numériser une photo sur un scanner à 16 bits par couche. Ce faisant, vous vous retrouvez avec davantage de niveaux de gris. Lorsque vous prenez une photo avec un appareil de qualité, vous pouvez capturer des images 32 bits par couche et vous obtenez un fichier contenant 32 768 niveaux de gris !

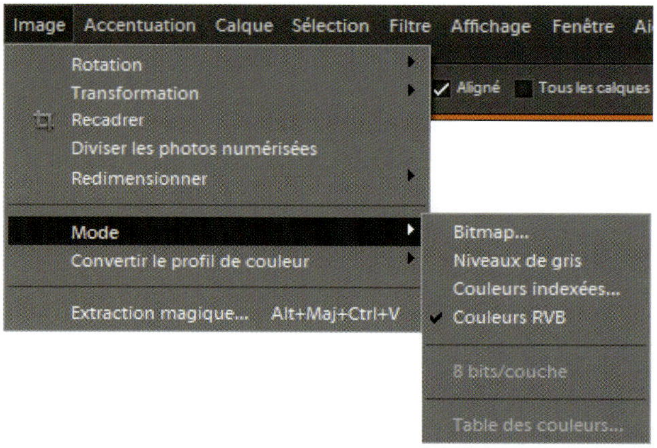

Figure 2.5 : Lorsque vous pouvez choisir 8 bits/couche, cela signifie que la profondeur de votre image est supérieure à 8 bits par couche.

Tous les fichiers doivent être ramenés à 8 bits par couche avant d'être imprimés, car l'imprimante n'assimile pas davantage d'informations. De plus, beaucoup d'outils, de commandes et d'options des palettes ne fonctionnent qu'avec des images 8 bits par couche. Alors, bien sûr, vous allez vous demander quel est l'intérêt de capturer des images dont la profondeur est supérieure aux capacités de l'imprimante.

Si vous essayez de régler, par exemple, la luminosité et le contraste d'une image 8 bits par couche, vous perdez souvent des données. Vous risquez d'endommager l'image si vous déplacez trop les curseurs de réglage. En revanche, vous ne perdrez aucune donnée avec des images 16 bits ou 32 bits. Vous indiquerez simplement combien de niveaux de gris utiliser et lesquels. Vous obtiendrez une image contenant davantage de tons de gris continus qu'avec une image 8 bits. Reportez-vous au Chapitre 3 pour plus d'informations.

Retrouvez la bonne couleur

En matière de couleur, l'objectif n'est pas de connaître par cœur tous les concepts et définitions, mais bien de retrouver la couleur de sortie la plus proche de celle qui apparaît à l'écran en RVB. Lorsque l'on parle de *sortie*, il peut s'agir d'une feuille imprimée ou d'un affichage sur une page Web.

"La plus proche" fait bien sûr toute la différence, car il est impossible de retrouver exactement la même couleur. Il existe bien trop de variables à gérer concernant les imprimantes et les écrans. Cependant, si vous parvenez à maîtriser la gestion des couleurs, vous pourrez approcher de très près le résultat escompté.

Pour faire correspondre la couleur qui apparaît à l'écran et en sortie, il vous faut préalablement calibrer votre écran, puis choisir le profil colorimétrique de l'espace de travail, ce que nous allons décrire dans les prochaines sections.

Calibrez votre écran

Votre écran a besoin d'être calibré pour ajuster le gamma et la luminosité, corriger toutes les teintes ou dominantes de couleurs et généralement pour reproduire le plus fidèlement possible les justes couleurs en sortie. Il existe quelques outils permettant de régler la luminosité des écrans, allant des périphériques bon marché aux appareils de calibration très coûteux. Autrement, vous pouvez aussi faire appel aux outils proposés par Adobe ou Windows.

Le *gamma* représente la luminosité des demi-tons d'une image.

Nous n'allons pas mentionner ici tous les périphériques de pointe et utilitaires logiciels qui sont à votre disposition. Nous vous suggérons de vous équiper au minimum d'un système matériel destiné à créer un profil d'écran. Il existe également quelques appareils abordables qui vous aident à régler la luminosité et la balance des couleurs de votre écran :

- **ColorVision Spyder2express :** Appareil de calibration simple d'utilisation, qui corrige la balance des couleurs de l'écran et la règle pour optimiser la luminosité.
- **Correcteur de couleurs Pantone Huey :** Autre système bon marché qui calibre les écrans CRT et LCD.
- **X-Rite Eye-One Display 2 (anciennement GreTag MacBeth Eye-One Display 2) :** À l'instar du Spyder2express et Huey, cet outil de calibrage est simple à utiliser et fonctionne avec les écrans CRT, LCD et d'ordinateurs portables. Il vous suffit de placer la sonde sur votre écran (voir Figure 2.6) et de cliquer quelques boutons dans le logiciel d'accompagnement pour que l'appareil vous invite à enregistrer un profil d'écran. Votre système d'exploitation adoptera ce profil à chaque démarrage de l'ordinateur. L'écran récupère alors les paramètres déterminés lors de la calibration par l'appareil.

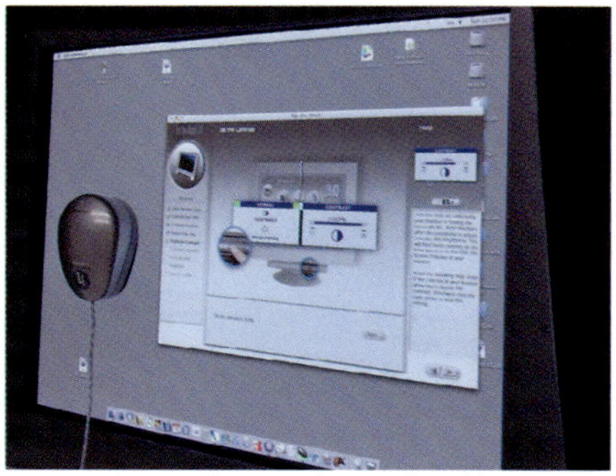

Photo reproduite avec l'aimable autorisation de Don Mason Photography.

Figure 2.6 : Appareil de calibration Eye-One Display 2.

Sur les écrans LCD, il est nécessaire de régler quelques contrôles matériel pour que les couleurs de l'écran correspondent globalement à celles de l'impression. Effectuez quelques tests d'impression et comparez le résultat avec l'affichage à l'écran pour obtenir le résultat le plus précis.

Ne sautez pas les étapes du calibrage de votre écran et de la recherche de la correspondance des couleurs à l'écran et en sortie. Nous reviendrons sur l'affichage des couleurs en sortie au Chapitre 14.

Choisissez un espace colorimétrique

Une fois les couleurs de l'écran réglées *via* un système de profilage matériel, il vous faut déterminer votre espace colorimétrique. Dans Elements, vous choisissez entre deux espaces : sRVB ou Adobe RVB (1998). Pour accéder aux paramètres de l'espace de couleurs, choisissez Edition/Couleurs. La boîte de dialogue Couleurs s'affiche, comme le montre la Figure 2.7.

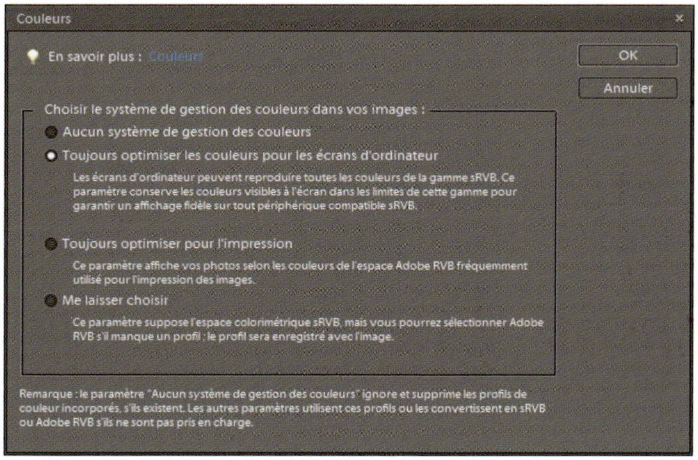

Figure 2.7 : Boîte de dialogue Couleurs.

Voici les différentes options proposées dans la boîte de dialogue :

- **Aucun système de gestion des couleurs :** Cette option désactive la gestion des couleurs. Elle ne convient pas si vous devez réaliser un projet dans Elements. Elle vous impose d'exploiter des fichiers dont les profils de couleurs sont intégrés aux photos, ce qui n'est pas très courant. Pour de plus amples informations sur cette option, reportez-vous au Chapitre 14.
- **Toujours optimiser les couleurs pour les écrans d'ordinateur :** Cette option définit l'espace de travail sRVB. Si la couleur sRVB sert principalement à afficher des images à l'écran, cet espace

constitue souvent également le meilleur choix pour imprimer des couleurs. De nombreuses imprimantes couleurs sont capables de restituer toutes les couleurs visibles dans l'espace de couleurs sRVB. En outre, beaucoup de services photographiques, comme Kodak EasyShare, dont nous parlerons au Chapitre 16, préfèrent cet espace de couleurs.

- **Toujours optimiser pour l'impression :** Cette option définit l'espace de travail Adobe RVB (1998), qui propose davantage de couleurs que ne peut en afficher votre écran. Si vous le sélectionnez, vous devez vous assurer que votre imprimante est capable de restituer la totalité de ses couleurs.
- **Me laisser choisir :** Avec cette option, Elements vous invite à choisir votre profil lorsque vous ouvrez des images sans profil. Ce paramètre est très pratique si vous alternez souvent entre des images à l'écran et sur papier.

Fonctionnement des profils

Vous avez probablement créé le profil de couleurs de votre écran en le calibrant. Vous avez également sélectionné un profil de couleurs lorsque vous avez ouvert la boîte de dialogue Couleurs et choisi votre espace colorimétrique. Au démarrage de votre ordinateur, votre profil de couleurs d'écran s'active et règle la luminosité de l'écran, puis corrige les dominantes de couleurs. Si vous ouvrez une photo dans Elements, la couleur de l'espace colorimétrique de votre écran se convertit automatiquement en couleur de votre espace de couleurs de travail.

À l'impression, un autre profil de couleurs est nécessaire pour restituer vos photos à l'aide de votre imprimante couleur de bureau. La couleur de votre espace de travail est alors convertie en espace de couleurs de l'imprimante. Le Chapitre 14 explique comment exploiter les profils de couleurs pour l'impression. En attendant, retenez que le résultat obtenu en sortie dépend du bon usage de chacun de ces profils de couleurs.

3

Définissez les résolutions, modes de couleurs et formats de fichier

Dans ce chapitre :

- Découvrez et modifiez la résolution.
- Rééchantillonnez des images.
- Découvrez les modes de couleurs.
- Exploitez les formats de fichier.

Lorsque vous ouvrez une image dans Photoshop Elements, vous visualisez une très grande quantité de *pixels*. Il s'agit de minuscules carrés de couleur ; dans une image, leur nombre détermine la *résolution* de l'image. Cette relation entre les pixels et la résolution, à la base de tout projet Elements, a des effets sur la création de sélections (voir Chapitre 7), l'impression de fichiers (voir Chapitre 14) et le partage de fichiers (voir Chapitre 16).

Les *modes de couleurs* sont également représentés comme des groupes de pixels. Ils révèlent toute leur importance lorsque l'on utilise des outils, que l'on imprime et que l'on partage des fichiers.

Ce chapitre détaille quelques points essentiels sur la résolution, les modes de couleurs et les formats de fichier que vous exploitez pour enregistrer vos images Elements. Nous allons voir comment modifier la résolution en redimensionnant des images, convertir les modes de couleurs et enregistrer les résultats sous différents formats de fichier.

Les pixels, toujours présents

Les fichiers que vous ouvrez dans Elements se composent de millions de minuscules pixels carrés, chacun possédant une valeur de couleur. L'organisation des pixels de différentes teintes et couleurs crée une illusion d'optique lorsque vous visionnez une image à l'écran. Par exemple, des pixels noirs et blancs peuvent donner l'impression que l'image est grise et non composée de petits carrés noirs et blancs.

Dans Elements, pratiquement toutes les opérations consistent à modifier des pixels. Par exemple, vous les entourez à l'aide d'outils de sélection pour sélectionner une zone, vous les foncez ou les éclaircissez pour modifier le contraste et la luminosité ou vous en modifiez les teintes pour corriger la couleur.

Mémorisez également le concept des *images tramées*. Lorsque vous avez des pixels, vous avez des données tramées. Si vous ouvrez dans Elements un fichier qui n'est pas composé de pixels, Elements va *pixelliser* les données. Autrement dit, Elements convertit les données en pixels si le document n'en contient pas à l'origine.

Le contenu d'un fichier Elements peut également être vectoriel. Du texte ajouté à l'aide de l'outil Texte, par exemple, est un objet vectoriel. Si vous enregistrez un fichier Elements avec le calque Texte intact ou sous un fichier PDF Photoshop, vous conservez les données vectorielles. Nous reviendrons sur les données vectorielles au Chapitre 13. En attendant, concentrons-nous sur les données tramées.

Pour pouvoir exploiter la majorité des outils et commandes Elements, vous devez travailler sur un fichier image tramée. Si vos données ne sont pas pixellisées, de nombreux outils et commandes seront indisponibles.

Résolution

Le nombre de pixels d'un fichier détermine sa résolution d'image. Si vous avez 72 pixels sur une ligne horizontale d'un pouce, votre image fait 72 pixels par pouce (ppi, *pixels per inch*). Si vous avez 300 pixels dans un pouce, votre résolution d'image est de 300 ppi.

La résolution d'image est fondamentale pour obtenir un bon résultat lorsque :

- **Vous imprimez des images :** Si la résolution est trop faible, la qualité d'impression de l'image est mauvaise. Si elle est au contraire trop élevée, vous perdrez du temps à traiter toutes les données à envoyer à l'imprimante.
- **Vous affichez des images à l'écran :** À l'instar des images qui possèdent leur propre résolution dans leur fichier, votre écran d'ordinateur affiche tout ce que vous voyez selon une résolution définie : 72 ppi (ou 85 ou 96 ppi). Retenez simplement que pour obtenir le meilleur résultat à l'écran, la taille d'image doit être de 72 ppi en affichage 100 %.

  Par exemple, observez la Figure 3.1. Une image est d'abord réduite à 50 %, puis nous avons augmenté le facteur d'agrandissement. Lorsque la taille change, l'affichage de la résolution à l'écran est modifié. Si la taille est définie à 100 %, l'image apparaît exactement comme à l'impression. Cette taille représente l'image à l'écran à 72 ppi, quelle que soit la résolution du fichier.

Cette relation entre la résolution d'image et l'affichage de l'image avec différents niveaux de zoom est un concept qu'il est important de saisir. Si vous récupérez une image sur le Web et que vous modifiez son grossissement, vous risquez d'obtenir un résultat semblable à celui de la Figure 3.1 à 800 %. Si vous prenez une image d'un appareil photo numérique, vous devrez peut-être réduire le zoom pour afficher l'image entière dans la fenêtre d'image.

Les différences d'affichage s'expliquent toutes par la résolution de l'image. Cette image que vous avez récupérée sur le Web fait peut-être 6 × 6 cm à 72 ppi et celle de l'appareil numérique 25 × 40 cm à 240 ppi. Pour remplir la totalité de la fenêtre avec l'image Web, vous devrez zoomer sur le fichier et diminuer ainsi sa résolution. Plus vous zoomez, plus la résolution diminue à l'écran.

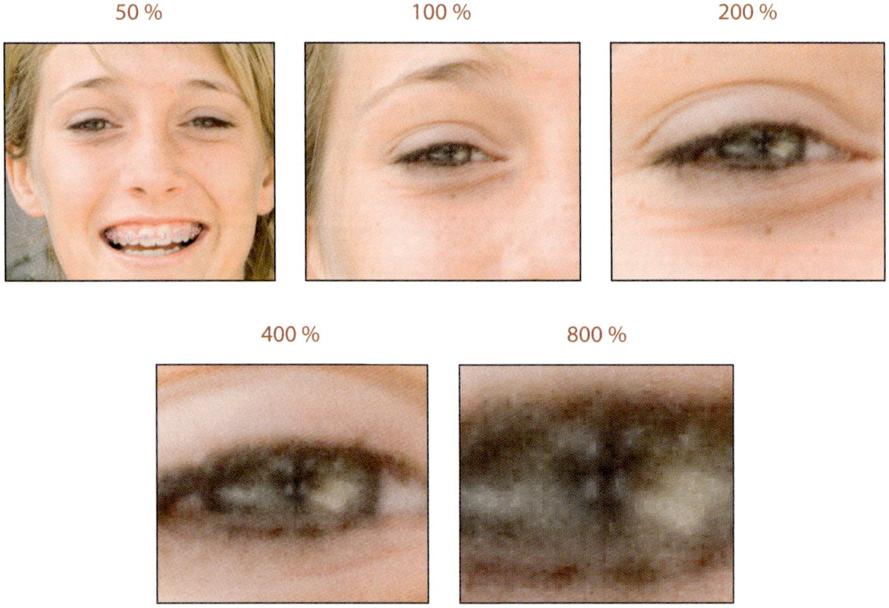

Figure 3.1 : La même image avec différents niveaux de zoom.

N'OUBLIEZ PAS

Lorsque vous modifiez le niveau de zoom d'une image, vous changez la résolution telle qu'elle apparaît à l'écran. Celle du fichier ne subit en revanche aucune modification. La résolution de l'image ne varie que si vous appliquez l'un des outils Elements pour la réduire ou l'augmenter.

Dimensions d'une image

Les dimensions d'une image impliquent la taille physique du fichier. Si la taille est de 4 × 5 cm, par exemple, le fichier peut avoir un nombre illimité de valeurs de résolution différentes. Une fois le fichier ouvert dans Elements, il est possible de changer les dimensions d'une image et/ou sa résolution.

Si vous modifiez uniquement les dimensions d'une image et non le nombre de pixels qu'elle contient, une relation inverse s'établit entre la taille physique de l'image et sa résolution. Si la taille de l'image augmente, la résolution diminue. À l'inverse, si vous augmentez la résolution, vous diminuez la taille de l'image.

Maîtrisez l'art du rééchantillonnage

Certaines images sont parfois trop grandes et vous obligent à réduire leur résolution et leur taille physique. Il arrive au contraire qu'il faille augmenter la résolution pour obtenir l'image avec une taille plus élevée. Le redimensionnement d'une image, c'est-à-dire la modification de la taille, ainsi que du nombre de pixels, est également appelé *rééchantillonnage*.

Plus précisément, réduire la résolution revient à sous-échantillonner l'image, tandis qu'augmenter la résolution équivaut à la suréchantillonner.

Le rééchantillonnage impose de prendre quelques précautions, car il s'agit bien de supprimer ou de créer des pixels. Nous en détaillerons les principes à la section "Résultats du rééchantillonnage", plus loin dans ce chapitre.

Modifiez la taille et la résolution d'une image

Il existe deux manières de modifier la taille et la résolution d'une image. Premièrement, vous pouvez la recadrer à l'aide de l'outil Recadrage, avec ou sans rééchantillonage. Reportez-vous pour ce faire au Chapitre 9. Deuxièmement, vous pouvez faire appel à la boîte de dialogue Taille de l'image.

Pour redimensionner une image à l'aide de la boîte de dialogue Taille de l'image, procédez comme suit :

1. **Choisissez Image/Redimensionner/Taille de l'image.**

   Vous pouvez également utiliser le raccourci Ctrl/⌘+Alt+I. La boîte de dialogue Taille de l'image s'affiche, illustrée par la Figure 3.2.

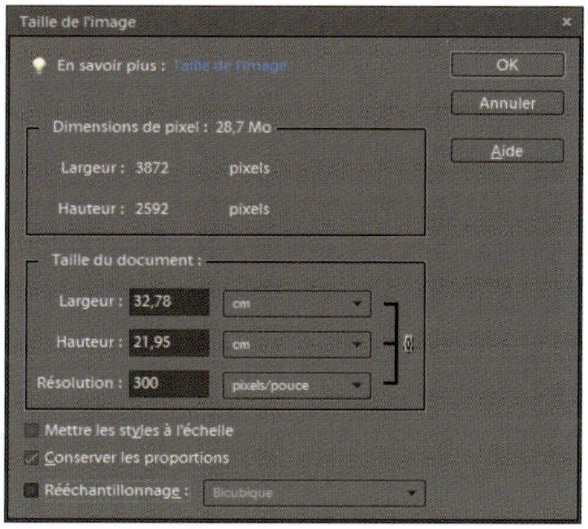

Figure 3.2 : Choisissez Image/Redimensionner/Taille de l'image pour ouvrir la boîte de dialogue Taille de l'image.

La section Dimensions de pixel indique la taille du fichier (comme 28,7 Mo). Il s'agit de la quantité d'espace occupée par l'image sur votre disque dur. La largeur et la hauteur sont fixes, sauf si vous cochez la case Rééchantillonnage, au bas de la boîte de dialogue.

2. **Dans la section Taille du document, vous définissez les dimensions et la résolution. Voici les différentes options :**

   - *Largeur :* Tapez une valeur dans la zone de texte pour redimensionner la largeur de l'image et appuyez sur la touche Tab pour changer de champ et valider la modification. Le menu déroulant à droite de la zone de texte propose plusieurs unités de mesure : pour-cent, pouces, centimètres, millimètres, points, picas et colonnes.

   - *Hauteur :* Options identiques au champ Largeur, à l'exception du paramètre Colonnes. Si vous conservez les proportions de la taille, vous modifiez généralement soit la valeur de la largeur, soit celle de la hauteur, mais pas les deux. Lorsque vous changez l'une ou l'autre, la résolution est également modifiée.

   - *Résolution :* Tapez une autre valeur de résolution et appuyez sur la touche Tab pour valider la modification. Lorsque vous modifiez une résolution, les valeurs Largeur et Hauteur sont également modifiées (si la case Conserver les proportions est cochée).

3. **Si vos valeurs de rééchantillonnage produisent la taille souhaitée, cochez la case Rééchantillonnage.**

   Si cette case est cochée, vous pouvez changer simultanément les dimensions et les pixels et réduire ou augmenter par conséquent le nombre de pixels. Si la case n'est pas cochée, les valeurs des dimensions sont liées. Le changement d'une valeur affecte automatiquement les autres valeurs.

   Avant de rééchantillonner une image, lisez bien la section suivante.

4. **Si vous cochez la case Rééchantillonnage, vous pouvez choisir une méthode de rééchantillonnage ainsi que d'autres options de rééchantillonnage.**

La liste déroulante propose des méthodes de rééchantillonnage. Le Tableau 3.1 en présente les détails. Les deux cases situées au-dessus de la case Rééchantillonnage s'activent si vous cochez cette case. Voici leur effet :

- *Mettre les styles à l'échelle :* Elements possède une palette Styles où l'on peut ajouter différents effets de style à des images (voir Chapitre 11). Lorsque vous appliquez un style, comme un contour, celui-ci apparaît avec une épaisseur définie. Si vous cochez la case Mettre les styles à l'échelle, puis redimensionnez l'image, l'effet de style subit le même redimensionnement. Cette case conserve la taille du style lors du redimensionnement de l'image.
- *Conserver les proportions :* Par défaut, cette case est cochée. Laissez-la telle quelle, sauf si vous voulez déformer intentionnellement une image.

5. **Une fois que vous avez défini vos options, cliquez OK pour redimensionner votre image.**

Tableau 3.1 : Méthodes de rééchantillonnage.

Méthode	*Effet*	*Meilleurs résultats*
Au plus proche	La plus rapide. Elle diminue la taille du fichier.	Convient particulièrement lorsque l'image contient de grandes zones de couleur identique.
Bilinéaire	Produit une image de qualité moyenne.	Sélectionnez cette option avec des images en niveaux de gris ou dessinées au trait.
Bicubique	Sélectionnée par défaut, elle produit une image de bonne qualité.	Conservez cette option, sauf si vous obtenez un meilleur résultat avec l'une des autres méthodes.
Bicubique plus lisse	Améliore la méthode Bicubique, mais adoucit légèrement les contours.	Si la netteté n'est pas capitale et que vous trouvez que Bicubique n'est pas satisfaisant, essayez cette option. Elle a tendance à mieux fonctionner si vous devez suréchantillonner l'image.
Bicubique plus net	Produit des images de bonne qualité et accentue les résultats.	Sous-échantillonne les images haute résolution destinées à être affichées à l'écran et sur des pages Web.

Résultats du rééchantillonnage

En règle générale, réduire la résolution ne pose pas de problème. En revanche, son augmentation est plus délicate. Si vous avez besoin d'une image haute définition et que vous pouvez revenir à la source (en la rénumérisant ou en reprenant la photo), essayez, si possible, de créer un nouveau fichier avec la résolution voulue, au lieu de la rééchantillonner dans Elements. En effet, le suréchantillonnage a souvent pour effet de dégrader fortement les images.

Si vous prenez une photo avec un appareil numérique pour l'ajouter ensuite à une page Web, vous devrez l'échantillonner à 72 ppi. Dans la plupart des cas, vous passez par la boîte de dialogue Taille de l'image. Cochez la case Rééchantillonnage, modifiez la largeur ou la hauteur et tapez **72** dans la zone de texte Résolution. Vous obtenez une image qui ressort très bien sur les pages Web. La Figure 3.3 présente une image qui a été sous-échantillonnée de plus de 25 cm en largeur horizontale.

Figure 3.3 : Le sous-échantillonnage d'images produit le plus souvent des résultats satisfaisants.

Si vous voulez imprimer sur un poster géant une image échantillonnée à l'origine pour une page Web, ne comptez pas sur Elements ou un quelconque éditeur d'image. Le suréchantillonnage d'images basse résolution les rend souvent floues, comme le montre la Figure 3.4.

Figure 3.4 : Le suréchantillonnage d'images basse résolution donne des résultats de mauvaise qualité.

Vous vous demandez peut-être quel est l'intérêt de suréchantillonner une image. Dans certains cas, les résultats sont satisfaisants. Essayez avec des résolutions supérieures, comme 300 ppi ou davantage si la taille de rééchantillonnage n'est pas parfaite. Si rien ne marche, appliquez un filtre à une image suréchantillonnée pour masquer le problème. Reportez-vous à cet effet au Chapitre 11.

Choisissez une résolution pour l'impression ou l'affichage à l'écran

La résolution dans un projet Elements est primordiale pour imprimer des fichiers. Les images 72 ppi conviennent tout à fait, en particulier pour les sites Web et les diaporamas. N'hésitez pas à réduire vos fichiers volumineux à 72 ppi si vous les destinez à ces usages. En revanche, dès lors qu'il s'agit d'impression, le problème est tout autre. Il existe de nombreux périphériques d'impression et leurs exigences en matière de résolution varient.

Si vous possédez une imprimante de bureau, prévoyez d'imprimer plusieurs images tests en changeant la résolution. Vous déterminerez rapidement quels sont les meilleurs attributs de fichier. Si vous envoyez des fichiers à des professionnels, demandez-leur quels sont les attributs de fichier qui leur conviennent le mieux.

Pour commencer, passez en revue les résolutions recommandées pour les différents périphériques de sortie dans le Tableau 3.2.

Tableau 3.2 : Résolutions et impression.

Périphérique de sortie	*Résolution optimale*	*Résolution acceptable*
Imprimantes à jet d'encre couleurs de bureau	300 ppi	180 ppi
Imprimantes à jet d'encre grand format	150 ppi	120 ppi
Imprimantes photo professionnelles	300 ppi	200 ppi
Imprimantes laser de bureau (noir et blanc)	170 ppi	100 ppi
Qualité magazine – presse offset	300 ppi	225 ppi
Images à l'écran (Web, diaporamas, vidéo)	72 ppi	72 ppi

Définissez votre mode de couleurs

Quelle que soit la destination de vos fichiers, vous devez tenir compte du mode de couleurs et du format de fichier. Au Chapitre 2, nous avons présenté le mode de couleurs RVB (rouge, vert et bleu), lequel prépare les fichiers en couleurs à l'impression sur imprimante de bureau ou à l'envoi aux professionnels de la photo.

D'autres modes de couleurs sont disponibles. Si vous voulez changer le mode de couleurs d'une image RVB, plusieurs options de conversion s'offrent à vous. Photoshop Elements emploie un *algorithme* (formule mathématique) pour convertir le mode des pixels. Il arrive que la conversion effectuée *via* une commande de menu produise de bons résultats. Cependant, il est parfois nécessaire de recourir à d'autres options pour convertir des modes.

Les sections qui suivent décrivent les modes disponibles dans Elements et expliquent comment passer du mode RVB à l'un des modes de votre choix : bitmap, niveaux de gris ou couleurs indexées.

Vous avez peut-être également entendu parler de CMJN. S'il n'est pas disponible dans Elements, vous devez savoir ce dont il s'agit et à quoi il sert. CMJN, que l'on appelle également *quadrichromie*, contient des pourcentages de couleurs cyan, magenta, jaune et noir. Ce mode sert à imprimer des supports commerciaux. Si vous concevez une couverture de magazine dans Elements et que vous envoyez le fichier à un imprimeur, le fichier sera converti en CMJN. Notez également que la plupart des imprimantes de bureau emploient des gammes d'encres comprises au sein de l'espace colorimétrique CMJN.

Convertissez en mode Bitmap

Le mode Bitmap est généralement utilisé pour imprimer des dessins au trait, tels que des logos et illustrations en noir et blanc ou des effets en noir et blanc que vous créez à partir d'images RVB. En outre, vous pouvez numériser votre signature sous forme d'image bitmap et l'importer dans d'autres programmes, comme ceux de la suite Microsoft Office. Avec un peu de créativité, vous pouvez combiner des images bitmap avec de la couleur RVB pour obtenir des effets très intéressants.

Le mode Bitmap d'Elements ne correspond pas au format de fichier `.bmp` de Windows. Dans Elements, Bitmap est un mode colorimétrique. Un fichier `.bmp` peut être une image en mode de couleurs RVB, Niveaux de gris ou Bitmap.

Retenez que lorsque vous combinez des images en un seul document, comme nous l'expliquerons au Chapitre 8, vous devez convertir les fichiers bitmap en niveaux de gris ou en couleurs si vous voulez fusionner les images avec une image RVB. Si vous les convertissez en niveaux de gris, Elements se charge de convertir les niveaux de gris en mode RVB.

La Figure 3.5 montre l'effet de la combinaison des niveaux de gris et des images en couleurs. L'image RVB d'origine a été convertie en bitmap, puis enregistrée sous un autre fichier. Le bitmap a été converti en niveaux de gris et placé sur l'image RVB. Un réglage d'opacité plus tard, nous obtenons un effet de grain avec une couleur désaturée.

Figure 3.5 : Créez des effets intéressants en combinant la même image à partir d'un fichier bitmap et d'un fichier RVB.

Elements définit directement le mode Bitmap si vous numérisez des images en noir et blanc. Certains documents se numérisent directement en mode Bitmap, tels que les illustrations, logos, signatures ou copies de fax. Il est en outre possible de convertir des images en mode Bitmap.

La conversion RVB vers Bitmap se compose de deux étapes. Il vous faut d'abord convertir en niveaux de gris, puis en Bitmap. Si vous sélectionnez la commande de menu Bitmap alors que vous êtes en couleurs RVB, Elements vous invite à passer préalablement par les niveaux de gris.

Voici comment convertir le mode RVB en Bitmap :

1. **Ouvrez l'image à convertir en Bitmap en mode Retouche standard ou Retouche rapide.**

2. **Choisissez Image/Mode/Bitmap.**

   Si vous démarrez en mode RVB, Elements vous invite à convertir l'image en niveaux de gris.

3. **Cliquez OK. La boîte de dialogue Bitmap s'affiche.**

   Dans la boîte de dialogue Bitmap, vous définissez la résolution de la sortie et une méthode de conversion.

4. **Sélectionnez une résolution.**

   Par défaut, la boîte de dialogue Bitmap, illustrée Figure 3.6, propose la résolution en cours. Vous êtes libre de changer cette valeur ou d'accepter celle proposée par défaut.

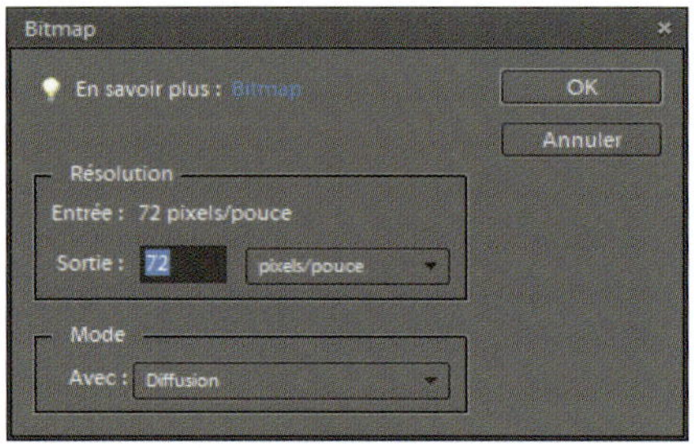

Figure 3.6 : Définissez la résolution de votre sortie et sélectionnez une méthode de conversion dans le menu déroulant Avec.

5. **Dans le menu déroulant Avec, sélectionnez un paramètre :**

   - *50 % Seuil*
   - *Motif géométrique*
   - *Diffusion*

   La Figure 3.7 permet de comparer les différentes méthodes appliquées pour convertir les images RVB en Bitmap.

Figure 3.7 : Image RVB d'origine, puis convertie en bitmap à l'aide des méthodes 50 % Seuil, Motif géométrique et Diffusion.

6. **Cliquez OK pour convertir votre image en mode Bitmap.**

Convertissez en Niveaux de gris

Les images en niveaux de gris possèdent des pixels noirs et blancs. Elles comprennent n'importe quel niveau de gris parmi les 256 possibles. En convertissant une image RVB en niveaux de gris, vous lui donnez l'aspect d'une photo noir et blanc.

ATTENTION

Parmi les trois manières de convertir une image en niveaux de gris, l'une d'entre elles est moins satisfaisante. Évitez de choisir Image/Mode/Niveaux de gris. Lorsque Elements effectue cette conversion, il supprime toute la couleur des pixels et vous perdez des données précieuses qui ne se récupèrent pas si vous effectuez la conversion en sens inverse. Si vous convertissez une image en niveaux de gris, enregistrez le fichier et supprimez l'original de votre disque dur ou carte mémoire, vous allez définitivement perdre l'image en couleurs. Il est certes possible d'enregistrer un fichier secondaire, mais vous risquez de les confondre par la suite et vos doublons de fichiers vont occuper de l'espace superflu sur votre disque.

Il existe une autre manière de convertir des images en niveaux de gris :

1. **Ouvrez une image RVB dans Elements.**

2. **Dupliquez un calque.**

   La Corbeille des palettes contient par défaut la palette Calques. Dans l'angle supérieur droit, cliquez le bouton Plus de cette palette pour ouvrir un menu déroulant. Choisissez Dupliquer le calque (voir Chapitre 8 pour plus d'informations).

3. **Choisissez Accentuation/Régler la couleur/Teinte/Saturation (ou appuyez sur Ctrl/⌘+U) pour ouvrir la boîte de dialogue Teinte/Saturation, illustrée Figure 3.8.**

4. **Positionnez le curseur Saturation à l'extrémité gauche pour désaturer l'image.**

   Toutes les couleurs disparaissent, mais les valeurs de luminosité de tous les pixels restent inchangées. Consultez le Chapitre 10 pour en savoir plus sur cette boîte de dialogue et les autres commandes de réglage des couleurs.

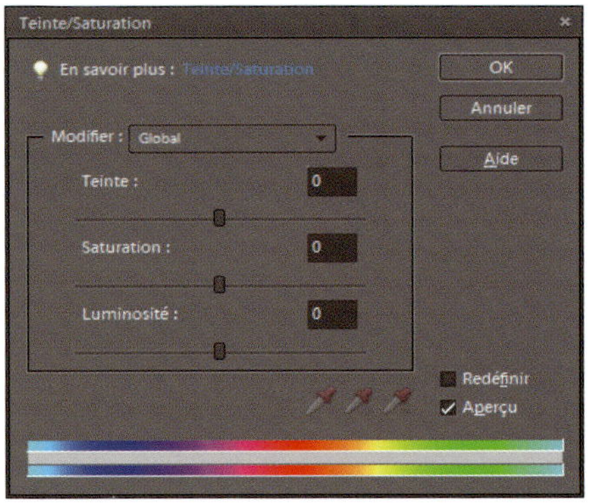

Figure 3.8 : Ouvrez la boîte de dialogue Teinte/Saturation et déplacez le curseur Saturation à l'extrémité gauche pour supprimer les couleurs.

5. **Désactivez le calque de couleur en cliquant l'icône d'œil.**

   La palette Calques contient deux calques, comme le montre la Figure 3.9. Il n'est pas nécessaire de désactiver le calque de couleur pour imprimer le fichier en niveaux de gris, mais cela peut vous aider à mémoriser quel calque vous avez utilisé la dernière fois que vous avez imprimé ou exporté le fichier.

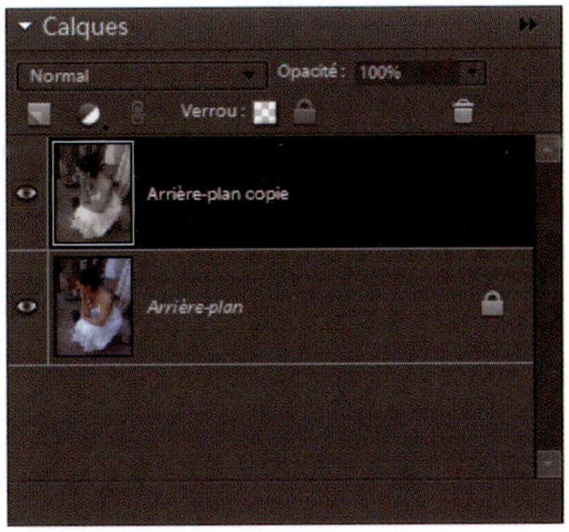

Figure 3.9 : La palette Calques contient les calques de couleur et de niveaux de gris. Cliquez l'icône d'œil pour les activer ou les désactiver à votre guise.

La procédure précédente vous permet d'obtenir un fichier qui contient du RVB et des niveaux de gris. Si vous voulez imprimer le calque de couleur, vous pouvez désactiver le calque de niveaux de gris. Si vous devez échanger des fichiers avec des concepteurs graphiques, vous pouvez envoyer le fichier avec les deux calques. Le professionnel pourra alors exploiter l'image en couleurs et l'image en niveaux de gris.

La conversion des couleurs RVB en niveaux de gris *via* la boîte de dialogue Teinte/Saturation présente un autre avantage : vous n'affectez en aucun cas les valeurs de luminosité des pixels. Le curseur Saturation n'affecte en effet que la couleur. Les valeurs de teinte et de luminosité restent identiques.

Une commande a vu le jour dans Photoshop Elements 5 pour convertir les images en couleurs en niveaux de gris. En mode Retouche standard ou Retouche rapide, choisissez Accentuation/Convertir en noir et blanc. La boîte de dialogue Convertir en noir et blanc s'affiche, comme le montre la Figure 3.10.

Cette boîte de dialogue contient de nombreux contrôles permettant de régler la luminosité et le contraste des images que vous convertissez en niveaux de gris. Choisissez parmi les options prédéfinies dans la liste Sélectionner un style. Déplacez les curseurs de la section Intensité du réglage et observez l'aperçu dans la vignette Après.

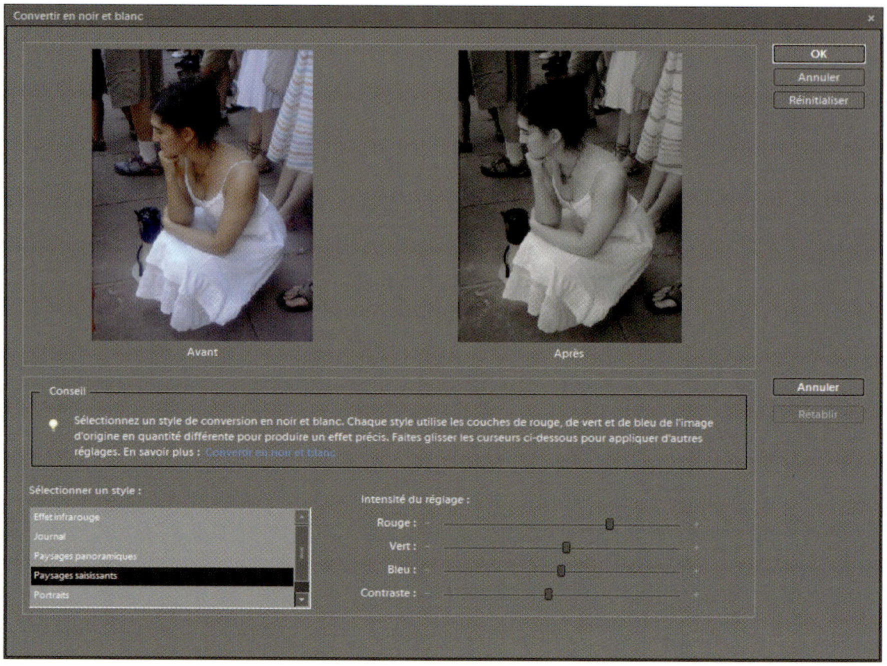

Figure 3.10 : Boîte de dialogue Convertir en noir et blanc.

Pour conserver votre image RVB dans le même fichier que sa version en niveaux de gris, dupliquez l'arrière-plan en choisissant Dupliquer le calque à partir du menu Plus de la palette Calques. Cliquez l'arrière-plan et choisissez Accentuation/Convertir en noir et blanc. La conversion s'applique uniquement à l'arrière-plan et vous conservez les couleurs du calque Arrière-plan copie.

Convertissez en mode Couleurs indexées

Couleurs indexées est un mode que l'on utilise occasionnellement avec les éléments graphiques du Web, pour enregistrer par exemple en format GIF ou PNG-8. Les fichiers image enregistrés en couleurs indexées sont parfois plus petits qu'en RVB et ils conviennent parfaitement pour la conception de sites Web.

Les images RVB en couleurs 24 bits (8 bits par couche) peuvent restituer jusqu'à 16,7 millions de couleurs, comme nous l'avons expliqué au Chapitre 2. Une image en couleurs indexées est une image 8 bits ne possédant qu'une seule couche. Le nombre total de couleurs ne peut dépasser 256. Si vous convertissez des images RVB en couleurs indexées, vous pouvez *tramer* la couleur et ainsi afficher l'image avec un effet tramé qui rappelle les images bitmap. Cet effet de trame donne l'impression que le fichier possède plus de 256 couleurs et la transition entre les couleurs est adoucie.

Les images en couleurs indexées peuvent présenter un avantage sur les images RVB : les fichiers image contenant moins de couleurs sont plus réduits et conviennent particulièrement pour l'hébergement sur des serveurs Web. Lorsque vous préparez des images pour le Web, vous avez le choix entre les couleurs indexées ou RVB. Ce choix dépend de l'affichage de votre image à l'écran. Si vous voulez présenter des photos, utilisez des images RVB et enregistrez-les avec un format approprié à l'hébergement sur le Web, comme nous l'expliquerons à la section "Enregistrez des images pour le Web", plus loin dans ce chapitre.

Si vos images contiennent des logos, des illustrations ou des dessins, le résultat en couleurs indexées sera très proche de celui des mêmes images en RVB. Dans ce cas, conservez l'image en couleurs indexées pour vos pages Web.

Pour convertir des images RVB en couleurs indexées, choisissez Image/Mode/Couleurs indexées. La boîte de dialogue Couleurs indexées qui s'affiche comporte de nombreuses options, ainsi que l'aperçu correspondant. Explorez la boîte de dialogue et observez les résultats dans la fenêtre d'image.

Enregistrez des fichiers selon leur destination

Les fichiers Photoshop Elements s'enregistrent sous divers formats. Certains vous imposent de convertir préalablement le mode de couleurs, d'où la relation entre les formats de fichier et l'enregistrement des fichiers. En outre, la profondeur des images est également liée aux formats de fichier que vous exploitez lorsque vous enregistrez des fichiers.

Avant d'aller plus loin dans Elements, apprenez à connaître les formats de fichier et les conversions nécessaires pour enregistrer dans un format ou un autre. Si vous n'avez pas besoin de convertir un mode ou de changer la profondeur de votre image, vous pouvez enregistrer le fichier en conservant le format d'origine. Très souvent, vous ouvrez une image et vous la préparez avec un objectif précis en tête, ce qui vous oblige à considérer le type de format de fichier à choisir pour enregistrer le fichier.

Utilisez la boîte de dialogue Enregistrer/Enregistrer sous

La boîte de dialogue Enregistrer (ou Enregistrer sous) se retrouve dans pratiquement tous les programmes. Enregistrer sous permet d'enregistrer une copie dupliquée ou modifiée de votre image et de conserver le fichier d'origine.

Pour accéder à cette boîte de dialogue, choisissez Fichier/Enregistrer si vous n'avez pas encore enregistré le fichier, ou Fichier/Enregistrer sous pour n'importe quel fichier.

Les outils de navigation de la boîte de dialogue Enregistrer/Enregistrer sous d'Elements sont ceux que l'on retrouve dans toutes les boîtes de dialogue Enregistrer. Voici les options standard de la boîte de dialogue Enregistrer/Enregistrer sous :

- **Nom du fichier :** Élément commun à toutes les boîtes de dialogue Enregistrer. Tapez le nom de votre fichier dans la zone de texte.
- **Format :** Le menu déroulant propose des formats de fichier. Nous détaillerons les formats pris en charge par Elements à la section "Découvrez les formats de fichier", plus loin dans ce chapitre.

Quelques options de cette boîte de dialogue diffèrent de celles des autres boîtes de dialogue Enregistrer que vous avez l'habitude d'utiliser. La section Options d'enregistrement de la boîte de dialogue Enregistrer sous contient plusieurs options :

- **Enregistrer dans l'Organiseur :** Cochez cette case pour ajouter le fichier à l'Organiseur (reportez-vous au Chapitre 6 pour plus d'informations sur l'Organiseur).

- **Enregistrer dans un jeu de versions avec l'original :** Vous pouvez retoucher des images et enregistrer une version de votre image, mais uniquement en mode Retouche rapide. La case est active lorsque vous enregistrez le fichier en mode Retouche rapide. Cochez-la pour enregistrer une version du fichier original, lequel apparaît dans l'Organiseur.
- **Couleur :** Cochez la case Profil ICC (*International Color Consortium*). Selon le profil que vous utilisez, l'option est définie à sRGB ou Adobe RGB (1998). Si la case est cochée, cela signifie que le profil est intégré à l'image. Reportez-vous au Chapitre 2 pour en savoir plus sur les profils.
- **Aperçu :** Si vous enregistrez un fichier avec un aperçu, une représentation en miniature de votre image apparaît lorsque vous l'affichez dans des dossiers ou sur le Bureau. Si vous sélectionnez l'option Demander pour l'original dans les préférences Enregistrement des fichiers, la case peut être cochée ou décochée. Si vous sélectionnez Toujours demander ou Ecraser le fichier en cours, cette case est grisée, cochée ou non. Vous devez accéder à la boîte de dialogue Préférences pour changer cette option.
- **Extension de fichier en minuscules :** Les extensions de fichiers indiquent sous quel format le fichier a été enregistré. Elements ajoute automatiquement l'extension au nom de fichier. Il ne vous reste plus qu'à choisir d'écrire le nom de l'extension en lettres minuscules ou majuscules en cochant ou en décochant la case.

Enregistrez des fichiers pour le Web

Si vous voulez enregistrer des fichiers pour le Web, vous devrez passer par une autre boîte de dialogue qu'Enregistrer/Enregistrer sous. Choisissez Fichier/Enregistrer pour le Web pour accéder à la boîte de dialogue appropriée. Le Chapitre 15 explique comment employer la boîte de dialogue Enregistrer pour le Web.

Découvrez les formats de fichier

Lorsque vous enregistrez des fichiers dans Elements, il vous faut choisir un format de fichier dans le menu déroulant Format des boîtes de dialogue Enregistrer et Enregistrer sous.

En ce qui concerne les options de format, retenez quelques points importants :

- Les formats de fichiers ont une grande importance lorsque vous échangez des fichiers avec d'autres utilisateurs. Chaque format a un objectif précis. D'autres programmes peuvent refuser des fichiers à cause du format que vous avez choisi.
- Les formats proposés dépendent du mode de couleurs, de la profondeur et de la présence de calques. Si un format n'apparaît pas dans le menu Format, revenez à l'un des modes de retouche et apportez une modification au fichier, comme changer le mode de couleurs ou aplatir les calques, afin d'enregistrer le fichier avec le format de votre choix.

Pour obtenir un aperçu de tous les formats de fichier disponibles, ouvrez une image couleurs RVB en mode Retouche standard, choisissez Fichier/ Enregistrer sous et cliquez la flèche de la liste déroulante Format. Plusieurs options s'offrent à vous, comme le montre la Figure 3.11.

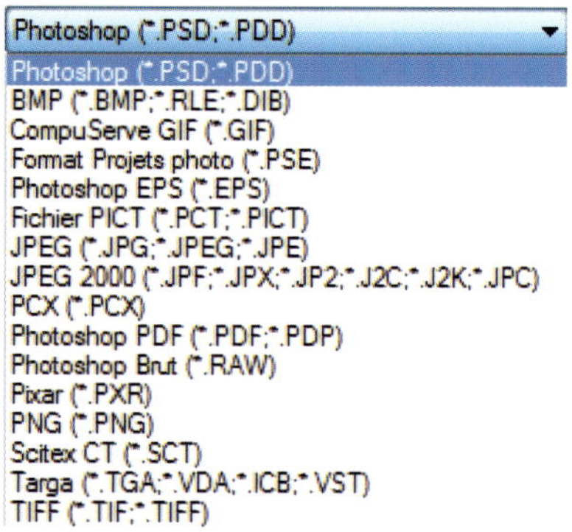

Figure 3.11 : Ouvrez le menu déroulant Format de la boîte de dialogue Enregistrer ou Enregistrer sous pour découvrir les formats pris en charge par Elements.

Les sections suivantes passent en revue la plupart des formats de fichier pris en charge par Elements ainsi que leur objectif.

Photoshop (*.PSD, *.PDD)

Il s'agit du format de fichier natif de Photoshop et Photoshop Elements. Il est compatible avec tous les modes de couleurs et profondeurs et permet de conserver les calques. Choisissez-le lorsque vous voulez enregistrer en format natif ou échanger des fichiers avec des utilisateurs de Photoshop. Il sert également à enregistrer des fichiers que vous prévoyez de retoucher à l'avenir. En enregistrant les calques, vous conservez la possibilité de modifier ultérieurement tout élément de texte ajouté aux calques. Consultez le Chapitre 13 pour ajouter du texte à une image.

BMP (*.BMP, *.RLE, *.DIB)

Le terme *bitmap* peut sembler un peu confus. S'il correspond à un type de format de fichier et à un mode de couleurs, il ne faut pas confondre les deux termes. Le *format* bitmap permet d'enregistrer dans tous les modes de couleurs et avec toutes les profondeurs. Le *mode de couleurs* Bitmap, que vous retrouvez à la section "Convertissez en mode Bitmap", précédemment dans ce chapitre, correspond au mode 1 bit noir et blanc.

Choisissez le format bitmap pour ajouter des images aux ressources système, comme le papier peint du Bureau par exemple. Il s'utilise également avec de nombreux programmes. Si vous ne parvenez pas à importer des images dans des documents d'autres programmes, essayez de les enregistrer en tant que fichiers BMP.

CompuServe GIF (*.GIF)

À l'origine, CompuServe hébergeait des comptes de messagerie. Les utilisateurs échangeaient alors des fichiers et des messages *via* des modems 300 bauds. Plus tard, CompuServe a développé le format GIF (*Graphics Interchange Format*) pour échanger des fichiers entre des centraux informatiques et le nombre croissant d'utilisateurs exploitant des ordinateurs Osborne, Kaypro, Apple et Radio Shack TRS-80.

GIF est aujourd'hui un format couramment utilisé pour l'hébergement d'éléments graphiques sur le Web. Les images GIF peuvent être en couleurs indexées ou animées et de taille très réduite. Choisissez ce format s'il vous faut moins de 256 couleurs et pour créer des animations dans vos images.

Format Projets photo (*.PSE)

Cette option permet de créer un projet et d'enregistrer le fichier sous forme de projet. Reportez-vous au Chapitre 16 pour créer des projets dans Elements.

Photoshop EPS (*.EPS)

Les graphistes utilisent des fichiers Photoshop EPS (*Encapsulated PostScript*) quand ils impriment leurs projets sur un support commercial. Le format le plus populaire chez les professionnels est TIFF, mais Photoshop EPS présente certains avantages par rapport à tous les autres.

Selon le mode de couleurs de votre image, le format Photoshop EPS offre plusieurs options. Sélectionnez le format dans la boîte de dialogue Enregistrer/Enregistrer sous et cliquez Enregistrer. Si vous travaillez sur une image bitmap (1 bit), la boîte de dialogue Options EPS de la Figure 3.12 s'affiche et propose d'enregistrer toute zone comportant du blanc en tant que zone transparente.

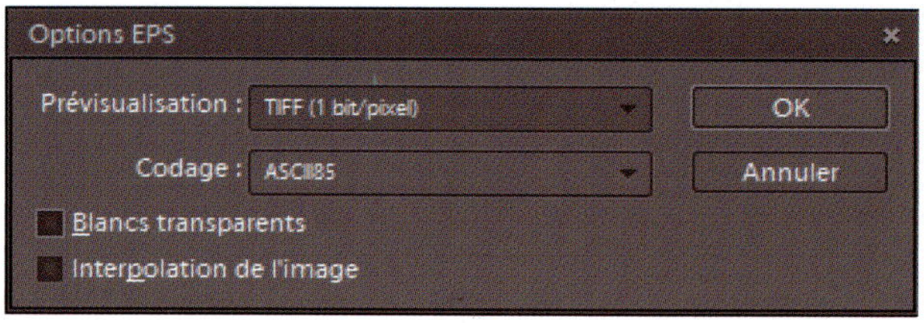

Figure 3.12 : Lorsque vous travaillez sur des images bitmap 1 bit, cette boîte de dialogue propose d'enregistrer les zones blanches du document en zones transparentes.

Notez la présence de la case Blancs transparents. Par exemple, vous avez un logo circulaire dont vous voulez rendre la zone périphérique transparente. Si vous importez l'image graphique dans un autre programme, vous allez récupérer le noir de l'image, tandis que la zone blanche qui correspond à l'arrière-plan blanc de l'image bitmap d'origine sera transparente. Si vous enregistrez un fichier de profondeur supérieure, la boîte de dialogue Options EPS ne propose pas de rendre les blancs transparents.

JPEG (*.JPG, *.JPEG, *.JPE)

Le format JPEG (*Joint Photographic Experts Group*) est sans doute le format de fichier le plus utilisé. Par exemple, les fichiers JPEG servent à l'envoi de pièces jointes, à l'impression dans les laboratoires de développement photos et ils peuvent être affichés dans les visionneuses JPEG ou directement dans les navigateurs Web. Le format JPEG est pris en charge par quasiment tous les programmes capables d'importer des images. Les seuls à ne pas adopter ce format sont peut-être les graphistes professionnels.

Attention toutefois à prendre quelques précautions lorsque vous travaillez avec le format JPEG. Les fichiers JPEG sont compressés pour réduire la taille des fichiers. Vous pouvez alléger une image de plusieurs mégaoctets pour obtenir quelques centaines de kilo-octets. Lorsque vous enregistrez un fichier avec compression JPEG, vous perdez des données. Cette perte peut ne pas être visible à l'écran ni même sur la photo imprimée, si la compression est faible, et la qualité reste satisfaisante. Cependant, si vous effectuez la compression maximale, vous perdez davantage de pixels et la dégradation de l'image est flagrante.

Lorsque vous enregistrez, ouvrez et réenregistrez des images au format JPEG, chaque nouvel enregistrement dégrade l'image davantage. Si vous devez transmettre des images JPEG à un laboratoire de développement photos afin de les faire imprimer, enregistrez toujours le fichier au format Photoshop PSD. Ne choisissez le format JPEG qu'au dernier enregistrement, avec une faible compression et une qualité élevée.

Si vous sélectionnez JPEG en tant que format et que vous cliquez Enregistrer, la boîte de dialogue Options JPEG de la Figure 3.13 s'affiche. Pour choisir le degré de compression, tapez une valeur dans la zone de texte Qualité ou déplacez le curseur sous cette zone de texte. Les valeurs vont de 0 à 12 – 0 correspondant à la qualité la plus basse et à la compression la plus élevée, et 12 à la qualité la plus élevée et à la compression la plus basse.

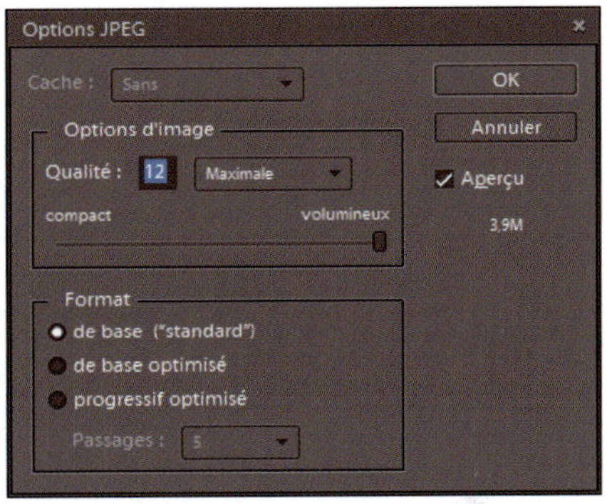

Figure 3.13 : Si vous enregistrez au format JPEG, choisissez la quantité de compression à appliquer à l'image.

La section Format de la boîte de dialogue Options JPEG propose également des options. Le paramètre Progressif optimisé crée un fichier JPEG progressif couramment utilisé avec les navigateurs Web. La qualité de ce type de fichier varie pendant le téléchargement du fichier sur un site Web. L'image apparaît d'abord de faible qualité. Sa résolution augmente jusqu'à ce qu'elle apparaisse en pleine résolution une fois téléchargée dans la fenêtre du navigateur.

JPEG 2000 (*.JPF, *.JPX, *.JP2, *. J2K, *.JPC)

JPEG 2000 est un nouveau format de fichier JPEG. Il offre la même qualité que JPEG, avec une option supplémentaire pour compresser le fichier sans perte de pixels : la *compression sans perte*. La boîte de dialogue JPEG 2000 vous présente directement le résultat de vos choix en termes de taille de fichier, avant même d'enregistrer l'image.

TRUC

Si vous devez enregistrer des images au format JPEG destinées à un laboratoire de développement photos, assurez-vous qu'il prend en charge le format JPEG 2000. Dans l'affirmative, enregistrez vos fichiers sous ce format avec une compression sans perte. Si des fichiers sont compressés sans perte, vous pouvez espérer gagner environ deux tiers de la taille de fichier d'origine. Par exemple, un fichier de 6 Mo peut être réduit à environ 2 Mo s'il est enregistré en JPEG 2000 avec compression sans perte. Si vous enregistrez des fichiers au format JPEG 2000 pour le Web, les navigateurs Web doivent posséder un module complémentaire pour afficher les images.

PCX (*.PCX)

PCX est un format de PC natif utilisé à l'origine avec le logiciel PC PaintBrush. La plupart des programmes prennent aujourd'hui en charge les formats plus récents. Vous ne devriez théoriquement pas en avoir besoin. Si vous possédez ce type de fichiers PCX, vous avez la possibilité de les ouvrir dans Elements, de les retoucher et de les enregistrer dans un format plus récent.

Photoshop PDF (*.PDF, *.PDP)

Le format Adobe PDF (*Portable Document Format*) a été conçu pour conserver l'intégrité du document et échanger des fichiers entre ordinateurs. PDF est l'un des formats les plus populaires. Il s'affiche *via* le programme gratuit Adobe Reader, disponible sur votre CD d'installation d'Elements ou téléchargeable sur le site Web d'Adobe.

Le format PDF est prédominant dans Elements. Lorsque vous passez au mode Organiseur et créez par exemple des présentations avec diapositives, des cartes ou des calendriers, vous avez la possibilité d'exporter les documents sous forme de fichiers PDF. Lorsque vous enregistrez au format Photoshop PDF, vous conservez les calques et le texte. Adobe Reader, ainsi que les autres visionneuses Acrobat, reconnaît le texte et prend en charge la fonctionnalité de recherche du texte.

Les fichiers PDF peuvent être imprimés, hébergés sur des sites Web et échangés avec des utilisateurs de Windows, Macintosh, Unix et Linux. En fait, ce format est idéal pour créer dans Elements des fichiers contenant du texte, des calques et de la transparence, et que vous comptez échanger avec des utilisateurs qui ne possèdent ni Elements ni Photoshop.

Photoshop Brut (*.RAW)

Ce format permet d'échanger des fichiers entre utilisateurs Windows et Mac et les centraux informatiques. Il présente peu d'intérêt si vous ne comptez pas préparer des fichiers pour des centraux informatiques.

Fichier PICT (*.PCT, *.PICT)

Le format PICT (*Picture*) est l'équivalent Apple du PCX de Windows. Il date de l'introduction en 1984 du Macintosh et du programme MacDraw. Les fichiers PICT servent à créer des diapositives et des fichiers vidéo sur Macintosh, et à imprimer des images sur des imageurs qui n'utilisent pas PostScript. Choisissez ce format si un utilisateur Mac en a besoin ou si vous envoyez des fichiers à imprimer sur des diapositives avec un imageur non PostScript.

Pixar (*.PXR)

Ce format sert à échanger des fichiers avec les stations de travail Pixar.

PNG (*.PNG)

PNG (*Portable Network Graphics*) est un autre format qui convient aux pages Web. Il prend en charge tous les modes de couleurs, les images 24 bits et la transparence. Certains navigateurs plus anciens peuvent toutefois exiger un module complémentaire pour afficher les fichiers PNG sur les pages Web. En revanche, il est impossible d'intégrer les profils de couleurs dans les images, contrairement au format JPEG.

Scitex CT (*.SCT)

Le format Scitex Continuous Tone (CT) est employé par les stations de travail Scitex dans les environnements d'impression commerciale.

Targa (*.TGA, *.VDA, *.ICB, *.VST)

Targa est un format conçu pour décrire les images bitmap et représenter des bitmaps à partir de noir et blanc, de couleurs indexées et de couleurs RVB. Il s'emploie avec les applications capables de lire les fichiers Targa, comme le matériel fourni par Truevision.

TIFF (*.TIF, *.TIFF)

TIFF (*Tagged Image File Format*) est le format le plus employé par les concepteurs graphiques. On l'utilise pour importer des images dans des programmes de mise en page professionnels, comme Adobe InDesign et Adobe PageMaker, dans les laboratoires de développement photos et chez les imprimeurs dont l'équipement permet de télécharger des fichiers TIFF directement sur leurs appareils. (***Remarque :*** le téléchargement direct évite d'ouvrir une boîte de dialogue Imprimer.)

Dans la mesure où les graphistes utilisent TIFF depuis très longtemps, il est préférable, en tant que concepteur qui travaille avec un programme comme Adobe InDesign, d'enregistrer au format natif Photoshop PSD. Ainsi, le graphiste n'aura besoin d'enregistrer qu'un seul fichier en format natif, sans se préoccuper d'enregistrer aux formats TIFF et natif.

À l'instar des formats Photoshop PSD et Photoshop PDF, TIFF permet d'enregistrer des fichiers contenant des calques et accepte tous les modes de couleurs. Lorsque vous enregistrez au format TIFF, vous avez le choix entre plusieurs modèles de compression. La compression des fichiers TIFF ne fait perdre aucune donnée, sauf si vous choisissez une compression JPEG.

Si vous sélectionnez le format TIFF et cliquez Enregistrer dans la boîte de dialogue Enregistrer/Enregistrer sous, la boîte de dialogue Options TIFF de la Figure 3.14 s'affiche.

La section Compression de l'image contient plusieurs options :

- **AUCUNE :** Cette option n'effectue aucune compression. Elle sert à envoyer des fichiers aux graphistes qui créent des mises en page dans des programmes comme Adobe InDesign. Aucun des modèles de compression suivants n'est recommandé pour l'impression de fichiers à but commercial.
- **LZW :** Ce modèle de compression sans perte produit des fichiers de taille réduite sans perte de données.

- **ZIP :** Il s'agit également d'un modèle de compression sans perte. Il convient mieux que LZW lorsque votre image contient de grandes zones de la même couleur.
- **JPEG :** Avec ce modèle, vous perdez des données, mais vous obtenez des fichiers réduits au maximum. Le résultat est le même que lorsque vous enregistrez des fichiers au format JPEG.

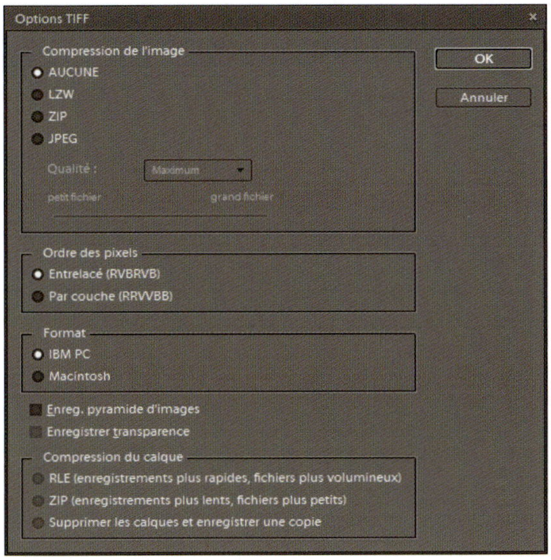

Figure 3.14 : Choisissez TIFF dans le menu déroulant Format et cliquez Enregistrer pour ouvrir la boîte de dialogue Options TIFF.

Tour d'horizon sur les formats de fichier

Nous travaillons avec Photoshop, dont les formats d'enregistrement sont les mêmes que ceux de cette section, depuis 1989. Pourtant, nous n'avons jamais utilisé tous les formats disponibles dans Photoshop Elements. Vous en emploierez tout au plus trois ou quatre.

TRUC

Il n'est pas indispensable de se souvenir de tous les formats et de leur fonction. Il vous suffit de repérer ceux qui conviennent à vos projets habituels, de les mettre en évidence dans le Tableau 3.3 et de vous y référer en cas de besoin, jusqu'à savoir sans hésiter comment préparer vos fichiers pour les enregistrer au format voulu. Si d'aventure vous receviez d'un autre utilisateur un fichier d'un format que vous n'utilisez pas, revenez à la description de ce chapitre pour retrouver les détails sur son emploi.

Tableau 3.3 : Attributs de format de fichier pris en charge par Photoshop Elements.

Format	*Modes de couleurs pris en charge*	*Profils intégrés* pris en charge*	*Profondeur prise en charge*	*Calques pris en charge*
Photoshop PSD, PDD	Bitmap, RVB, Couleurs indexées, Niveaux de gris	Oui	1, 8, 24, S	Oui
BMP	Bitmap, RVB, Couleurs indexées, Niveaux de gris	Non	1, 8, 24, S	Non
CompuServe GIF**	Bitmap, RVB, Couleurs indexées, Niveaux de gris	Non	1, 8, 24	Non
Photoshop EPS	Bitmap, RVB, Couleurs indexées, Niveaux de gris	Oui	1, 8, 24	Non
JPEG	RVB, Niveaux de gris	Oui	8, 24	Non
JPEG 2000	RVB, Niveaux de gris	Oui	8, 24, S	Non
PCX	Bitmap, RVB, Couleurs indexées, Niveaux de gris	Non	1, 8, 24	Non
Photoshop PDF	Bitmap, RVB, Couleurs indexées, Niveaux de gris	Oui	1, 8, 24, S	Oui
Photoshop brut	RVB, Couleurs indexées, Niveaux de gris	Non	8, 24, S	Non
Fichier PICT	Bitmap, RVB, Couleurs indexées, Niveaux de gris	Oui	1, 8, 24	Non
Pixar	RVB, Niveaux de gris	Non	8, 24	Non
PNG	Bitmap, RVB, Couleurs indexées, Niveaux de gris	Non	1, 8, 24, S	Non
Format Création photo	Bitmap, RVB, Couleurs indexées	Non	1, 8, 24, S	Non
Scitex CT	RVB, Niveaux de gris	Non	8, 24	Non

Format	*Modes de couleurs pris en charge*	*Profils intégrés* pris en charge*	*Profondeur prise en charge*	*Calques pris en charge*
Targa	RVB, Couleurs indexées, Niveaux de gris	Non	8, 24	Non
TIFF	Bitmap, RVB, Couleurs indexées, Niveaux de gris	Oui	8, 24, S	Oui

La lettre S de la colonne 4 représente les modes supérieurs, à savoir les images 16 bits et 32 bits, que vous obtenez avec les scanners et les appareils photo numériques. Reportez-vous au Chapitre 2 pour en savoir plus sur ce type d'images.

** L'intégration des profils se limite aux profils sRGB IEC61966-2.1 ou AdobeRGB (1998).*

*** CompuServer GIF ne prend pas en charge l'enregistrement des calques, excepté sous forme d'images. Ces images servent à créer un fichier animé GIF pour les pages Web.*

Formats audio et vidéo pris en charge dans Elements

Outre les formats d'image listés dans le Tableau 3.3, Elements prend en charge les fichiers audio et vidéo. Il est en revanche uniquement possible d'ajouter et d'afficher des fichiers audio et vidéo dans l'Organiseur et d'imprimer la première image sur un fichier vidéo. Pour toute autre modification, vous devez faire appel à un logiciel spécialisé en retouche audio et vidéo.

Il est possible d'importer des fichiers audio dans des diaporamas (voir Chapitre 15). Les formats de fichier acceptés pour les fichiers audio sont les suivants : MP3, WAV, QuickTime et WMA. Si vous avez des fichiers audio sous un autre format, il vous faut le convertir. Recherchez à cet effet un programme de conversion audio sur Internet.

Vous pouvez également importer des fichiers vidéo dans des diaporamas (voir Chapitre 15). Elements prend en charge le format vidéo WMV (Windows). Si des vidéos sont enregistrées sous d'autres formats, comme Apple QuickTime, pour les utilisateurs de Windows, vous devrez convertir le format QT en WMV. En ce qui concerne les utilitaires de conversion vidéo, il existe également des programmes conçus à cet effet sur Internet.

Deuxième partie

Organisez vos images

"Non, vous devez vous tromper. Nous faisons de la retouche photo, pas des photos de fami... Ah, attendez, je crois que j'ai compris !"

Dans cette partie...

Une fois Photoshop Elements ouvert, vous pouvez rechercher vos photos sur votre disque dur, votre appareil photo numérique ou votre scanner. Dans cette partie, nous allons expliquer comment accéder à des images et les ouvrir dans Elements pour les retoucher. Vous apprendrez à organiser vos photos à l'aide des fonctionnalités d'organisation du programme, ainsi qu'à rechercher des photos, les étiqueter, puis créer plusieurs versions de la même image. En matière d'organisation d'images, il n'existe pas meilleur outil qu'Elements pour vous aider à classer et à retrouver vos précieuses photos.

4

Ouvrez des images

Dans ce chapitre :

- Récupérez les photos des appareils photo et des lecteurs de carte.
- Numérisez des photos et des dessins.
- Importez des photos à partir de CD, DVD et autres médias.
- Utilisez les services en ligne.
- Récupérez les photos des téléphones portables.
- Créez de nouveaux documents.
- Exploitez les fichiers Camera Raw.

Les photos que vous manipulez, déformez ou retouchez dans Elements peuvent provenir de diverses sources. Si vous avez un appareil photo numérique, vous êtes bien tombé : nous allons parcourir toutes les options permettant de récupérer les photos que vous avez prises.

Si vous possédez un scanner, vous êtes également concerné, puisque nous allons expliquer comment numériser des photos. Si enfin vous exploitez des CD, des fichiers Internet, des séries d'images gravées sur DVD ou même une ou deux photos prises avec votre téléphone portable, vous trouverez ici votre bonheur.

Dans les chapitres précédents, nous avons seulement évoqué l'ouverture de fichiers. Si vous avez suivi certaines des étapes de ces chapitres pour ouvrir des images, vous connaissez probablement l'outil Ouvrir et la commande Ouvrir. Évidemment, l'obtention d'images ne se limite pas simplement à la commande Ouvrir, comme vous allez le constater dans ce chapitre.

Ce chapitre regroupe tout ce que vous devez savoir pour afficher des images dans Elements à partir de toutes les sources possibles, et il explique comment naviguer entre les espaces de travail pour ouvrir des fichiers dans Elements.

Appareils photo numériques ou scanners ?

Si vous ne possédez pas encore d'appareil photo numérique, nous vous encourageons vivement à ne plus attendre. En effet, maintenant que vous avez Elements, vous n'avez plus aucune raison de vous en passer. Si vous avez passé pas mal de temps à numériser des images avec un scanner numérique, vous apprécierez le gain de temps qu'un appareil photo vous offre par rapport au scanner pour récupérer vos images dans Elements.

Certains utilisateurs pensent encore que le scanner leur offre davantage de possibilités qu'un appareil photo numérique, ce qui n'est pas le cas. Voici quelques-uns des avantages que procure l'appareil photo numérique :

- **Accès plus rapide aux fichiers :** Il est beaucoup plus rapide de copier des images d'une carte mémoire d'appareil photo que de numériser des images à partir d'un support papier ou d'un film.
- **Qualité supérieure des images :** Vous prendrez de bien plus belles photos avec un bon appareil photo SLR (*Single Lens Reflex*, reflex mono-objectif) qu'en numérisant des photos avec un scanner de bonne qualité.
- **OCR et reconnaissance du texte :** Si vous n'avez pas besoin de numériser des quantités de documents texte à interpréter *via* un logiciel de reconnaissance optique de caractères (OCR, *Optical Character Recognition*) qui convertit les images en texte modifiable, votre appareil photo numérique est suffisant. Si vous numérisez des pages à l'unité *via* un scanner, il est plus rapide de les prendre en photo. Vous obtenez le même résultat qu'en convertissant le texte des pages numérisées.

- **Objets 3-D :** Les appareils photo numériques permettent de prendre en photo des objets en 3-D. Essayez de numériser une paire de chaussures ou n'importe quel objet en relief... Ou plutôt non, car l'expérience ne vaut pas les traces que vous allez faire sur votre scanner.

- **Coûts réduits :** L'appareil photo numérique permet d'économiser sur la pellicule et son développement. Vous pouvez commander des tirages photo chez des professionnels pour moins de dix cents l'exemplaire, imprimés sur le même papier photo qu'avec un développement à partir de la pellicule. En outre, vous pouvez sélectionner les photos à développer, alors qu'il est obligatoire de faire développer la totalité de la pellicule pour n'avoir peut-être au final qu'une seule belle photo.

- **Classement et archivage :** Les images numériques s'enregistrent sur des CD/DVD, où l'on peut ajouter des informations sur chaque image pour faciliter leur classement (voir Chapitre 6). Il est plus rapide de parcourir un DVD que des albums photos ou des paquets de diapositives. L'archivage de photos numériques est simple et rapide ; il est en outre inutile de se soucier des rayures, des couleurs passées ou des originaux endommagés.

- **Contrôle du traitement des images :** L'usage de pellicules vous rend dépendant du temps de traitement et de la température nécessaires au laboratoire de développement pour traiter la pellicule. Avec un appareil photo numérique, vous post-traitez l'image après la prise, comme nous l'expliquerons à la dernière section de ce chapitre.

- **Clips vidéo :** Les appareils photo numériques possèdent quasiment tous un mode vidéo.

Cette liste présente les avantages des appareils photo numériques par rapport aux scanners. Ces derniers conservent néanmoins leur place et possèdent même quelques avantages sur les appareils photo :

- **Chargeurs automatiques :** Il existe des scanners équipés de chargeurs automatiques, qui numérisent des pages de manière autonome. Si vous avez besoin de numériser de gros volumes de pages pour reconnaître du texte, l'emploi de l'appareil photo n'est pas idéal.

- **Photos à l'ancienne :** Vous pouvez prendre en photo des images avec un appareil photo numérique et, selon l'appareil, obtenir le même résultat avec un scanner. Les scanners offrent une grande facilité de traitement des films fixes et des diapositives. Cependant, il existe également des accessoires que l'on fixe à l'appareil photo numérique et qui permettent de prendre des diapositives et des négatifs. Pour en savoir plus à ce sujet, procurez-vous le livre *Color Correction For Digital Photographers Only*, de Ted Padova et Don Mason.

Transférez les images de votre appareil photo

La copie de photos d'un appareil photo numérique sur un ordinateur pour les ouvrir dans Elements est un jeu d'enfant si vous connaissez bien votre appareil et les outils mis à votre disposition. Les sections qui suivent détaillent quelques points importants, notamment le choix de la résolution lors de la prise de photos et l'exécution de l'Assistant Exécution automatique de Microsoft (Windows Vista) et d'Adobe Photoshop Elements 7.0 – Téléchargeur de photos lorsque vous branchez votre appareil photo à l'ordinateur.

Choisissez le format du fichier

Lorsque vous manipulez des photos numériques dans Elements, le format de fichier est un point très important. Vous le choisissez avant de prendre vos photos et il se reporte sur l'ordinateur lorsque vous extrayez les photos de l'appareil.

Les formats de fichier les plus courants que proposent les appareils photo numériques sont JPEG et Camera Raw. Certains appareils en proposent d'autres, mais ces deux derniers sont les plus utilisés. Les appareils photo numériques simples et bon marché n'offrent que le format JPEG. Les plus coûteux, y compris les reflex mono-objectif, proposent les deux formats :

- **JPEG :** Les appareils photo qui produisent des images JPEG traitent les images avec une compression JPEG avant de les enregistrer. Ce traitement équivaut à celui de la pellicule en chambre noire au moment de la prise de la photo.

Pour de plus amples informations sur le format JPEG, reportez-vous au Chapitre 3.

- **Camera Raw :** Ce format est idéal pour les images à retoucher dans Elements. Lorsque vous enregistrez une image Camera Raw sur un média, le fichier conserve toutes les informations capturées par le détecteur. Ces images sont post-traitées à l'ouverture. Lisez à ce sujet la section "Découvrez le format Camera Raw", plus loin dans ce chapitre. Par exemple, il est possible d'ouvrir une image Camera Raw et de régler la température, l'exposition et d'autres paramètres avant de l'afficher dans Elements. Il reste possible de revenir au fichier Camera Raw d'origine et de modifier par exemple la température ou l'exposition pour ouvrir le fichier avec d'autres paramètres. À l'instar de la température chimique et du temps de développement qui influent sur le traitement des pellicules analogiques, les mêmes options affectent le post-traitement des images Camera Raw. Avec un film analogique, il est impossible de modifier les attributs du traitement une fois le film traité, alors qu'avec Camera Raw vous pouvez revenir en arrière et post-traiter l'image 100 fois et modifier chaque fois les attributs du traitement.

  Camera Raw prend également en charge des images de profondeur supérieure aux capacités du format JPEG.

Si vous avez le choix entre JPEG seulement ou JPEG et Camera Raw, choisissez toujours la seconde solution. Vous bénéficierez d'un meilleur contrôle en matière de retouche et, au final, vous obtiendrez des résultats plus satisfaisants.

Utilisez l'Assistant Exécution automatique

L'Assistant Exécution automatique de Microsoft peut démarrer automatiquement lorsque vous branchez un média sur votre ordinateur. Il télécharge alors les images du média sur l'ordinateur.

Pour copier les images d'un média ou lorsque vous branchez votre appareil photo sur votre ordinateur, procédez comme suit :

1. **Branchez le média sur l'ordinateur.**

   Branchez votre appareil photo ou lecteur de carte externe sur votre ordinateur ou insérez un média dans un port ou un lecteur de l'ordinateur. Les méthodes disponibles doivent être détaillées dans le guide de l'utilisateur fourni avec l'appareil photo.

Lorsque vous connectez votre média à l'ordinateur, une boîte de dialogue s'affiche et vous propose plusieurs options.

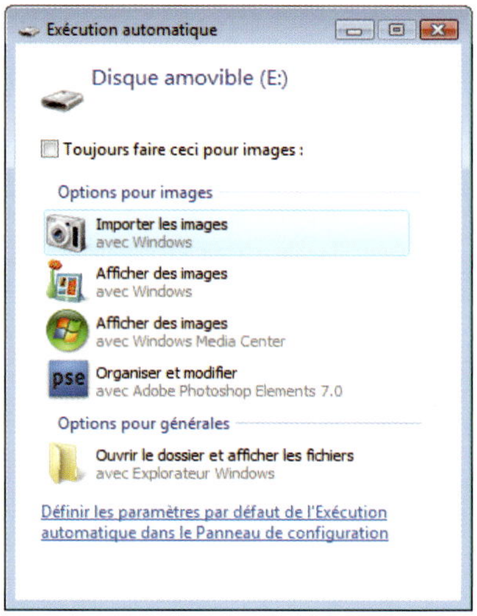

Figure 4.1 : Cliquez l'option Ouvrir le dossier et afficher les fichiers avec Explorateur Windows.

2. **Sous Options pour générales, cliquez Ouvrir le dossier et afficher les fichiers avec Explorateur Windows, comme le montre la Figure 4.1.**

3. **Ouvrez le dossier contenant les images sur le média.**

   Dans l'Explorateur, le média contient probablement un dossier appelé DCIM ou autre. Double-cliquez le nom du dossier pour l'ouvrir.

4. **Sélectionnez les dossiers dans l'Explorateur Windows et faites-les glisser dans un dossier de votre disque dur pour les copier sur votre ordinateur.**

   Les images sont copiées dans le dossier cible.

TRUC

Pour définir les préférences de l'Exécution automatique, cliquez le lien Définir les paramètres par défaut de l'Exécution automatique dans le Panneau de configuration de la boîte de dialogue Exécution automatique. Les préférences du Panneau de configuration proposent plusieurs options relatives à la gestion du média, comme le montre la Figure 4.2. Si vous ne voulez pas que l'Assistant Exécution automatique s'ouvre automatiquement, sélectionnez Ne rien faire dans les menus déroulants des types de médias.

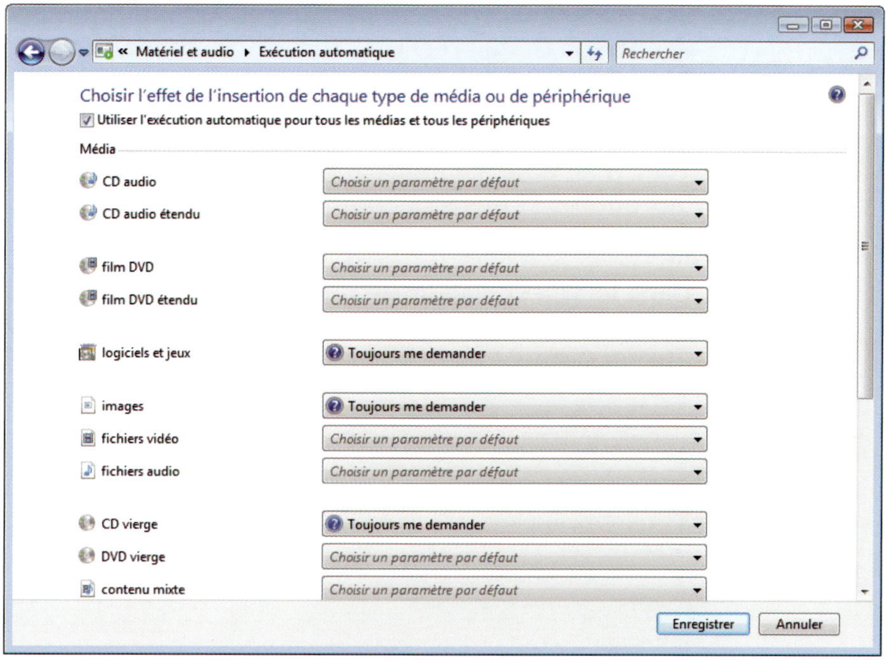

Figure 4.2 : Définissez les options relatives à la gestion des médias.

Exploitez l'outil Adobe Photoshop Elements 7.0 – Téléchargeur de photos

Le Téléchargeur de photos d'Adobe Photoshop Elements 7.0 s'installe avec le programme. Il récupère les images des appareils photo numériques branchés sur l'ordinateur, des lecteurs de carte et des ports de l'ordinateur. Il remplace l'emploi de l'Exécution automatique de Microsoft.

Voici comment utiliser le Téléchargeur de photos :

1. **Branchez le média sur l'ordinateur.**
2. **Cliquez Annuler dans l'Assistant Exécution automatique.**

   Comme l'assistant démarre automatiquement, la fenêtre apparaît dès que vous établissez une connexion entre votre appareil et votre ordinateur. Pour fermer l'assistant, cliquez Annuler.

3. **Si le Téléchargeur ne s'affiche pas automatiquement, choisissez Démarrer/Tous les programmes/Adobe/Adobe Download Manager/Adobe Download Manager. Sinon, dans la Barre d'état Windows, cliquez Adobe Download Manager.**

   Vous pouvez aussi démarrer Elements et choisir Fichier/Obtenir des photos et des vidéos/A partir d'un appareil photo ou d'un lecteur de carte, ou appuyer sur Ctrl/⌘+G.

4. **Dans le Téléchargeur de photos, illustré Figure 4.3, cliquez Obtenir des photos pour copier tous les fichiers sur votre disque dur.**

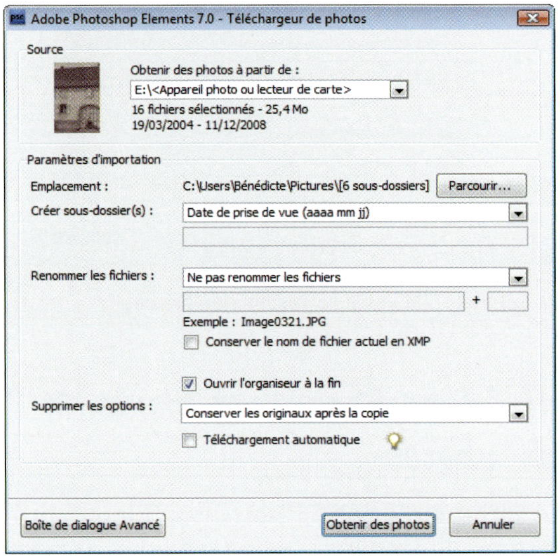

Figure 4.3 : Le Téléchargeur de photos permet de copier des fichiers d'un média sur votre disque dur.

5. **Pour copier un groupe de fichiers sur votre disque dur, cliquez le bouton Boîte de dialogue Avancé dans la boîte de dialogue Téléchargeur de photos standard.**

   La boîte de dialogue Avancé s'affiche, illustrée Figure 4.4.

6. **Supprimez la coche des cases des photos à ne pas copier sur le disque.**

Par défaut, toutes les photos sont sélectionnées à l'aide des cases à cocher sous leurs vignettes.

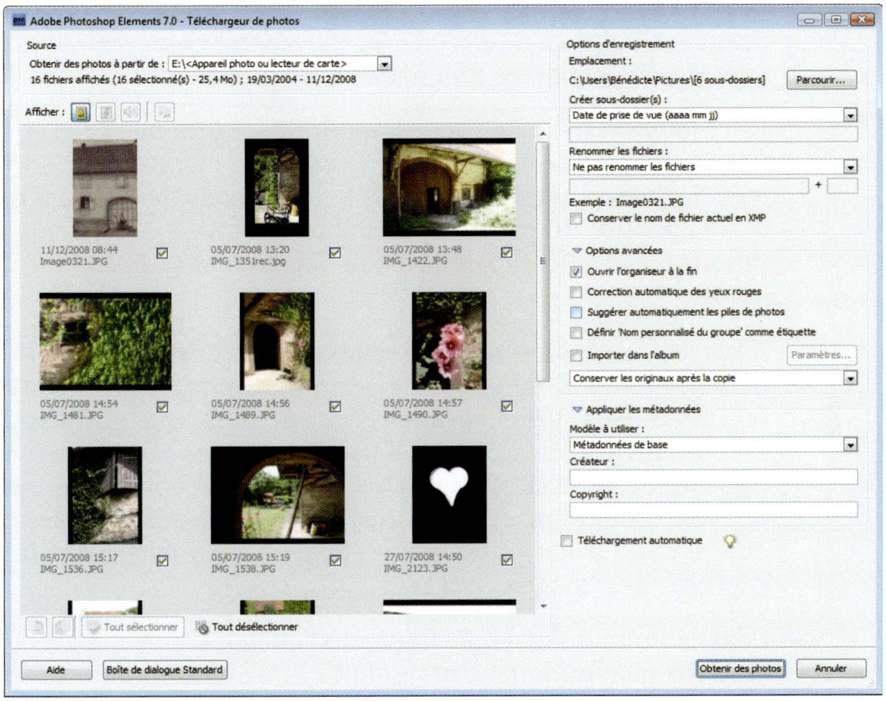

Figure 4.4 : Cliquez Boîte de dialogue Avancé pour ouvrir la boîte de dialogue avancée, où vous sélectionnez les photos à copier sur votre disque dur.

7. **Cliquez Obtenir des photos pour copier les photos sélectionnées sur le disque dur.**

   La fenêtre de l'Organiseur s'ouvre immédiatement si vous avez coché la case Ouvrir l'organiseur à la fin. Toutes les photos téléchargées sur votre disque dur apparaissent dans une nouvelle fenêtre d'Organiseur.

TRUC

La procédure est plus simple si vous optez pour l'Exécution automatique de Microsoft ou Adobe Photo Download Manager.

Redimensionnez les images des appareils photo numériques

Selon votre appareil photo et les paramètres que vous avez définis, vous devrez peut-être redimensionner vos images une fois téléchargées.

La résolution des images des appareils photo, mesurée en mégapixels (millions de pixels), détermine la taille de l'image avec un ratio de 6:4 ou 4:3. Si vous avez un appareil 6 mégapixels, les images de résolution maximale de votre appareil font environ 3 000 × 2 000 pixels au ratio 6:4. La taille du fichier d'une image 6 mégapixels est d'environ 5,7 Mo.

À l'écran, la résolution des images d'appareils photo est de 72 ppi. En reprenant l'exemple de l'image 6 mégapixels, la résolution à 72 ppi produit une image mesurant 41 × 27 pouces. Que votre appareil prenne des photos à 3, 5 ou 8 mégapixels, les images peuvent toujours être capturées à 72 ppi, mais les dimensions vont varier selon le nombre total de pixels capturés. Les résolutions et tailles seront différentes sur les autres appareils photo, en particulier lorsque vous capturez des images en RAW.

Dans la boîte de dialogue Taille de l'image, supprimez la coche de la case Rééchantillonnage et modifiez la résolution pour préparer l'image à l'impression (reportez-vous au Chapitre 3 pour en savoir plus sur cette boîte de dialogue). Si votre imprimante couleur requiert une image de 150 ppi, l'image 6 mégapixels de 72 ppi à 41 × 27 pouces devient légèrement inférieure à 20 × 13 pouces.

Utilisez un scanner

Les scanners se branchent aux mêmes ports que les appareils photo et les cartes mémoire. Dans la quasi-totalité des cas, votre appareil se connecte *via* un port USB ou FireWire, sauf s'il possède une interface *SCSI* (*Small Computer Systems Interface*), ce qui est devenu très rare. La plupart des scanners grand public se branchent en USB.

Même les scanners les moins chers numérisent en 16 bits, avec un peu plus de données dans les tons clairs et foncés. À l'instar des appareils photo, le prix des scanners est généralement proportionnel à leur qualité.

Préparez-vous

Avant de prendre une photo, vous nettoyez probablement votre objectif et définissez quelques options dans le menu. Ce type de préparation est également conseillé avant de numériser :

- **Branchez correctement le scanner.** Vérifiez à l'aide du manuel utilisateur de votre scanner que tous les branchements à l'ordinateur sont corrects. Si vous venez d'acheter votre scanner, assurez-vous de bien retirer toutes les protections en suivant les instructions.
- **Nettoyez le plateau du scanner.** Utilisez un chiffon doux et un peu de produit de nettoyage pour lunettes (appliqué sur le chiffon) pour supprimer la poussière et les particules déposées sur le verre. Les particules de poussière qui subsistent vont apparaître sur l'image numérisée et vous imposeront des retouches supplémentaires.
- **Nettoyez votre document.** Supprimez bien toute trace de poussière ou d'impuretés sur la photo ou le film à numériser.

  Si vous avez de vieux négatifs salis ou tachés que vous ne parvenez pas à nettoyer avec un chiffon, plongez-les dans un liquide de nettoyage spécial, disponible chez les revendeurs spécialisés. Lavez-vous soigneusement les mains, puis retirez l'excès de liquide en faisant glisser le négatif entre deux doigts. Laissez couler de l'eau très chaude à pleine puissance et placez votre film à proximité pour le sécher. Retirez-le dès qu'il est sec. Vous aurez l'impression d'avoir un négatif tout neuf entre les mains.
- **Explorez le logiciel de votre scanner.** Lorsque vous numérisez un document dans Elements, c'est le logiciel fourni avec le scanner qui se charge d'effectuer la numérisation. Vous en définissez les options avant qu'il ne transfère l'image dans Elements.
- **Préparez le document.** Si vous devez numériser des pages d'un livre, détachez-les ou faites-en des photocopies de manière à placer le document à plat sur le plateau. Assurez-vous de respecter les droits de propriété si vous numérisez des œuvres imprimées. En ce qui concerne les télécopies et photocopies,

essayez d'améliorer les originaux en augmentant le contraste avec un photocopieur.

- **Retrouvez l'emplacement optimum du scanner.** Tous les scanners possèdent une zone où la qualité de numérisation est maximale. Cette zone est généralement appelée *emplacement optimum* (*sweet spot*). Pour le retrouver, numérisez une page blanche. L'emplacement optimum correspond à la zone la plus claire du résultat. Les autres zones doivent apparaître plus foncées. Il s'agit souvent du quart de cercle supérieur gauche ou inférieur droit ou du milieu de la page. Placez votre document sur cette zone pour optimiser sa numérisation.

Respectez les spécificités des images

Les logiciels fournis avec les scanners permettent de définir la résolution et le mode de couleurs avant la numérisation. Déterminez l'usage que vous allez faire du document et définissez la résolution adéquate en fonction de cet usage. Tenez compte de quelques éléments :

- **Numérisez le dessin ou la photo à la taille et à la résolution du résultat final.** Si votre photo 6 × 10 cm doit mesurer 3 × 5 cm sur une page Web, numérisez l'original en réduisant sa taille de 50 % à 72 ppi (consultez le Chapitre 3 pour redimensionner des images).

- **Dimensionnez les images à l'aide du logiciel du scanner.** Si vous prévoyez d'imprimer votre photo 8 × 12 cm sur un support commercial de 16 × 24 cm, numérisez-la à 8 × 12 cm à 600 ppi (permettant de la passer à 200 % pour obtenir 300 dpi).

- **Adaptez votre numérisation s'il s'agit d'un dessin au trait.** Le *dessin au trait* possède uniquement 1 bit noir et blanc. Si vous imprimez un dessin au trait sur une imprimante laser ou destinez des fichiers à des impressions commerciales, la résolution du dessin doit correspondre à celle du périphérique. Par exemple, l'impression sur une imprimante laser 600 dpi (*dots per inch*, points par pouce) nécessite de définir la résolution du dessin au trait 1 bit à 600 ppi. Si vous imprimez sur une composeuse professionnelle ou directement sur plaque ou presse, définissez la résolution à 1 200 dpi.

- **Numérisez en niveaux de gris des images en couleurs.** Selon le scanner et l'image, on obtient de meilleurs résultats en numérisant une image en couleurs RVB (rouge, vert, bleu) et en la convertissant en niveaux de gris à l'aide des boîtes de dialogue Teinte/Saturation ou Convertir en noir et blanc (voir Chapitre 3).
- **Numérisez avec une profondeur élevée.** Choisissez toujours la profondeur maximale prise en charge par votre scanner afin de capturer le maximum de données. Reportez-vous au Chapitre 3 pour en savoir plus sur les images et leur profondeur.

Exploitez les modules externes du scanner

Généralement, lorsque vous installez le logiciel de votre scanner, une application autonome et un module externe s'installent pour contrôler le processus de numérisation. Les *modules externes* sont conçus pour fonctionner au sein d'autres programmes, comme Photoshop Elements. Si vous y recourez, vous n'avez pas besoin de quitter Elements pour numériser un document. Voici comment fonctionne le module externe :

1. **Une fois que vous avez installé le nouveau scanner et le logiciel d'accompagnement, démarrez Elements, puis ouvrez l'Organiseur en cliquant Organiser dans l'écran de bienvenue.**
2. **Ouvrez la boîte de dialogue Préférences de l'Organiseur en appuyant sur Ctrl/⌘+K.**
3. **Dans la colonne de gauche, cliquez Scanner et définissez les préférences du scanner d'après les explications du Chapitre 2.**

Si la boîte de dialogue Préférences détecte votre scanner, cela signifie que la connexion est opérationnelle et que vous pouvez démarrer la numérisation. Pour effectuer la numérisation, procédez comme suit :

1. **Pour ouvrir le logiciel du scanner à partir d'Elements, choisissez Fichier/Obtenir des photos et des vidéos/A partir d'un scanner.**

   Cette commande de menu n'est accessible qu'à partir de l'Organiseur.

Le programme de votre scanner va s'afficher sur l'Organiseur, comme le montre la Figure 4.5. La fenêtre contient maintenant le programme fourni avec le scanner. Votre fenêtre est probablement différente de celle de la Figure 4.5, sauf si vous utilisez le même scanner que nous. Quel que soit votre logiciel, vous devez disposer des mêmes options pour créer un aperçu, sélectionner une résolution, un mode de couleurs et la taille de l'image, mettre le document à l'échelle, etc.

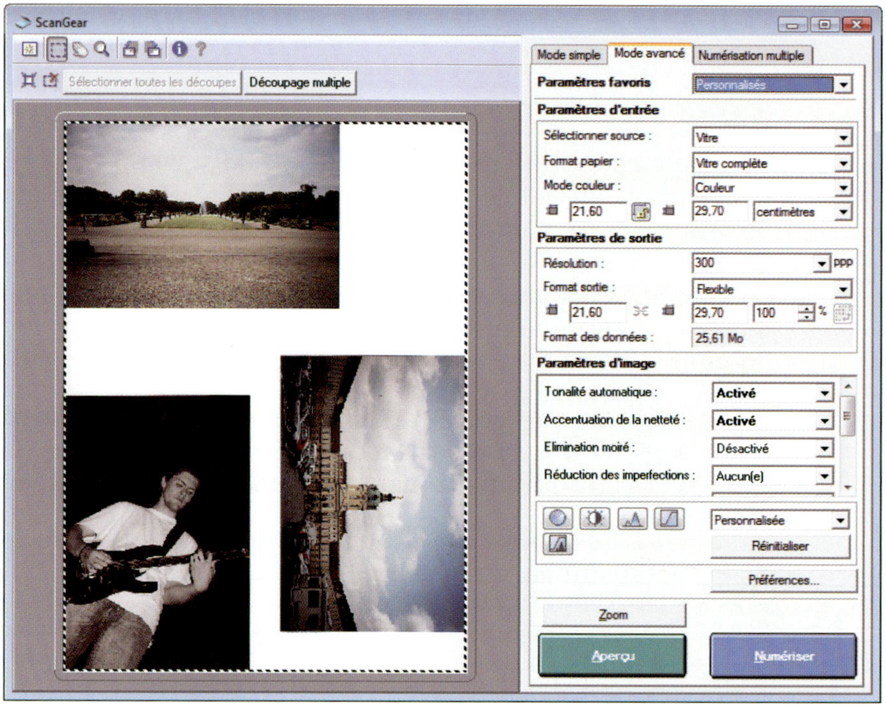

Figure 4.5 : Lorsque vous numérisez un document à partir d'Elements, le logiciel du scanner se charge au-dessus de l'espace de travail Elements.

2. **Définissez les options en fonction de la destination du document et des instructions du fabricant du scanner.**

3. **Une fois que vous avez défini vos paramètres, cliquez Numériser.**

   L'image est transférée dans une fenêtre d'image Elements.

Numérisez plusieurs photos simultanément

Vous avez la possibilité de numériser plusieurs photos simultanément. Il suffit de les placer sur le plateau du scanner et de lancer la numérisation. Définissez toutes les options du scanner en fonction de l'usage prévu. L'image numérisée est constituée des différentes photos assemblées, comme le montre la Figure 4.6.

Figure 4.6 : Numérisez plusieurs images simultanément.

Si vous avez numérisé plusieurs documents, vous pouvez séparer et afficher chaque image dans une fenêtre d'image, où vous les enregistrerez individuellement. Sélectionnez l'Editeur, puis choisissez Image/ Diviser les photos numérisées. Chaque image s'ouvre alors dans une fenêtre séparée et l'original reste intact. Les images apparaissent dans la Corbeille des projets, où vous pouvez les sélectionner et les retoucher, comme le montre la Figure 4.7.

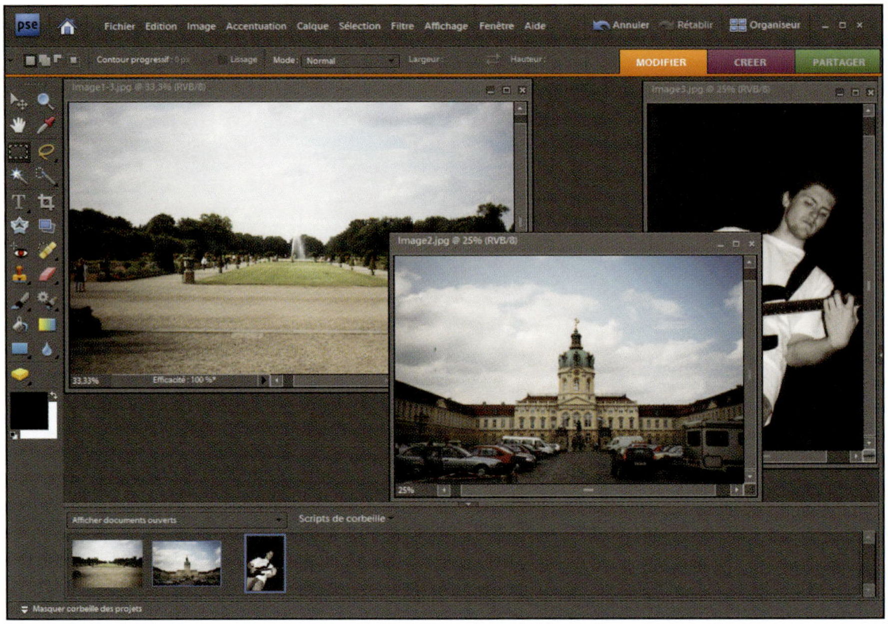

Figure 4.7 : Après avoir choisi Image/Diviser les photos numérisées, la numérisation est fractionnée dans plusieurs fenêtres d'image.

Obtenez des fichiers à partir d'un média de stockage

L'acquisition des images stockées sur des médias tels que des CD-ROM, DVD, disques durs externes et votre disque dur interne est très proche de la récupération des fichiers de l'appareil photo numérique décrite à la section "Transférez les images de votre appareil photo". Insérez un CD ou un DVD dans votre lecteur. L'Assistant Exécution automatique de Windows s'ouvre, comme lorsque vous insérez une carte ou branchez un câble de l'appareil à l'ordinateur.

Vous pouvez également ouvrir ces fichiers dans l'Organiseur. Ce faisant, annulez l'assistant et procédez comme suit :

1. **Ouvrez l'Organiseur à partir de la fenêtre de bienvenue ou cliquez Organiseur dans l'un des modes de retouche.**

2. **Choisissez Fichier/Obtenir des photos et des vidéos/A partir de fichiers et de dossiers.**

   Vous pouvez aussi choisir Fichier/Ouvrir ou appuyer sur Ctrl/⌘+O pour afficher la boîte de dialogue Ouvrir.

3. **Ouvrez le lecteur source parmi les lecteurs listés.**

   Les photos stockées sur le média apparaissent.

4. **Sélectionnez les images et cliquez Obtenir des photos (à partir de l'Organiseur) ou Ouvrir (dans un mode de retouche) pour ouvrir les fichiers dans l'Organiseur ou un éditeur.**

   Vous pouvez maintenant retoucher les photos dans Elements ou les enregistrer sur votre disque dur.

Utilisez les services en ligne

Pour bénéficier des services en ligne d'impression et de partage, vous devez créer un compte. Pour y accéder, cliquez l'onglet Partager au-dessus de la Corbeille des palettes, puis Album en ligne ou Commander des tirages. Commencez par créer votre compte en remplissant le formulaire.

Créez des albums photos numériques avec vos images et partagez-les avec vos amis, vos collègues ou votre famille. Pour mettre en place un partage, vous devez envoyer une invitation électronique. Chaque membre de votre groupe de partage doit créer son propre compte. Une fois que tout le monde a un compte, vous pouvez commander des tirages qui seront expédiés par le centre de service en ligne. Les services en ligne proposent tous les types d'impression offerts par les laboratoires photo, y compris les éléments personnalisés, comme les calendriers.

Une fois que vous avez créé un compte et choisi un service, gérez les services de partage à partir de la palette Partager (voir Chapitre 16).

Récupérez les images de votre téléphone

Si vous avez travaillé avec une version précédente d'Elements, vous connaissez probablement la commande qui permet de récupérer les images à partir d'un téléphone portable. Elle n'est plus disponible dans Elements 7. Si vous voulez ajouter des images à l'Organiseur ou ouvrir des images dans un mode de retouche, vous devez copier les fichiers *via* une connexion USB ou Bluetooth.

Une fois les fichiers copiés sur le disque dur, dans Elements, choisissez Fichier/Obtenir des photos et des vidéos/A partir de fichiers et de dossiers ou appuyez sur Ctrl/⌘+G. Localisez le dossier contenant les fichiers et ajoutez-les à l'Organiseur ou ouvrez-les dans l'un des modes de retouche.

Créez vos propres images

Il est possible de démarrer un projet à partir de rien en créant un nouveau document dans Elements. Les usages des nouvelles pages vierges sont divers. Vous pouvez fusionner des images dans un nouveau document (voir Chapitre 8), créer une zone de travail où dessiner et peindre (voir Chapitre 12) ou recourir à la boîte de dialogue Nouveau pour récupérer les taille, dimensions et résolution d'un fichier.

Il existe plusieurs moyens de créer des documents vierges. Sur l'écran de bienvenue, qui s'affiche au démarrage d'Elements, cliquez Editer pour ouvrir le mode Retouche standard. Choisissez Fichier/Nouveau fichier vide pour ouvrir la boîte de dialogue Nouveau et définir la taille du document, sa résolution et ses autres attributs. Vous pouvez également créer de nouveaux fichiers en mode Retouche rapide ou dans l'Organiseur.

Voici comment créer un nouveau document dans n'importe lequel des modes de retouche :

1. **Ouvrez Elements et choisissez un mode de retouche.**

   Cliquez Editer dans la fenêtre de bienvenue.

2. **Choisissez Fichier/Nouveau/Fichier vide ou appuyez sur Ctrl/⌘+N.**

   La boîte de dialogue Nouveau s'affiche, illustrée Figure 4.8.

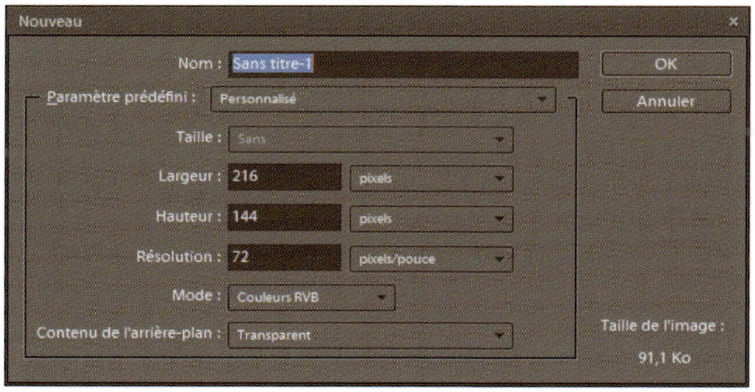

Figure 4.8 : Quelle que soit la méthode employée pour créer un nouveau document, la boîte de dialogue Nouveau s'affiche.

3. **Spécifiez les attributs du nouveau fichier.**

   Définissez les options suivantes :

   - *Nom :* Tapez le nom du fichier.
   - *Paramètre prédéfini* : Sélectionnez une taille prédéfinie dans le menu déroulant.
   - *Taille :* Choisissez une taille parmi les propositions. Cette option n'est pas obligatoire, car vous pouvez changer les attributs du fichier dans les autres zones de texte et menus déroulants.
   - *Dimensions (Largeur/Hauteur) :* Les valeurs des champs Largeur et Hauteur sont indépendantes. Vous pouvez modifier l'une ou l'autre à votre guise. En regard de ces zones de texte, se situent des menus déroulants qui proposent des unités de mesure : pixels (par défaut), pouces, centimètres (cm), millimètres (mm), points, picas et colonnes.
   - *Résolution* : Ce paramètre Résolution est identique à celui de la boîte de dialogue Taille de l'image lorsque la case Rééchantillonnage est cochée. La résolution est une valeur indépendante, qui n'est pas liée aux dimensions. Pour savoir dans quelle mesure elle affecte des dimensions sans rééchantillonner, créez un nouveau fichier en notant les valeurs et cliquez OK. Choisissez ensuite Image/Redimensionner/Taille de l'image et changez les valeurs de la boîte de dialogue (voir Chapitre 3).

- *Mode :* Choisissez entre Bitmap, Niveaux de gris et Couleurs RVB (voir Chapitre 3).
- *Contenu de l'arrière-plan :* Vous avez trois possibilités : Blanc, Couleur d'arrière-plan et Transparent. Votre choix détermine la couleur de l'image vide. Si vous sélectionnez Couleur d'arrière-plan, la couleur de l'arrière-plan définie dans la palette d'outils s'applique à l'arrière-plan. Reportez-vous au Chapitre 12 pour la changer. Si vous choisissez Transparent, l'image est créée en tant que calque, lequel est nommé Calque 0, comme nous le verrons au Chapitre 8.
- *Taille de l'image :* Cette valeur varie en fonction des zones Largeur, Hauteur et Résolution. La valeur inscrite indique l'espace requis pour enregistrer le fichier sans compression.

4. **Une fois les attributs du fichier définis, cliquez OK pour créer le nouveau document.**

Outre la création de nouveaux fichiers, la boîte de dialogue Nouveau procure des informations pratiques sur tous vos projets dans Elements. Par exemple, vous voulez savoir combien d'images vous pouvez copier sur un périphérique de stockage USB 128 Mo ou quelle sera la taille des fichiers de votre appareil photo une fois ces derniers imprimés avec une résolution de 150 ppi ? Il vous suffit d'appuyer sur Ctrl/⌘+N pour ouvrir la boîte de dialogue Nouveau, de saisir vos valeurs et de consulter la Taille de l'image ou d'examiner les dimensions du fichier. Si vos fichiers vont être convertis en niveaux de gris, choisissez Niveaux de gris dans le menu déroulant Mode et observez la différence de taille du fichier. Comme ce nombre est *dynamique*, il varie chaque fois que vous modifiez un attribut du fichier.

Photoshop Elements 5 a introduit un autre moyen de créer des nouveaux documents. Au lieu de créer un nouveau fichier vierge, ajoutez des pages à un fichier existant sous la forme de projet. Voici comment procéder :

1. **Ouvrez une image en mode Retouche standard.**
2. **Ouvrez la Corbeille des projets en faisant glisser la barre de séparation vers le haut ou en cliquant l'icône de la corbeille dans l'angle inférieur gauche de la fenêtre d'Elements.**

3. **Cliquez une vignette d'image du bouton droit dans la Corbeille des projets.**

   Le menu contextuel de la Figure 4.9 s'affiche.

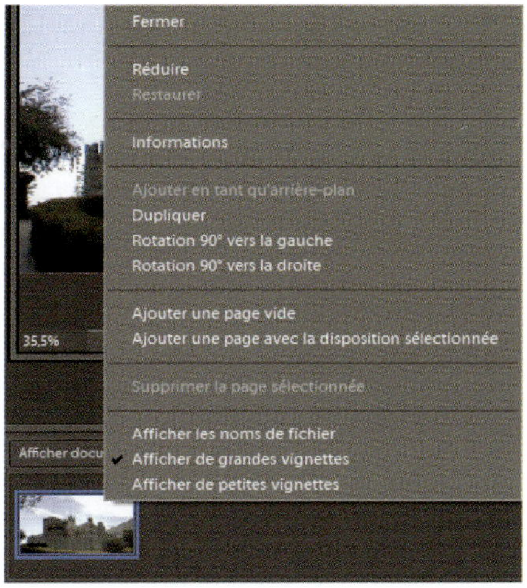

Figure 4.9 : Cliquez du bouton droit, puis ajoutez une page à la photo sélectionnée dans la Corbeille des projets.

4. **Choisissez Ajouter une page vide ou Ajouter une page avec la disposition sélectionnée (pour dupliquer la photo en cours), selon vos besoins.**

5. **Pour enregistrer le fichier, choisissez Fichier/Enregistrer sous et sélectionnez Format Création photo en tant que format de fichier.**

   Le format proposé par défaut est Format Projets photo (*.PSE).

   Toutes les pages que vous ajoutez à un projet s'enregistrent séparément dans un dossier créé automatiquement par Elements. Si vous ouvrez l'une de ces images, elle s'affiche dans la Corbeille des projets. Pour ouvrir une image de la pile, cliquez-la dans la Corbeille des projets. Elle s'affiche alors en grand dans la fenêtre d'image.

   La Figure 4.10 présente les vignettes d'un projet où l'image RVB d'origine apparaît à gauche, suivie de sa version en niveaux en gris, en sépia et en bitmap, toutes regroupées dans le même projet photo.

Figure 4.10 : Cliquez l'une des vignettes de la Corbeille des projets pour ouvrir la photo concernée dans la fenêtre d'image.

Découvrez le format Camera Raw

Après avoir décrit toutes les options dont vous disposez pour obtenir des images dans Elements, nous allons vous présenter tous les détails relatifs au format Camera Raw. Si votre appareil photo ne capture pas d'image Camera Raw, vous vous sentirez peu concerné par cette section.

Si toutefois vous ne pouvez pas bénéficier du format Camera Raw, lisez les sections suivantes pour en découvrir les avantages. Si vous avez acheté un appareil avec prise en charge de Camera Raw, vous allez découvrir l'étendue des possibilités qui vous sont offertes.

Camera Raw

Le format Camera Raw permet de post-traiter les photos. Si vous prenez une photo avec un appareil photo en format Camera Raw, le capteur enregistre autant d'informations qu'il le peut. Lorsque vous ouvrez un fichier Camera Raw dans Elements, vous décidez quelle est la partie des données à ouvrir en tant que nouvelle image.

Prenons un exemple. Votre appareil photo est réglé avec une exposition en éclairage tungstène, mode d'éclairage utilisé en studio. Si vous utilisez cet appareil à l'extérieur avec la lumière du soleil, vos images vont apparaître avec une dominante bleue, car l'éclairage tungstène nécessite une température plus douce que la lumière du jour.

Si vous récupérez des images enregistrées au format JPEG, vous devrez davantage corriger les couleurs dans Elements. Si vous prenez l'image en Camera Raw, il vous suffit de la traiter avec une température plus chaude (équivalant à celle des conditions de prise de la photo) pour alléger le travail de correction des couleurs.

Le post-traitement des images Camera Raw nécessite un module externe qui s'installe avec Photoshop Elements. Lorsque vous ouvrez une image Camera Raw, le module externe Camera Raw prend le relais et, avant d'ouvrir l'image dans l'un des éditeurs d'Elements, vous propose de nombreuses options relatives à son post-traitement.

N'OUBLIEZ PAS

Tous les révélateurs des appareils photo emploient des paramètres Camera Raw différents. Même au sein d'une seule gamme de produits, les formats Raw peuvent être différents. Bien qu'Adobe tente de prendre en charge tous les formats Raw existants, il se peut que vous possédiez un appareil dont le format Raw n'est pas pris en charge par le module externe. Vérifiez pour ce faire la présence de mises à jour en ligne pour Photoshop Elements, car Adobe met régulièrement à jour ses modules externes pour prendre en charge les nouveaux formats.

Obtenez des images Camera Raw

Si vous avez lu la première partie de ce chapitre, vous savez comment obtenir des images à partir d'un appareil photo et les copier sur votre disque dur. Nous n'allons pas répéter ces procédures. Nous partons du principe que vous possédez déjà des images Camera Raw sur votre disque dur.

Voici comment ouvrir une image Camera Raw :

1. **Ouvrez l'image en appuyant sur Ctrl/⌘+O et en la sélectionnant dans la boîte de dialogue Ouvrir.**

   Pour sélectionner plusieurs images d'une série, cliquez la première image, maintenez enfoncée la touche Maj, puis cliquez la dernière de la série. Pour sélectionner plusieurs images non contiguës, appuyez sur Ctrl/⌘ en cliquant chaque image.

2. **Dans la boîte de dialogue Ouvrir, cliquez Ouvrir.**

   Si vous sélectionnez plusieurs images, une seule apparaît dans la boîte de dialogue Camera Raw. Lorsque vous cliquez Ouvrir, l'image suivante s'affiche dans la boîte de dialogue Camera Raw de la Figure 4.11.

   Comme le montre la Figure 4.11, de nombreuses options sont disponibles pour post-traiter l'image avant de l'ouvrir dans Elements. Cette fenêtre est comparable à une chambre noire numérique : vous traitez le film et observez le résultat avant d'accepter les modifications.

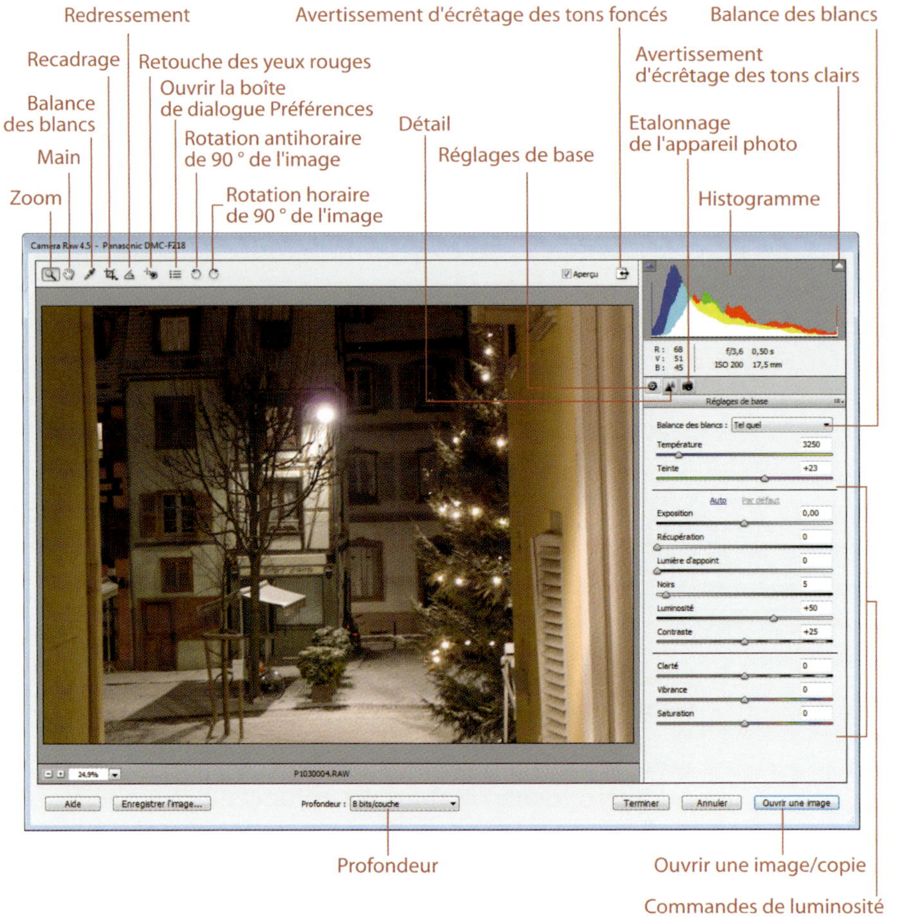

Figure 4.11 : Ouvrez une image Camera Raw pour l'afficher dans la fenêtre du module externe Camera Raw.

3. **Définissez les options de post-traitement de vos images.**

   Si votre écran est correctement calibré (voir Chapitre 2), tous les réglages que vous effectuez pour le format Camera Raw se mettent automatiquement à jour dans l'aperçu de l'image. Explorez donc à votre guise toutes les options disponibles. C'est en manipulant les paramètres que vous profiterez au maximum des avantages de ce format.

La fenêtre Camera Raw propose de nombreuses options, listées ci-dessous. N'hésitez pas à vous référer à cette section en cas de besoin.

- **Outils :** Neuf outils sont disponibles dans cette fenêtre :
  - *Zoom :* Modifie le facteur de zoom de l'aperçu de l'image.
  - *Main* : Déplace l'image, comme dans la fenêtre d'image d'Elements.
  - *Balance des blancs* : Prélève une couleur de l'image. Nous reviendrons sur les outils Pipette d'Elements au Chapitre 12, avec des informations valables pour l'outil Balance des blancs de la fenêtre Camera Raw.
  - *Recadrage* : Tracez un rectangle de sélection avec l'outil Recadrage et apportez vos réglages de couleur et de luminosité. Les réglages ne s'appliquent qu'à la zone définie par la sélection. Lorsque vous cliquez Ouvrir une image, la photo s'ouvre telle que vous l'avez recadrée.
  - *Redressement :* Permet de tracer un axe horizontal pour redresser une photo prise de travers.
  - *Retouche des yeux rouges :* Supprimez l'effet yeux rouges généré par la lumière du flash.
  - *Ouvrir la boîte de dialogue Préférences (Ctrl/⌘+K) :* Ouvrez la boîte de dialogue Préférences Camera Raw pour définir les paramètres d'enregistrement de l'image, modifier ses paramètres par défaut et gérer les fichiers DNG (*Adobe Digital Negative*).
  - *Rotation antihoraire de 90 ° de l'image :* Fait pivoter l'image dans le sens inverse des aiguilles d'une montre.
  - *Rotation horaire de 90 ° de l'image :* Fait pivoter l'image dans le sens des aiguilles d'une montre.
- **Aperçu :** Cochez la case Aperçu pour afficher un aperçu dynamique des modifications.
- **Avertissement d'écrêtage des tons foncés/clairs :** Les deux boutons situés au-dessus de l'histogramme mettent en évidence l'écrêtage des *tons foncés* et des *tons clairs* de l'image. L'*écrêtage*

correspond, dans une certaine zone, à la perte de certaines données et, par conséquent, de certains détails de l'image. Ce phénomène est tout simplement indésirable dans une image. Lorsque vous effectuez des réglages avec ces deux cases cochées, l'écrêtage des tons foncés apparaît en bleu et celui des tons clairs en rouge dans l'aperçu. Observez la Figure 4.12, dans laquelle nous avons exagéré l'écrêtage pour montrer comment il apparaît.

Figure 4.12 : L'écrêtage des tons foncés apparaît en bleu et celui des tons clairs en rouge.

- **Valeurs RVB :** Apparaissent sous l'histogramme. À la première ouverture d'une image, la zone RVB ne contient pas de valeur. Cliquez les outils Zoom, Main ou Balance des blancs et déplacez le pointeur sur l'aperçu de l'image. Les valeurs RVB s'actualisent selon le point où se trouve votre pointeur.

- **Histogramme :** Affiche les trois couches (rouge, vert et bleu) de l'image simultanément. L'histogramme change lorsque vous modifiez les autres options de la fenêtre Camera Raw.

  L'histogramme représente la distribution des pixels dans une image. Elle inclut le nombre de pixels à chaque niveau d'intensité de couleur (l'un des 256 niveaux dont il est question au Chapitre 3).

  Si des pixels d'une image sont concentrés dans les tons foncés, l'histogramme est plus orienté vers la gauche. À l'inverse, si les pixels d'une image se concentrent dans les tons clairs, la partie droite de l'histogramme est plus proéminente.

  Dès lors que le fonctionnement de l'histogramme n'aura plus de secret pour vous, un simple coup d'œil vous suffira pour savoir quels réglages opérer pour améliorer des images.

- **Icônes Détail :** Les trois icônes changent le volet situé sous l'histogramme. Le volet Réglages de base est illustré par la Figure 4.11. Cliquez l'icône Détail pour accentuer l'image et réduire le bruit, comme le montre la Figure 4.13, ou l'icône Etalonnage de l'appareil photo pour sélectionner un profil.

- **Paramètres (menu déroulant) :** Ce menu déroulant apparaît lorsque vous cliquez la petite icône complètement à droite de l'onglet Réglages de base. Il permet d'appliquer des paramètres à l'image ouverte. Si vous changez l'un des paramètres, l'option cochée devient *Paramètres personnalisés*. Si vous avez modifié des paramètres d'une image Camera Raw et que vous voulez récupérer la version telle qu'elle était à l'origine, ouvrez l'image et choisissez Réinitialiser les paramètres par défaut de Camera Raw.

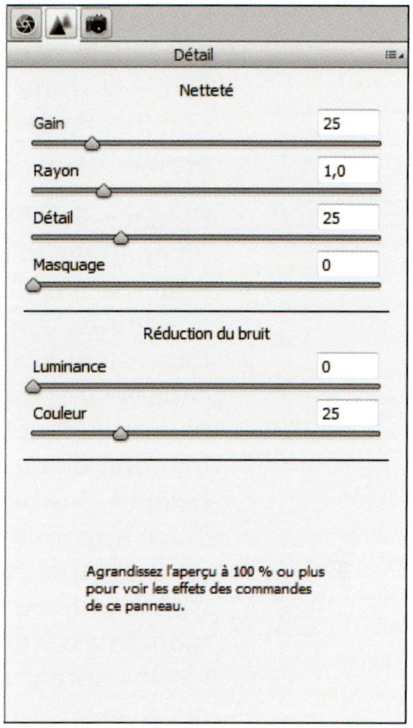

Figure 4.13 : Cliquez l'icône de triangle sous l'histogramme pour ouvrir l'onglet Détail et accéder aux paramètres d'accentuation et de réduction de bruit.

Le menu propose également l'option Conversion précédente, qui révèle toute son utilité si vous avez des collections d'images nécessitant toutes les mêmes paramètres. Vous commencez par régler la première image, puis vous ouvrez les suivantes et choisissez Conversion précédente. Le module externe applique les derniers paramètres définis au fichier ouvert.

Netteté a pour effet d'accentuer les images. Elle s'applique soit dans la fenêtre Camera Raw, soit dans Elements. Évitez d'y recourir ici et préférez les outils d'accentuation d'Elements, décrits au Chapitre 9.

Réduction du bruit propose des options qui règlent la luminance et la couleur. Vous avez probablement déjà vu des images contenant beaucoup de bruit. Dans les cas les plus marqués, on a l'impression qu'elles ont été imprimées sur du papier de verre. Une image ne doit posséder du bruit que si vous l'avez vous-même appliqué. Si vous voulez que votre image soit lisse, éliminez toute trace de bruit dans l'appareil photo. Le paramètre Luminance sert à réduire le bruit des niveaux de gris. Le paramètre suivant concerne la réduction du bruit de la couleur.

- **Balance des blancs :** Les paramètres de Balance des blancs, disponibles dans l'onglet Réglages de base, permettent de régler la balance des couleurs d'une image pour retrouver les conditions d'éclairage dans lesquelles la photo a été prise. Représentez-vous le capteur d'un appareil photo numérique capable de capturer la totalité de la gamme de la balance des blancs qu'il détecte. Ne choisissez pas nécessairement en fonction de ce que vous voyez, mais en tenant compte de la balance des blancs au moment de la prise. Par conséquent, si votre appareil photo est défini pour prendre des photos avec un ensemble de conditions d'éclairage, puis que vous changez d'ensemble en oubliant de modifier les paramètres, laissez le module externe Camera Raw corriger la balance des blancs, car le capteur a capturé la totalité de la gamme et les données nécessaires sont contenues dans le fichier.

  La Figure 4.14 présente une photo prise en extérieur, avec l'appareil photo défini pour un éclairage tungstène. En changeant la Balance des blancs dans la fenêtre Camera Raw, vous apercevez comment les paramètres affectent la couleur de l'image.

- **Température :** Si l'une des options prédéfinies de la Balance des blancs n'est pas satisfaisante, vous pouvez déplacer le curseur Température ou modifier la zone de texte pour choisir une valeur de Balance des blancs. Cette commande permet d'ajuster précisément la Balance des blancs.

- **Teinte :** La teinte est un autre réglage de précision que la Balance des blancs affecte. Servez-vous du curseur ou de la zone de texte pour corriger les éventuelles teintes de vert ou de magenta qui apparaissent dans une photo.

Figure 4.14 : La Balance de blancs a un impact considérable sur la couleur de l'image.

- **Réglages de luminosité :** Vous disposez de plusieurs curseurs de réglage et zones de texte pour contrôler la luminosité et la gamme des tonalités de l'image. Le paramètre Exposition corrige les photos prises avec une mauvaise exposition. Dans une chambre noire, vous pouvez demander au technicien de pousser ou de retenir le film pendant le traitement, ce qui allonge ou raccourcit le temps de traitement. La modification des temps d'exposition compense la sous-exposition ou la surexposition d'un film. Camera Raw présente un avantage intéressant à ce sujet : on peut modifier l'exposition d'une image, puis ultérieurement ouvrir l'image Raw d'origine et changer la valeur de son exposition. Il est impossible de traiter à nouveau un film analogique, alors qu'avec Camera Raw vous traitez votre image autant de fois que vous le souhaitez.

Les autres options relatives à la luminosité et aux tonalités sont semblables à celles que l'on retrouve dans le mode Retouche standard d'Elements. Reportez-vous au Chapitre 10 pour découvrir tous ces réglages.

- **Annuler/Réinitialiser :** Le bouton qui apparaît par défaut dans la fenêtre Camera Raw est Annuler. Si vous appuyez sur la touche Alt, il devient Réinitialiser. Pour annuler toutes les modifications que vous avez apportées et recommencer, appuyez sur Alt et cliquez Réinitialiser.
- **Ouvrir une image/Ouvrir une copie :** L'objectif de ce bouton est double :
  - *Ouvrir une image* : Nom du bouton par défaut. Cliquez-le après avoir défini tous les paramètres pour traiter la photo et l'ouvrir dans Elements.
  - *Ouvrir une copie* : Si vous appuyez sur la touche Alt, le bouton devient Ouvrir une copie. Cliquez-le pour ouvrir une copie de l'image Raw.
- **Terminer :** Ce bouton n'ouvre pas l'image en mode Retouche standard. Il valide les modifications des paramètres, qui deviennent les nouveaux paramètres par défaut de votre image Raw. Pour supprimer ces paramètres par défaut, ouvrez le menu déroulant et choisissez Paramètres par défaut de Camera Raw.
- **Zoom :** Le menu déroulant propose plusieurs facteurs de zoom prédéfinis. Vous pouvez également modifier la zone de texte, cliquer le bouton moins (–) pour réduire l'agrandissement ou le bouton plus (+) pour zoomer. L'ensemble des options proposées agrandit l'aperçu de l'image.
- **Aide :** Ouvre un document d'aide qui vous donne des explications sur Camera Raw.
- **Enregistrer l'image :** Ouvre la boîte de dialogue Enregistrer, où vous pouvez renommer l'image pour en enregistrer une copie et choisir le format DNG d'Adobe.

- **Profondeur :** Si votre appareil photo est capable de prendre des photos avec des profondeurs supérieures, elles apparaissent dans cette liste. Si vous devez convertir une image en 8 bits pour l'imprimer, sélectionnez l'option correspondante dans le menu.

Ce chapitre offre un tour d'horizon, quoiqu'un peu rapide, sur l'emploi du format Camera Raw. Si, toutefois, vous désirez en apprendre davantage, sachez qu'il existe des livres entièrement dédiés à Camera Raw et au module externe correspondant.

5

Affichez et retrouvez vos images

Dans ce chapitre :

- Affichez des photos dans l'Organiseur.
- Explorez la fenêtre d'image.
- Classez vos photos.
- Recherchez des photos.

L'*Organiseur* est un outil puissant qui permet de localiser des fichiers et d'organiser les photos. Pour y accéder, cliquez le bouton Organiseur de la barre de menus des modes de retouche ou Organiser dans l'écran de bienvenue.

Dans ce chapitre, vous allez apprendre à afficher et à organiser vos images dans l'Organiseur et dans la fenêtre d'image, en bénéficiant des nombreuses options qui facilitent le travail dans Elements.

L'Organiseur, un espace polyvalent

Par défaut, l'Organiseur apparaît comme une trieuse de diapositives. Ce mode d'affichage est le plus utilisé pour les sessions de travail Elements. Il propose un moyen efficace d'accéder aux photos à ouvrir dans un éditeur. Il suffit de double-cliquer une photo dans l'Organiseur pour que l'image s'ouvre dans le Navigateur de photos. Sélectionnez ensuite votre éditeur dans la liste déroulante Editeur, à partir du menu contextuel de l'image dans le Navigateur de photos ou en cliquant le bouton Retoucher dans la Corbeille des palettes.

L'Organiseur propose d'autres manières d'afficher des images : en diaporama ou côte à côte.

Ajoutez des fichiers à l'Organiseur

Avant d'explorer les différentes options d'affichage de l'Organiseur, voyons comment ajouter des photos aux vignettes d'images qui figurent dans le Navigateur de photos.

Une fois que vous avez copié les photos sur votre disque dur, comme l'explique le Chapitre 4, voici comment ajouter ces fichiers à un groupe d'images de l'Organiseur :

1. **Localisez les photos à ajouter au Navigateur de photos.**

   Assurez-vous d'avoir des photos dans le Navigateur de photos.

2. **Dans l'Organiseur, choisissez Fichier/Obtenir des photos et des vidéos/A partir de fichiers et de dossiers.**

   La boîte de dialogue Obtenir des photos à partir de fichiers et de dossiers s'affiche, comme le montre la Figure 5.1.

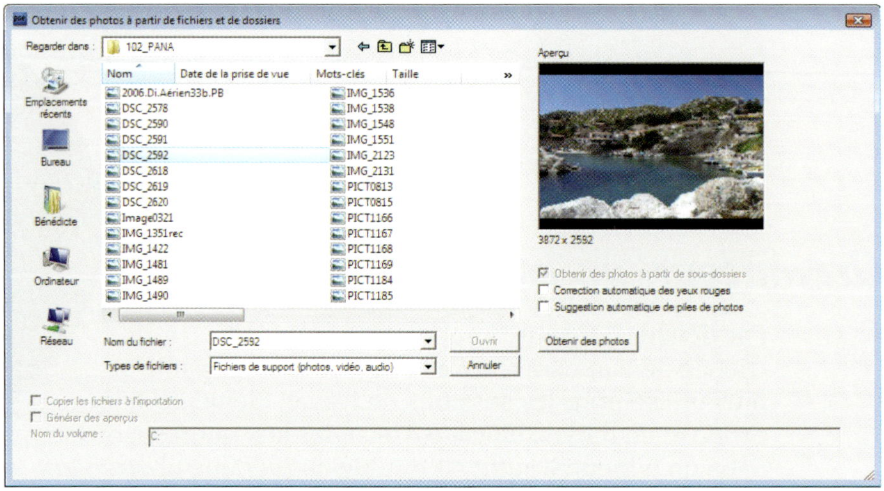

Figure 5.1 : Boîte de dialogue Obtenir des photos à partir de fichiers et de dossiers.

3. **Dans le menu Affichage (voir Figure 5.1), choisissez Grandes icônes (ou Icônes moyennes).**

   Des vignettes d'images (grande ou moyenne taille) de vos fichiers permettent de voir quelques détails des photos. (***Remarque*** : les fichiers Camera Raw ou enregistrés sous certains formats n'apparaissent peut-être pas ici.) Cet affichage permet de localiser aisément les fichiers à ajouter à l'Organiseur. Par exemple, si vous voulez charger uniquement des images Camera Raw, vous les visualisez à l'aide d'icônes et non grâce aux vignettes d'images.

4. **Sélectionnez les fichiers à ajouter au Navigateur de photos.**

   Cliquez une vignette et appuyez sur Maj ou Ctrl/⌘ pour sélectionner d'autres photos. Si vous maintenez enfoncée la touche Maj en cliquant, vous sélectionnez toutes les photos comprises entre la première vignette et celle que vous cliquez. Avec Ctrl/⌘, vous sélectionnez des photos non contiguës.

5. **Cliquez Obtenir des photos pour ajouter les photos sélectionnées au Navigateur de photos.**

6. **Rassemblez les anciennes et les nouvelles photos dans le Navigateur de photos en cliquant le bouton Retour à la vue précédente dans la barre de raccourcis.**

   Les photos que vous ajoutez à l'Organiseur apparaissent parfois en désordre. Selon l'ordre de tri défini, sur lequel nous reviendrons à la section "Classez vos photos", plus loin dans ce chapitre, les photos supplémentaires ajoutées à l'Organiseur peuvent apparaître avant, après ou parmi les photos d'origine. Servez-vous de la barre de défilement pour afficher les photos ajoutées.

Changez le mode d'affichage de l'Organiseur

Par défaut, l'Organiseur s'ouvre avec des vignettes. Vos photos, vidéos, projets, fichiers audio, etc., s'affichent avec une petite image ou icône dont on peut modifier la taille. La barre de raccourcis comporte un curseur qui modifie la taille d'affichage des vignettes.

L'affichage par vignette constitue l'une des options d'affichage des photos et autres fichiers dans l'Organiseur. Observez le menu déroulant Affichage pour découvrir les autres modes d'affichage disponibles, comme le montre la Figure 5.2.

Figure 5.2 : Cliquez Affichage dans la barre de menus pour découvrir les différentes vues de l'Organiseur.

Mode d'affichage Lot importé

Sous l'option Affichage par vignette se trouve l'option Lot importé. Ouvrez le menu Affichage et choisissez Lot importé ou appuyez sur Ctrl/⌘+Alt+2. L'affichage dans l'Organiseur conserve les vignettes, mais les fichiers se classent par date, selon la date d'importation des fichiers *via* la commande Obtenir des photos et des vidéos, dont nous avons parlé au Chapitre 4. Cet affichage se révèle utile lorsque vous voulez organiser des images en fonction du lot importé un jour donné.

Emplacement du dossier

Le mode d'affichage Emplacement du dossier permet de parcourir le disque dur à la recherche de tous les fichiers et dossiers sans quitter le Navigateur de photos. Sélectionnez Emplacement du dossier dans le menu Affichage ou appuyez sur Ctrl/⌘+Alt+3 pour afficher un volet de l'Explorateur contenant vos disques durs, les emplacements réseau et les supports hors ligne.

Choisissez Emplacement du dossier pour obtenir l'affichage de la Figure 5.3. Pour ouvrir le contenu d'un dossier, cliquez du bouton droit et choisissez Révéler dans l'Explorateur. Une fenêtre d'Explorateur Windows s'ouvre au-dessus de l'Organiseur et vous propose tous les fichiers du dossier.

Pour modifier une image, cliquez du bouton droit et choisissez Ouvrir avec/Adobe Photoshop Elements (Editor). L'image s'ouvre en mode Retouche standard dans Elements.

N'OUBLIEZ PAS

Si vous voulez allouer davantage d'espace à la liste des fichiers dans l'Organiseur, masquez la Corbeille des palettes en cliquant la barre de séparation. Il suffit de cliquer la petite flèche dirigée vers la droite. Pour rouvrir la palette, cliquez à nouveau la flèche. La Figure 5.3 présente l'Organiseur sans la Corbeille des palettes, ce qui explique le nombre de vignettes d'images qui figurent dans la fenêtre.

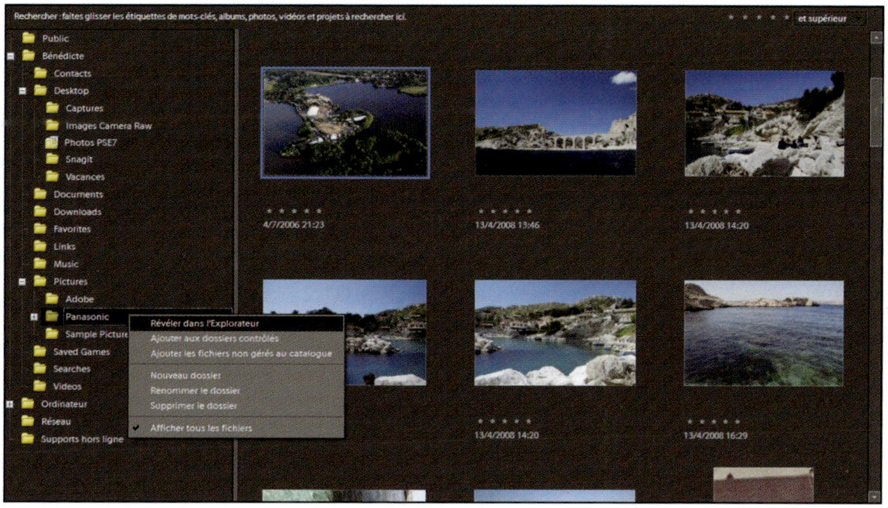

Figure 5.3 : Choisissez Emplacement du dossier dans le menu Affichage et cliquez du bouton droit pour ouvrir un menu contextuel.

Affichage par date

Dans le menu Affichage, choisissez Affichage par date (Ctrl/⌘+Alt+D) pour transformer le Navigateur de photos en calendrier avec les photos et leur date de création. Les informations sur la date proviennent des métadonnées importées avec les images enregistrées par l'appareil photo. Consultez à cet effet la section "Recherchez des métadonnées", plus loin dans ce chapitre.

Si vous avez pris plusieurs photos à la même date, les images sont empilées les unes sur les autres dans la case de la date en question. La Corbeille des projets contient des flèches qui permettent de parcourir les images empilées. Ce faisant, leur ordre apparaît dans l'angle inférieur gauche de la fenêtre des vignettes. Dans la Figure 5.4, il s'agit du nombre 4 sur 6. Cela signifie que le 14 avril 2008 (date inscrite au-dessus de la vignette), six photos ont été prises ; celle qui s'affiche est la quatrième dans l'ordre d'empilement.

Figure 5.4 : La Corbeille des projets présente les vignettes des photos avec des flèches et des nombres.

Pour revenir à l'affichage en vignettes de l'Organiseur, cliquez l'icône de jumelles ou appuyez sur Ctrl/⌘+Alt+O (la lettre O et non zéro).

Affichez des photos dans un diaporama (Plein écran)

Elements propose un autre mode d'affichage, où les images apparaissent dans un diaporama (en affichage plein écran) autonome, doté d'effets de transition et d'un fond musical. L'affichage en plein écran démarre un diaporama. Il masque temporairement les outils et menus d'Elements et mobilise la totalité de l'écran pour y afficher vos images.

TRUC

Le mode diaporama est très pratique pour prévisualiser des fichiers à modifier, ainsi que pour intégrer des photos dans un diaporama à exporter (voir Chapitre 15).

Préparez votre diaporama d'images

Voici comment créer votre diaporama et/ou activer le mode Affichage en plein écran :

1. **Ouvrez l'Organiseur.**
2. **Sélectionnez les images à intégrer au diaporama ou utilisez toutes les images présentes dans le Navigateur de photos.**

   Si vous ne sélectionnez pas de photo, toutes les photos du Navigateur de photos apparaissent dans le diaporama.

3. **Choisissez Affichage/Afficher les photos en plein écran (ou appuyez sur F11).**

   La boîte de dialogue Options de la vue Plein écran de la Figure 5.5 s'affiche.

4. **Définissez les options de votre diaporama.**

   La boîte de dialogue Options de la vue Plein écran offre plusieurs possibilités d'affichage. Reportez-vous au Tableau 5.1 pour découvrir les différentes options.

5. **Une fois que vous avez spécifié les attributs du diaporama, cliquez OK.**

   Vous entrez en mode plein écran. La barre d'outils du mode apparaît en haut de la fenêtre et disparaît automatiquement après quelques secondes (Figure 5.6). Le Tableau 5.1 décrit l'effet de la case Afficher le film fixe.

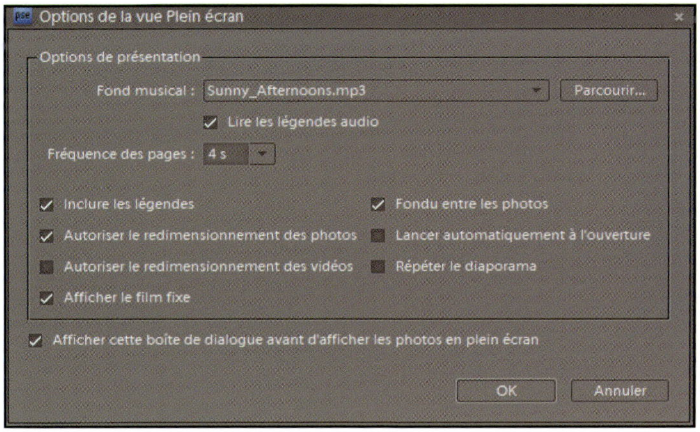

Figure 5.5 : Choisissez Affichage/Afficher les photos en plein écran pour ouvrir la boîte de dialogue Options de la vue Plein écran, contenant les options de l'affichage en plein écran.

Figure 5.6 : Si la case Afficher le film fixe est cochée, la vue Plein écran contient les vignettes des images sélectionnées à droite de la fenêtre.

TRUC

Pour quitter la vue Plein écran et revenir à l'Organiseur, appuyez sur la touche Echap.

Tableau 5.1 : Description de la boîte de dialogue Options de la vue Plein écran.

Option	*Effet*
Fond musical	Sélectionnez un fichier audio préinstallé dans la liste déroulante ou cliquez le bouton Parcourir pour rechercher des fichiers audio stockés sur l'ordinateur. Elements prend en charge les formats .mp3, .wav et .wma. Pour ajouter des fichiers audio à l'Organiseur, choisissez Fichier/ Obtenir des photos et des vidéos/A partir de fichiers et de dossiers, puis sélectionnez les fichiers audio.
Lire les légendes audio	Il est possible d'ajouter des légendes audio aux images. Cochez cette case pour les lire.
Fréquence des pages	Vous pouvez spécifier la durée d'affichage de chaque diapositive avant qu'elle soit remplacée par la suivante. Les valeurs acceptées vont de 1 à 3 600 secondes.
Inclure les légendes	Vous pouvez ajouter des légendes de texte aux images, comme l'explique le Chapitre 6. Cochez cette case pour les afficher.
Autoriser le redimensionnement des photos	Lorsque vous cochez cette case, les images occupent la totalité de l'écran. Assurez-vous que la résolution est suffisante avant de redimensionner les images à la taille de l'écran. La résolution d'image est optimale à 72 ppi, avec une taille de 100 %, comme l'explique le Chapitre 3.
Autoriser le redimensionnement des vidéos	Tous les clips vidéo ajoutés à l'Organiseur peuvent être visionnés dans le diaporama. En cochant cette case, les images vidéo adoptent la taille de l'écran. Vérifiez également que la vidéo prend en charge une résolution suffisante pour que chaque image soit clairement visible. En cas de doute, testez un clip en vue Plein écran pour savoir si la qualité est satisfaisante.
Afficher le film fixe	Si vous cochez cette case et ouvrez les fichiers en plein écran, un film fixe apparaît sur le bord droit de l'écran. Cliquez les vignettes du film fixe pour passer directement à la diapositive de votre choix.
Fondu entre les photos	Ajoute une transition entre les diapositives.
Lancer automatiquement à l'ouverture	Cochez cette case pour démarrer automatiquement le diaporama. Sinon, vous devez cliquer un outil en mode plein écran pour démarrer manuellement la lecture.
Répéter le diaporama	Cochez cette case pour répéter le diaporama de manière autonome.

Option	***Effet***
Afficher cette boîte de dialogue avant d'afficher les photos en plein écran	Supprimez la coche de cette case si vous ne voulez pas que la boîte de dialogue Options de la vue Plein écran s'ouvre chaque fois que vous activez la vue Plein écran. Pour rétablir son ouverture automatique, appuyez sur Ctrl/⌘+K et, dans la boîte de dialogue Préférences Général qui s'affiche, cliquez le bouton Réinitialiser tous les messages d'avertissement. Si elle n'est pas définie pour s'ouvrir automatiquement et que vous souhaitez y accéder, choisissez Options de la vue Plein écran dans le menu déroulant Menu d'actions de la barre d'outils. Reportez-vous à la section suivante pour en savoir plus sur la barre d'outils.

Exploitez la barre d'outils

En vue Plein écran, il est possible de lire le diaporama et d'alterner entre les diapositives. Vous retrouvez ces options, parmi d'autres, dans la barre d'outils qui apparaît avec l'affichage Plein écran. Lorsque la barre d'outils disparaît, il suffit de déplacer le pointeur de la souris pour la récupérer.

La barre d'outils, illustrée Figure 5.7, contient différents outils :

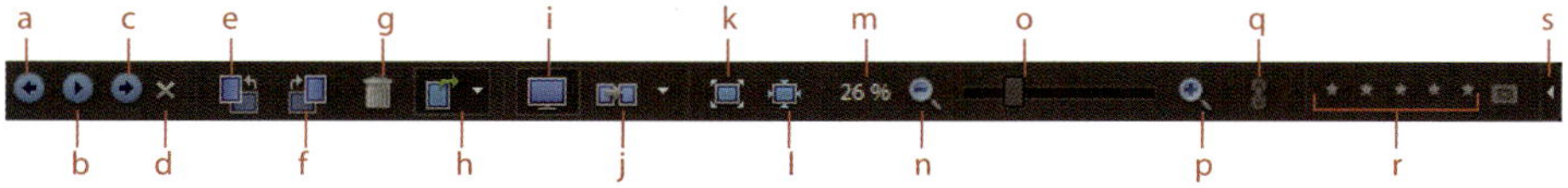

Figure 5.7 : Barre d'outils de la vue Plein écran.

a **Photo précédente – Gauche :** Affiche la diapositive précédente (vous pouvez aussi appuyer sur la touche fléchée gauche).

b **Lecture – Espace :** Interrompt la lecture. Si la lecture est suspendue, l'icône change. Cliquez-la pour reprendre la lecture.

c **Photo suivante – Droite :** Affiche la diapositive suivante (vous pouvez aussi appuyer sur la touche fléchée droite).

d **Quitter – Echap :** Cliquez ce bouton ou appuyez sur Echap pour quitter la vue Plein écran.

e **Rotation 90 ° vers la gauche – Ctrl/⌘+Gauche :** Fait pivoter la photo dans le sens inverse des aiguilles d'une montre dans la fenêtre d'image et dans le Navigateur de photos par défaut.

f **Rotation 90 ° vers la droite – Ctrl/⌘+Droite :** Identique au bouton précédent, mais dans le sens des aiguilles d'une montre.

g **Supprimer – Suppr :** Supprime la photo du diaporama et de l'Organiseur.

h **Menu d'actions :** Les commandes de ce menu, illustré Figure 5.8, permettent de retoucher les images, d'imprimer et d'organiser les fichiers. Pour en savoir plus sur les options de retouche, reportez-vous au Chapitre 9. L'impression est quant à elle étudiée au Chapitre 14. Enfin, consultez le Chapitre 6 pour ce qui concerne l'organisation.

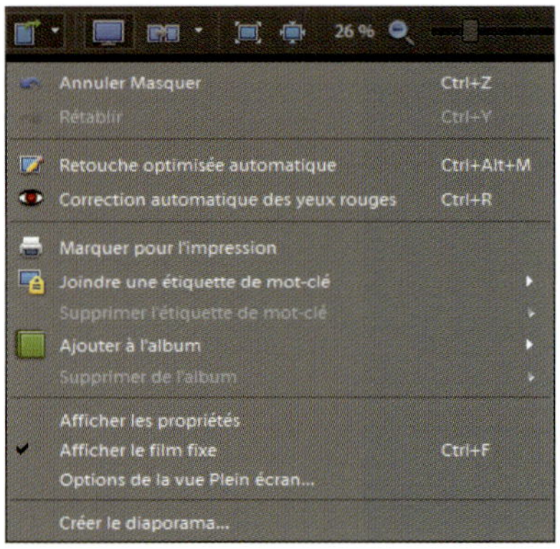

Figure 5.8 : Menu déroulant Menu d'actions.

i **Vue Plein écran – F11 :** Cet outil est sélectionné lorsque vous entrez en vue Plein écran.

j **Mode Côte à côte – F12 :** Ce menu propose d'afficher deux diapositives côte à côte horizontalement ou verticalement, de manière à comparer la diapositive sélectionnée dans le film fixe et la suivante. Vous pouvez également cliquer une diapositive et appuyer sur Ctrl/⌘, puis cliquer une autre diapositive pour les comparer. Pour revenir à la vue par défaut, cliquez l'outil Vue Plein écran.

k **Taille écran – Ctrl/⌘+0 :** Zoome autant que nécessaire pour remplir la fenêtre d'image.

l **Taille réelle des pixels – Ctrl/⌘+Alt+0 :** Affiche l'image à sa taille réelle.

m **Pourcentage de zoom :** Indique le niveau de zoom de l'image. Cette valeur n'est pas modifiable.

n **Zoom arrière – Ctrl/⌘+– :** Réduit le facteur de zoom.

o **Facteur de zoom :** Déplacez le curseur vers la gauche ou la droite pour réduire ou augmenter le facteur de zoom.

p **Zoom avant – Ctrl/⌘++ :** Augmente le facteur de zoom.

q **Synchronisation du déplacement et du zoom en mode Côte à côte :** Le déplacement et le zoom sont synchronisés par défaut. Lorsque deux diapositives sont comparées et qu'elles apparaissent côte à côte ou l'une sur l'autre, leur taille varie dans les mêmes proportions si vous changez le facteur de zoom. Cliquez l'icône de chaîne pour désynchroniser la vue.

r **Donner une note :** Cliquez l'une des cinq étoiles pour donner une note à l'image.

s **Afficher uniquement les contrôles de navigation :** Vous pouvez réduire la barre d'outils et n'afficher que les quatre premiers outils (et celui-ci). Dans ce cas, cliquez à nouveau la flèche pour développer la barre d'outils par défaut.

Explorez la fenêtre d'image

En mode Retouche rapide ou standard, vous travaillez la plupart du temps sur la fenêtre d'image. Que vous modifiiez le facteur de zoom d'une fenêtre ou affichiez plusieurs fenêtres, vous intervenez sur cette zone. De nombreux outils sont disponibles pour vous assister dans vos projets. Apprenez à les manipuler sans hésitation. Vous travaillerez ainsi bien plus aisément. Les outils, commandes de menus et palettes décrits dans les sections suivantes sont essentiels pour mener à bien n'importe quel projet Elements.

Changez le niveau de zoom

En retouche d'image, il est essentiel de savoir zoomer dans la fenêtre d'image et les autres fenêtres, comme la fenêtre Camera Raw ou la vue Plein écran, pour pouvoir, par exemple, retoucher une zone précise ou examiner les détails d'une petite zone. Il faut ensuite prendre du recul pour observer le résultat des modifications.

Zoomez en cliquant

Voici comment employer l'outil Zoom :

1. **Dans la palette d'outils, cliquez l'outil Zoom pour le sélectionner (ou appuyez sur Z).**

2. **Déplacez le pointeur dans la fenêtre d'image et cliquez là où vous voulez zoomer.**

   Pour zoomer davantage, cliquez une seconde fois. Cliquez jusqu'à atteindre le grossissement souhaité.

3. **Pour zoomer en arrière, gardez le même outil, maintenez enfoncée la touche Alt et cliquez.**

   Le pointeur se transforme en loupe comportant un signe moins (–).

Zoomez une sélection

Pour changer une vue, vous pouvez également zoomer une zone d'une image. Voici comment procéder :

1. **Cliquez l'outil Zoom de la palette d'outils.**

2. **Tracez un rectangle autour de la zone à grossir.**

   Un rectangle de sélection apparaît en pointillé, comme le montre la Figure 5.9.

Figure 5.9 : Dans la palette d'outils, cliquez l'outil Zoom et sélectionnez la zone à grossir.

3. **Déplacez le rectangle de sélection si vous devez ajuster la sélection.**

   Si vous avez tracé un rectangle à la bonne taille avec l'outil Zoom et que vous voulez le déplacer, appuyez sur la barre d'espace tout en maintenant enfoncé le bouton de la souris. Faites glisser le rectangle de sélection dans l'image pour zoomer la zone définie par le rectangle.

4. **Relâchez le bouton de la souris.**

   Le zoom s'applique à la zone définie par le rectangle de sélection.

Exploitez la barre d'options

Entre la fenêtre d'image et la barre de raccourcis se trouve la barre d'options, laquelle varie selon les outils que vous sélectionnez dans la palette d'outils. Si vous cliquez l'outil Zoom, la barre d'options se transforme, comme le montre la Figure 5.10. Elle propose plusieurs options relatives au zoom et conserve certaines options invariables :

Figure 5.10 : Dans la palette d'outils, cliquez l'outil Zoom pour transformer la barre d'options et afficher les options de zoom.

- **Outils Zoom avant/Zoom arrière :** Choisissez Zoom avant ou Zoom arrière pour éviter d'appuyer sur Alt pour alterner entre les deux.
- **Pourcentage de zoom :** Indique le niveau de zoom en cours en pourcentage. Vous pouvez modifier cette valeur, comprise entre 4 et 3200.
- **Curseur de zoom** : Cliquez la flèche vers le bas et déplacez le curseur vers la gauche ou la droite pour réduire ou augmenter le facteur de zoom.
- **Redimensionner fenêtres** : Cochez cette case pour redimensionner la fenêtre en même temps que l'image. Si vous la décochez, la fenêtre d'image conserve sa taille lorsque vous modifiez le facteur de zoom de l'image.

- **Zoom fenêtres :** Si vous avez ouvert plusieurs images et coché cette case, l'outil Zoom s'applique simultanément à tous les documents.
- **1:1 :** Zoome la fenêtre active selon un ratio de 1 sur 1, indiquant le niveau de zoom avec lequel le fichier va s'imprimer.
- **Adapter à l'écran :** Cliquez ce bouton pour adapter l'image à la taille de la fenêtre d'image.
- **Taille d'impression :** Cette option a souvent le même effet en termes de taille que l'option 1:1, à savoir zoomer l'image à la taille du fichier tel qu'il sera imprimé.

Affichez plusieurs documents

Si vous devez afficher plusieurs images simultanément, choisissez Fenêtre/Images pour ouvrir un sous-menu comportant les options d'affichage de plusieurs fichiers. Le menu Fenêtre offre également une liste contenant les documents ouverts. Voici les options figurant dans le sous-menu :

- **Agrandissement :** En mode Agrandissement, une seule fenêtre d'image s'affiche. Il est alors impossible de redimensionner la fenêtre en faisant glisser l'angle inférieur droit. Pour récupérer la barre de titre et les options de redimensionnement, choisissez Fenêtre/Images/Agrandissement. Cliquez la coche en regard du mode Agrandissement pour la supprimer du sous-menu et réduire la fenêtre d'image.
- **Juxtaposition :** La juxtaposition des images réduit la taille de la fenêtre d'image de manière à afficher toutes les images dans des fenêtres avec barres de défilement. Si vous avez ouvert plusieurs images, choisissez Fenêtre/Images/Juxtaposition pour obtenir l'affichage de la Figure 5.11.
- **Cascade :** Choisissez Fenêtre/Images/Cascade pour empiler les fenêtres d'image dans une vue en cascade.
- **Faire correspondre le zoom** : Définissez le niveau de zoom de l'une des images ouvertes et choisissez Fenêtre/Images/Faire correspondre le zoom. Le zoom s'applique à tous les documents selon le même niveau que l'image de premier plan.

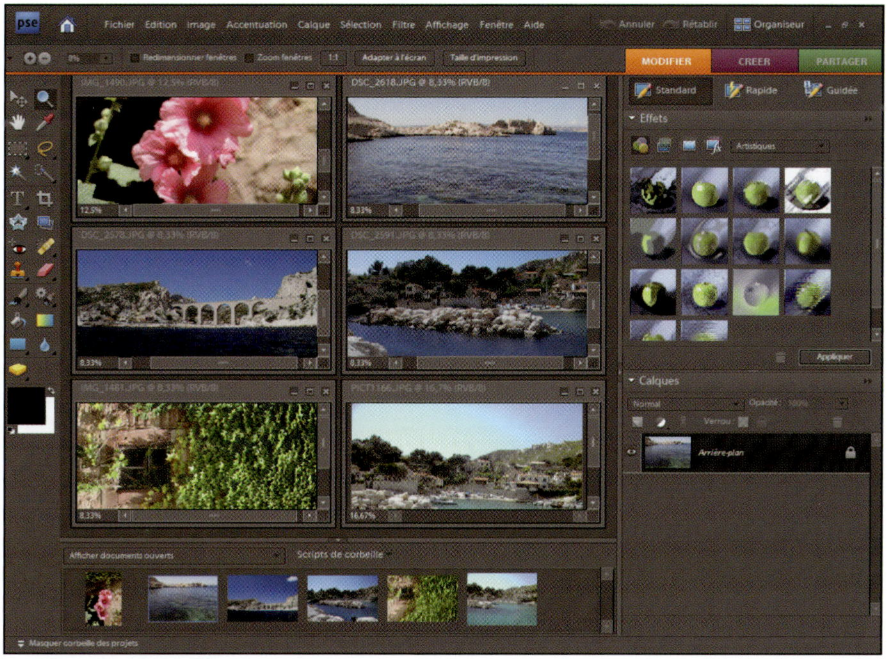

Figure 5.11 : Ouvrez plusieurs images dans un mode de retouche et choisissez Fenêtre/ Images/Juxtaposition pour afficher toutes les fenêtres d'image.

- **Faire correspondre la position :** Si, par exemple, vous zoomez l'angle supérieur droit d'une image et que vous sélectionnez cette option, le zoom va s'appliquer à toutes les images ouvertes et au même emplacement sur chaque photo.
- **Afficher une image au premier plan :** Lorsque vous ouvrez plusieurs photos, elles sont listées par nom dans le menu Fenêtre. Le document actif est l'image de premier plan. Si vous voulez retoucher une autre image, choisissez Fenêtre et sélectionnez l'image à retoucher. Celle-ci s'affiche alors au premier plan et devient l'image active.

TRUC

Si vous cliquez la vignette de l'image à retoucher dans la Corbeille des projets, le résultat est le même qu'avec la commande de menu qui affiche les images au premier plan.

Déplacez et zoomez

Si vous zoomez un document qui devient plus grand que la fenêtre d'image, des barres de défilement apparaissent pour vous permettre de *déplacer* l'image dans la fenêtre.

L'outil Main sert également à déplacer l'image. Zoomez une image et cliquez l'outil Main. Cliquez dans l'image et déplacez-la dans la fenêtre. Pour zoomer en avant ou en arrière avec l'outil Main sélectionné, maintenez enfoncée la touche Ctrl/⌘ : l'outil Main se transforme temporairement en Zoom avant. Maintenez enfoncés Ctrl/⌘+Alt pour transformer l'outil Main en Zoom arrière.

Exploitez la palette Navigateur

La palette Navigateur offre plusieurs options relatives au zoom et au déplacement d'une image.

Pour ouvrir cette palette, choisissez Fenêtre/Navigateur. La palette Navigateur, illustrée Figure 5.12, s'ouvre en palette flottante dans l'espace de travail Elements. Pour en savoir plus sur les palettes flottantes, consultez le Chapitre 1.

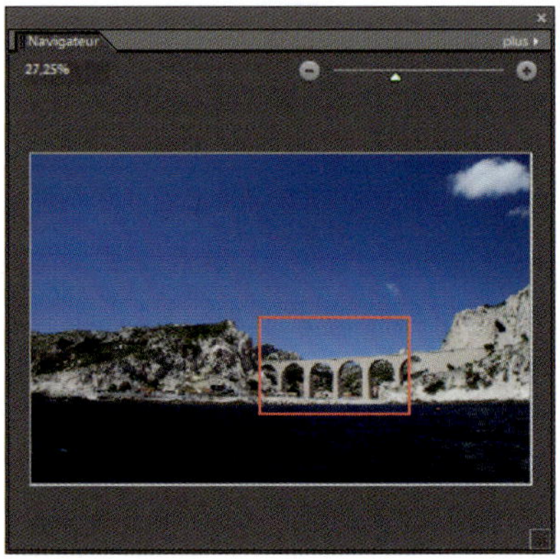

Figure 5.12 : Palette Navigateur.

Si vous sélectionnez les options de zoom de la palette Navigateur, l'aperçu de l'image dans la palette continue d'afficher la totalité de l'image. En revanche, si vous zoomez en avant ou en arrière à l'intérieur de la palette, le zoom correspondant s'applique au document actif.

TRUC

Faites appel aux outils de zoom de la palette ou faites glisser le curseur à droite ou à gauche pour zoomer en avant ou en arrière. Si vous placez le pointeur à l'intérieur de la vignette d'aperçu de l'image, vous pouvez tracer un rectangle et zoomer l'image.

TRUC

La palette Navigateur est très pratique lorsque vous travaillez avec deux écrans. Si vous la faites glisser vers le second écran, vous pouvez la garder à portée de main et modifier les niveaux de zoom sans qu'elle vous gêne en étant au-dessus de l'image.

Classez vos photos

Étant donné le nombre élevé de modes et d'espaces de travail d'Elements, il est appréciable d'avoir un point de départ pour gérer toutes les tâches de retouche. Représentez-vous l'Organiseur comme une grande gare centrale, point de départ de tous les trains vous emmenant vers la destination de votre choix. En langage Elements, au lieu de vous rendre dans telle ou telle région, vous accédez à un mode de retouche ou à une zone de création. Bref, l'Organiseur est le point central de la carte de Photoshop Elements.

S'il est d'abord un outil qui permet de naviguer vers les autres espaces de travail, l'Organiseur est également un outil de gestion qui sert à organiser, classer, rechercher et décrire des photos à l'aide d'informations d'identité. De nombreuses options permettent de gérer le classement et l'organisation des fichiers. Découvrez-les au travers des sections suivantes.

Utilisez les commandes de tri

Si vous voulez classer rapidement des images dans l'Organiseur, faites appel au menu de classement par date, dans la barre de raccourcis du Navigateur de photos. Deux options sont disponibles, comme le montre la Figure 5.13.

Figure 5.13 : Classez rapidement vos fichiers par ordre croissant ou décroissant de date.

Voici la description des options de ce menu :

- **Date (ordre décroissant)** : Avec cette option, vous affichez les images en fonction de leur date de création, en commençant par la plus récente.
- **Date (ordre croissant) :** Cette option affiche les photos dans l'ordre chronologique, en commençant par le fichier le plus ancien.

Comme nous l'avons mentionné à la section "Changez le mode d'affichage de l'Organiseur", précédemment dans ce chapitre, vous pouvez aussi afficher les fichiers par lot importé et par emplacement de dossier. Le menu Affichage accueille plusieurs options :

- **Lot importé :** Importez un groupe de photos dans une session Elements, puis un autre groupe dans la même session ou une autre session. Si vous sélectionnez Lot importé, les images se regroupent selon la date de création du lot
- **Emplacement du dossier :** Affiche un volet d'Explorateur à gauche du Navigateur de photos. Parcourez alors votre disque dur et sélectionnez le dossier contenant les images à importer dans l'Organiseur.

Triez les types de support

On peut également trier les photos selon leur type de support. Elements affiche des photos, des fichiers vidéo, des fichiers audio, des projets et des fichiers Adobe PDF. Pour sélectionner d'autres types de support, choisissez Affichage/Types de support. Le sous-menu qui s'affiche propose plusieurs options. En choisissant un élément du sous-menu, vous affichez dans le Navigateur de photos tous les types de support correspondant à la commande du menu.

Exploitez les fonctions de recherche

Le menu Rechercher de l'Organiseur est entièrement consacré à la recherche de photos. Il permet de localiser des photos dans des albums, des catalogues et le Navigateur de photos selon différents critères de recherche.

Pour exécuter les commandes du menu Rechercher, vous devez charger des photos dans le Navigateur de photos ou créer des albums ou catalogues, tous deux étudiés au Chapitre 6. Les sections qui suivent décrivent les catégories que l'on peut rechercher dans l'Organiseur.

Recherchez par date

Si vous avez ouvert de nombreux fichiers à partir de photos prises à des dates différentes, vous pouvez limiter votre recherche pour retrouver des photos, et tous les autres types de fichiers pris en charge par Elements, à une recherche par date.

Restez néanmoins prudent. La date est récupérée parmi les métadonnées de l'appareil photo. Par conséquent, si une date n'est pas disponible à l'origine, elle va se définir à la date de création du fichier. Or, la date de création ne correspond pas nécessairementt à la date de prise de la photo.

Pour rechercher des fichiers par date, procédez comme suit :

1. **Ouvrez des fichiers dans l'Organiseur en choisissant Fichier/ Obtenir des photos et des vidéos, puis en sélectionnant la commande appropriée.**

   Pour ouvrir des fichiers stockés sur votre disque dur, choisissez A partir de fichiers et de dossiers.

2. **Sélectionnez une période en choisissant Rechercher/Définir la période.**

   La boîte de dialogue Définir la période de la Figure 5.14 s'affiche.

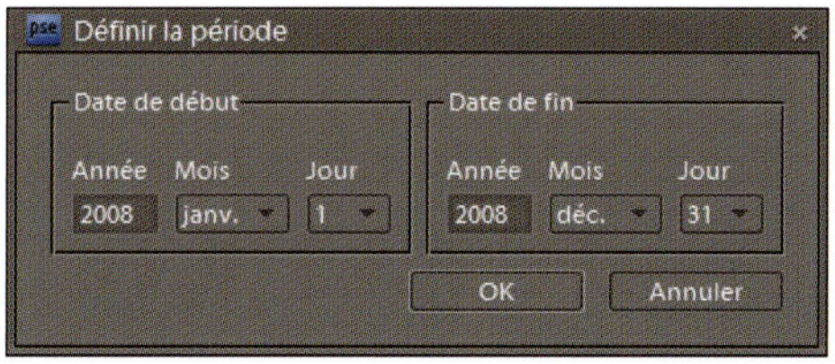

Figure 5.14 : Ouvrez la boîte de dialogue Définir la période et spécifiez les dates de début et de fin.

3. **Spécifiez les dates.**

   Tapez une année dans le champ Date de début Année. Servez-vous des listes Mois et Jour pour sélectionner le mois et le jour. Répétez les mêmes opérations pour la date de fin.

4. **Cliquez OK.**

   Le Navigateur de photos n'affiche que les fichiers créés au cours de la période spécifiée.

Recherchez des éléments sans étiquette

Vous pouvez ajouter des étiquettes à des fichiers avec de nombreux critères, comme l'explique le Chapitre 6. Si des images possèdent des étiquettes, il est possible de s'en servir pour trier les fichiers. Nous reviendrons sur le tri par étiquettes au Chapitre 6. En attendant, observez le menu Rechercher et localisez la commande Eléments sans étiquette. Si vous n'avez pas ajouté d'étiquette à des éléments et que vous voulez uniquement afficher ces derniers de manière à les étiqueter, choisissez Rechercher/Eléments sans étiquette ou appuyez sur Ctrl/⌘+Maj+Q. Tous les fichiers dénués d'étiquette s'affichent alors dans le Navigateur de photos.

Recherchez des albums

Les albums sont décrits en détail au Chapitre 6. Vous pouvez créer des albums, puis en sélectionner un dans la palette Albums, ce qui revient à opérer un premier tri. Pour préciser vos choix, recherchez ensuite par date ou selon l'une des autres options de tri mentionnées dans les sections précédentes et suivantes.

Recherchez des légendes et des remarques

Le Chapitre 6 explique comment ajouter des légendes et des remarques à vos fichiers. Vous pouvez ainsi rechercher le nom d'une légende et/ou le contenu d'une remarque. Voici comment procéder :

1. **Ouvrez des fichiers dans l'Organiseur en choisissant Fichier/ Obtenir des photos et des vidéos, puis en sélectionnant la commande appropriée.**

   Pour ouvrir des fichiers stockés sur votre disque dur, choisissez A partir de fichiers et de dossiers.

2. **Choisissez Rechercher/ Par légende ou remarque.**

   La boîte de dialogue Rechercher par légende ou remarque de la Figure 5.15 s'affiche.

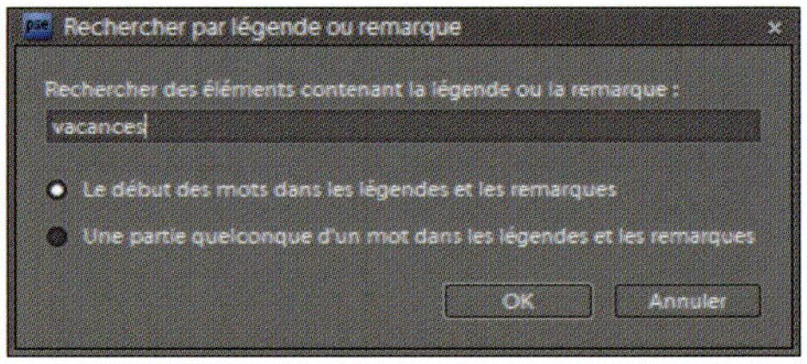

Figure 5.15 : Choisissez Rechercher/Par légende ou remarque pour ouvrir la boîte de dialogue contenant les critères de recherche des légendes et des remarques.

   Voici les options proposées :

   - *Rechercher des éléments contenant la légende ou la remarque :* Tapez dans la zone de texte les mots à rechercher.

- *Le début des mots dans les légendes et les remarques :* Cliquez ce bouton si vous savez que votre légende ou remarque commence par le mot tapé dans la zone de texte.
- *Une partie quelconque d'un mot dans les légendes et les remarques :* Cliquez ce bouton lorsque vous ne savez pas si le texte recherché apparaît en début de légende ou de remarque ou s'il est juste contenu dans la légende ou la remarque.

3. Cliquez OK.

Les résultats apparaissent dans le Navigateur de photos.

Recherchez par historique

Elements conserve la trace de toutes vos opérations, telles que les impressions, l'envoi par courrier électronique, le partage et bien d'autres tâches. Il est possible de rechercher des fichiers en fonction de leur historique. Pour ce faire, choisissez Rechercher/Par historique. Les options du sous-menu Par historique rapportent les fichiers retrouvés à la date spécifiée et selon le critère d'historique.

Recherchez des métadonnées

Les *métadonnées* incluent les informations fournies par les appareils photos numériques et les données personnalisées que vous ajoutez au fichier. Elles contiennent des descriptions de l'image, telles que le nom de l'appareil photo, les paramètres de l'appareil employés pour prendre la photo, les informations sur la propriété, etc.

La recherche de métadonnées est très simple. Il suffit de choisir Rechercher/Par détails (métadonnées) dans l'Organiseur. La boîte de dialogue Rechercher par détails (métadonnées) s'affiche. Les deux premières colonnes permettent de définir les critères de recherche. Dans la troisième colonne, vous spécifiez ce que vous voulez rechercher exactement en tapant le critère de recherche dans la zone de texte. Cliquez le bouton plus pour ajouter des lignes et spécifier d'autres critères de recherche, comme le montre la Figure 5.16. Le bouton moins supprime une ligne.

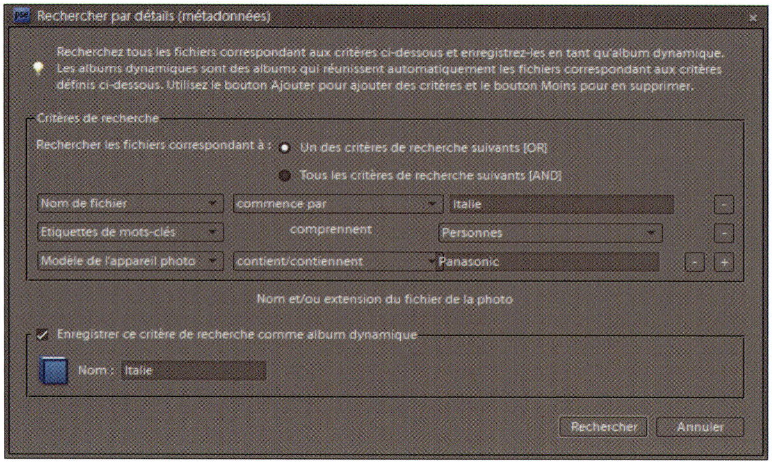

Figure 5.16 : Choisissez Rechercher/Par détails (métadonnées) dans l'Organiseur pour ouvrir la boîte de dialogue où spécifier les métadonnées.

Recherchez des visages

S'il existe une méthode magique pour rechercher des fichiers dans Elements, il s'agit bien de la recherche de visages. Lorsque vous choisissez Rechercher/Rechercher des visages pour l'ajout d'étiquettes, Elements parcourt les fichiers sélectionnés dans le Navigateur de photos et examine chaque image à la recherche d'un visage – un visage d'*humain*, pour être exact.

Vous devez préalablement sélectionner des vignettes d'image dans le Navigateur de photos avant d'exécuter la commande. Dans le cas contraire, Elements recherche dans la totalité de l'album. Sachez que si vous parcourez un album volumineux, Elements va prendre un certain temps pour effectuer la recherche.

Les résultats de la recherche incluent par magie toutes les photos contenant des visages dans un nouveau Navigateur de photos. Bien que cette commande soit conçue pour identifier des images à étiqueter, vous pouvez y recourir pour invoquer une recherche et choisir tous les fichiers contenant des visages.

6

Organisez et gérez vos photos

Dans ce chapitre :

- Créez et organisez des étiquettes de mots-clés.
- Créez des catalogues.
- Travaillez avec des albums.
- Créez des piles et des versions.
- Ajoutez des légendes et des remarques.
- Traitez des fichiers par lots.
- Sauvegardez des fichiers.

Un minimum d'organisation est essentiel. Si vous videz le contenu de vos cartes mémoire et que vous éparpillez les dossiers contenant vos photos sur votre disque dur, cela équivaut à travailler dans un bureau en désordre, jonché de paperasse. Même à l'aide des fonctionnalités de recherche décrites au Chapitre 5, vous risquez de passer plus de temps à retrouver un fichier particulier qu'à classer vos piles de feuilles. Par conséquent, il vous faut un système de gestion de fichiers efficace.

Ce chapitre explique comment organiser, annoter et sauvegarder des fichiers, tâche fondamentale dans tout projet. Passez le temps nécessaire à assimiler les méthodes d'organisation offertes par Elements, à maintenir votre système d'organisation lorsque vous copiez des nouveaux fichiers sur le disque dur et à sauvegarder vos fichiers sur des CD ou DVD. Le temps que vous passez aujourd'hui à organiser vos images n'est pas perdu, car vous localiserez bien plus rapidement tous vos fichiers à l'avenir.

Organisez des groupes d'images via des étiquettes de mots-clés

Elements procure un moyen très efficace d'organiser les fichiers : les étiquettes de mots-clés. Une fois que vous avez ouvert vos images dans l'Organiseur (voir Chapitre 4), classez-les et dotez-les d'étiquettes de mots-clés selon la date où vous avez pris les photos, leur sujet ou une autre catégorie de classement.

Les étiquettes de mots-clés sont appelées *collections* dans Elements 5 et ses versions antérieures.

Le Navigateur de photos comporte deux palettes qui vous aident à classer vos images et à conserver leur organisation. Servez-vous de la palette Etiquettes de mots-clés, dont nous parlerons à la section "Exploitez les étiquettes de mots-clés", pour identifier des images individuelles à l'aide d'une quantité illimitée de catégories. La palette Etiquettes de mots-clés permet de créer des étiquettes de mots-clés et des groupes d'albums afin d'organiser les fichiers.

Les étiquettes de mots-clés sont d'une grande aide lorsque vous travaillez sur plusieurs projets complètement différents, que nous détaillerons au Chapitre 16. Vous pouvez créer une étiquette de mot-clé à partir de fichiers stockés dans plusieurs dossiers du disque dur et prévisualiser les images à intégrer à la création. Par exemple, sélectionnez les images à exploiter pour créer des diaporamas et des albums photos. Une fois les créations terminées, revenez en arrière et supprimez l'étiquette.

Les sections suivantes décrivent comment créer et gérer des étiquettes de mots-clés.

Créez une nouvelle étiquette de mot-clé

Voici comment créer une étiquette de mot-clé et ajouter des photos à l'étiquette :

1. **Ouvrez des photos dans l'Organiseur.**

   Ouvrez le Navigateur de photos en cliquant le bouton Organiseur dans l'un des modes de retouche ou en sélectionnant Organiser dans l'écran de bienvenue. Choisissez Fichier/Obtenir des photos et des vidéos/A partir de fichiers et de dossiers. Vous devez avoir préalablement copié des photos sur votre disque dur (voir Chapitre 4).

2. **Pour créer une nouvelle étiquette de mot-clé, cliquez le signe plus (+) dans la palette Etiquettes de mots-clés. Dans le menu qui s'affiche, choisissez Nouvelle étiquette de mot clé.**

   La boîte de dialogue Créer une étiquette de mot-clé s'affiche, illustrée Figure 6.1.

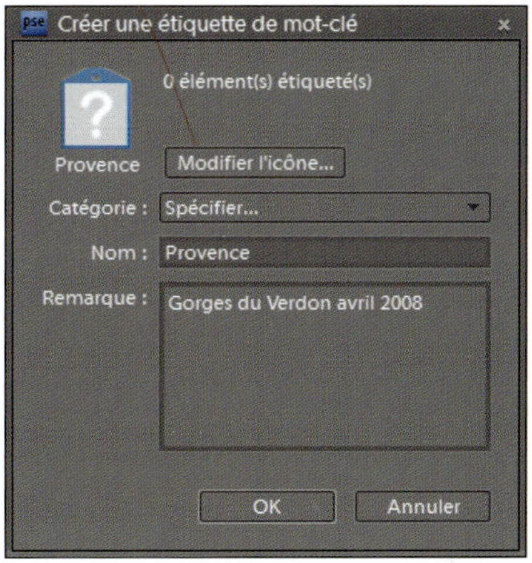

Figure 6.1 : Boîte de dialogue Créer une étiquette de mot-clé.

3. **Tapez le nom de l'étiquette dans la zone de texte Nom et ajoutez si vous le souhaitez une remarque pour décrire l'étiquette.**

   Notez par exemple l'endroit où vous avez pris les photos, leur sujet ou d'autres informations descriptives.

4. **Cliquez OK.**

   Vous revenez au Navigateur de photos.

5. **Dans le Navigateur de photos, sélectionnez les photos à étiqueter avec votre mot-clé.**

   Cliquez une photo, puis appuyez sur Maj et cliquez une autre photo pour sélectionner une série de photos. Si les photos ne sont pas contiguës, cliquez une photo, puis appuyez sur Ctrl/⌘ et cliquez les photos dispersées dans le Navigateur.

6. **Pour ajouter une nouvelle étiquette de mot-clé à une photo (ou à une sélection de photos), cliquez l'une des photos dans**

le Navigateur et faites glisser sa vignette vers l'icône de la nouvelle étiquette dans la palette.

Vous pouvez aussi faire glisser une étiquette sur les photos sélectionnées.

Les photos s'ajoutent à la nouvelle étiquette de mot-clé dès lors que vous relâchez le bouton de la souris.

7. **Répétez les étapes 3 à 7 pour créer des étiquettes de mots-clés pour toutes les images à organiser.**

8. **Pour afficher une ou plusieurs étiquettes de mots-clés, cliquez la case vide en regard d'une icône d'étiquette. Le Navigateur affiche alors les photos de ce groupe.**

   Si vous cliquez la case vide d'une étiquette, une icône de jumelles y apparaît, comme le montre la Figure 6.2. Toutes les photos dotées de cette étiquette de mot-clé s'affichent alors dans le Navigateur.

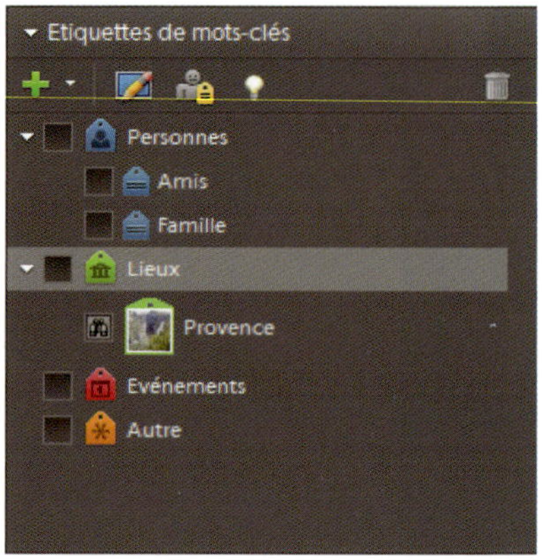

Figure 6.2 : Une icône de jumelles apparaît lorsque vous cliquez une case vide.

Pour afficher à nouveau toutes les photos dans l'Organiseur, cliquez les jumelles dans la palette Etiquettes de mots-clés. La case se vide et l'affichage des fichiers étiquetés est désactivé.

Exploitez les étiquettes de mots-clés

Les étiquettes de mots-clés se gèrent à l'aide des commandes du menu déroulant Nouveau et du menu contextuel qui s'affiche par clic droit (clic+Ctrl sous Mac) d'une étiquette de mot-clé dans la palette Etiquettes de mots-clés.

Voici les commandes proposées par le menu Nouveau :

- **Nouvelle étiquette de mot clé :** Crée une nouvelle étiquette de mot-clé, comme le décrivent les étapes de la section précédente.
- **Nouvelle sous-catégorie :** Une *sous-catégorie* est comparable à un marque-page imbriqué. Pour créer une sous-catégorie, choisissez Nouvelle sous-catégorie dans le menu. Une boîte de dialogue vous invite à taper le nom de la sous-catégorie. Prenons un exemple : vous créez une étiquette de mot-clé intitulée Mariage de Pierre. Ensuite, vous pouvez créer des sous-catégories nommées Essayage de la robe, Cérémonie, Photos de groupe, Vin d'honneur, etc.
- **Nouvelle catégorie :** Ouvre une boîte de dialogue où vous tapez le nom de la nouvelle catégorie. Quelques catégories prédéfinies vous sont proposées par défaut : Personnes, Lieux, Evénements et Autre. Il est possible d'ajouter des catégories personnalisées.
- **A partir du fichier :** Si vous exportez une étiquette de mot-clé, le fichier est copié au format XML (*eXtensible Markup Language*). Si vous choisissez A partir du fichier, vous pouvez importer le fichier XML du fichier des étiquettes de mots-clés.
- **Enregistrer les étiquettes de mots-clés dans un fichier :** Il est possible d'enregistrer les étiquettes de mots-clés dans un fichier que l'on récupère *via* la commande A partir du fichier. Cette option est très pratique lorsque l'on ouvre un autre fichier de catalogue et que l'on importe dans un autre fichier de catalogue des noms d'albums identiques créés dans un fichier de catalogue (voir section "Fichiers de catalogue").
- **Réduire toutes les étiquettes de mots-clés :** Les étiquettes de mots-clés apparaissent comme des listes de marque-pages que l'on peut réduire et développer. Une liste développée révèle toutes ses sous-catégories. Choisissez Réduire toutes les étiquettes de mots-clés pour réduire la liste.
- **Développer toutes les étiquettes de mots-clés :** Développe une liste réduite.

Lorsque vous créez une nouvelle étiquette de mot-clé, une grande icône apparaît dans la palette Etiquettes de mots-clés. Les étiquettes par défaut possèdent des petites icônes. Pour accéder aux éléments figurant sous les étiquettes par défaut, cliquez la flèche vers la droite et développez la liste.

Cliquez du bouton droit (avec la touche Ctrl sous Mac) le nom d'un album pour afficher les commandes suivantes :

- **Changer étiquette de mot-clé *<nom de l'étiquette de mot-clé>* en une sous-catégorie :** Choisissez cette commande pour changer une étiquette de mot-clé en sous-catégorie d'étiquette de mot-clé.
- **Modifier étiquette de mot-clé *<nom de l'étiquette de mot-clé>* :** Cette commande ouvre la boîte de dialogue Modifier l'étiquette de mot-clé, où vous renommez l'étiquette, modifiez la remarque ou changez de catégorie. L'outil Crayon de la palette Etiquettes de mots-clés ouvre également cette boîte de dialogue.
- **Supprimer étiquette de mot-clé *<nom de l'étiquette de mot-clé>* :** Sélectionnez une étiquette de mot-clé, puis choisissez cette option pour la supprimer. L'icône de poubelle de la palette supprime également l'étiquette de mot-clé. La suppression d'une étiquette de mot-clé ne supprime pas les fichiers.
- **Nouvelle recherche avec étiquette de mot-clé *<nom de l'étiquette de mot-clé>* :** Cette commande effectue une recherche dans un catalogue et affiche toutes les photos du Navigateur de photos qui possèdent l'étiquette.
- **Ajouter les photos avec étiquette de mot-clé *<nom de l'étiquette de mot-clé>* aux résultats de la recherche :** Si vous sélectionnez une photo dans l'Organiseur, la recherche retourne un élément. Si vous sélectionnez plusieurs photos, vous obtenez le nombre total d'images sélectionnées. Lorsque vous ouvrez un menu contextuel, les images sélectionnées s'ajoutent à l'étiquette de mot-clé où le menu contextuel est ouvert.
- **Exclure les photos avec étiquette de mot-clé *<nom de l'étiquette de mot-clé>* des résultats de la recherche** : Sélectionnez des photos du Navigateur de photos et choisissez cette commande pour les exclure de la recherche.

- **Attacher "étiquette de mot-clé *<nom de l'étiquette de mot-clé>*" à/aux <n> élément(s) sélectionné(s) :** Sélectionnez un fichier du Navigateur de photos et choisissez cette commande pour attacher l'étiquette de mot-clé au fichier.

Les étiquettes de mots-clés s'enregistrent automatiquement avec le catalogue que vous exploitez. Par défaut, Elements crée un catalogue et y enregistre automatiquement vos fichiers. Si vous créez un autre catalogue, comme le décrit la section suivante, vos étiquettes de mots-clés disparaissent. Sachez quel catalogue est ouvert lorsque vous créez des étiquettes de mots-clés afin de pouvoir les retrouver.

Cataloguez des fichiers

Lorsque vous ouvrez des fichiers dans l'Organiseur, tous vos fichiers s'enregistrent automatiquement dans un catalogue. En réalité, ce ne sont pas les fichiers qui s'enregistrent, mais des liens du catalogue vers les fichiers individuels. Les *liens* sont comparables à des pointeurs qui indiquent au catalogue où rechercher un fichier. Le catalogue se met à jour lorsque vous ajoutez et supprimez des fichiers.

Si vous ouvrez davantage de fichiers dans l'Organiseur, le fichier du catalogue par défaut augmente. Sa taille n'est limitée que par l'espace libre de votre disque dur. Évitez de travailler avec un seul fichier de catalogue, car si votre fichier est endommagé et irrécupérable, vous perdez tout le travail que vous avez accompli avec vos étiquettes de mots-clés pour organiser vos fichiers. Si vous travaillez avec plusieurs fichiers, les performances de l'Organiseur sont ralenties.

Il est préférable d'optimiser l'organisation de vos fichiers avec plusieurs albums plutôt que de travailler avec un seul fichier de catalogue. Vous pouvez organiser les fichiers selon leur sujet, leur date, leur lieu ou toute autre catégorie, puis créer des albums séparés pour chaque catégorie. Consultez à cet effet les sections suivantes.

Divisez un gros catalogue

Voici comment transformer une partie d'un catalogue volumineux en un petit catalogue :

1. **Ouvrez des fichiers dans l'Organiseur.**

Si vous avez ouvert un album de fichiers important (supérieur à 300 images) dans le Navigateur, vous pouvez commencer avec ces fichiers. Si vous n'avez pas encore ouvert de fichier, choisissez Fichier/Obtenir des photos et des vidéos, puis servez-vous de l'une des commandes pour charger le Navigateur.

2. **Étiquetez les fichiers à placer dans un autre catalogue possédant des étiquettes de mots-clés.**

   Après avoir étiqueté les fichiers, cliquez l'icône en regard du nom de l'étiquette de mot-clé pour afficher uniquement les fichiers étiquetés dans l'Organiseur.

3. **Choisissez Fichier/Catalogue pour ouvrir la boîte de dialogue Gestionnaire de catalogues de la Figure 6.3.**

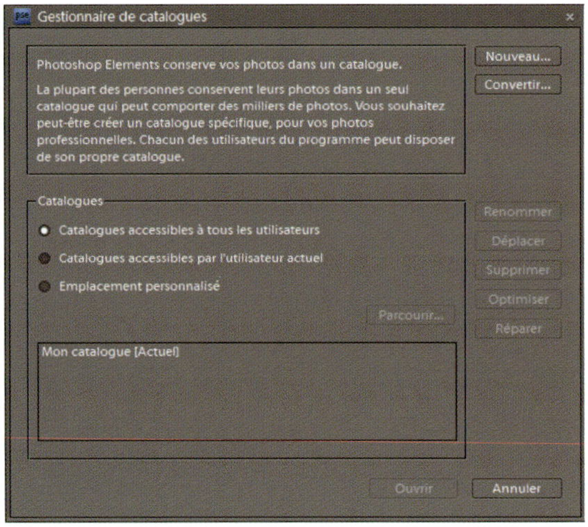

Figure 6.3 : Choisissez Fichier/Catalogue pour ouvrir la boîte de dialogue Gestionnaire de catalogues.

ATTENTION

Lorsque vous exploitez des catalogues, notez que vous ne créez ni n'ouvrez de catalogue *via* des commandes de menus. Toutes les opérations liées à la manipulation d'un catalogue sont concentrées dans la boîte de dialogue Gestionnaire de catalogues.

4. **Cliquez Nouveau.**

   Une boîte de dialogue vous invite à saisir le nom de votre nouveau catalogue.

5. **Tapez un nom descriptif à attribuer au catalogue et cliquez OK.**

6. **Ajoutez et supprimez des fichiers de l'Organiseur.**

   Supprimez les fichiers sans rapport avec votre nouveau catalogue et ajoutez des fichiers en choisissant Fichier/Obtenir des photos et des vidéos. Il est en outre possible d'ajouter ou de supprimer des étiquettes de mots-clés, comme nous l'expliquons à la section précédente. La vue que vous créez dans l'Organiseur s'enregistre automatiquement dans votre nouveau fichier de catalogue.

Lorsque vous supprimez un fichier d'un catalogue, une boîte de dialogue vous invite à confirmer l'opération. Elle comporte également une case qui supprime les fichiers du disque dur. Si vous la cochez, le fichier est totalement supprimé. Un minimum de vigilance s'impose donc si vous ne voulez pas perdre la seule copie d'une de vos photos.

Importez des photos dans un nouveau catalogue

Si vous voulez maintenir votre organisation et limiter la taille de vos fichiers de catalogue, il est judicieux de créer un nouveau catalogue avant d'importer des photos. Voici comment procéder :

1. **Choisissez Fichier/Catalogue et cliquez Nouveau dans la boîte de dialogue qui s'affiche.**

2. **Dans la boîte de dialogue Entrer le nom du nouveau catalogue, tapez le nom du catalogue et cliquez OK.**

3. **Pour ajouter des fichiers audio installés avec Elements, cochez la case Importer de la musique gratuite dans ce catalogue.**

4. **Choisissez Fichier/Obtenir des photos et des vidéos pour ajouter des fichiers au nouveau catalogue.**

   Si vous avez coché la case Importer de la musique gratuite dans ce catalogue, la boîte de dialogue Obtenir des photos à partir de fichiers et de dossiers propose des fichiers de support.

5. **Sélectionnez les fichiers audio à ajouter à votre collection, puis parcourez votre disque dur à la recherche des photos à ajouter. Une fois tous les fichiers localisés, cliquez Ouvrir.**

   Les fichiers audio et photo sélectionnés s'ajoutent au nouveau catalogue.

Changez de catalogue

Pour ouvrir un autre fichier de catalogue, choisissez Fichier/ Catalogue et sélectionnez son nom. Cliquez Ouvrir au bas de la boîte de dialogue. Le Navigateur affiche les fichiers contenus dans ce catalogue.

Observez les boutons Réparer et Optimiser de la Figure 6.3. Si les vignettes d'aperçu de vos images n'apparaissent pas ou que vous ne parvenez pas à les ouvrir dans un mode de retouche, cela signifie peut-être que votre fichier de catalogue est endommagé. La commande Réparer va tenter de résoudre le problème. Si vos catalogues vous semblent lents à réagir, il peut être nécessaire de les optimiser pour améliorer leurs performances. Exécutez régulièrement la commande Optimiser du Gestionnaire de catalogues de manière à maintenir les performances de vos catalogues.

Créez des albums

Les étiquettes de mots-clés permettent d'organiser les fichiers en catégories et sous-catégories au sein d'un catalogue. Elements offre un autre moyen d'organiser les fichiers, à l'aide de la palette Albums. Vous pouvez organiser un album à partager, assembler un album et noter chaque photo de 1 à 5, créer un diaporama ou simplement utiliser la palette Albums pour classer des images en catégories.

Dans une hiérarchie, le catalogue est situé au-dessus de l'album, puis viennent les étiquettes de mots-clés. Parmi les étiquettes de mots-clés, servez-vous des options de tri (analysées au Chapitre 5) pour classer les fichiers par date. S'il vous reste dans un Navigateur de photos des fichiers qui vous semblent difficiles à gérer, créez des étiquettes de sous-catégories parmi les étiquettes de mots-clés. En outre, vous pouvez créer un album à partir de photos possédant une étiquette de mot-clé donnée. Par exemple, vous possédez un grand nombre de photos prises à l'occasion d'un voyage aux États-Unis. Elles appartiennent toutes au même catalogue. Vous pouvez créer des étiquettes de mots-clés pour classer les fichiers en fonction de l'État que vous avez visité. Notez ensuite les photos selon vos préférences. Il est ensuite envisageable de rassembler dans un album les photos les mieux notées et de les visionner dans un diaporama.

Notez des images

Il est possible de noter des photos dans l'Organiseur en leur attribuant une à cinq étoiles. Vous possédez certainement des photos magnifiques, qui méritent la notation la plus élevée, alors que d'autres, à cause d'une mauvaise luminosité et de défauts apparents, ne valent pas plus d'une étoile.

Dans les versions antérieures à Photoshop Elements 6, on notait directement les photos dans le Navigateur sous chaque vignette. Depuis Elements 6 et 7, on peut les noter dans la palette Propriétés ou choisir Edition/Notations.

Pour attribuer une notation à un fichier, ouvrez un menu contextuel en cliquant la photo du bouton droit et en choisissant Afficher les propriétés. La palette Propriétés – Général de la Figure 6.4 s'affiche. Cliquez une étoile pour noter la photo. Vous pouvez également cliquer une photo, choisir Edition/ Notations, puis sélectionner le nombre d'étoiles à attribuer.

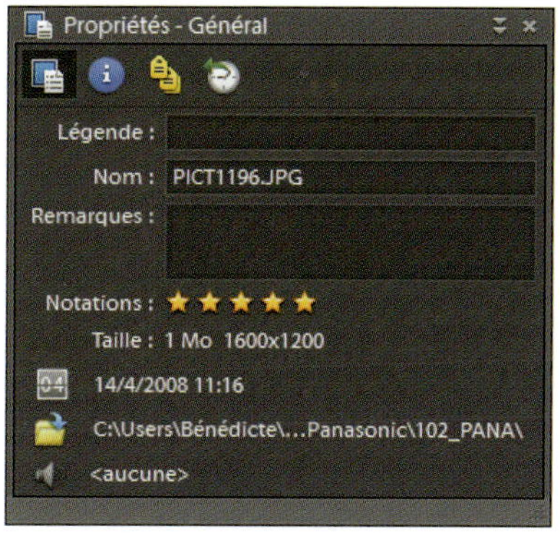

Figure 6.4 : Groupe de photos notées à l'aide d'étoiles.

Depuis Photoshop Elements 7, l'affichage des notations est différent. Les étoiles ne sont plus visibles dans le Navigateur de photos, comme elles l'étaient dans les versions précédentes. Vous disposez maintenant d'un menu dans la barre de raccourcis, situé dans l'angle supérieur droit du Navigateur de photos. Concentrons-nous sur les cinq étoiles et le menu déroulant, dont voici les options :

- **Et supérieur :** Cliquez une étoile en regard du menu et choisissez Et supérieur pour afficher dans le Navigateur de photos les photos possédant cette note et les notes supérieures.
- **Et inférieur :** Cliquez une étoile en regard du menu et choisissez Et inférieur pour afficher toutes les photos possédant au plus le numéro de l'étoile sélectionnée. Par exemple, si vous cliquez la troisième étoile et que vous choisissez la commande Et inférieur, le Navigateur de photos affiche toutes les photos possédant jusqu'à trois étoiles.
- **Uniquement :** Si vous cliquez cinq étoiles (ou un autre nombre) et que vous sélectionnez Uniquement, seules les images possédant le nombre d'étoiles sélectionné apparaissent dans le Navigateur de photos.

Pour afficher à nouveau toutes les photos de l'Organiseur, y compris celles qui ne sont pas notées, cliquez Tout afficher dans la barre de raccourcis.

Ajoutez des fichiers notés à un album

Vous avez la possibilité de noter vos images à l'aide d'étoiles de notation et de les ajouter à un album. Ensuite, au sein de l'album, vous pouvez encore choisir d'afficher des images selon leur notation.

Créez un album

La section "Organisez des groupes d'images *via* des étiquettes de mots-clés" explique comment créer des étiquettes de mots-clés et les affecter à des photos de manière à organiser une collection de photos et comment définir des sous-catégories pour diviser une collection en plusieurs catégories. Grâce aux albums et aux étoiles de notation, vous pouvez encore optimiser votre organisation et diviser une collection en groupes dont vous déterminez la destination : impression, partage ou diaporamas.

Voici comment créer un album :

1. **Dans la palette Albums, cliquez l'icône de signe plus (+) et choisissez Nouvel album dans le menu illustré Figure 6.5.**

   La palette Albums se développe pour afficher le volet Détails de l'album.

2. **Nommez le nouvel album.**

   Tapez le nom de l'album dans la zone de texte Nom de l'album, comme le montre la Figure 6.6.

3. **Faites glisser les photos de l'Organiseur vers la fenêtre Eléments de la palette Détails de l'album de la Figure 6.6.**

   Vous pouvez également sélectionner les photos dans l'Organiseur et cliquer l'icône de signe plus (+) pour les ajouter à l'album.

4. **Cliquez le bouton Terminer au bas de la palette.**

   Votre nouvel album apparaît maintenant dans la liste de la palette Albums.

Et voilà ! Votre nouvel album est créé et il contient les photos que vous avez ajoutées. Vous pouvez isoler toutes les photos d'un album particulier en cliquant le nom de l'album dans la palette Albums.

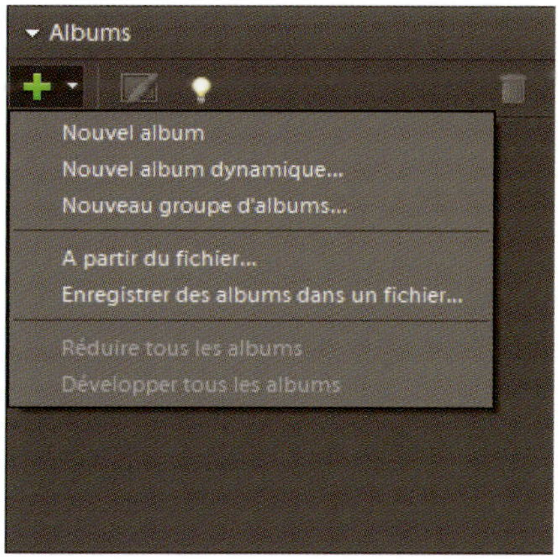

Figure 6.5 : Cliquez l'icône de signe plus (+) pour ouvrir le menu déroulant et choisir Nouvel album.

Figure 6.6 : Faites glisser des photos dans la zone Eléments de la palette Détails de l'album.

N'OUBLIEZ PAS

En créant plusieurs albums, vous exploitez moins de mémoire qu'en dupliquant des photos pour les imprimer, les héberger sur le Web, les partager, etc.

Créez un album dynamique

Il existe un grand nombre de critères de recherche. Par exemple, vous pouvez noter des images à l'aide d'étoiles et choisir d'afficher tous les fichiers notés avec au moins trois étoiles ou, si vous avez changé d'appareil photo, afficher uniquement les photos prises avec le nouvel appareil. Il est possible de parcourir un catalogue à la recherche de métadonnées, d'un lieu ou d'autres critères. En outre, vous pouvez combiner des recherches et, par exemple, rechercher d'abord un lieu, puis les fichiers compris dans une période donnée.

Une fois la recherche terminée, vous pouvez enregistrer les résultats de la recherche sous la forme d'un album dynamique. Dès lors que l'Organiseur contient tous les fichiers que vous avez rassemblés à l'aide de vos recherches, il vous suffit de créer un album dynamique en ouvrant le menu Nouveau de la palette Albums et en choisissant Nouvel album dynamique.

La boîte de dialogue Nouvel album dynamique de la Figure 6.7 s'affiche. Tapez le nom de votre album dynamique et définissez vos critères de recherche sous la zone de texte Nom. Cliquez OK. L'album dynamique apparaît dans la liste sous les albums de la palette Albums.

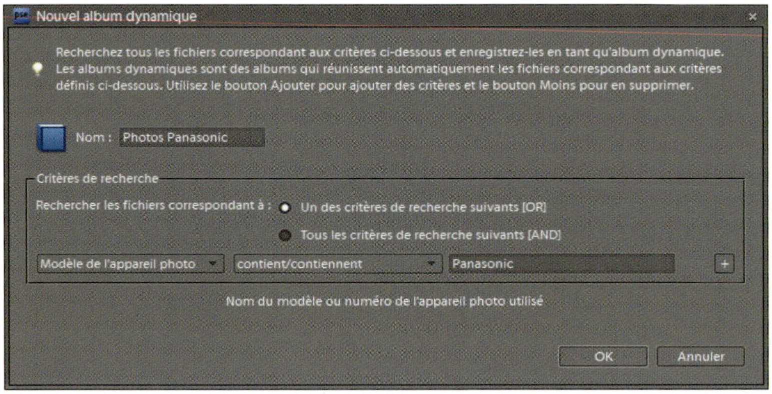

Figure 6.7 : Tapez le nom de votre nouvel album dynamique, définissez les critères de recherche et cliquez OK pour ajouter l'album à la palette Albums.

Créez un groupe d'albums

La palette Albums liste tous les albums et albums dynamiques existants. Par défaut, ils apparaissent dans l'ordre alphabétique. Si, à terme, vous avez créé de nombreux albums, la liste va s'allonger et il deviendra difficile de retrouver un album particulier.

Un *groupe d'albums* a pour seul effet de séparer les albums dans leur palette. Vous n'y ajoutez aucune photo. Vous rangez vos albums dans des groupes selon un ordre hiérarchique. Voici comment créer un groupe d'albums :

1. **Créez plusieurs albums.**

   Pour commencer, vous devez disposer d'au moins deux albums dans la palette Albums. Par exemple, vous possédez un grand nombre de photos d'un séjour en Italie. Vous souhaitez les organiser en les classant par événement ou date, avec quelques jours à Rome, une virée en mer, une journée dégustation ou autres événements similaires à regrouper. Pour chaque catégorie, à savoir Rome, Mer ou Dégustation, vous allez créer un album distinct.

2. **Pour créer un groupe d'albums, cliquez le menu Nouveau de la palette Albums et choisissez Nouveau groupe d'albums.**

   La boîte de dialogue Créer un groupe d'albums de la Figure 6.8 s'affiche.

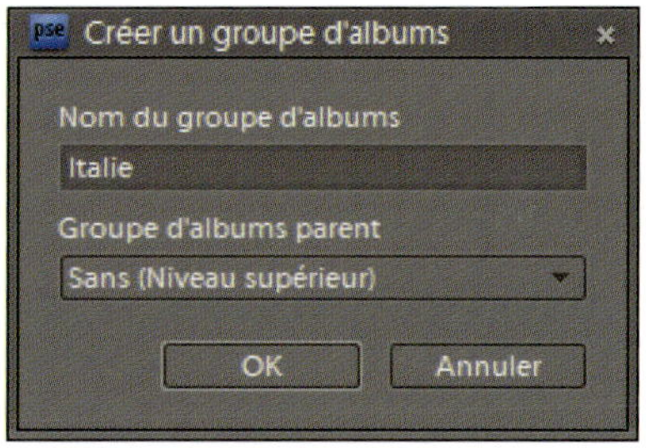

Figure 6.8 : Tapez le nom de votre groupe d'albums dans la boîte de dialogue Créer un groupe d'albums.

3. **Tapez le nom du groupe dans la zone de texte Nom du groupe d'albums.**

4. **Cliquez OK.**

   Votre nouveau groupe d'albums s'ajoute à la palette Albums.

5. **Dans la palette Albums, cliquez et faites glisser un album sur le nom du groupe d'albums.**

   Les albums que vous faites glisser dans le groupe s'imbriquent au sein du groupe, comme le montre la Figure 6.9.

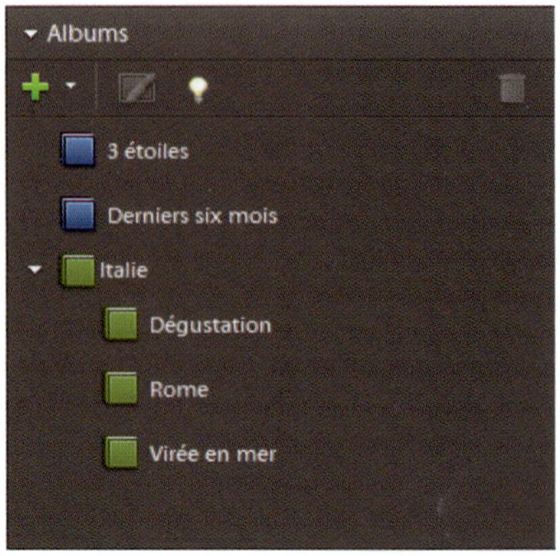

Figure 6.9 : Les albums sont imbriqués dans un groupe d'albums.

La Figure 6.9 illustre un groupe d'albums développé, comme le montre la liste (sous Italie) et le triangle vers le bas. Pour réduire un groupe, cliquez la flèche vers le bas. Les noms des groupes restent visibles et libèrent de l'espace dans la palette Albums, ce qui facilite la recherche dans de longues listes.

À l'instar des étiquettes de mots-clés, les albums s'enregistrent en fichier XML (*eXtensible Markup Language*) et les fichiers peuvent être chargés dans la palette Albums. Le menu Nouveau accueille les commandes Enregistrer des albums dans un fichier et A partir du fichier. Il est possible d'exporter un album dans un fichier que vous copiez sur un autre ordinateur si vous voulez étendre votre organisation à plusieurs ordinateurs.

Masquez les fichiers superflus

Elements propose de masquer des fichiers de manière à conserver votre organisation et à retrouver facilement des images.

Une simple commande suffit pour marquer comme *masqués* des fichiers sélectionnés dans l'Organiseur. Vous pouvez avoir plusieurs fichiers du même sujet et vouloir n'en afficher qu'un dans le Navigateur de photos, sans avoir à supprimer les autres photos. Dans ce cas, masquez les fichiers dans le Navigateur de photos et servez-vous des commandes disponibles pour les afficher à nouveau.

Sélectionnez les fichiers que vous voulez masquer et, à partir du menu Edition ou d'un menu contextuel, choisissez Visibilité/Marquer en tant que masqué. Pour voir les fichiers que vous avez masqués, revenez au même menu Visibilité et choisissez Masquer les fichiers masqués. En fait, vous supprimez la coche en regard de l'option qui masque les fichiers masqués. Pour alterner aisément entre l'affichage et la dissimulation des fichiers masqués, choisissez Affichage/Fichiers masqués.

Empilez des fichiers

Représentez-vous une *pile* comme un tas de cartes face découverte. Vous ne voyez que la première carte, toutes les autres étant masquées derrière. Les piles fonctionnent de la même manière. Vous masquez plusieurs images derrière une image de premier plan. À tout moment, vous pouvez trier les images ou afficher toute la pile dans le Navigateur de photos.

Voici comment créer une pile :

1. **Dans l'Organiseur, sélectionnez plusieurs photos.**

   Le nombre de photos que vous sélectionnez n'a pas d'importance. En revanche, il est impossible d'empiler des fichiers audio ou vidéo.

2. **Choisissez Edition/Pile/Empiler les photos sélectionnées.**

   Vos photos s'empilent. La première image sélectionnée reste au premier plan dans le Navigateur de photos. Une icône représentant une pile de cartes apparaît dans l'angle supérieur droit de la vignette de la photo, comme le montre la Figure 6.10.

Figure 6.10 : Vignette d'image.

Une fois que vous avez empilé des images, faites appel aux commandes du sous-menu Pile pour gérer les photos. Cliquez une pile pour la sélectionner, puis choisissez Edition/Pile. Voici les commandes disponibles :

- **Suggérer automatiquement les piles de photos :** Indique à Elements de rechercher dans le Navigateur de photos les photos qui se ressemblent et de les afficher dans une fenêtre séparée, où vous sélectionnez celles que vous voulez empiler. Sélectionnez au moins deux photos et choisissez Empiler les photos sélectionnées.
- **Empiler les photos sélectionnées :** Cette commande n'est disponible que si vous sélectionnez plusieurs photos pour créer une pile.
- **Désempiler les photos :** Cliquez une pile dans l'Organiseur et choisissez cette commande pour afficher à nouveau toutes les images dans le Navigateur de photos et supprimer la pile.
- **Développer la pile :** Développe la pile pour afficher toutes les vignettes d'images dans le Navigateur de photos.
- **Réduire les photos dans la pile :** Réduit une pile pour afficher uniquement la première photo dans le Navigateur de photos.
- **Aplatir la pile :** Cette commande devient disponible une fois que vous avez empilé des photos.

  ATTENTION

  Cette commande impose quelques précautions. Lorsque vous aplatissez une pile, toutes ses photos sont supprimées du catalogue (pas du disque dur), sauf la première.
- **Supprimer la photo de la pile :** Supprime les photos sélectionnées de la pile.
- **Définir comme photo au-dessus de la pile :** Vous devez d'abord choisir Développer la pile pour pouvoir accéder à cette commande. Si la photo de premier plan ne vous convient pas, sélectionnez-en une autre et exécutez cette commande pour ramener la photo sélectionnée à la première place dans la pile.

TRUC

Pour développer et afficher toutes les piles dans le Navigateur de photos, choisissez Affichage/Développer toutes les piles. Il n'est pas utile de sélectionner les piles au préalable dans l'Organiseur avant de les développer.

Créez des versions

Les versions fonctionnent comme les piles, sauf que vous créez des versions d'un seul fichier. Vous pouvez retoucher une image et enregistrer la version modifiée et la version originale en tant que jeu de versions. Il reste possible de pratiquer des retouches dans l'un des modes de retouche et d'enregistrer le jeu de versions. Voici comment créer un jeu de versions :

1. **Sélectionnez une image en la cliquant dans le Navigateur de photos.**
2. **Effectuez une modification sur l'image.**

   Par exemple, vous pouvez corriger la luminosité de l'image à partir de l'Organiseur. Choisissez Edition/Retouche optimisée automatique pour régler le contraste et la luminosité. Consultez à cet effet le Chapitre 10.

3. **Pour afficher les éléments du jeu de versions, cliquez l'image dans l'Organiseur et choisissez Edition/Jeu de versions/ Développer le jeu de versions.**

   Elements crée automatiquement un jeu de versions lorsque vous appliquez une retouche optimisée automatique au fichier. Un nouveau Navigateur de photos s'ouvre et contient deux vignettes d'images – l'une représentant l'image d'origine et l'autre sa version retouchée.

4. **Pour ouvrir l'image d'origine en mode Retouche standard, sélectionnez-la, puis choisissez Retouche standard dans le menu déroulant Editeur de la barre de menus de l'Organiseur.**
5. **Retouchez l'image en mode Retouche standard.**

   Choisissez une commande de retouche parmi les différentes commandes de menus. Par exemple, définissez le mode de couleurs Couleurs indexées en choisissant Image/Mode/ Couleurs indexées, comme l'explique le Chapitre 3.

6. **Enregistrez une version en choisissant Fichier/Enregistrer sous.**

7. **Dans la zone Options d'enregistrement de la boîte de dialogue Enregistrer sous, cochez les cases Enregistrer dans l'Organiseur et Enregistrer dans un jeu de versions avec l'original.**

8. **Cliquez Enregistrer.**

   La modification effectuée en mode Retouche standard s'enregistre sous une autre version dans le jeu de versions.

Lorsque vous avez un jeu de versions, vous pouvez ouvrir le sous-menu Edition/Jeu de versions et choisir des commandes semblables à celles que proposent les piles (voir section précédente).

Une fois que vous avez créé un jeu de versions, des commandes de gestion supplémentaires sont à votre disposition. Choisissez Edition/ Jeu de versions ou ouvrez un menu contextuel sur un jeu de versions, puis choisissez Jeu de versions. Le sous-menu de la Figure 6.11 s'affiche.

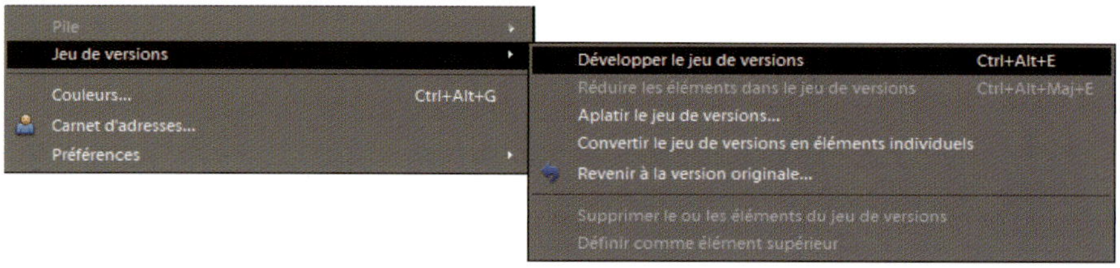

Figure 6.11 : Servez-vous du menu Edition ou du menu contextuel d'un jeu de versions, puis choisissez Jeu de versions pour ouvrir le sous-menu.

Voici les éléments listés dans le sous-menu Jeu de versions :

- **Développer le jeu de versions :** Cliquez un jeu de versions et choisissez cette commande pour développer les éléments du jeu de versions.
- **Réduire les éléments dans le jeu de versions :** Lorsque des éléments sont développés, vous pouvez les réduire *via* cette commande.
- **Aplatir le jeu de versions :** Exécutez cette commande avec prudence, car vous allez supprimer tous les éléments du jeu de versions, sauf la première image.
- **Convertir le jeu de versions en éléments individuels :** Supprime les éléments du jeu de versions et transforme chaque version en image individuelle.

- **Revenir à la version originale :** Supprime le jeu de versions et rétablit la version originale du fichier, sans les retouches.
- **Supprimer le ou les éléments du jeu de versions :** Comme son nom l'indique, cette commande supprime un élément d'un jeu de versions.
- **Définir comme élément supérieur :** Lorsque vous visionnez un jeu de versions développé, cliquez l'une des images et choisissez cette option pour la ramener en première position.

Ajoutez des remarques à vos photos

Outre les possibilités d'étiquetage, sujet de la section "Organisez des groupes d'images *via* des étiquettes de mots-clés", il est possible d'identifier des fichiers en y ajoutant des légendes et des remarques. Lorsque vous ajoutez une légende ou une remarque, vous pouvez les rechercher en choisissant Rechercher/Par légende ou remarque. Les légendes et remarques sont très pratiques lorsque vous créez plusieurs étiquettes de mots-clés, comme des présentations avec diapositives et des albums photos, à l'aide de la palette Créer, étudiée au Chapitre 16.

Il est très facile de créer des légendes de texte. Même s'il est possible de sélectionner une vignette d'image dans le Navigateur de photos et de choisir Edition/Ajouter une légende, il est préférable d'utiliser la palette Propriétés. Voici comment procéder :

1. **Pour ouvrir la palette Propriétés, cliquez du bouton droit (avec la touche Ctrl sous Mac) une vignette d'image dans l'Organiseur et choisissez Afficher les propriétés dans le menu qui apparaît.**

   Vous pouvez aussi choisir Fenêtre/Propriétés ou appuyer sur Alt+Entrée (Option+Retour sous Mac). Dans tous les cas, la palette Propriétés s'ouvre, illustrée Figure 6.12.

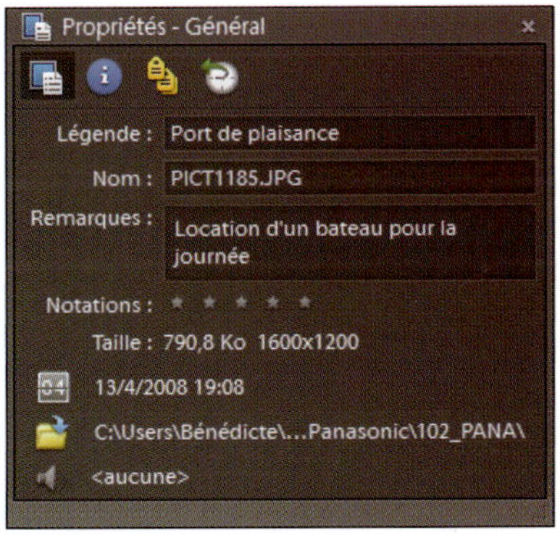

Figure 6.12 : Palette Propriétés.

2. **Tapez une légende dans la zone de texte Légende.**

3. **Tapez une remarque dans la zone Remarques.**

   Vous pouvez aussi enregistrer des messages audio sur l'image.

Automatisez votre organisation

Comme il arrive que toute une série de photos nécessite le même type de retouches, Elements propose un moyen d'appliquer des modifications courantes à plusieurs fichiers.

Une seule commande suffit pour changer des formats de fichier, des attributs de fichier et ajouter des noms de base communs aux fichiers. La commande Exporter permet de renommer des fichiers, ainsi que l'Organiseur, *via* une commande de menu.

Automatisez les tâches courantes à l'exportation

Si vous récupérez vos photos à partir d'un appareil photo numérique, vous utilisez peut-être souvent la boîte de dialogue Exportation de nouveaux fichiers. En revanche, vous ne savez peut-être pas que cette dernière est capable d'automatiser d'autres tâches courantes :

- **Ajouter des noms de base communs aux fichiers.** Changez par exemple les noms DSC000001, DSC000002, etc., en noms de fichier plus descriptifs, comme Nantes 001 et Nantes 002.
- **Changer le format de fichier.**
- **Changer la taille et la qualité des fichiers.**

Voici comment exploiter la boîte de dialogue Exportation :

1. **Sélectionnez des fichiers et choisissez Fichier/Exporter/En tant que nouveau(x) fichier(s) ou appuyez sur Ctrl/⌘+E.**

   La boîte de dialogue Exportation de nouveaux fichiers de la Figure 6.13 s'affiche.

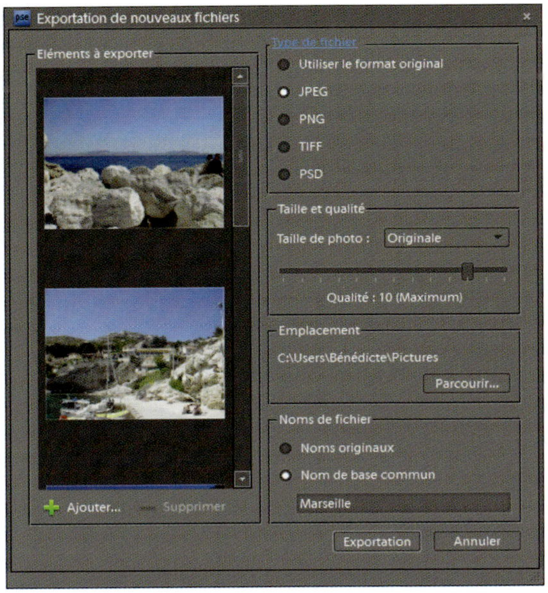

Figure 6.13 : Avec la boîte de dialogue Exportation de nouveaux fichiers, vous renommez et changez le format d'un groupe de fichiers.

Vous n'avez pas besoin de sélectionner préalablement des fichiers. Vous pouvez les identifier dans une autre boîte de dialogue accessible à partir de la boîte de dialogue Exportation de nouveaux fichiers. Si vous savez déjà quels sont les fichiers à exporter, sélectionnez-les directement dans le Navigateur de photos.

2. **Sélectionnez un type de fichier.**

   Choisissez le format d'exportation des images parmi les différentes options. Reportez-vous au Chapitre 3 pour découvrir les formats de fichier.

3. **Définissez la taille et la qualité.**

   Si, à l'étape 2, vous avez choisi Utiliser le format original, les options de redimensionnement ne sont pas disponibles. Servez-vous de ce paramètre pour conserver la taille d'origine lorsque vous renommez des fichiers. Si vous avez choisi JPEG, vous pouvez déplacer le curseur Qualité (voir Chapitre 3) pour définir la qualité des images JPEG. Les autres options de format ne permettent pas de spécifier la qualité.

Pour définir la taille des images, utilisez les commandes de la liste déroulante Taille de photo, laquelle propose plusieurs dimensions et une option qui permet de personnaliser la taille.

4. **Sélectionnez l'emplacement des nouveaux fichiers en cliquant le bouton Parcourir et en choisissant un dossier.**

   Si vous voulez créer un nouveau dossier, cliquez le bouton Créer un nouveau dossier de la boîte de dialogue Rechercher un dossier.

5. **Si vous souhaitez conserver les noms de fichiers, sélectionnez Noms originaux. Pour renommer les fichiers à l'aide d'un nom de base commun, cochez la case Nom de base commun.**

   Vous obtenez des fichiers nommés <*nom de base*>001.extension, <*nom de base*>002.extension, <*nom de base*>003.extension, etc.

6. **Pour ajouter des fichiers à la liste d'exportation, cliquez le signe plus (+) dans l'angle inférieur gauche de la fenêtre.**

   La boîte de dialogue Ajouter des photos s'ouvre, comme le montre la Figure 6.14, et propose différentes options pour sélectionner les fichiers à exporter.

Figure 6.14 : La boîte de dialogue Ajouter des photos contient les options d'exportation des photos.

Voici les options de cette boîte de dialogue :

- *Photos dans l'explorateur :* Exportez tous les fichiers présents dans le Navigateur de photos.
- *Catalogue entier :* Cliquez ce bouton si vous avez ouvert un catalogue, des fichiers étiquetés ou un groupe trié incluant des fichiers temporairement masqués. Ces derniers sont ainsi englobés dans l'exportation.
- *Album :* Cliquez ce bouton et sélectionnez un album dans la liste déroulante.

TRUC

Vous pouvez parcourir les albums et enregistrer les résultats en tant qu'album dynamique. Pour créer un album dynamique, il suffit d'effectuer une recherche et de cliquer Nouvel album dynamique sous le signe plus (+) de la palette Albums.

- *Etiquette de mot-clé :* Cliquez ce bouton pour sélectionner des fichiers marqués par des étiquettes. Tous les fichiers possédant la même étiquette sont exportés.
- *Afficher les photos avec notations :* Toutes les photos notées apparaissent dans la fenêtre.
- *Afficher les photos masquées :* Tout fichier masqué dans l'Organiseur apparaît dans la liste et est inclus dans l'exportation.
- *Tout sélectionner :* Si vous ajoutez des fichiers dans la fenêtre, vous pouvez choisir d'exporter tous les fichiers de la catégorie sélectionnée. Cliquez Tout sélectionner pour exporter tous les fichiers.
- *Tout désélectionner :* Si vous voulez exporter seulement une partie des fichiers de la fenêtre, cliquez le bouton Tout désélectionner, puis cochez la case des fichiers à exporter.
- *Ajouter les photos sélectionnées :* Lorsque vous ajoutez des photos à l'aide des options de la zone Ajouter des photos depuis, les vignettes des images apparaissent dans une fenêtre à l'intérieur de la boîte de dialogue. Choisissez alors les photos à exporter en cochant leur case. Cliquez ensuite le bouton Ajouter les photos sélectionnées. Celui-ci ne ferme pas la boîte de dialogue, mais marque les fichiers sélectionnés.
- *Terminer* : Cliquez ce bouton pour revenir à la boîte de dialogue Exportation de nouveaux fichiers.

7. **Pour exclure des images de l'exportation, supprimez la coche de leur case.**

8. **Cliquez Exportation.**

   Dans la boîte de dialogue Ajouter des photos, cliquez Terminer, puis Exportation dans la boîte de dialogue Exportation de nouveaux fichiers. Les images s'exportent automatiquement dans le dossier sélectionné.

Renommez des fichiers

Si vous chargez un Navigateur de photos et que vous voulez renommer des fichiers, vous n'êtes pas obligé de faire appel à la commande Exportation et de définir toutes les options de la boîte de dialogue Exportation de nouveaux fichiers. Il vous suffit de sélectionner les fichiers à renommer, puis de choisir Fichier/Renommer. Dans la boîte de dialogue Renommer qui s'affiche, tapez un nom de base à attribuer aux fichiers et cliquez OK. Les fichiers sélectionnés sont renommés en fonction du nom de base spécifié. De cette manière, il est très simple et très rapide de renommer des images d'appareils photo numériques.

Protégez vos photos

On réalise toujours trop tard l'importance de sauvegarder un disque dur et ses précieuses données, en particulier si l'on a passé beaucoup de temps à les créer et à les retoucher. Anticipez dès maintenant la catastrophe, avant de passer plus de temps à retoucher vos photos dans Elements.

En tant qu'auteurs, il nous est inconcevable de ne pas sauvegarder constamment nos chapitres sur plusieurs disques, CD et DVD une fois le travail terminé. Si, au cours d'un projet important, vous atteignez le point où tout recommencer serait impensable, cela signifie qu'il est temps de sauvegarder vos fichiers.

Sauvegardez votre catalogue

Une fois que vous avez organisé vos fichiers, ajouté des étiquettes de mots-clés, créé des albums, des piles et des jeux de versions, il est judicieux de sauvegarder le fichier de catalogue pour anticiper toute corruption du catalogue.

Voici comment créer une sauvegarde de votre catalogue :

1. **Choisissez Fichier/Sauvegarder le catalogue sur CD, DVD ou disque dur pour ouvrir l'assistant approprié.**

   La procédure de sauvegarde des fichiers se compose de trois étapes.

2. **Sélectionnez la source à sauvegarder.**

   La première fenêtre de l'assistant propose deux options :

   • *Sauvegarde complète :* Cliquez ce bouton pour effectuer une première sauvegarde ou pour copier des fichiers sur un nouveau média.

   • *Sauvegarde incrémentielle :* Choisissez cette option si vous avez déjà effectué au moins une sauvegarde et que vous voulez mettre à jour les fichiers sauvegardés.

3. **Cliquez Suivant et sélectionnez l'emplacement où sauvegarder les fichiers.**

   Les lecteurs actifs, y compris les lecteurs CD/DVD connectés à votre ordinateur, apparaissent dans la liste Sélectionner le lecteur de destination, comme le montre la Figure 6.15. Sélectionnez un lecteur. Elements définit automatiquement la vitesse d'écriture et recherche un éventuel fichier de sauvegarde, s'il en existe déjà un. L'assistant indique la taille totale des fichiers à copier. Cette information peut être utile si vous ne savez pas combien de CD ou de DVD sont nécessaires pour accomplir la sauvegarde.

4. **Si vous voulez copier des fichiers sur votre disque dur ou un autre disque branché à votre ordinateur, cliquez le bouton Parcourir et parcourez le chemin d'accès.**

Si vous employez un média tel qu'un CD ou un DVD, Elements vous invite à insérer un disque qu'il prépare ensuite à l'opération d'écriture.

5. **Cliquez Terminer pour démarrer la sauvegarde.**

   N'interrompez surtout pas la sauvegarde. Comme elle peut prendre un certain temps, laissez le programme travailler jusqu'à ce qu'il vous indique que la sauvegarde est terminée.

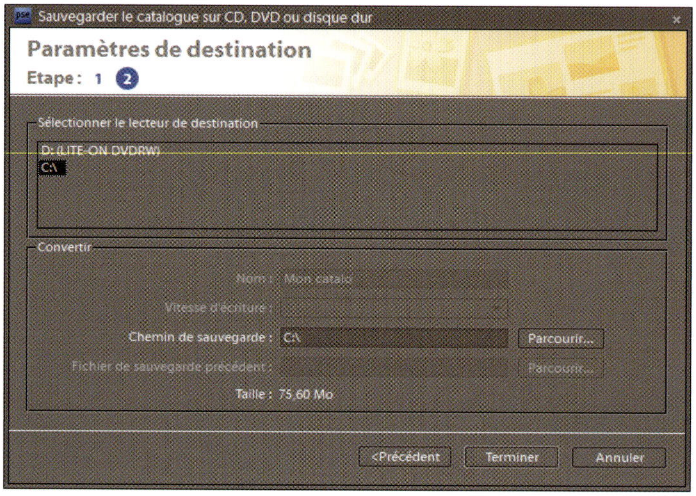

Figure 6.15 : L'assistant fournit des options pour sélectionner le lecteur de destination de la sauvegarde.

Sauvegardez des photos et des fichiers

Si vous stockez des fichiers un peu partout sur votre disque dur, vous risquez de passer un peu de temps à tous les copier sur un autre disque dur, CD-ROM ou DVD-ROM. Heureusement, Elements vous permet d'effectuer cette opération en un temps record.

Choisissez Fichier/Créer un CD/DVD, puis, dans la boîte de dialogue qui s'affiche, cliquez Oui pour confirmer votre action. Dans la boîte de dialogue Créer un CD/DVD qui apparaît, sélectionnez un disque dur ou un lecteur CD/DVD, tapez le nom du dossier de sauvegarde et cliquez OK. Elements copie alors tous les fichiers présents dans le Navigateur de photos dans le dossier de sauvegarde.

Troisième partie

Sélectionnez et corrigez des photos

"J'ai l'impression que vous n'avez pas tous compris que ce cours sur les masques était en rapport avec Photoshop Elements."

Dans cette partie...

Grâce à l'ensemble des fonctionnalités de retouche d'Elements, vous pouvez modifier, optimiser, perfectionner et combiner des images en éléments composites. Vous allez découvrir dans cette partie comment sélectionner le contenu d'une image, puis le modifier selon vos besoins, comme corriger ses couleurs, changer son apparence ou l'extraire pour l'intégrer à d'autres photos. Les photos se composent de milliers de minuscules pixels ; il est donc nécessaire de découvrir tous les moyens de les sélectionner si vous voulez retoucher des images.

Outre les sélections d'images, cette partie analyse la correction du contraste et de la luminosité des photos, la correction des couleurs et les conversions des modes de couleurs. Les photos numériques qui ne nécessitent absolument aucune correction sont assez rares. Grâce aux chapitres suivants, vous allez apprendre à maîtriser rapidement plusieurs techniques de correction très efficaces.

7

Effectuez et modifiez des sélections

Dans ce chapitre :

- Créez des sélections à l'aide des outils Lasso, Baguette magique et autres.
- Utilisez l'outil Emporte-pièce.
- Effacez des éléments avec les outils Gomme.
- Exploitez la commande Extraction Magique.
- Enregistrez et chargez vos sélections.

Si votre objectif se résume simplement à admirer vos photos à l'état pur, sans aucune retouche, sautez ce chapitre et passez aux sujets suivants. En revanche, si vous voulez vous amuser à extraire un élément de son environnement pour le coller dans un autre paysage ou appliquer un réglage à une portion de votre image, ce chapitre va vous intéresser.

La maîtrise de l'art des sélections est une compétence qui mérite amplement le temps investi. Dans ce chapitre, nous allons analyser tous les outils et techniques de sélection possibles. Nous vous donnerons des astuces sur les outils les plus efficaces selon la sélection. Il existe généralement plusieurs façons d'obtenir un même résultat, mais au final, c'est à vous de choisir la route que vous allez emprunter.

Définissez des sélections

Avant de plonger dans le vif du sujet, arrêtons-nous un instant sur la signification de l'expression "*définir une sélection*". Lorsque vous définissez une sélection, vous spécifiez la partie de l'image que vous voulez exploiter. Tout ce qui est inclus dans une sélection est considéré comme sélectionné. Tout ce qui se situe hors de la sélection n'est pas sélectionné. Une fois que vous avez votre sélection, vous pouvez appliquer des réglages à la portion en question, sans modifier la partie non sélectionnée. En outre, vous pouvez copier la zone sélectionnée dans une autre image. Vous rêvez de vous téléporter de votre bureau vers une plage de sable fin ? Sélectionnez-vous sur une photo quelconque, recherchez quelques photos des îles tropicales de vos rêves et glissez-vous dans ce paysage à l'aide de l'outil Déplacement. Rien de plus facile.

Lorsque vous effectuez une sélection, un tracé en pointillé – appelé *contour de sélection* ou *bordure* – apparaît autour de la zone sélectionnée. Elements, fidèle à son appellation de programme de retouche d'image sophistiqué, vous permet également de sélectionner partiellement les pixels, ce qui permet d'estomper le contour des sélections. Pour ce faire, vous devez appliquer un contour progressif à la sélection, la lisser ou faire appel à un masque. Mais rassurez-vous, nous détaillerons ces techniques à la section "Définissez les options de sélection", plus loin dans ce chapitre.

N'OUBLIEZ PAS

Les techniques de sélection abordées dans ce chapitre ne sont disponibles qu'à partir du mode Retouche standard de l'Editeur et non en mode Retouche rapide, Modification guidée ou dans l'Organiseur.

Créez des sélections de formes rectangulaire et elliptique

Si vous savez cliquer et faire glisser un pointeur, vous n'aurez aucune difficulté à gérer les outils Rectangle et Ellipse de sélection. Il n'existe pas d'outil plus simple à utiliser. Par conséquent, si l'élément que vous souhaitez sélectionner est rectangulaire ou elliptique, n'allez pas chercher ailleurs.

L'outil Rectangle de sélection a pour simple objectif de réaliser des sélections rectangulaires ou carrées. Il est idéal si vous voulez conserver une partie précise de votre photo et vous débarrasser de l'arrière-plan superflu.

Voici comment effectuer une sélection rectangulaire :

1. **Dans la palette d'outils, sélectionnez l'outil Rectangle de sélection.**

   Il s'agit d'un carré tracé en pointillé. Vous pouvez également appuyer sur la touche M.

2. **Cliquez l'angle et faites glisser le pointeur d'un angle de la zone à sélectionner vers son angle opposé.**

   Un contour de sélection se dessine à mesure que vous faites glisser le pointeur. L'outil suit le déplacement de votre pointeur.

3. **Relâchez le bouton de la souris.**

   Votre sélection rectangulaire est effectuée, comme le montre la Figure 7.1.

Figure 7.1 : Servez-vous de l'outil Rectangle de sélection pour créer des sélections de forme rectangulaire.

L'outil Ellipse de sélection, qui partage le même menu que le Rectangle de sélection, sert à créer des sélections de formes elliptique ou circulaire. Il convient parfaitement pour sélectionner des ballons, des horloges et tout autre élément arrondi.

Voici comment l'utiliser :

1. **Ouvrez le menu du Rectangle de sélection dans la palette d'outils et sélectionnez l'outil Ellipse de sélection.**

   Il s'agit d'une ellipse dessinée en pointillé. Vous pouvez aussi appuyer sur M pour le sélectionner s'il est visible. Sinon, appuyez sur Maj+M.

2. **Placez votre pointeur près de la zone à sélectionner et faites-le glisser autour de l'élément souhaité.**

   Avec cet outil, vous partez d'un point donné de l'ellipse. Un contour de sélection se dessine à mesure que vous faites glisser le pointeur.

3. **Si votre sélection vous convient, relâchez le bouton de la souris.**

   Votre sélection est terminée, comme le montre la Figure 7.2. Si elle n'est pas tout à fait centrée autour de votre élément, il vous suffit de déplacer le contour de sélection en faisant glisser le pointeur à l'intérieur du contour.

TRUC

Si vous créez une sélection avec le Rectangle ou l'Ellipse de sélection, il est possible de la déplacer simultanément en maintenant enfoncée la barre d'espace.

Flat Earth

Figure 7.2 : L'outil Ellipse de sélection est idéal pour sélectionner des objets arrondis.

Dessinez des carrés et des cercles parfaits

Il est parfois nécessaire de créer une sélection carrée ou circulaire parfaite. Pour ce faire, appuyez sur la touche Maj après avoir cliqué pour faire glisser le pointeur. Une fois la sélection terminée, relâchez d'abord le bouton de la souris, puis la touche Maj.

En ce qui concerne les sélections elliptiques, il est souvent plus simple de les créer à partir du centre vers l'extérieur. Pour ce faire, cliquez là où vous voulez positionner le centre, appuyez sur Alt/Option, puis faites glisser le pointeur. Une fois la sélection terminée, relâchez d'abord le bouton de la souris, puis la touche Alt/Option.

Pour créer la sélection du centre vers l'extérieur *et* créer un cercle ou un carré parfait, appuyez également sur les touches Maj et Alt/Option. Une fois la sélection terminée, relâchez d'abord le bouton de la souris, puis les touches Maj+Alt/Option.

Définissez les paramètres de sélection

Les options des outils de sélection permettent de préciser la sélection. Il est en outre possible d'estomper le contour des sélections.

N'oubliez pas de sélectionner les options de la barre d'options, illustrée Figure 7.3, avant d'effectuer la sélection à l'aide des outils appropriés. Il est impossible d'appliquer une option une fois la sélection terminée, à l'exception du contour progressif, qui s'applique après la sélection en choisissant Sélection/Contour progressif.

Figure 7.3 : Définissez les paramètres de la sélection dans la barre d'options.

Voici les différentes options disponibles :

- **Contour progressif :** Estompe le contour de la sélection. L'intensité de l'effet dépend de la valeur que vous tapez (0 à 250 pixels). Plus la valeur est élevée, plus le contour est progressif, comme le montre la Figure 7.4. Un léger contour progressif peut créer des transitions entre des éléments sélectionnés dans un collage ou intégrer un élément dans un arrière-plan existant. Estompez davantage votre contour si vous combinez plusieurs calques de manière à transformer progressivement une image en une autre. Pour estomper le contour d'un élément sans arrière-plan, choisissez Sélection/Intervertir et supprimez l'arrière-plan. Reportez-vous à cet effet à la section "Modifiez vos sélections", plus loin dans ce chapitre. Pour en savoir plus sur les calques, consultez le Chapitre 8.

N'oubliez pas que le contour progressif correspond à des pixels sélectionnés partiellement.

- **Lissage :** Estompe légèrement le contour d'une sélection elliptique ou de forme irrégulière de manière à adoucir l'apparence dentelée d'un contour. La largeur d'un bord lissé ne dépasse jamais 1 pixel. Il est généralement préférable de sélectionner cette option. Elle permet de créer des transitions naturelles entre plusieurs sélections si vous réalisez des collages.

Contour progressif de 6 pixels — Contour progressif de 50 pixels

Corbis Digital Stock

Figure 7.4 : Le contour progressif crée des sélections estompées.

- **Mode :** La liste déroulante Mode contient trois paramètres :
  - *Normal :* Paramètre par défaut, qui permet de choisir librement la taille de la sélection.
  - *Proportions fixes :* Permet de spécifier un rapport fixe entre la largeur et la hauteur. Par exemple, si vous définissez la

largeur à **3** et la hauteur à **1**, vous créez une sélection qui est trois fois plus large que haute, quelle qu'en soit la taille.

- *Taille fixe :* Permet de déterminer les valeurs de largeur et de hauteur. Ce paramètre est très pratique lorsque vous devez créer plusieurs sélections de taille identique.

- **Largeur et Hauteur** : Si vous sélectionnez Proportions fixes ou Taille fixe dans la liste Mode, vous devez saisir des valeurs dans les champs Largeur et Hauteur. Pour échanger les deux valeurs, cliquez la double flèche entre les deux zones de texte.

L'unité de mesure par défaut des champs Largeur et Hauteur est le *pixel*, mais il est possible d'en choisir une autre. Vous pouvez définir une autre unité de mesure : pouces (po) ou centimètres (cm). Tapez votre valeur, puis l'abréviation de votre unité de mesure.

Créez des sélections libres avec les outils Lasso

Il est naturellement impossible de tout sélectionner avec un rectangle ou une ellipse. En effet, la forme de la plupart des objets animés et inanimés n'est pas régulière. Heureusement, Elements répond à ce besoin et offre à cet effet les outils Lasso.

Les outils Lasso permettent de créer des sélections de forme libre. Ils se déclinent sous trois formes :

- **Lasso.**
- **Lasso polygonal.**
- **Lasso magnétique.**

Même si ces trois outils sont tous conçus pour créer des sélections libres, leur mode de fonctionnement diffère quelque peu, comme nous le verrons dans les sections qui suivent.

Pour obtenir un résultat satisfaisant, votre tracé doit être régulier. Votre technique de tracé va s'améliorer avec la pratique. Si votre première sélection au lasso n'est pas absolument parfaite, ne vous inquiétez pas. Il reste possible de la modifier en ajoutant et en soustrayant des pixels. Consultez à cet effet la section "Modifiez vos sélections", plus loin dans ce chapitre.

Si vous appréciez particulièrement les outils Lasso, pensez à vous procurer une tablette graphique avec stylet. Avec cet appareil, vous tracez, dessinez et peignez sur l'ordinateur avec un meilleur confort. Vous retrouvez les sensations du crayon et du papier. Nombreux sont les utilisateurs qui se disent désormais incapables de reprendre leur souris.

Sélectionnez avec le Lasso

Lorsque vous employez l'outil Lasso, vous tracez simplement un contour autour d'un objet sur une feuille de papier numérique. La barre d'options comporte trois options : Contour progressif, Lissage et Améliorer le contour. Pour en savoir plus sur le contour progressif et le lissage, lisez la section "Définissez les paramètres de sélection", précédemment dans ce chapitre. L'option Améliorer le contour est analysée à la section "Maîtrisez l'art de la sélection", plus loin dans ce chapitre.

Voici comment effectuer une sélection avec l'outil Lasso :

1. **Dans la palette d'outils, sélectionnez l'outil Lasso.**

   Son icône représente une corde nouée en lasso. Vous pouvez aussi appuyer sur la touche L. Si l'outil Lasso n'est pas visible, appuyez sur Maj+L pour afficher les différents outils Lasso.

2. **Placez le pointeur sur un point du contour de l'objet à sélectionner.**

   Le point déterminant du Lasso se situe au bout de la corde, comme le montre la Figure 7.5. N'hésitez pas à zoomer votre objet pour mieux distinguer le contour de l'objet. Dans cette figure, nous avons démarré la sélection dans le coin supérieur gauche de l'aile du papillon.

3. **Maintenez enfoncé le bouton de la souris et suivez le contour de l'objet.**

   Essayez de n'inclure que la partie à sélectionner.

À mesure que vous sélectionnez l'objet, un contour suit le pointeur de la souris.

Figure 7.5 : L'outil Lasso crée des sélections de forme libre.

Essayez de ne pas relâcher le bouton de la souris avant d'avoir rejoint votre point de départ. Sinon, Elements suppose que vous avez terminé et ferme la sélection en joignant le point où vous avez relâché le bouton au point de départ, ce qui crée une ligne droite au milieu de l'image.

4. **Continuez de tracer le contour de l'objet et rejoignez votre point de départ, puis relâchez le bouton de la souris pour fermer la sélection.**

   Un contour de sélection met en évidence la ligne tracée avec le Lasso. Un petit cercle apparaît en regard de votre pointeur lorsque vous rejoignez le point de départ. Cette icône indique que vous fermez la sélection au bon endroit.

Utilisez le Lasso polygonal

L'objectif de l'outil Lasso polygonal est simple : sélectionner un élément dont les bords sont droits comme une pyramide, un escalier ou un immeuble. Il ne fonctionne pas tout à fait comme le Lasso, car vous n'allez pas suivre le contour de l'élément en faisant glisser le pointeur. Avec le Lasso polygonal, vous cliquez et relâchez le bouton de la souris dans les angles de l'élément que vous sélectionnez.

Voici comment créer une sélection avec le Lasso polygonal :

1. **Dans la palette d'outils, sélectionnez l'outil Lasso polygonal.**

   Vous pouvez aussi appuyer sur la touche L puis appuyer sur Maj+L jusqu'à tomber sur le Lasso polygonal.

2. **Cliquez et relâchez le bouton de la souris là où vous voulez commencer la sélection.**

   Généralement, on démarre la sélection dans un angle.

3. **Déplacez la souris, sans cliquer, et cliquez l'angle suivant de l'objet. Continuez de cliquer les angles de l'élément.**

   Le contour suit chaque point cliqué.

4. **Rejoignez votre point de départ et cliquez pour fermer la sélection.**

   Un petit cercle apparaît en regard de votre pointeur lorsque vous rejoignez le point de départ. Il indique que vous fermez la sélection au bon endroit.

   Vous pouvez également double-cliquer à n'importe quel endroit pour fermer la sélection à ce point.

   Une fois que vous avez terminé le tracé, un contour de sélection apparaît, comme le montre la Figure 7.6.

Exploitez le Lasso magnétique

Le troisième membre de l'équipe des lassos est l'outil Lasso magnétique. Il est parfois difficile à manier, mais comme c'est à vous de décider lequel des trois choisir, vous devez savoir comment il fonctionne. L'outil Lasso magnétique définit des zones en fonction du contraste d'une image et se colle au contour de ces zones, comme si le contour avait un pouvoir d'attraction.

Corbis Digital Stock

Figure 7.6 : Une fois que vous avez fermé la sélection avec le Lasso polygonal, un contour de sélection apparaît autour de l'objet.

TRUC

Pour obtenir un résultat optimal avec cet outil, votre image doit comporter un objet bien défini sur le premier plan et un contraste élevé entre cet élément et l'arrière-plan – par exemple, une montagne sombre par rapport à un ciel clair.

L'outil Lasso magnétique possède ses propres paramètres, que l'on ajuste dans la barre d'options avant de commencer la sélection.

- **Largeur :** Détermine à quelle distance du contour (entre 1 et 256 pixels) placer la souris pour que l'outil Lasso magnétique s'y colle. Choisissez une valeur faible si le contour de l'objet comporte de nombreux détails ou si le contraste de l'image est faible. Augmentez la valeur si le contraste est élevé ou si les bords sont estompés.
- **Dév. du contour :** Spécifie le pourcentage de contraste (de 1 à 100 %) requis avant que le Lasso magnétique se colle au contour. Augmentez le pourcentage si le contraste entre l'élément et l'arrière-plan est élevé.

- **Fréquence :** Spécifie le nombre de points d'ancrage (de 1 à 100) à placer sur le contour de sélection. Plus la valeur est élevée, plus le nombre de points est important. En règle générale, si l'élément à sélectionner possède un contour estompé, définissez une valeur faible. Si le contour comporte de nombreux détails, augmentez sa valeur.
- **Pression du stylet (icône de crayon) :** Si vous possédez une tablette graphique sensible à la pression, sélectionnez cette option pour qu'une pression du stylet diminue la largeur de la distance au contour.

Voici comment employer le Lasso magnétique :

1. **Dans la palette d'outils, sélectionnez l'outil Lasso magnétique.**

   Vous pouvez aussi appuyer sur la touche L puis appuyer sur Maj+L jusqu'à tomber sur le Lasso magnétique. Il ressemble à un lasso plié, avec un petit aimant.

2. **Cliquez le bord de l'objet à sélectionner pour créer le premier point d'ancrage.**

   Les points d'ancrage se collent au contour de sélection, comme le montre la Figure 7.7. Le point de départ n'a pas d'importance. Assurez-vous simplement de cliquer le contour qui délimite l'objet de l'arrière-plan à retirer.

3. **Poursuivez votre progression autour de l'objet, sans cliquer.**

   Une fois qu'un point d'ancrage est créé, le tracé de la sélection n'est plus modifiable ; seule la dernière portion reste active.

   Si l'outil Lasso magnétique a tendance à dévier du contour de l'objet, revenez en arrière et cliquez pour créer un point d'ancrage manuel. À l'inverse, si le Lasso magnétique ajoute un point d'ancrage superflu, appuyez sur la barre d'espace/Suppr pour le supprimer.

   TRUC — Si l'outil ne répond pas, changez temporairement d'outil Lasso. Pour sélectionner le Lasso, maintenez enfoncée la touche Alt/Option, puis cliquez et faites glisser le pointeur de la souris. Pour sélectionner le Lasso polygonal, maintenez enfoncée la touche Alt/Option et cliquez.

Corbis Digital Stock

Figure 7.7 : L'outil Lasso magnétique se colle au contour de l'élément et crée des points d'ancrage qui dessinent la sélection.

4. **Rejoignez votre point de départ et cliquez pour fermer la sélection.**

   Un petit cercle apparaît en regard de votre pointeur pour signaler que vous êtes au bon endroit pour fermer la sélection. Vous pouvez aussi double-cliquer et fermer la sélection à cet endroit pour rejoindre le point de départ. Le contour de sélection apparaît lorsque la sélection est fermée.

Sélectionnez avec la Baguette magique

L'outil Baguette magique est l'un des plus anciens outils dans l'univers des images numériques. Il est arrivé avec les premières versions de Photoshop et d'Elements. S'il est très simple d'utilisation, son résultat est parfois difficile à prévoir et par conséquent un peu hasardeux.

Voici comment il fonctionne : vous cliquez dans l'image et il crée la sélection. Celle-ci dépend de la couleur du pixel cliqué. Elements inclut dans la sélection tous les pixels de même couleur que celle du pixel cliqué. Il est donc parfois difficile de savoir à quel point la couleur doit être identique pour que l'outil la sélectionne. Heureusement, il existe une option destinée à cet effet : Tolérance. Dans les sections qui suivent, nous allons étudier ce paramètre et expliquer comment manier la Baguette magique.

Tolérance

Le paramètre Tolérance détermine la gamme de couleurs que la Baguette magique sélectionne. Elle dépend des niveaux de luminosité, compris entre 0 à 255 :

- Définie à 0, la Tolérance ne sélectionne qu'une couleur.
- À 255, la Tolérance sélectionne toutes les couleurs ou la totalité de l'image.

Le paramètre est défini par défaut à 32. Ainsi, chaque fois que vous cliquez un pixel, Elements analyse la valeur de la couleur de référence et sélectionne tous les pixels dont les niveaux de luminosité se situent entre 16 niveaux plus clairs et 16 niveaux plus foncés.

Et si une image contient peu de niveaux de la même couleur ? Aucun problème. Cliquez à plusieurs reprises avec la Baguette magique pour prélever les autres pixels à inclure dans la sélection. Consultez à cet effet la section "Modifiez vos sélections", plus loin dans ce chapitre. Autrement, vous pouvez augmenter la valeur de Tolérance. À l'inverse, si votre baguette magique sélectionne trop de pixels, diminuez le paramètre Tolérance.

TRUC

Vous pouvez ainsi en déduire que la Baguette magique fonctionne mieux lorsque le contraste de l'image est élevé ou que l'image compte un nombre limité de couleurs. Par exemple, l'image idéale pour cet outil comporterait un objet noir plein sur un arrière-plan blanc. Oubliez la Baguette magique si l'image possède un grand nombre de couleurs et pas de réel contraste entre l'élément à sélectionner et l'arrière-plan.

Maniez la Baguette magique

Pour ajuster les paramètres de Tolérance avec la Baguette magique, procédez comme suit :

1. **Dans la palette d'outils, sélectionnez l'outil Baguette magique.**

   Vous ne pouvez pas le manquer. Il s'agit d'une baguette avec un éclat au bout. Vous pouvez également appuyer sur la touche W.

2. **Cliquez n'importe où dans l'élément à sélectionner en conservant le paramètre Tolérance à 32.**

   N'oubliez pas que le pixel que vous cliquez détermine la couleur de référence.

   Si vous avez de la chance et que vous avez sélectionné tout ce que vous vouliez, le tour est joué. Si vous avez besoin de modifier votre sélection, comme dans le cas de la Figure 7.8, poursuivez avec l'étape 3.

Tolérance 32

Tolérance 80

Corbis Digital Stock

Figure 7.8 : La Baguette magique sélectionne des pixels en fonction du paramètre Tolérance.

3. **Dans la barre d'options, changez la valeur du paramètre Tolérance.**

   Si la Baguette magique sélectionne trop de pixels, diminuez la Tolérance. Si l'outil n'en a pas sélectionné suffisamment, augmentez la valeur. Voici les autres options de la barre d'options qu'il vous faut connaître :

   - *Lissage :* Estompe le contour de la sélection en sélectionnant une rangée de pixels supplémentaire. Reportez-vous à cet effet à la section "Définissez les paramètres de sélection", précédemment dans ce chapitre.

   - *Pixels contigus :* Indique à la Baguette magique de ne sélectionner que les pixels adjacents. Sans cette option, l'outil sélectionne tous les pixels compris dans la plage de tolérance, qu'ils soient adjacents ou non.

- *Tous les calques :* Si l'image comporte plusieurs calques et que vous sélectionnez cette option, la Baguette magique sélectionne les pixels de tous les calques visibles. Sinon, l'outil sélectionne uniquement les pixels du calque actif. Pour en savoir plus sur les calques, consultez le Chapitre 8.
- *Améliorer le contour :* Améliorez votre sélection à l'aide du curseur Lisser pour réduire l'effet dentelé de vos contours. Le paramètre Contour progressif fonctionne comme celui étudié à la section "Définissez les paramètres de sélection", précédemment dans ce chapitre. Déplacez le curseur Contracter/Dilater vers la gauche ou vers la droite pour réduire ou augmenter la zone sélectionnée. Cliquez le bouton Couleur d'incrustation personnalisée pour prévisualiser votre sélection sans afficher le contour et avec une couleur d'incrustation dans la zone non sélectionnée. Pour de plus amples informations, lisez la section "Améliorez les contours de sélection", plus loin dans ce chapitre.

4. **Cliquez à nouveau l'élément à sélectionner.**

   Malheureusement, l'outil Baguette magique n'est pas assez magique pour modifier automatiquement la première sélection. En revanche, il annule la sélection en cours et crée une nouvelle sélection en fonction du nouveau paramètre Tolérance. Si le résultat n'est toujours pas satisfaisant, modifiez à nouveau la Tolérance. Persévérez, jusqu'à trouver la bonne valeur.

Modifiez vos sélections

Passons maintenant à un autre aspect des outils de sélection. Dans cette section, vous allez découvrir comment améliorer les sélections réalisées à l'aide des outils Rectangle/Ellipse de sélection, Lasso ou Baguette magique. Même s'ils permettent de créer des sélections satisfaisantes, si vous prenez le temps nécessaire pour ajouter ou soustraire des pixels au contour de sélection, vous pouvez obtenir un résultat très précis.

TRUC

Ne vous limitez pas aux méthodes manuelles et raccourcis clavier décrits dans les sections suivantes. Servez-vous également des quatre boutons d'options de sélection situés à gauche de la barre d'options. Ils permettent de créer une nouvelle sélection (par défaut), d'ajouter et de soustraire des pixels d'une sélection ou de sélectionner une intersection. Il vous suffit de choisir l'outil de sélection approprié, de cliquer l'option de sélection de votre choix et de faire glisser le pointeur (ou de cliquer si vous appliquez la Baguette magique ou le Lasso polygonal). Les boutons Ajouter à la sélection et Soustraire de la sélection restent disponibles avec l'outil Forme de sélection. Lorsque vous ajoutez des pixels à une sélection, un petit signe plus (+) apparaît en regard de votre pointeur. Si vous en soustrayez, le signe moins (–) apparaît. Dans le cas où vous sélectionnez une intersection, vous voyez apparaître un signe de multiplication (×).

Ajoutez des pixels à une sélection

Si votre sélection ne contient pas tous les éléments que vous voulez inclure, c'est à vous de les ajouter au contour de sélection. Pour ce faire, appuyez sur la touche Maj et faites glisser le pointeur autour de la zone à inclure. Si vous employez le Lasso polygonal, cliquez autour de la zone. Avec la Baguette magique, vous devez appuyer sur la touche Maj et cliquer la zone à ajouter.

N'OUBLIEZ PAS

Il n'est pas nécessaire de choisir le même outil que celui qui a créé la première sélection. Sélectionnez l'outil qui vous semble le plus approprié pour accomplir le travail. Par exemple, commencez avec la Baguette magique et poursuivez si besoin avec le Lasso.

Soustrayez des pixels d'une sélection

La sélection a débordé ? Aucun problème. Si vous devez retirer des pixels d'une sélection, appuyez sur la touche Alt/Option et faites glisser le pointeur autour des pixels à soustraire. En maintenant enfoncée la touche Alt/Option, procédez de la même manière que pour ajouter des pixels avec la Baguette magique et le Lasso polygonal.

Sélectionnez une intersection

Pour sélectionner la partie commune entre deux sélections, appuyez sur Maj+Alt/Option et faites glisser le pointeur avec le Lasso. Si vous utilisez la Baguette magique ou le Lasso polygonal, appuyez sur ces touches et cliquez sans faire glisser.

Ne vous emmêlez pas les doigts

Si vous avez lu le début de ce chapitre, vous avez appris qu'en appuyant sur la touche Maj vous tracez une sélection carrée ou circulaire parfaite. Dans la section "Ajoutez des pixels à une sélection", vous avez agrandi votre sélection en appuyant sur la touche Maj. Qu'en est-il par conséquent si vous voulez créer un carré parfait tout en ajoutant des pixels à la sélection ? De même, comment faire pour supprimer une partie de la sélection tout en faisant glisser le pointeur à partir du centre ? Les deux tâches nécessitent l'emploi de la touche Alt/Option. Comment Elements peut-il savoir ce que vous voulez faire ? Voici quelques astuces qui permettent d'éviter les conflits avec les touches du clavier (sélectionnez préalablement l'outil Rectangle ou Ellipse de sélection) :

- **Pour ajouter des pixels à une sélection carrée ou circulaire, appuyez sur Maj et faites glisser le pointeur.** Tout en faisant glisser le pointeur, maintenez enfoncé le bouton de la souris, relâchez la touche Maj pendant une seconde et appuyez à nouveau dessus. Votre zone de sélection ajoutée se colle automatiquement en carré ou en cercle. Relâchez d'abord le bouton de la souris, puis la touche Maj.

- **Pour supprimer des pixels d'une sélection existante tout en faisant glisser le pointeur du centre vers l'extérieur, appuyez sur la touche Alt/Option et faites glisser le pointeur.** Tout en faisant glisser le pointeur, maintenez enfoncé le bouton de la souris, relâchez la touche Alt/Option pendant une seconde et appuyez à nouveau dessus. Vous déplacez maintenant le pointeur du centre vers l'extérieur. À nouveau, relâchez d'abord le bouton de la souris, puis la touche Alt/Option.

Dessinez avec l'outil Forme de sélection

Si vous aimez la sensation de peindre sur une toile, vous allez apprécier l'outil Forme de sélection. Selon le mode que vous choisissez, vous allez peindre sur des zones d'une image à sélectionner ou sur des zones à ne pas sélectionner. Cet outil permet également de créer une sélection de base avec un autre outil, tel que le Lasso, et de l'améliorer en peignant des pixels supplémentaires dans la sélection ou en dehors.

Voici comment effectuer une sélection à l'aide de l'outil Forme de sélection :

1. **Dans la palette d'outils, sélectionnez l'outil Forme de sélection.**

   Vous pouvez aussi appuyer sur la touche A. Appuyez sur Maj+A si l'outil n'est pas visible.

   Il fonctionne en mode Retouche standard ou Retouche rapide.

2. **Dans la barre d'options, définissez les options de l'outil.**

   Voici un tour d'horizon des options disponibles :

   - *Formes prédéfinies :* Choisissez une forme dans la palette des formes prédéfinies. Pour charger d'autres formes, cliquez la flèche vers le bas à droite de Formes par défaut et choisissez la bibliothèque de votre choix. Vous pouvez sélectionner la commande Charger les formes à partir du menu déroulant de la palette.

   - *Epaisseur :* Spécifiez la taille de la forme (1 à 2 500 pixels). Tapez une valeur ou déplacez le curseur.

   - *Mode :* Choisissez Sélection pour ajouter des pixels à votre sélection et Masque pour en retirer. En mode Masque, vous devez définir d'autres options relatives à l'incrustation. Une *incrustation* est un calque de couleur qui n'apparaît qu'à l'écran et qui couvre l'image en mettant en évidence les zones protégées ou non sélectionnées. Vous devez également positionner la valeur de l'opacité de l'incrustation sur une valeur comprise entre 1 et 100 % (voir l'astuce en fin de section). Vous pouvez aussi changer la couleur d'incrustation, rouge par défaut, ce qui est préférable si votre image contient beaucoup de rouge.

- *Dureté :* Définissez la dureté de la forme en saisissant une valeur comprise entre 1 et 100 %.

3. **Si votre mode est défini à Sélection, peignez sur les zones à sélectionner.**

   Un contour de sélection apparaît. Chaque coup de pinceau ajoute des pixels à la sélection. Si vous ajoutez par inadvertance une zone superflue, appuyez sur la touche Alt/Option et peignez sur la zone indésirable. Une fois que vous avez terminé de peindre, votre sélection est prête.

4. **Si votre mode est positionné sur Masque, peignez sur les zones à *ne pas* sélectionner.**

   Ce mode produit l'effet contraire du mode Sélection. Une fois que vous avez fini de peindre votre masque, choisissez Sélection dans la liste Mode ou choisissez un autre outil dans la palette d'outils afin de transformer votre masque en contour de sélection.

   À mesure que vous peignez, vous voyez la couleur de votre incrustation. Chaque coup de pinceau ajoute des pixels à la zone d'incrustation, comme le montre la Figure 7.9. Lorsque vous travaillez en mode Masque, vous recouvrez, ou *masquez*, les zones à préserver de toute manipulation, comme la sélection, le réglage des couleurs ou n'importe quelle autre tâche. À nouveau, si vous voulez supprimer des parties de la zone masquée, appuyez sur Alt/Option et peignez.

N'OUBLIEZ PAS

Si vous avez peint votre sélection en mode Masque, votre contour de sélection entoure *ce que vous ne voulez pas*. Pour obtenir la zone souhaitée, choisissez Sélection/Intervertir.

TRUC

Quel mode utiliser ? À vous de voir. L'avantage de travailler en mode Masque est qu'il est possible de sélectionner partiellement des zones. En peignant avec des formes estompées, vous créez des sélections estompées. Ces contours progressifs produisent une sélection partielle des pixels. Si vous baissez l'opacité de l'incrustation, vos pixels deviennent moins opaques, ou "moins sélectionnés". Si cette sélection partielle vous rappelle quelque chose, c'est probablement parce que vous avez lu la section "Définissez les paramètres de sélection", précédemment dans ce chapitre, où il est question des sélections estompées.

Corbis Digital Stock

Figure 7.9 : L'outil Forme de sélection permet de créer une sélection (à droite) en créant un masque (à gauche).

Dessinez avec l'outil Sélection rapide

L'outil Sélection rapide est une sorte de combinaison des outils Forme de sélection, Baguette magique et Lasso. L'avantage est qu'il est rapide, comme son nom l'indique. De plus, il est simple d'utilisation et il produit des résultats très satisfaisants.

Voici comment effectuer une sélection avec cet outil :

1. **Dans la palette d'outils, sélectionnez l'outil Sélection rapide.**

   Il ressemble à une baguette munie d'un rectangle de sélection à son extrémité. Il partage le même menu que l'outil Forme de sélection. Vous pouvez aussi appuyer sur la touche A. Appuyez sur Maj+A s'il n'est pas visible.

TRUC

Il fonctionne en mode Retouche standard ou Retouche rapide.

2. **Définissez les options de la barre d'options.**

   En voici une description :

   - *Nouvelle sélection :* L'option par défaut permet de créer une nouvelle sélection. Avec les autres, vous ajoutez et soustrayez des pixels de la sélection.
   - *Sélecteur de formes :* Choisissez les paramètres de forme souhaités. Spécifiez son diamètre, entre 1 et 2 500 pixels. Définissez également sa dureté, son pas, son angle et son arrondi. Reportez-vous au Chapitre 12 pour retrouver tous ces paramètres.
   - *Tous les calques :* Si votre image contient plusieurs calques et que vous voulez créer une sélection affectant tous les calques, sélectionnez cette option. Sinon, vous ne sélectionnez que le calque actif.
   - *Accentuation automatique :* Avec cette option, Elements améliore automatiquement la sélection à l'aide d'un algorithme.

3. **Cliquez et faites glisser le pointeur, ou peignez, sur les zones de l'image à sélectionner.**

   Votre sélection se crée à mesure que vous peignez, comme le montre la Figure 7.10. Si vous vous arrêtez et que vous cliquez une autre portion de l'image, votre sélection inclut la zone cliquée.

www.istockphoto.com

Figure 7.10 : Peignez une sélection à l'aide de l'outil Sélection rapide.

4. **Ajoutez des pixels à votre sélection ou retirez-en, à votre guise :**

   • *Pour augmenter la sélection :* Appuyez sur la touche Maj tout en faisant glisser le pointeur sur les zones à sélectionner.

   • *Pour réduire la sélection :* Appuyez sur la touche Alt/Option tout en faisant glisser le pointeur sur les zones à ne pas sélectionner.

   Vous pouvez également vous servir des options Ajouter à la sélection et Soustraire de la sélection, dans la barre d'options.

5. **Si vous devez améliorer votre sélection, cliquez l'option Améliorer le contour de la barre d'options et modifiez les paramètres à votre convenance.**

   Les paramètres sont analysés en détail à la section "Améliorez le contour d'une sélection", plus loin dans ce chapitre.

   Si votre objet est assez bien détaillé, vous n'aurez probablement pas besoin de recourir au Lasso ou à un autre outil pour retoucher la sélection. Vous pouvez créer une première sélection tout à fait satisfaisante.

Exploitez l'outil Emporte-pièce

L'outil Emporte-pièce est très pratique. Il constitue une sorte d'outil Forme personnalisée pour les images. En revanche, si ce dernier crée un masque destiné à dissimuler tout ce qui se trouve en dehors du masque, l'Emporte-pièce découpe tout ce qui dépasse de la forme. Les bibliothèques prédéfinies offrent une grande variété de formes, comme des animaux ou des fruits.

Voici comment employer l'Emporte-pièce :

1. **Dans la palette d'outils, sélectionnez l'outil Emporte-pièce.**

   Vous ne pouvez pas le rater, il a une forme d'étoile. Vous pouvez aussi appuyer sur la touche Q.

2. **Définissez les options de la barre d'options.**

   En voici la liste :

   - *Forme* : Choisissez une forme dans la bibliothèque prédéfinie. Pour charger d'autres bibliothèques, cliquez le menu de la palette et sélectionnez celle de votre choix.
   - *Options de forme :* Servez-vous de ces options pour dessiner votre forme avec certains paramètres :

     Libre : Permet de dessiner librement.

     Proportions définies : Vous maintenez la proportion entre la hauteur et la largeur.

     Taille définie : Recadre l'image selon la taille d'origine de la forme choisie. Il est impossible de l'agrandir ou de la réduire.

     Taille fixe : Permet de saisir une largeur et une hauteur.

     A partir du centre : Permet de dessiner la forme à partir du centre vers l'extérieur.

   - *Contour progressif :* Crée une sélection avec un contour estompé. Reportez-vous à la section "Définissez les paramètres de sélection", précédemment dans ce chapitre.
   - *Recadrage :* Recadrez l'image dans la forme. L'image va remplir la fenêtre d'image.

3. **Faites glisser le pointeur sur l'image pour créer votre forme, définissez sa taille à l'aide des poignées de redimensionnement, puis positionnez la forme en plaçant le pointeur dans la fenêtre et en le faisant glisser.**

   D'autres types de transformation sont possibles, comme la rotation et l'inclinaison. Pour en savoir plus, consultez le Chapitre 9.

4. **Cliquez le bouton Valider dans la barre d'options ou appuyez sur Entrée pour terminer la découpe.**

   Observez la Figure 7.11, où l'image est découpée en forme d'éléphant. Si vous ne voulez pas valider l'opération, appuyez sur le bouton Annuler ou appuyez sur Echap.

Corbis Digital Stock

Figure 7.11 : Recadrez votre photo avec une forme de votre choix à l'aide de l'Emporte-pièce.

Effacez des éléments avec les outils Gomme

Les outils Gomme permettent d'effacer des zones d'une image. Il en existe trois : Gomme, Gomme d'arrière-plan et Gomme magique, regroupées dans la palette d'outils. Si vous ne les voyez pas, appuyez sur E, puis sur Maj+E pour alterner entre les trois.

Lorsque vous effacez des pixels, vous les supprimez, tout simplement. Par conséquent, avant d'appliquer une gomme, il peut être judicieux de sauvegarder l'image.

Outil Gomme

Grâce à l'outil Gomme, vous effacez des zones de la couleur d'arrière-plan ou, si vous travaillez sur un calque, de l'arrière-plan transparent, comme le montre la Figure 7.12. Pour en savoir plus sur les calques, consultez le Chapitre 8.

Corbis Digital Stock

Figure 7.12 : Effacez soit la couleur d'arrière-plan (à gauche), soit l'arrière-plan transparent (à droite).

Pour utiliser cet outil, commencez par le sélectionner, puis cliquez et faites glisser le pointeur sur la zone souhaitée de l'image. Cet outil n'étant pas le plus précis au monde, il est préférable de zoomer et de choisir une forme plus petite en cas de suppression minutieuse.

La barre d'options comporte plusieurs options relatives à l'emploi de la Gomme :

- **Formes prédéfinies :** Cliquez la palette déroulante pour accéder aux formes prédéfinies. Choisissez la forme de votre choix. Vous disposez également d'autres bibliothèques de formes dans le menu Formes.
- **Epaisseur :** Cliquez la flèche vers le bas pour afficher le curseur d'épaisseur, puis déplacez-le pour définir la taille de la forme (entre 1 et 2 500 pixels).
- **Mode :** Choisissez entre Forme, Crayon et Carré. Le mode Carré impose une taille fixe (16 × 16 pixels).
- **Opacité :** Spécifiez le pourcentage de transparence des zones effacées. Plus il est bas, moins l'outil efface. Ce paramètre n'est pas disponible avec le mode Carré.

Outil Gomme d'arrière-plan

L'outil Gomme d'arrière-plan, plus pratique que l'outil Gomme, efface l'arrière-plan d'une image sans toucher au premier plan. Sur un calque, il crée des zones transparentes. Si vous l'appliquez sur une image composée uniquement d'un arrière-plan, Elements convertit ce dernier en calque.

TRUC

Pour bien utiliser la Gomme d'arrière-plan, il est essentiel de maintenir le pointeur de l'outil, c'est-à-dire la croix entourée d'un cercle, sur les pixels d'arrière-plan, pendant le déplacement. La croix du pointeur prélève la couleur des pixels et la supprime chaque fois qu'elle est comprise dans la circonférence du pointeur. Si toutefois vous touchez par inadvertance un pixel de premier plan avec le pointeur, vous l'effacez également, ce qui peut poser problème. Cet outil fonctionne particulièrement bien avec les images dont le contraste de couleurs entre les objets d'arrière-plan et de premier plan est élevé, comme dans la Figure 7.13. En outre, si votre image comporte des bords détaillés ou fins et clairsemés, comme des cheveux ou une fourrure, optez plutôt pour la commande Extraction magique, étudiée à la section "Exécutez la commande Extraction magique", plus loin dans ce chapitre.

Corbis Digital Stock

Figure 7.13 : La Gomme d'arrière-plan efface les pixels de couleur similaire prélevés par le pointeur de l'outil.

Voici les options disponibles avec la Gomme d'arrière-plan :

- **Sélecteur de forme prédéfinie :** Propose des paramètres qui personnalisent la taille et l'apparence de la forme. Les paramètres Epaisseur et Tolérance, au bas de la palette, concernent les tablettes graphiques sensibles à la pression.
- **Limites :** *Discontiguës* efface tous les pixels de couleur similaire compris dans l'image. *Contiguës* efface tous les pixels de couleur similaire situés à proximité de ceux qui se trouvent sous le pointeur.
- **Tolérance :** À l'instar de la Baguette magique et de la Gomme magique, la Gomme d'arrière-plan s'appuie sur un paramètre Tolérance. Son pourcentage détermine le degré de similarité nécessaire entre les couleurs et celle prélevée par le pointeur avant que l'outil ne les efface. Avec une valeur élevée, davantage de couleurs sont effacées et inversement. Reportez-vous à la section "Tolérance", précédemment dans ce chapitre.

Outil Gomme magique

Considérez la Gomme magique comme une combinaison de la Gomme et de la Baguette magique. Elle sélectionne *et* efface simultanément les pixels de couleur similaire. Les pixels effacés deviennent transparents, sauf si vous travaillez sur un calque dont la transparence est verrouillée (voir Chapitre 8). Si vous appliquez l'outil sur une image composée uniquement d'un arrière-plan, Elements convertit ce dernier en calque.

La Gomme magique partage la plupart des options des autres gommes. Voici celles qui lui sont propres :

- **Lissage :** Crée un contour légèrement estompé autour de la zone transparente.
- **Tous les calques :** Prélève les couleurs de tous les calques visibles mais efface uniquement les pixels du calque actif.

Exécutez la commande Extraction magique

Passons au dernier outil de sélection d'Elements : Extraction magique. Cette commande s'appuie sur votre tracé pour créer des sélections. À vous d'identifier les portions de premier plan et d'arrière-plan. Pour ce faire, il vous suffit de cliquer ces zones avec l'outil Forme et de les "marquer". Cliquez ensuite le bouton OK pour extraire vos objets.

TRUC

Vous pouvez créer une première sélection avant d'exécuter la commande Extraction magique, mais cela n'est pas obligatoire. Grâce à cette technique, vous limitez les éléments à extraire et obtenez généralement une sélection plus précise.

Pour extraire votre élément, procédez comme suit :

1. **Choisissez Image/Extraction magique.**

   La boîte de dialogue Extraction magique s'ouvre.

2. **Sélectionnez l'outil Forme de premier plan et cliquez ou faites glisser le pointeur pour marquer les zones de *premier plan*, ou zones à sélectionner.**

   La couleur par défaut de la Forme de premier plan est le rouge, comme le montre la Figure 7.14.

   À l'instar de la Forme de sélection, plus les données fournies à l'algorithme de la commande sont précises, plus l'extraction est précise. Faites donc appel aux outils Zoom et Main pour agrandir l'image et la déplacer à votre guise. Pour en savoir plus sur ces outils, consultez le Chapitre 5.

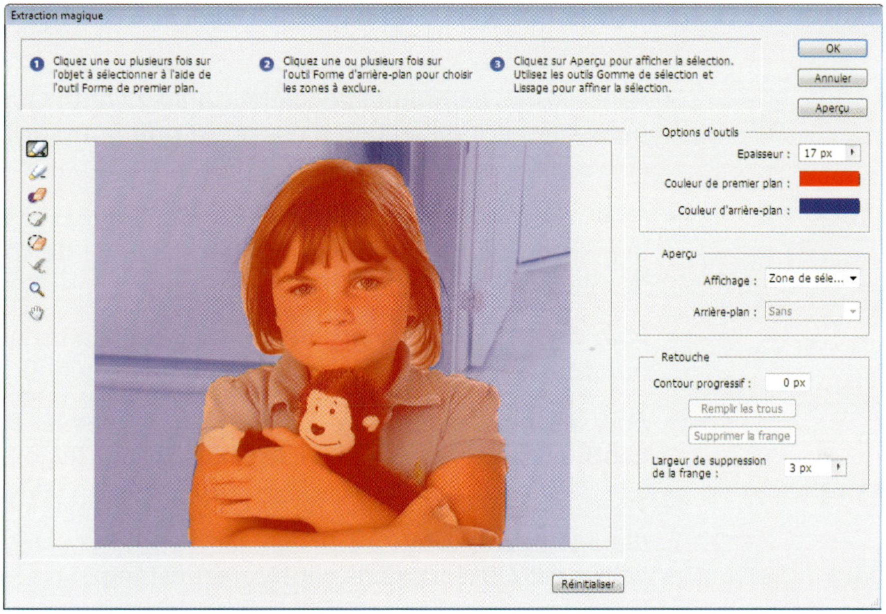

Figure 7.14 : L'Extraction magique permet d'identifier les zones de premier et d'arrière-plan.

Vous pouvez également modifier la taille de la forme (de 1 à 100 pixels) dans la zone Options d'outils à droite de la boîte de dialogue. Si nécessaire, changez les couleurs de premier et d'arrière-plan en cliquant la case de couleur et en choisissant une autre couleur *via* le sélecteur de couleur.

3. **Sélectionnez l'outil Forme d'arrière-plan et cliquez ou faites glisser le pointeur pour marquer la zone d'arrière-plan, ou la partie à ne pas sélectionner.**

   La couleur par défaut de la Forme d'arrière-plan est le bleu.

4. **Cliquez Aperçu pour visualiser votre extraction.**

   Vous allez peut-être patienter un instant avant qu'Elements vous présente l'aperçu de l'extraction. Pour le modifier, choisissez Zone de sélection ou Photo d'origine dans la liste déroulante Affichage.

   Si vous voulez voir votre sélection sur un autre arrière-plan, choisissez-en un dans la liste Arrière-plan, comme Cache blanc.

5. **Si l'aperçu de votre sélection ne vous convient pas, améliorez-la :**

   - *Pour effacer un marquage :* Sélectionnez l'outil Gomme de points et cliquez ou faites glisser le pointeur sur les zones à corriger.
   - *Pour ajouter des zones à la sélection :* Cliquez ou faites glisser le pointeur sur les zones souhaitées à l'aide de l'outil Ajout à la sélection.
   - *Pour supprimer des zones de la sélection :* Faites glisser le pointeur avec l'outil Soustraction de la sélection.
   - *Pour adoucir les bords de la sélection de premier plan :* Avec l'outil Lissage, faites glisser le pointeur sur le contour.
   - *Pour estomper le contour de la sélection :* Tapez une valeur dans le champ Contour progressif. N'oubliez pas que plus cette valeur est élevée, plus le contour est estompé.
   - *Pour remplir un trou :* Cliquez le bouton Remplir les trous.
   - *Pour supprimer la rangée de pixels située entre le premier plan et l'arrière-plan :* Cliquez le bouton Supprimer la frange. Tapez une valeur dans le champ Largeur de suppression de la frange.

   Si vous estimez que l'opération devient trop compliquée, cliquez Réinitialiser au bas de la boîte de dialogue et recommencez la sélection.

6. **Dès lors que le résultat vous convient, cliquez OK pour achever le processus de sélection et fermer la boîte de dialogue Extraction magique.**

   Votre image extraite apparaît dans un nouveau fichier, comme le montre la Figure 7.15.

Figure 7.15 : La petite fille est sélectionnée **via** l'Extraction magique.

Utilisez le menu Sélection

Les sections suivantes offrent un tour d'horizon du menu Sélection. À l'instar des méthodes étudiées à la section "Modifiez vos sélections", précédemment dans ce chapitre, ce menu permet de modifier des sélections en proposant de nombreuses commandes. Si vous ne trouvez pas ici une réponse à vos besoins, vous ne la trouverez jamais.

Sélectionnez toute l'image ou rien du tout

Les commandes Tout sélectionner et Désélectionner sont très simples. Pour sélectionner la totalité de l'image, choisissez Sélection/Tout sélectionner ou appuyez sur Ctrl/⌘+A. Pour tout désélectionner, choisissez Sélection/Désélectionner ou appuyez sur Ctrl/⌘+D. Vous n'avez généralement pas besoin de faire appel à la commande Tout sélectionner. Si vous n'avez créé aucun contour de sélection, Elements suppose que la totalité de l'image constitue la zone de travail.

Resélectionnez une zone

Vous avez peut-être passé beaucoup de temps à créer une sélection parfaite, auquel cas vous ne voudrez surtout pas la perdre avant de passer à l'étape suivante. Un simple clic à un autre endroit suffit pourtant à annuler toute sélection. Heureusement, Elements vous offre une solution. Si vous choisissez Sélection/Resélectionner, vous rétablissez votre dernière sélection.

N'OUBLIEZ PAS

La commande Resélectionner ne rétablit que la dernière sélection. Par conséquent, ne vous attendez pas à pouvoir resélectionner une sélection créée mardi dernier ou même cinq minutes auparavant, si entre-temps vous avez sélectionné autre chose. Si vous voulez conserver une sélection, il vous faut l'enregistrer, comme l'explique la section "Enregistrez et chargez des sélections", plus loin dans ce chapitre.

Inversez une sélection

Il est parfois plus simple de sélectionner la zone superflue que celle qui nous intéresse. Par exemple, si vous essayez de sélectionner une personne sur une photo, il peut être plus aisé de cliquer l'arrière-plan avec la Baguette magique et d'inverser la sélection en choisissant Sélection/Intervertir.

Appliquez un contour progressif à la sélection

La section "Définissez les paramètres de sélection", précédemment dans ce chapitre, explique comment estomper le contour d'une sélection avec les outils Lasso et Rectangle de sélection (à l'aide du champ Contour progressif de la barre d'options). Avec cette méthode, vous devez définir la valeur du Contour progressif *avant* de créer la sélection. Sachez maintenant qu'il existe un moyen d'appliquer un contour progressif *après* avoir créé la sélection.

Choisissez Sélection/Contour progressif et tapez la quantité souhaitée, entre 2 et 250 pixels. Le contour de votre sélection est alors estompé.

TRUC

Cette méthode est en fait plus efficace. Servez-vous des méthodes décrites précédemment pour créer et améliorer votre sélection. Ensuite, appliquez le contour progressif. L'inconvénient de l'appliquer au préalable se manifeste si vous voulez modifier la sélection d'origine. Si vous créez une sélection avec un contour progressif, son contour s'ajuste en tenant compte du rayon. En conséquence, le contour qui en résulte ne suit pas exactement le mouvement de la souris, ce qui complique la modification de la sélection.

Améliorez le contour d'une sélection

L'option Améliorer le contour permet de préciser le contour d'une sélection, quelle que soit la manière de créer la sélection. Cette commande se trouve dans la barre d'options des outils Baguette magique, Lasso et Sélection rapide. Vous la retrouvez également dans le menu Sélection. Voici un aperçu des différents paramètres de cette option :

- **Lisser** : Réduit l'effet dentelé du contour de sélection.
- **Contour progressif :** Déplacez le curseur pour créer un contour plus estompé.

- **Contracter/Dilater :** Réduit ou augmente la zone sélectionnée. Vous retrouvez ces fonctionnalités à la section "Exploitez les commandes Modifier", plus loin dans ce chapitre.
- **Icônes d'arrière-plan :** Affiche votre sélection en mode Standard ou Incrustation. Cliquez le bouton Couleur d'incrustation personnalisée pour prévisualiser votre sélection en masquant le contour et avec un calque de couleur semi-opaque (visible seulement à l'écran) dans la zone non sélectionnée. Double-cliquez cette icône pour changer la couleur et l'opacité de l'incrustation. Appuyez sur F pour alterner entre l'affichage standard et avec incrustation. Appuyez sur X pour masquer le contour de la sélection.
- **Outil Zoom :** Permet d'agrandir l'image pour visualiser les effets des paramètres.
- **Outil Main :** Déplacez votre fenêtre d'image pour visualiser les effets des paramètres.

Exploitez les commandes Modifier

Si les commandes du sous-menu Modifier ne sont pas les plus populaires, elles se révèlent parfois bien pratiques. En voici un tour d'horizon :

- **Cadre :** Sélectionne la zone, entre 1 et 200 pixels, autour du contour de la sélection. Choisissez Edition/Remplir la sélection pour colorer le cadre, comme le montre la Figure 7.16.

Corbis Digital Stock

Figure 7.16 : Colorez le cadre pour créer un contour autour d'un objet.

- **Lisser :** Lisse les contours dentelés. Saisissez une valeur comprise entre 1 et 100 pixels. Elements inclut ou exclut les pixels de la sélection en fonction de la valeur définie. Commencez avec un nombre peu élevé comme 1, 2 ou 3 pixels. Autrement, vous risquez de dégrader votre sélection.

- **Dilater :** Permet d'augmenter la taille de la sélection selon un nombre de pixels compris entre 1 et 100. Cette commande est très utile lorsque vous êtes très proche du bord d'une sélection et que vous voulez juste l'agrandir un petit peu.
- **Contracter :** Réduit la sélection selon un nombre de pixels compris entre 1 et 100. Lorsque vous assemblez plusieurs images, il est souvent judicieux de contracter légèrement la sélection si vous prévoyez d'appliquer un contour progressif. De cette manière, vous évitez de sélectionner la rangée de pixels d'arrière-plan située autour de la sélection.

Appliquez les commandes Etendre et Généraliser

Les commandes Etendre et Généraliser s'emploient souvent de concert avec l'outil Baguette magique. Si vous avez créé une première sélection avec la Baguette magique, mais que vous n'êtes pas pleinement satisfait, testez la commande Sélection/Etendre. Celle-ci augmente la taille de la sélection en incluant les pixels adjacents compris dans la plage de tolérance. La commande Généraliser est identique, sauf qu'il n'est pas nécessaire que les pixels soient adjacents pour être sélectionnés. Elle les recherche dans toute l'image et met en évidence ceux qui respectent la tolérance définie.

Ces commandes ne possèdent pas leur propre option de tolérance. Elles emploient la valeur Tolérance affichée dans la barre d'options lorsque la Baguette magique est sélectionnée. Libre à vous d'ajuster le paramètre Tolérance pour inclure davantage de couleurs ou l'inverse.

Enregistrez et chargez des sélections

Si une sélection complexe a nécessité beaucoup d'efforts et de temps, il peut être judicieux de l'enregistrer pour une utilisation ultérieure. Cet enregistrement est non seulement possible, mais également fortement conseillé. C'est très simple. Voici comment procéder :

1. **Une fois la sélection terminée, choisissez Sélection/Mémoriser la sélection.**

2. Dans la boîte de dialogue Mémoriser la sélection, illustrée Figure 7.17, laissez l'option Sélection définie à Nouvelle et tapez le nom de votre sélection.

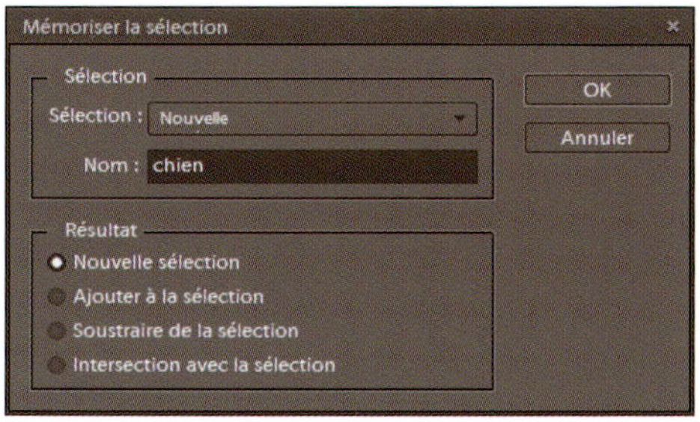

Figure 7.17 : Enregistrez votre sélection pour la récupérer rapidement en cas de besoin.

L'option Nouvelle sélection est définie automatiquement.

3. Cliquez OK.

4. Pour retrouver ultérieurement la sélection, choisissez Sélection/Récupérer la sélection dans la liste déroulante Sélection.

Pour inverser la sélection, cliquez la case Inverser. Vous disposez maintenant d'options permettant d'ajouter ou de soustraire des pixels et de sélectionner une intersection. Ces options sont très pratiques si vous voulez modifier une sélection existante. Par exemple, vous avez sélectionné le centre et les pétales d'une fleur, mais pas la tige et les feuilles. Plus tard, vous réalisez qu'il vous faut la totalité de la fleur. Au lieu de recommencer la sélection, il vous suffit de sélectionner la tige et les feuilles, puis de choisir Ajouter à la sélection. Vous pouvez alors enregistrer la fleur comme nouvelle sélection pour un usage ultérieur.

8

Exploitez les calques

Dans ce chapitre :

- Découvrez les calques et la palette Calques.
- Utilisez les menus Calque et Sélection.
- Travaillez avec différents types de calques.
- Créez des nouveaux calques.
- Déplacez et transformez des calques.
- Fusionnez et aplatissez des calques.

Il est possible de travailler avec Elements sans jamais toucher aux calques, mais cela n'a pas de sens, en particulier si vous devez apporter des modifications à votre projet, lesquelles deviendraient rapidement un casse-tête sans les calques. Ces derniers offrent en effet une flexibilité très appréciable. Vous modifiez un document à votre guise et autant de fois que nécessaire. Ils accroissent également la productivité. Et si vous ne vous sentez pas concerné par ce gain de productivité, sachez qu'ils facilitent également le travail d'un point de vue artistique. Ce chapitre passe en revue tous les éléments nécessaires pour apprendre à manier les calques. Une fois que vous les aurez adoptés, vous ne pourrez plus vous en passer.

Découvrez les calques

Représentez-vous les calques comme des feuilles de papier-calque transparent. Chacune comporte un dessin ou une photo. Ce que vous y placez ou faites n'affecte en rien les autres feuilles. Les zones sans image sont transparentes. Vous pouvez empiler ces feuilles les unes sur les autres pour créer une image combinée, ou *composite*. Il est possible de modifier l'ordre des feuilles, d'en ajouter de nouvelles et d'en supprimer.

Dans Elements, les calques représentent une version numérique de ces feuilles transparentes. Vous pouvez placer des éléments, comme des images, du texte ou des formes, sur des calques séparés et créer une image composite, comme dans la Figure 8.1. De même, vous masquez, ajoutez, supprimez ou réorganisez les calques à votre guise. Comme il s'agit d'éléments numériques, ils sont dotés de fonctionnalités supplémentaires. C'est ainsi que vous réglez l'opacité ou la transparence de l'élément placé sur le calque. Il est également possible d'ajouter des effets spéciaux et de définir comment les couleurs interagissent entre les différents calques.

Figure 8.1 : Les calques permettent de créer des images composites.

TRUC

Pour pouvoir exploiter les calques, vous devez travailler en mode Retouche standard.

Lorsque vous créez un nouveau fichier dont l'arrière-plan est blanc ou coloré, que vous numérisez une image dans Elements ou que vous ouvrez un fichier à partir d'un CD ou de votre appareil photo, vous obtenez un fichier contenant uniquement un *arrière-plan*. Il n'est pas encore question de calque.

Une image ne contient qu'un arrière-plan, lequel offre peu de possibilités, à savoir quelques coups de pinceau et réglages de base. Vous ne pouvez pas le déplacer ou modifier sa transparence et son mode de fusion. Comment contourner toutes ces restrictions ? Il suffit de convertir l'arrière-plan en calque, en procédant comme suit :

1. **Choisissez Fenêtre/Calques pour afficher la palette Calques.**

   La palette Calques est décrite en détail dans la section suivante.

2. **Dans la palette Calques, double-cliquez Arrière-plan.**

   Vous pouvez aussi choisir Calque/Nouveau/Calque à partir de l'arrière-plan.

3. **Nommez le calque ou conservez le nom Calque 0 par défaut.**

   Vous pouvez déjà régler le mode de fusion et l'opacité du calque dans la boîte de dialogue Nouveau calque, mais ces réglages s'effectuent également *via* la palette Calques.

4. **Cliquez OK.**

   Elements convertit l'arrière-plan en calque, que l'on appelle également *calque d'image*.

   Lorsque vous créez une nouvelle image dont le contenu de l'arrière-plan est transparent, l'image ne contient pas d'arrière-plan, elle est créée avec un calque.

Analyse de la palette Calques

Tous les contrôles relatifs aux calques se regroupent sur une seule et même palette, dont le nom est sans surprise : Calques. Pour afficher cette dernière, illustrée Figure 8.2, choisissez Fenêtre/Calques en mode Retouche standard de l'Editeur.

L'ordre des calques dans la palette correspond à l'ordre dans l'image. Dans l'univers graphique, on parle d'*ordre*

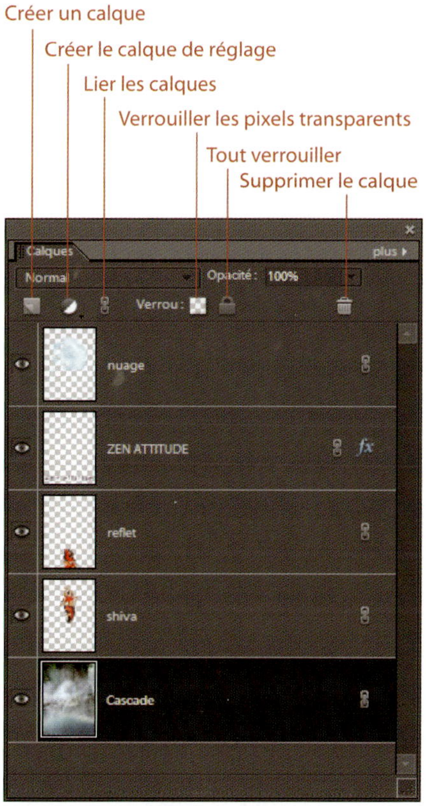

Figure 8.2 : La palette Calques contrôle les calques de l'image.

d'empilement. Le calque supérieur dans la palette est le calque de premier plan dans l'image. Selon l'opération, vous pouvez travailler soit sur un seul calque, soit sur plusieurs calques simultanément. Voici quelques conseils concernant l'emploi de la palette Calques :

- **Sélectionner un calque.** Cliquez son nom ou sa vignette. Elements met en évidence le *calque actif* dans la palette.
- **Sélectionner plusieurs calques contigus.** Cliquez le premier calque, puis cliquez le dernier en appuyant sur Maj.
- **Sélectionner plusieurs calques non contigus.** Appuyez sur Ctrl/⌘ et cliquez les calques souhaités.
- **Afficher et masquer les calques.** Pour masquer un calque, cliquez l'icône d'œil en regard du calque. Pour l'afficher à nouveau, cliquez la case vide où se trouvait l'œil. Pour n'afficher qu'un calque et masquer tous les autres, sélectionnez le calque de votre choix et cliquez son icône d'œil en appuyant sur Alt/Option. Pour récupérer les autres calques, cliquez à nouveau l'icône d'œil en appuyant sur Alt/Option. Cette opération peut être utile si vous voulez vous concentrer sur un seul calque sans être gêné par tous les éléments de l'image.

  N'OUBLIEZ PAS

  Seuls les calques visibles s'impriment, ce qui peut être utile si vous avez plusieurs versions d'une image (chacune sur un calque séparé) pour un seul projet, dans le même fichier.

- **Sélectionner l'élément (pixels non transparents) du calque.** Appuyez sur Ctrl/⌘ et cliquez la vignette du calque (pas son nom) dans la palette.
- **Créer un nouveau calque vide.** Cliquez l'icône Créer un calque en haut de la palette.
- **Créer un calque de réglage.** Cliquez l'icône Créer le calque de réglage en haut de la palette. Les calques de réglage sont des calques spéciaux qui modifient le contraste et la couleur de l'image. Servez-vous également de cette commande pour ajouter des *calques de remplissage* – calques contenant des couleurs, des dégradés ou des motifs. Pour en savoir plus à ce sujet, reportez-vous à la section "Travaillez avec différents types de calques", plus loin dans ce chapitre.

- **Dupliquer un calque existant.** Faites glisser le calque sur l'icône Créer un calque.

- **Réorganiser les calques.** Pour changer la position d'un calque dans la pile, faites-le glisser vers le haut ou vers le bas dans la palette. Une icône de poing fermé apparaît pendant le déplacement. Relâchez le bouton de la souris lorsqu'une ligne plus épaisse apparaît là où vous voulez insérer le calque.

  N'OUBLIEZ PAS

  Si votre image possède un arrière-plan, celui-ci reste toujours au plus bas dans la palette. Si vous devez le déplacer, convertissez-le en calque en double-cliquant son nom. Attribuez-lui un nom et cliquez OK.

- **Renommer un calque.** Lorsque vous créez un nouveau calque, Elements lui attribut un nom par défaut (Calque 1, Calque 2, etc.). Pour le renommer, double-cliquez son nom dans la palette Calques et tapez directement son nom dans la palette.

- **Définir l'interaction entre les couleurs des calques et ajuster leur transparence.** Faites appel aux modes de fusion et aux options d'opacité situées en haut de la palette pour mélanger les couleurs entre les calques et régler la transparence des calques, comme dans la Figure 8.3.

Corbis Digital Stock

Figure 8.3 : Nous avons créé cet effet à l'aide de modes de fusion et des options d'opacité.

- **Lier les calques.** Il est parfois utile de regrouper les calques pour faciliter la retouche. Dans ce cas, sélectionnez-les dans la palette et cliquez l'icône Lier les calques en haut de la palette. Une icône de chaîne apparaît à droite des noms des calques. Pour supprimer le lien, cliquez à nouveau ce bouton.

- **Verrouiller les calques.** Sélectionnez le calque en question et cliquez l'une des options de verrouillage en haut de la palette. Si vous cliquez le petit carré comportant un damier, vous verrouillez les zones transparentes des calques. Ce faisant, il devient impossible de peindre ou de retoucher ces zones. L'icône de cadenas verrouille la totalité du calque et empêche toute modification, y compris le déplacement ou la transformation des éléments du calque. Seules les sélections restent possibles. Pour déverrouiller le calque, cliquez à nouveau le bouton de verrouillage.

  N'OUBLIEZ PAS

  Par défaut, l'arrière-plan est verrouillé. Pour le déverrouiller, vous devez le convertir en calque en choisissant Calque/Nouveau/Calque à partir de l'arrière-plan.

- **Supprimer un calque.** Faites-le glisser sur l'icône de poubelle.

Faites appel aux menus Calque et Sélection

Comme c'est le cas avec beaucoup de fonctionnalités d'Elements, il existe généralement plusieurs façons d'accomplir une tâche. Le travail avec les calques ne déroge pas à la règle. Outre les commandes de la palette Calques, vous pouvez utiliser deux menus – Calque et Sélection – , lesquels se trouvent dans la barre de menus principale en haut de la fenêtre du programme.

Menu Calque

La majorité des commandes proposées par la palette Calques sont également disponibles dans le menu Calque et le menu déroulant de la palette Calques, accessible en cliquant le bouton Plus dans l'angle supérieur droit. Certaines commandes, dont Nouveau, Dupliquer, Supprimer et Renommer, sont omniprésentes. En revanche, il existe des commandes propres à la palette Calques, au menu Calque et au menu déroulant de la palette. En conséquence, si vous ne trouvez pas la commande dont vous avez besoin, recherchez-la dans un autre espace. Voici quelques commandes qui méritent une petite explication :

- **Supprimer les calques liés et Supprimer les calques masqués :** Suppriment uniquement les calques que vous avez liés ou masqués dans la palette Calques.
- **Style de calque :** Ces commandes gèrent les styles, ou effets spéciaux, que vous appliquez à vos calques.
- **Modifier le contenu du calque :** Selon le type de calque sélectionné, cette commande permet de modifier ou de retoucher le contenu du calque. Par exemple, vous pouvez changer le contenu d'un calque de forme en transformant la couleur unie en un motif.
- **Réorganiser :** Propose des commandes permettant de modifier l'ordre d'empilement des calques, comme Premier plan ou Eloigner. Inverse l'ordre des calques si vous avez sélectionné deux ou davantage de calques.
- **Associer au précédent et Dissocier :** La commande Associer crée un groupe d'écrêtage, lequel restreint les calques du groupe aux limites du calque de base. Pour en savoir plus, reportez-vous à la section "Calques de réglage", plus loin dans ce chapitre.
- **Texte :** Les commandes du sous-menu Texte contrôlent l'affichage des calques de texte. Pour en savoir plus sur le texte, consultez le Chapitre 13.
- **Renommer le calque :** Permet de changer le nom du calque. Vous pouvez également double-cliquer son nom dans la palette Calques.
- **Simplifier le calque :** Convertit un calque de texte, de forme ou de remplissage en calque d'image normal. Pour information, un *calque de forme* contient un objet vectoriel et un *calque de remplissage* une couleur unie, un dégradé ou un motif.
- **Fusionner et Aplatir :** Les commandes Fusionner les calques et Aplatir l'image ont toutes les deux pour objet de combiner plusieurs calques en un seul calque, à la différence que cette dernière crée un arrière-plan.
- **Options de palette :** Permet de sélectionner des options d'affichage et d'appliquer un masque de fusion aux calques de réglage. Ne décochez pas cette case.

Menu Sélection

Si le menu Sélection sert principalement à vous aider à créer et à améliorer des sélections, il offre également des commandes en rapport avec les calques. En voici une brève description :

- **Sélectionner tous les calques :** Si vous voulez sélectionner rapidement tout le contenu d'un fichier, choisissez Sélection/ Tous les calques.
- **Sélectionner les calques de même type :** Cette commande est très pratique si vous possédez plusieurs types de calques, comme des calques normaux, de texte, de forme et de réglage, et que vous souhaitez en sélectionner un seul type. Sélectionnez l'un de vos calques, puis choisissez Sélection/Calques similaires. La section suivante détaille les différents types de calques.
- **Désélectionner tous les calques :** Choisissez Sélection/ Désélectionner les calques.

Travaillez avec différents types de calques

L'emploi des calques ne se limite pas à la conversion d'un arrière-plan en calque, opération décrite à la section "Découvrez les calques", précédemment dans ce chapitre. En fait, Elements propose cinq types de calques. Vous aurez probablement plus besoin de créer des calques d'image, mais il est nécessaire de savoir utiliser tous les types existants.

Calques d'image

Le *calque d'image*, que l'on appelle plus simplement *calque*, est le type de calque que nous avons comparé aux feuilles de papier-calque à la section "Découvrez les calques", précédemment dans ce chapitre. Vous avez la possibilité de créer des calques vides et d'y ajouter des images ou de créer des calques à partir des images. Vous pouvez créer autant de calques d'image que vous le permet la mémoire de votre ordinateur. N'oubliez pas que plus vous avez de calques, plus le fichier est volumineux et plus vous ralentissez votre ordinateur.

Chaque calque d'image peut être modifié sans que les autres en soient affectés. Par exemple, vous pouvez déplacer, peindre, redimensionner ou appliquer un filtre sans affecter un seul pixel d'un autre calque ou de l'arrière-plan. Si un calque contient un élément, il n'est plus nécessaire d'effectuer une sélection pour sélectionner l'élément (voir Chapitre 7 pour les sélections). Il suffit de faire glisser l'élément avec l'outil Déplacement.

Reportez-vous à la section "Manipulez les calques", plus loin dans ce chapitre, pour en apprendre davantage sur l'emploi des calques d'image.

Calques de réglage

Un *calque de réglage* est un type de calque qui modifie les couleurs et le contraste. Par rapport à l'application directe sur le calque d'image, l'emploi de ces calques est conseillé lorsque vous effectuez des modifications, car celles-ci n'affectent pas définitivement les pixels. On parle alors d'*édition non destructrice*. De plus, comme la correction se trouve sur un calque, il est possible de modifier, et même de supprimer, le réglage à tout moment. Comme le montre la Figure 8.4, les calques de réglage n'appliquent les corrections qu'aux calques situés en dessous dans la pile et n'affectent pas ceux qui se trouvent au-dessus.

Les calques de réglage possèdent une autre fonctionnalité qui leur est propre : lorsque vous créez un calque de réglage, vous créez également un *masque de fusion*. Imaginez-le comme une seconde feuille de papier-calque qui recouvre les calques inférieurs. Le masque de fusion permet d'appliquer le réglage aux calques du dessous en définissant des niveaux de gris – du blanc au noir – sur le masque. Par exemple,

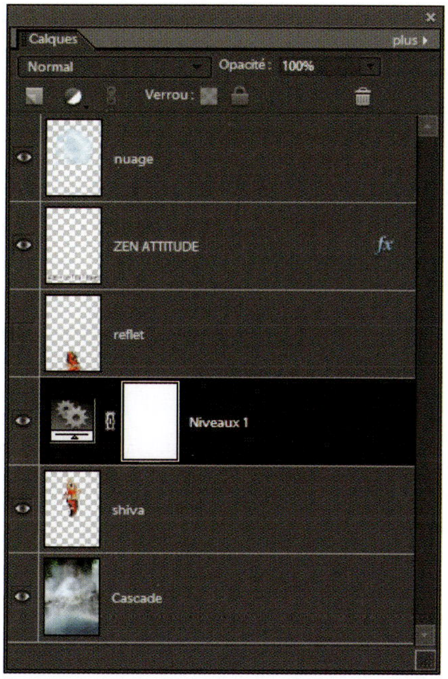

Figure 8.4 : Les calques de réglage corrigent les couleurs et le contraste de l'image.

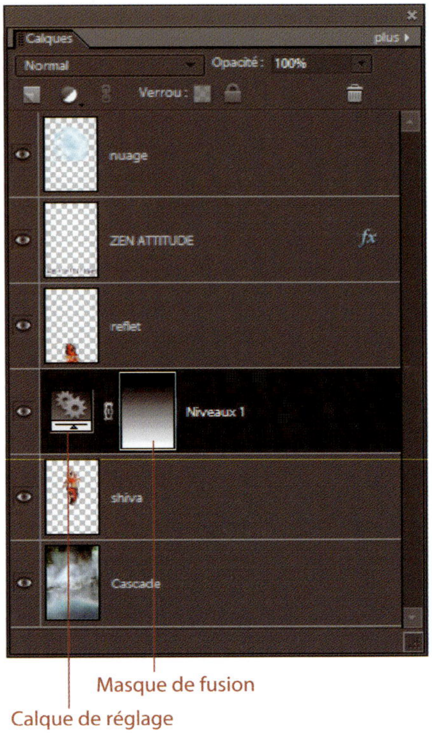

Figure 8.5 : Les masques de fusion contrôlent le degré de réglage appliqué aux calques.

le masque est par défaut complètement blanc, ce qui applique entièrement le réglage aux calques. Si vous peignez en noir sur un masque de fusion, les zones peintes vont masquer le réglage. Si vous peignez avec un niveau de gris, elles vont bloquer partiellement le réglage. Plus le niveau de gris est foncé, plus il bloque le réglage, comme le montre la Figure 8.5. Si votre image comporte un contour de sélection actif avant que vous ajoutiez un calque de réglage, le réglage ne s'applique qu'à la zone sélectionnée. Le masque de fusion créé reflète également cette sélection : les zones sélectionnées sont blanches et les zones non sélectionnées sont noires.

Le masque de fusion peut également servir à fusionner deux calques. Créez un calque de réglage, sans apporter un seul réglage. Utilisez ensuite le masque de fusion pour fusionner deux calques. Assurez-vous de bien placer le masque de fusion entre les deux calques. Ensuite, sélectionnez le calque le plus élevé dans la pile et choisissez Calque/Associer au précédent. Peignez sur votre masque de fusion, comme le décrit précédemment cette section, pour masquer et afficher des portions que vous sélectionnez sur le calque supérieur.

Elements propose cinq types de calques de réglage, que vous pouvez exploiter à votre guise. Ces réglages sont les mêmes que ceux qui se trouvent dans les sous-menus Accentuation/Régler l'éclairage et Régler la couleur et Filtre/Réglages. Consultez les Chapitres 9 et 10 pour en savoir plus sur chaque réglage. Voici comment créer un calque de réglage :

1. **Ouvrez une image qui nécessite un réglage de contraste ou de couleur.**

Vous n'avez pas besoin de convertir votre arrière-plan en calque pour appliquer un calque de réglage.

2. **Dans la palette Calques, cliquez l'icône Créer le calque de réglage dans la liste déroulante, et choisissez le réglage de votre choix.**

   La boîte de dialogue spécifique à votre réglage s'affiche.

3. **Effectuez les réglages nécessaires et cliquez OK.**

   Une fois la boîte de dialogue fermée, le calque de réglage apparaît dans la palette Calques. L'icône du calque de réglage et une vignette apparaissent sur le calque de réglage. La vignette représente le masque de fusion.

Vous pouvez peindre sur le masque de fusion pour limiter le réglage à quelques portions de l'image. Pour ce faire, sélectionnez l'outil Pinceau ou Crayon. Sinon, vous pouvez créer une sélection et la remplir d'une teinte de gris, du blanc au noir. Enfin, vous pouvez faire appel à l'outil Dégradé pour appliquer un réglage progressif au masque.

À l'instar des calques d'image, il est possible de régler l'opacité et les modes de fusion d'un calque de réglage. Si vous diminuez l'opacité d'un calque de réglage, vous réduisez l'effet du réglage sur les calques situés en dessous.

Voici quelques astuces concernant l'emploi des calques de réglage :

- **Pour afficher votre image sans le réglage :** Cliquez l'icône d'œil dans la colonne de gauche de la palette Calques pour masquer le calque de réglage.
- **Pour supprimer le calque de réglage :** Faites-le glisser sur l'icône de poubelle de la palette Calques.
- **Pour modifier un calque de réglage :** Double-cliquez le calque de réglage dans la palette Calques. Vous pouvez aussi choisir Calque/Options de contenu de calque. Dans la boîte de dialogue qui s'affiche, effectuez vos modifications et cliquez OK. Le seul calque de réglage qui ne se modifie pas est le calque Inverser. Il est simplement actif ou inactif.
- **Pour passer à un autre calque de réglage :** Choisissez Calque/Modifier le contenu du calque et sélectionnez un autre calque de réglage dans le sous-menu.

Calques de remplissage

Les *calques de remplissage* sont des calques contenant une couleur unie, un dégradé ou un motif. À l'instar des calques de réglage, ils possèdent également des masques de fusion. Vous les modifiez, les réorganisez, les supprimez et les fusionnez de la même manière que les calques de réglage. Vous pouvez fusionner des calques de remplissage avec d'autres calques à l'aide de l'opacité et des options de modes de fusion de la palette Calques. Enfin, il est possible de restreindre le calque de remplissage à une portion de l'image en créant au préalable une sélection ou en peignant ultérieurement sur le masque.

Voici comment créer un calque de remplissage :

1. **Ouvrez une image.**

   Si vous ne sélectionnez rien, le calque de remplissage va couvrir la totalité de l'image.

2. **Dans la palette Calques, cliquez l'icône Créer le calque de réglage. Dans la liste déroulante, choisissez un remplissage de couleur unie, de dégradé ou de motif.**

   La boîte de dialogue spécifique à votre type de remplissage s'affiche.

3. **Définissez vos options en fonction du type de remplissage choisi à l'étape 2 :**

   - *Couleur unie* : Sélectionnez la couleur de votre choix dans le sélecteur de couleur. Le Chapitre 12 détaille le choix des couleurs, mais aussi des dégradés et des motifs.
   - *Dégradé* : Cliquez la flèche vers le bas pour choisir un dégradé prédéfini dans la palette ou cliquez l'aperçu du dégradé pour afficher l'Editeur de dégradé et créer votre propre dégradé.
   - *Motif* : Choisissez un motif dans la palette déroulante. Saisissez si besoin une valeur pour définir l'échelle du motif. Cliquez Magnétisme de l'origine pour que l'origine du motif soit la même que celle du document. Sélectionnez l'option Lien avec le calque pour déplacer le motif avec le calque de remplissage si vous déplacez ce dernier.

4. **Cliquez OK.**

   Le calque de remplissage apparaît dans la palette Calques, comme le montre la Figure 8.6. Vous pouvez constater qu'un masque de fusion s'est créé sur le calque de remplissage.

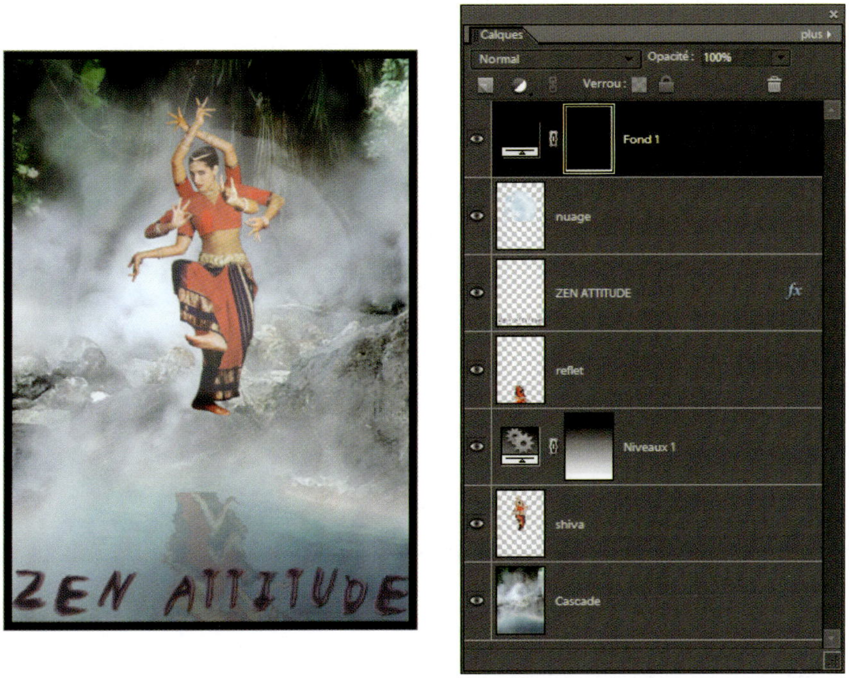

Figure 8.6 : Ajoutez un cadre ou une bordure à l'image à l'aide d'un calque de remplissage.

Calques de forme

Si vous n'avez pas encore consulté le Chapitre 12, vous ne savez peut-être pas encore qu'Elements permet de dessiner des formes à l'aide de six outils de dessin différents. Ces formes présentent également l'avantage d'être vectorielles, ce qui signifie qu'elles ne sont pas définies par des pixels, mais par des équations mathématiques qui créent des points et des tracés. Par conséquent, vous pouvez redimensionner à votre guise les objets vectoriels sans abîmer l'image. En outre, ils s'impriment toujours avec des contours estompés et pas avec cet aspect dentelé que créent les pixels autour des éléments.

Pour créer un calque de forme, sélectionnez un outil de forme dans la palette d'outils et faites-le glisser sur votre document. Lorsque vous créez une forme, elle s'installe sur son propre calque, comme le montre la Figure 8.7. À l'instar des autres types de calques, il est possible de régler les modes de fusion et l'opacité d'un calque de forme. Vous modifiez, déplacez et transformez directement les formes. Cependant, pour appliquer des filtres, vous devez préalablement *simplifier* le calque de forme, ce qui consiste à convertir les tracés vectoriels en pixels.

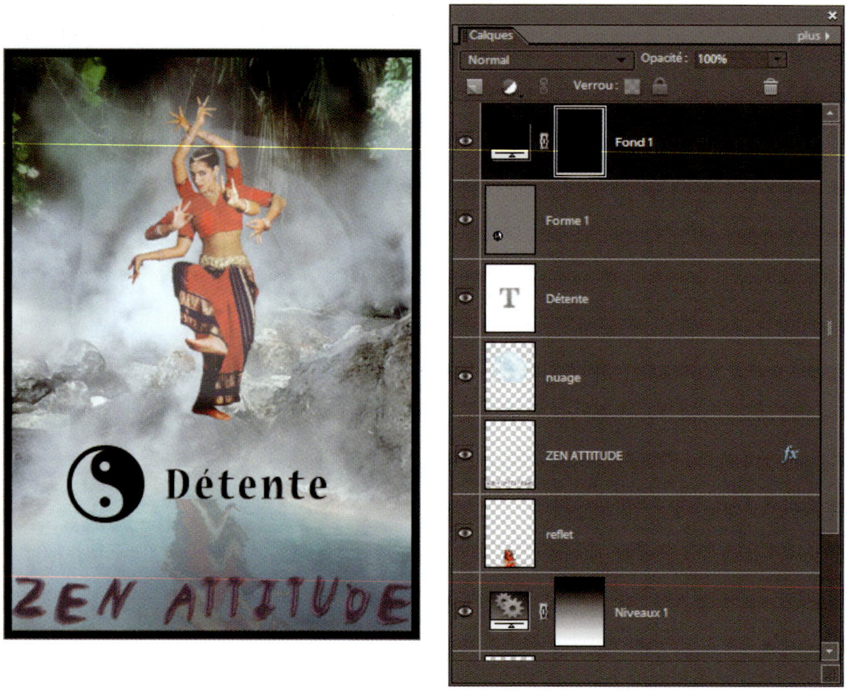

Figure 8.7 : Les calques de forme sont vectoriels, ce qui permet d'obtenir des contours estompés et une qualité d'impression optimale.

Calques de texte

Pour ajouter du texte à vos images, comme dans la Figure 8.7, sélectionnez l'outil Texte, cliquez dans votre image et tapez le texte. Vous pouvez également définir quelques options, comme la police et la taille de caractères, dans la barre d'options. Dès lors que vous cliquez ailleurs dans le document, le calque de texte se crée. Dans la palette Calques, un calque portant l'icône T apparaît. Pour en savoir plus sur l'outil Texte, lisez le Chapitre 13.

Manipulez les calques

Les calques d'image sont au centre du travail avec les calques. Vous pouvez créer plusieurs calques d'image à l'intérieur de la même image. Il est encore plus intéressant de créer une image composite à partir de plusieurs images. Vous ajoutez par exemple les personnes que vous appréciez et retirez celles qui vous importunent. Retirez une personne d'une photo sans intérêt et placez-la dans un paysage de rêve. Les possibilités sont infinies. Dans les sections suivantes, vous allez découvrir toutes les manières de créer des calques d'image. Pour savoir comment convertir un arrière-plan en calque, reportez-vous à la section "Découvrez les calques", précédemment dans ce chapitre. Les prochaines sections décrivent les différents moyens de créer un calque d'image.

Créez un nouveau calque à partir de rien

Si vous créez un nouveau fichier vide, l'option Transparent est disponible dans la liste Contenu de l'arrière-plan. Avec cette option, vous créez votre fichier avec un calque transparent, prêt à l'emploi. Si vous possédez un fichier existant et que vous voulez créer un nouveau calque vide, voici comment procéder :

- Cliquez l'icône Créer un calque en haut de la palette Calques.
- Dans le menu déroulant de la palette Calques, choisissez Nouveau calque.
- Choisissez Calque/Nouveau/Calque.

Si vous créez un calque à l'aide de l'une des commandes de menu, une boîte de dialogue s'affiche. Vous y nommez le calque et définissez les options Associer au calque précédent, Mode et Opacité. Attribuez-lui un nom et cliquez OK. Vous pourrez régler les autres options directement dans la palette Calques.

TRUC

Les commandes Copier et Coller fonctionnent également, sans qu'il soit nécessaire de créer au préalable un calque vide. Si vous copiez et collez une sélection sans calque vide, Elements en crée automatiquement un nouveau à partir de la sélection copiée. Il existe une méthode plus efficace pour copier et coller des éléments entre plusieurs images ; elle consiste à glisser et déposer l'élément. Nous y reviendrons à la section "Glissez et déposez des calques", plus loin dans ce chapitre.

TRUC

La commande Copier avec fusion du menu Edition crée une copie fusionnée de tous les calques visibles de la sélection.

Une fois le calque créé, placez-y des sélections ou d'autres éléments en procédant comme suit :

- Sélectionnez un outil de dessin, comme le Pinceau ou le Crayon, et peignez sur le calque.
- Effectuez une sélection sur un autre calque ou sur l'arrière-plan du même document ou d'une autre image, puis choisissez Edition/Copier. Sélectionnez votre nouveau calque vide dans la palette Calques et choisissez Edition/Coller. Vous pouvez aussi choisir Sélection/Tout sélectionner, puis copier et coller pour transférer la totalité d'une image dans le nouveau calque.
- Effectuez une sélection sur un autre calque ou sur l'arrière-plan du même document ou d'une autre image, puis choisissez Edition/Couper. Sélectionnez votre nouveau calque vide et choisissez Edition/Coller. Cette action supprime la sélection de son emplacement d'origine et laisse un trou transparent, comme dans la Figure 8.8.

Corbis Digital Stock

Figure 8.8 : Lorsque vous coupez une sélection d'un calque, sachez que vous créez un trou à l'emplacement d'origine.

Utilisez Calque par Copier et Calque par Couper

Une autre manière de créer un calque consiste à faire appel aux commandes Calque par Copier et Calque par Couper, dans le menu Calque. Effectuez une sélection sur un calque ou un arrière-plan et choisissez Calque/Nouveau/Calque par Copier ou Calque par Couper. Elements crée automatiquement un nouveau calque et y place la sélection copiée ou coupée. Si vous exécutez la commande Calque par Couper, n'oubliez pas que votre sélection est supprimée de son calque d'origine. Son déplacement crée un trou transparent. Si vous travaillez avec un arrière-plan, votre couleur d'arrière-plan remplit l'espace vide. Ces deux commandes ne fonctionnent que dans la même image et non entre plusieurs images.

Dupliquez des calques

La duplication de calques permet de protéger l'image d'origine lorsque vous testez une manipulation. Si le résultat ne vous convient pas, il vous suffit de supprimer le calque dupliqué. Vous ne subissez aucune perte.

Pour dupliquer un calque existant, sélectionnez-le dans la palette Calques et effectuez l'une des opérations suivantes :

- Faites glisser le calque sur l'icône Créer un calque en haut de la palette. Elements duplique le calque et ajoute le mot *copie* au nom du nouveau calque.
- Dans le menu déroulant de la palette Calques, choisissez Dupliquer le calque.
- Choisissez Calque/Dupliquer le calque.

Si vous choisissez les méthodes des menus, une boîte de dialogue vous invite à nommer le calque et à définir des options. Attribuez-lui un nom et cliquez OK. Vous pourrez revenir ultérieurement sur les autres options.

Glissez et déposez des calques

La manière la plus efficace de copier et coller des calques entre plusieurs images consiste à glisser et à déposer les données. Pourquoi ? Vous ne sollicitez pas votre Presse-papiers, à savoir la zone de votre ordinateur qui sert à stocker temporairement les données copiées. Le stockage de données, et en particulier des fichiers volumineux, peut ralentir votre système. En le réduisant, votre système fonctionne plus efficacement. Si vous avez déjà copié des données dans le Presse-papiers, choisissez Edition/Effacer/Contenu du Presse-papiers.

Voici comment glisser et déposer des calques d'un fichier à un autre :

1. **Sélectionnez le calque de votre choix dans la palette Calques.**
2. **Sélectionnez l'outil Déplacement (flèche quadridirectionnelle) dans la palette d'outils.**
3. **Cliquez le calque et faites-le glisser vers le fichier de destination.**

   Le calque déposé apparaît en tant que nouveau calque au-dessus du calque actif dans l'image. Il n'est pas nécessaire d'avoir un contour de sélection pour copier le calque entier. En revanche, si vous ne voulez en copier qu'une partie, créez votre sélection avant de la glisser et de la déposer à l'aide de l'outil Déplacement. Si vous souhaitez centrer l'élément sélectionné sur le fichier de destination, appuyez sur la touche Maj pendant le déplacement.

TRUC

Voici un petit conseil. Si votre calque possède plusieurs éléments (qui ne se touchent pas) et que vous ne voulez en déplacer qu'un, faites appel à l'outil Lasso pour effectuer une sélection sommaire autour de l'objet, sans toucher d'autre élément. Appuyez ensuite sur la touche Ctrl/⌘ puis sur la touche fléchée vers le haut. L'élément est alors parfaitement sélectionné. Il ne vous reste qu'à le glisser avec l'outil Déplacement.

Exécutez la commande Coller dans la sélection

La commande Coller dans la sélection permet de placer une image sur un autre calque tout en l'insérant dans un contour de sélection. Par exemple, dans la Figure 8.9, cette commande donne l'impression que le surfeur est dans l'eau, alors que ce n'est pas le cas.

Voici comment procéder :

1. **Effectuez la sélection sur le calque de l'image de destination.**

   Dans notre figure, nous avons sélectionné la zone où placer le surfeur dans l'eau.

Figure 8.9 : Exécutez la commande Coller dans la sélection pour donner l'impression qu'un élément est intégré dans un autre élément.

2. **Sélectionnez l'image à coller dans la sélection.**

   Elle peut provenir du même fichier ou d'un autre fichier. Dans notre cas, le surfeur appartenait à un autre fichier.

3. **Choisissez Edition/Copier.**

4. **Affichez le calque de l'image de destination et choisissez Edition/Coller dans la sélection.**

   Le contour de sélection du calque est converti en masque de fusion. La sélection collée n'est visible qu'à l'intérieur du contour de la sélection. Dans notre exemple, le surfeur n'apparaît qu'à l'intérieur de la zone sélectionnée. Comme ses chevilles et ses pieds sortent du contour, ils sont masqués.

Déplacez le contenu d'un calque

Pour déplacer le contenu d'un calque, il suffit de sélectionner l'outil Déplacement dans la palette d'outils, de sélectionner le calque dans sa palette et de faire glisser l'élément de la zone de travail vers l'emplacement souhaité. Servez-vous des touches fléchées du clavier pour le déplacer pixel par pixel. Appuyez sur Maj avec les flèches pour le décaler de 10 pixels.

TRUC

L'option Sélection automatique du calque de la barre d'options permet d'activer un calque lorsque vous le cliquez avec l'outil Déplacement. Restez néanmoins prudent si votre image contient de nombreux calques, car cette technique est parfois plus problématique que pratique.

Voici les options spécifiques à l'outil Déplacement :

- **Afficher cadre de sélection :** Entoure le contenu du calque d'un cadre en pointillé avec des poignées de redimensionnement, de manière à pouvoir transformer aisément le calque. Reportez-vous à la section suivante pour en savoir plus.
- **Afficher la sélection au survol :** Survolez la zone de travail avec votre souris pour voir apparaître un contour autour de l'élément de votre calque. Cliquez le calque mis en évidence pour le sélectionner et le déplacer.
- **Menu Réorganiser :** Permet de changer la position du calque sélectionné dans l'ordre d'empilement.
- **Lier les calques :** Cette option ne se trouve pas sur la barre d'options, mais dans la palette Calques. Elle lie les calques de manière à faciliter le déplacement, ou la transformation, simultané de plusieurs calques. Sélectionnez un calque, puis cliquez en appuyant sur Ctrl/⌘ pour sélectionner d'autres calques. Cliquez l'option Lier les calques.
- **Menu Aligner :** Alignez vos calques sélectionnés à gauche, au centre, à droite, en haut, au milieu et en bas. Sélectionnez votre premier calque, puis cliquez en appuyant sur Maj pour sélectionner d'autres calques. Choisissez ensuite une option d'alignement.

- **Menu Répartir :** Répartissez vos calques sélectionnés à gauche, au centre, à droite, en haut, au milieu et en bas. Sélectionnez votre premier calque, puis cliquez en appuyant sur Maj pour sélectionner d'autres calques. Choisissez ensuite l'option de votre choix.

Transformez des calques

Lorsque vous manipulez des calques, il est parfois utile de mettre à l'échelle ou de faire pivoter des images. Servez-vous pour ce faire des commandes Transformation et Transformation manuelle. Les méthodes permettant de transformer des calques et des sélections sont identiques.

Voici comment transformer un calque :

1. **Sélectionnez le calque de votre choix.**

   Pour appliquer une transformation à plusieurs calques simultanément, liez préalablement les calques.

2. **Choisissez Image/Transformation/Transformation manuelle.**

   Un cadre apparaît autour du contenu du calque. Faites glisser une poignée pour le redimensionner. Pour conserver les proportions, appuyez simultanément sur Maj. Pour faire pivoter le contenu, placez le pointeur de la souris à proximité d'une poignée et hors du cadre pour le transformer en flèche incurvée, puis faites-le glisser. Pour incliner, tordre ou appliquer une perspective au contenu, cliquez du bouton droit et choisissez la commande appropriée. Ces commandes se trouvent en outre dans la barre d'options, où il est également possible de saisir des valeurs pour définir la transformation.

   Si vous voulez appliquer une seule commande de transformation, sélectionnez la commande de votre choix (Inclinaison, Torsion, Perspective) dans le menu Image/Transformation. Pour faire pivoter ou retourner le contenu, choisissez Image/Rotation.

3. **Une fois le calque transformé à votre convenance, double-cliquez à l'intérieur du cadre de sélection.**

ATTENTION

Essayez d'accomplir toutes vos transformations d'un coup. En effet, chaque fois que vous transformez des pixels, vous faites subir à votre image un processus appelé *interpolation*. Répété à maintes reprises, il dégrade la qualité de l'image. En conséquence, il est préférable d'opter pour la commande Transformation manuelle plutôt que pour les commandes individuelles, de manière à exécuter toutes les transformations en une seule opération.

TRUC

Si l'outil Déplacement est actif, vous pouvez transformer un calque sans sélectionner de commande. Dans la barre d'options, cochez la case Afficher cadre de sélection. Le calque, ou la sélection, est ainsi entouré d'un cadre muni de poignées qu'il suffit de faire glisser pour transformer le calque ou la sélection.

Aplatissez et fusionnez des calques

Si les calques sont incontestablement ludiques et très pratiques, ils peuvent également paralyser la mémoire vive de votre ordinateur et alourdir vos fichiers. La gestion des fichiers devient même parfois épineuse lorsqu'ils contiennent trop de calques et vous perdez généralement en productivité. Par conséquent, dès que possible, fusionnez vos calques de manière à économiser la mémoire et l'espace. *Fusionner* consiste à combiner des calques visibles, liés ou adjacents en un seul calque (pas un arrière-plan). L'intersection de toutes les zones transparentes est conservée.

Par ailleurs, si vous devez importer votre fichier dans un autre programme, sachez que certains programmes ne prennent pas en charge les fichiers contenant des calques. Par conséquent, il peut être nécessaire d'aplatir le fichier avant de l'importer. Lorsque vous *aplatissez* une image, vous combinez en un arrière-plan tous les calques visibles, y compris les calques de texte, de remplissage et de réglage. À vous de choisir si vous dévoilez les calques masqués et si vous remplissez de blanc les zones transparentes. Cependant, avant d'aplatir votre image, nous vous conseillons d'effectuer une copie du fichier avec tous ses calques d'origine et de l'enregistrer en tant que fichier Photoshop natif. De cette manière, si vous avez besoin de retoucher le fichier ultérieurement, vous retrouvez tous vos calques.

NOTE TECHNIQUE

Par ailleurs, les seuls formats de fichier qui prennent en charge les calques sont les suivants : Photoshop natif (`.psd`), TIFF (`.tif`) et PDF (`.pdf`). Si vous enregistrez votre fichier dans un autre format, Elements aplatit automatiquement le calque en un arrière-plan.

Aplatissez des calques

Voici comment aplatir une image :

1. **Assurez-vous que tous les calques à aplatir sont visibles.**

   Si vous avez masqué des calques, Elements vous demande si vous voulez les afficher.

2. **À partir du menu déroulant de la palette Calques ou du menu Calque, choisissez Aplatir l'image.**

   Tous vos calques se combinent en un seul arrière-plan, comme le montre la Figure 8.10.

TRUC

Si vous aplatissez votre image par erreur, choisissez Edition/ Annuler ou faites appel à la palette Annuler l'historique (voir Chapitre 1).

Fusionnez des calques

Il existe plusieurs manières de fusionner des calques :

- **Afficher uniquement les calques à fusionner.** Cliquez l'icône d'œil de la palette Calques pour masquer les calques à ne pas fusionner. À partir du menu déroulant de la palette Calques ou du menu Calque, choisissez Fusionner les calques visibles.
- **Réorganiser l'ordre des calques à fusionner en les rassemblant et en les liant dans la palette Calques.** Sélectionnez le calque le plus élevé du groupe et choisissez Fusionner les calques liés dans le menu de la palette ou le menu Calque. Cette commande fusionne le calque actif avec le calque situé directement en dessous.

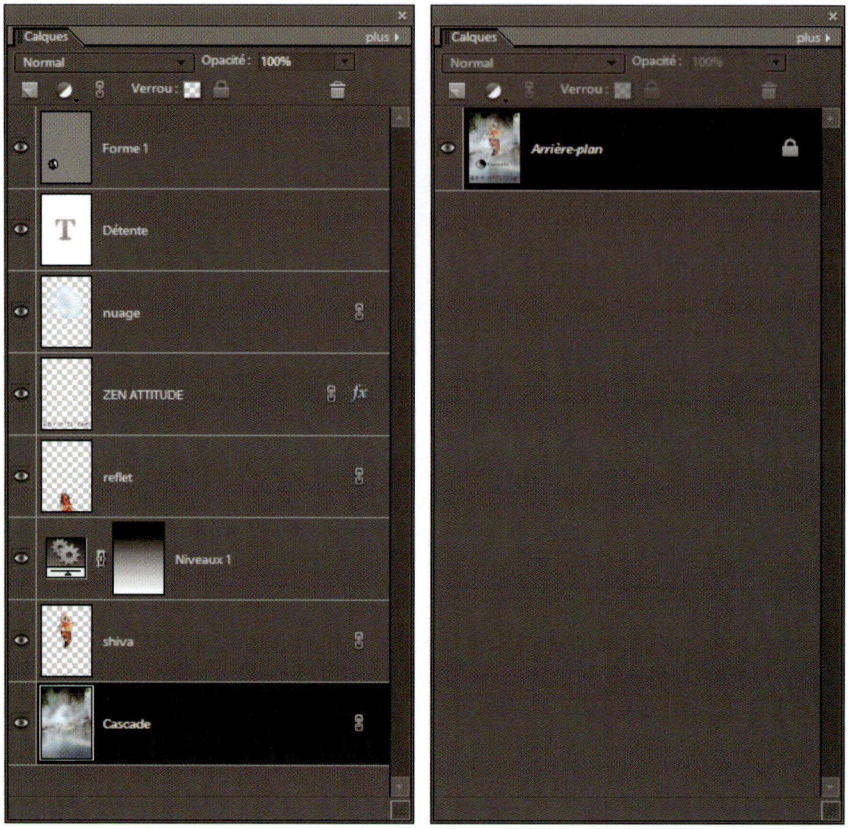

Figure 8.10 : Aplatissez votre image pour combiner tous vos calques en un seul arrière-plan.

9

Retouchez vos images en toute simplicité

Dans ce chapitre :

- Recadrez et redressez vos images.
- Effectuez des corrections automatiques.
- Retouchez des images en mode Retouche rapide.
- Corrigez les petites imperfections.

La retouche rapide constitue l'une des fonctionnalités les plus appréciables et pratiques d'Elements. En effet, que vous soyez photographe professionnel ou amateur, vous avez souvent affaire à des images qu'il faut recadrer pour supprimer l'arrière-plan superflu, dont il faut améliorer la luminosité ou les couleurs, ou supprimer les petites imperfections. Grâce aux outils de correction d'image d'Elements, un clic ou quelques coups de pinceau suffisent pour accomplir toutes ces tâches incontournables.

Recadrez et redressez des images

Le recadrage est l'une des tâches les plus simples que vous puissiez effectuer pour améliorer la composition de votre photo. En vous débarrassant de l'arrière-plan superflu autour de votre sujet, vous attirez davantage l'attention sur l'élément central. Un autre phénomène classique apparaît sur beaucoup de photos : la ligne d'horizon qui n'est pas droite. Aucun problème, Elements vous propose plusieurs manières de redresser vos images. Dorénavant, vous n'aurez plus à vous préoccuper de ces détails, puisqu'il suffit de démarrer l'éditeur d'Elements pour recadrer et redresser vos images avant de les partager.

Découpez l'image via l'outil Recadrage

La manière la plus courante de recadrer une photo consiste à employer l'outil Recadrage. Simple et rapide, il fait tout le travail. Voici comment l'utiliser :

1. **Dans la palette d'outils, en mode Retouche standard ou Retouche rapide, sélectionnez l'outil Recadrage.**

   Vous pouvez aussi appuyer sur la touche C. Les espaces de travail sont analysés au Chapitre 1. Pour en savoir plus sur le mode Retouche rapide, reportez-vous à la section "Exploitez le mode Retouche rapide", plus loin dans ce chapitre.

2. **Dans la barre d'options, définissez les options relatives aux proportions.**

   Voici les possibilités :

   - *Aucune restriction :* Vous permet de recadrer manuellement l'image.
   - *Utiliser le rapport photo :* Conserve les proportions d'origine de l'image après le recadrage.
   - *Tailles prédéfinies :* Propose plusieurs tailles de photos courantes. Après le recadrage, l'image adopte les dimensions spécifiées.

Lorsque vous recadrez une image, Elements ne modifie pas la résolution du fichier. Par conséquent, pour conserver la résolution de l'image lorsque vous en supprimez des portions, Elements doit rééchantillonner le fichier. Cette résolution doit donc être suffisante pour que les effets du rééchantillonnage ne se remarquent pas. Faites particulièrement attention à ce phénomène si vous choisissez une taille prédéfinie élevée. Si cette explication sur la résolution et le rééchantillonnage vous semble confuse, consultez le Chapitre 3.

- *Largeur et Hauteur :* Spécifiez la largeur et la hauteur du recadrage de l'image.

3. **Cliquez et faites glisser le pointeur autour de la partie de l'image à conserver et relâchez le bouton de la souris.**

   Un cadre de recadrage apparaît autour de cette partie. S'il n'est pas absolument parfait, ne vous inquiétez pas. Vous pourrez le modifier à l'étape 4.

   La zone située en dehors du cadre de recadrage (appelée *masque de protection*) devient plus sombre que l'intérieur du cadre. Ainsi, vous visualisez mieux le nouveau cadre de l'image, comme le montre la Figure 9.1. Si vous voulez modifier la couleur et l'opacité de cette zone, ou tout simplement la supprimer, changez les préférences du Recadrage (Edition/Elements/Préférences/Affichage et pointeurs).

4. **Ajustez le cadre de recadrage en déplaçant ses poignées.**

   Pour déplacer le cadre, placez votre pointeur à l'intérieur et faites-le glisser lorsqu'il se transforme en pointe de flèche noire.

   Si vous placez votre souris hors du cadre, votre pointeur devient une flèche incurvée. Faites-le glisser pour faire pivoter le cadre. Cette manipulation permet de faire pivoter et de recadrer simultanément l'image, ce qui est parfait pour redresser une photo prise de travers. Sachez que cette rotation rééchantillonne également l'image, sauf s'il s'agit d'une rotation à 90 °.

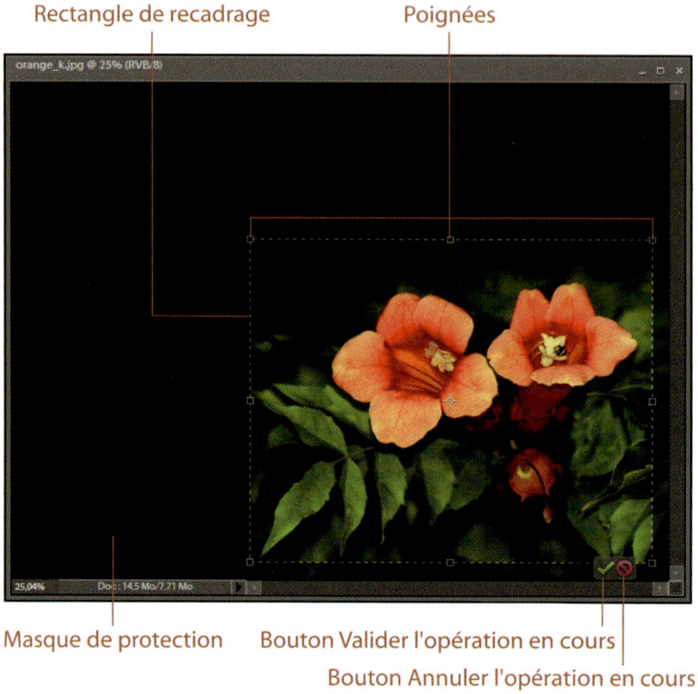

Figure 9.1 : La zone hors du cadre de recadrage est plus sombre et met en évidence le nouveau cadre de l'image.

5. **Double-cliquez à l'intérieur du cadre de recadrage.**

   Vous pouvez également appuyer sur Entrée ou cliquer le bouton Valider l'opération en cours en regard du cadre. Elements supprime la zone hors du cadre. Pour annuler le recadrage, cliquez le bouton Annuler l'opération en cours.

Recadrez une image avec un contour de sélection

En mode Retouche standard ou Retouche rapide, la commande Image/Recadrer permet également de recadrer une image. Commencez par créer une sélection à l'aide d'un outil de sélection, puis exécutez cette commande. Cette technique fonctionne avec n'importe quel contour de sélection. Cela signifie que votre sélection ne doit pas nécessairement être rectangulaire. Elle peut être ronde ou de forme libre. Votre image recadrée ne va pas se coller à cette forme, mais Elements va la recadrer en la rapprochant au maximum du contour de sélection. Consultez le Chapitre 7 pour plus d'informations sur les sélections.

Redressez des images

Il n'est pas rare de voir des photos prises sur une plage, où la ligne de l'horizon sur la mer est de travers. Le cas se produit également lorsque vous numérisez une photo et que vous ne l'avez pas correctement centrée sur le plateau. Rien de grave. Avec Elements, il est possible de redresser votre image.

Exploitez l'outil Redressement

L'outil Redressement permet de spécifier un nouveau bord (droit), puis il fait pivoter l'image selon ce bord. Voici comment procéder :

1. **En mode Retouche standard, sélectionnez dans la palette d'outils l'outil Redressement ou appuyez sur la touche P.**

2. **Dans la barre d'options, définissez les Options de la zone de travail.**

   Voici les possibilités :

   - *Etendre ou rétrécir la zone de travail :* Fait pivoter l'image et augmente ou réduit la taille de la zone de travail pour l'adapter à la zone de l'image.

   - *Rogner l'arrière-plan :* Découpe l'arrière-plan situé hors de la zone de l'image. Cette option sert à supprimer la zone blanche qui est apparue autour de la photo lorsque vous l'avez numérisée.

   - *Taille originale :* Fait pivoter l'image sans découper de partie de l'arrière-plan.

3. **(Facultatif) Sélectionnez Rotation de tous les calques.**

   Si votre image comporte plusieurs calques et que vous voulez tous les faire pivoter, choisissez cette option.

4. **Tracez un trait dans votre image pour créer le nouveau bord droit.**

   Votre image est alors redressée et recadrée, si vous avez choisi l'une des options de recadrage à l'étape 2.

Utilisez les commandes du menu Redresser

Outre l'outil Redressement, il existe deux commandes situées dans le menu Image, qui permettent de redresser les images. Activez pour ce faire le mode Retouche standard ou Retouche rapide.

- **Pour redresser automatiquement une image sans la recadrer :** Choisissez Image/Rotation/Redresser l'image. Cette technique conserve la zone de travail autour de l'image.
- **Pour redresser et recadrer automatiquement l'image :** Choisissez Image/Rotation/Redresser et rogner l'image.

Faites appel à la commande Diviser les photos numérisées

La commande Diviser les photos numérisées permet de gagner du temps lorsque vous numérisez plusieurs photos en un document. Assemblez toutes les photos sur le plateau du scanner et lancez la numérisation. Assurez-vous simplement que chaque photo est clairement séparée des autres. Ensuite, choisissez Image/Diviser les photos numérisées en mode Retouche standard ou Retouche rapide. Elements divise les images et les place chacune dans un fichier séparé. Si vos images comportent beaucoup de blanc, comme de la neige, nous vous conseillons de disposer une feuille foncée derrière les photos afin de mieux délimiter chaque image.

Appliquez des corrections automatiques

Elements possède cinq outils de retouche automatique qui corrigent la luminosité, le contraste et la couleur, et améliorent l'apparence de vos images à l'aide d'un simple clic. Ces commandes, qui se situent dans le menu Accentuation, sont disponibles quel que soit le mode de retouche. Pour en savoir plus sur le mode Retouche rapide, reportez-vous à la section "Exploitez le mode Retouche rapide", plus loin dans ce chapitre.

L'avantage que présentent ces correcteurs automatiques réside dans leur simplicité. Vous n'avez pas besoin de savoir quoi que ce soit sur la couleur ou le contraste pour les retoucher. En contrepartie, le résultat obtenu n'est généralement pas aussi satisfaisant qu'avec une méthode de correction manuelle. Il arrive même que l'effet de ces outils soit plutôt négatif et qu'ils dégradent l'apparence d'origine des images, mais comme ils s'emploient facilement et rapidement, n'hésitez pas à les tester sur vos images. Il n'est généralement pas nécessaire d'en appliquer plusieurs. Si l'un d'eux n'a pas l'effet escompté, annulez la modification et essayez-en un autre. Si le résultat ne vous convient toujours pas, optez pour l'une des méthodes manuelles analysées au Chapitre 10.

Retouche optimisée automatique

Cette commande tout-en-un est censée tout régler. Elle améliore la luminosité, les détails des zones claires et foncées et corrige la balance des couleurs, comme le montre la Figure 9.2. L'image surexposée de gauche a été améliorée *via* la commande Retouche optimisée automatique.

Figure 9.2 : Si vous êtes pressé, appliquez la commande Retouche optimisée automatique pour améliorer rapidement une image.

TRUC

Les commandes Retouche optimisée automatique, Correction colorimétrique automatique, Niveaux automatiques, Contraste automatique, Netteté automatique et Correction automatique des yeux rouges sont disponibles dans l'Organiseur (dans le volet Retoucher), où elles s'appliquent simultanément à plusieurs images sélectionnées.

Si vous trouvez la commande Retouche optimisée automatique un peu trop "automatique", libre à vous de lui donner un coup de pouce et d'essayer Régler la retouche optimisée. Il s'agit de la même commande, à la différence qu'elle propose un curseur qui vous permet de contrôler la quantité de correction appliquée à l'image.

Niveaux automatiques

La commande Niveaux automatiques règle le contraste global de l'image. Le résultat obtenu est meilleur avec les images dont le contraste est suffisamment marqué (gamme régulière de tons et de détails dans les zones foncées, claires et moyennes) pour constituer un point de départ et qui nécessite uniquement un petit réglage. Niveaux automatiques *mappe*, ou convertit, les pixels les plus clairs et les plus foncés de l'image en noir et blanc, ce qui a pour effet d'éclaircir les tons clairs et d'assombrir les tons foncés, comme le montre la Figure 9.3.

Figure 9.3 : Niveaux automatiques règle le contraste global de l'image.

Si cette commande améliore le contraste, il arrive qu'elle produise également une dominante couleur indésirable (teinte diffuse de couleur). Dans ce cas, annulez la commande et essayez Contraste automatique. Si cette dernière n'améliore pas le contraste, dirigez-vous vers les commandes manuelles. Essayez la commande Niveaux, analysée au Chapitre 10.

Contraste automatique

La commande Contraste automatique est conçue pour régler le contraste global d'une image sans toucher à la couleur. Elle n'améliore peut-être pas aussi bien le contraste que la commande Niveaux automatiques, mais elle est plus efficace pour préserver la balance des couleurs de l'image. De plus, elle ne produit pas de dominante couleur. Elle fonctionne parfaitement sur les images présentant de la brume, comme dans la Figure 9.4.

PhotoDisc/Getty Images

Figure 9.4 : La commande Contraste automatique est très efficace sur les images avec du brouillard.

Correction colorimétrique automatique

La commande Correction colorimétrique automatique règle la couleur et le contraste d'une image en fonction des tons clairs, moyens et foncés qu'elle détecte dans l'image et d'un ensemble de valeurs par défaut. Ces valeurs déterminent la quantité de pixels noirs et blancs qui sont supprimés des zones les plus foncées et les plus claires de l'image. Cette commande sert généralement à supprimer une dominante couleur ou à régler la balance des couleurs d'une image, comme le montre la Figure 9.5. Elle peut également corriger des couleurs trop ou pas assez saturées.

Figure 9.5 : Appliquez Correction colorimétrique automatique pour supprimer une dominante couleur.

Netteté automatique

La mise au point des photos prises avec un appareil photo numérique ou numérisées *via* un scanner est souvent trop vague. En améliorant la netteté, vous créez l'illusion d'avoir renforcé la mise au point en accentuant le contraste entre les pixels. Netteté automatique sert à améliorer la mise au point, comme le montre la Figure 9.6, sans l'exagérer. En contrepartie, du grain et du bruit apparaissent dans vos images. Ne recourez à cette commande qu'en dernier recours, une fois que vous avez testé toutes les autres corrections et améliorations. Pour en savoir plus sur l'accentuation, consultez les sections consacrées aux fonctionnalités Régler la netteté et Accentuation du Chapitre 10.

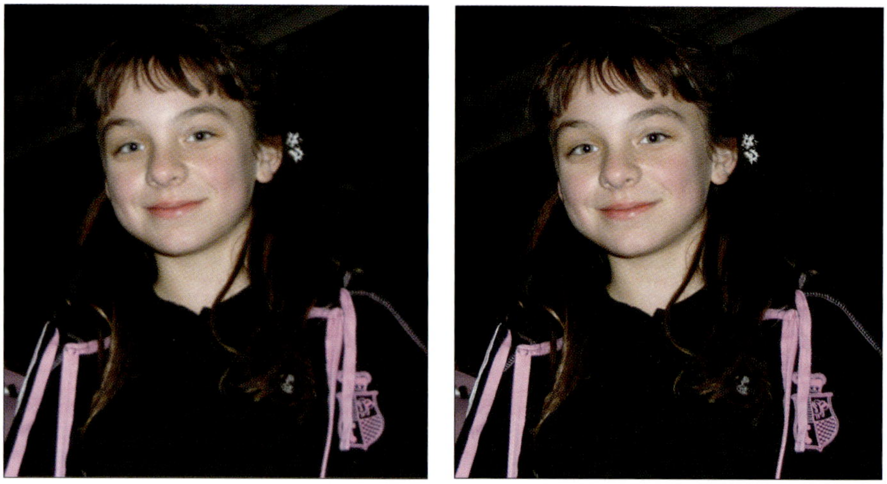

Figure 9.6 : Faites appel à Netteté automatique pour améliorer la mise au point.

Correction automatique des yeux rouges

Comme son nom l'indique, la commande Correction automatique des yeux rouges détecte et supprime automatiquement les yeux rouges d'une image. Ce phénomène apparaît lorsqu'une personne ou un animal (dont les yeux deviennent parfois jaunes, verts ou bleus) regarde directement le flash. De nombreux appareils photo numériques possèdent un mode anti-yeux rouges, qui consiste à émettre un premier flash, lequel contracte l'iris du sujet et réduit la pupille lors du véritable flash. Sur certains appareils, le flash est situé au-dessus ou sur le côté de l'objectif, ce qui réduit également ce phénomène. En revanche, si vous ne disposez d'aucune de ces options et que vous obtenez l'effet yeux rouges, sachez qu'il n'est pas difficile de le rectifier après coup.

Si, pour une raison quelconque, la commande Correction automatique des yeux rouges ne fonctionne pas, faites appel à l'outil Retouche des yeux rouges de la palette d'outils. Voici comment supprimer manuellement l'effet yeux rouges :

1. **Dans la palette d'outils, sélectionnez l'outil Retouche des yeux rouges.**

   En conservant les paramètres par défaut, cliquez la partie rouge de l'œil. L'outil assombrit la pupille, tout en conservant la gamme de couleurs et la texture du reste de l'œil, comme le montre la Figure 9.7.

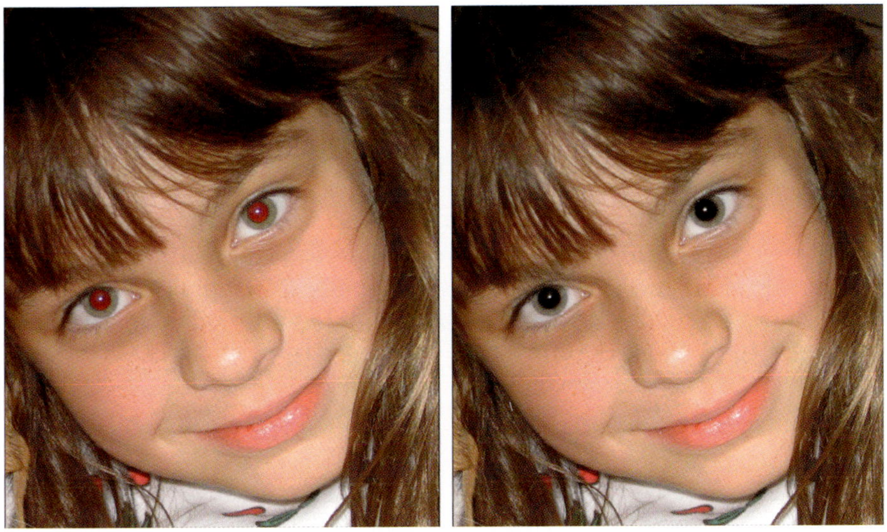

Figure 9.7 : La commande Correction automatique des yeux rouges et l'outil Retouche des yeux rouges détectent et suppriment l'effet yeux rouges.

2. **Si la retouche ne vous convient pas, définissez les options appropriées :**

   - *Pupille :* Augmentez ou réduisez la taille de la pupille.
   - *Obscurcissement* : Assombrissez ou éclaircissez la couleur de la pupille.

TRUC

Si vous essayez de retoucher des yeux d'animal devenus verts, optez pour l'outil Remplacement de couleur. Reportez-vous à cet effet à la section "Remplacez une couleur par une autre", à la fin de ce chapitre.

Exploitez le mode Retouche rapide

Si vous voulez uniquement appliquer les retouches automatiques analysées dans les sections précédentes, vous pouvez vous satisfaire du mode Retouche rapide qui fournit à lui seul tout ce dont vous avez besoin pour corriger et améliorer vos images.

Le mode Retouche rapide est une version allégée du mode Retouche standard qui fournit les outils de retouche de base et quelques fonctionnalités comme l'aperçu Avant et Après de votre image.

Voici la procédure qui permet de réparer des photos en mode Retouche rapide :

1. **Dans l'Organiseur, sélectionnez une ou plusieurs photos, cliquez Retoucher dans l'angle supérieur droit de la fenêtre de l'application et cliquez Retouche rapide dans la palette qui apparaît.**

   Sinon, si vous êtes en mode Retouche standard, sélectionnez l'image de votre choix dans la Corbeille des projets et cliquez le bouton Rapide dans l'angle supérieur droit de la fenêtre de l'application.

   Vous pouvez également ouvrir des images en choisissant Fichier/Ouvrir.

2. **Choisissez un affichage dans le menu déroulant Affichage au bas de la fenêtre du programme.**

   Choisissez d'afficher uniquement votre image d'origine (Avant seulement), votre image retouchée (Après seulement) ou les deux côte à côte en portrait ou en paysage (Avant et après – Vertical/Horizontal), comme le montre la Figure 9.8.

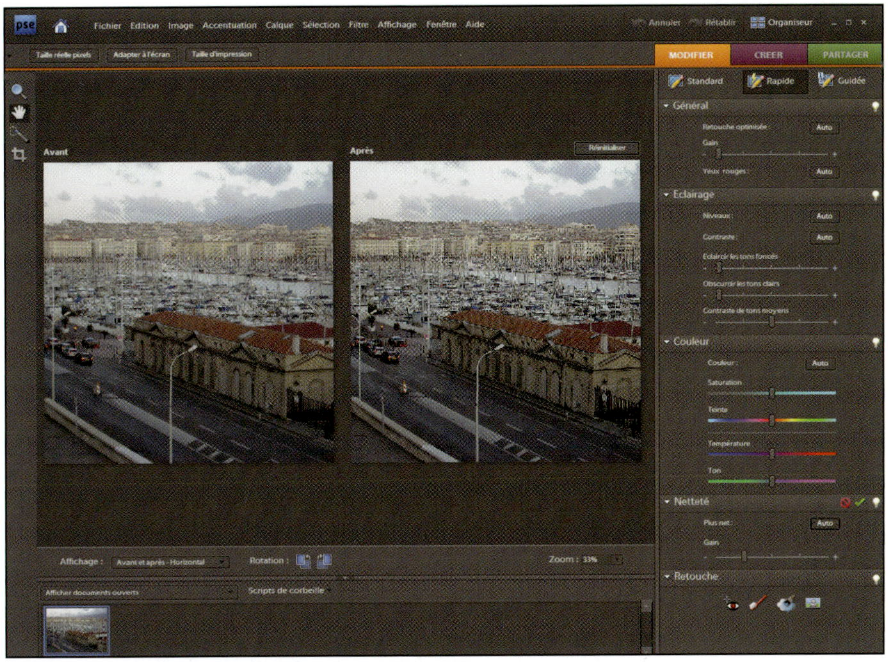

Figure 9.8 : Le mode Retouche rapide offre des aperçus avant et après de votre image.

3. **Servez-vous des outils Zoom et Main pour agrandir et parcourir l'image (voir Chapitre 5).**

   Pour spécifier le pourcentage de zoom, utilisez le curseur Zoom au bas de la fenêtre.

4. **Recadrez votre image à l'aide de l'outil Recadrage de la palette d'outils.**

   Vous pouvez aussi faire appel à l'une des méthodes étudiées à la section "Recadrez et redressez des images", précédemment dans ce chapitre, sauf à l'outil Redressement, exclusivement disponible en mode Retouche standard.

5. **Pour faire pivoter l'image de 90 °, cliquez le bouton Rotation de la photo vers la gauche de 90 ° ou Rotation de la photo vers la droite de 90 °, au bas de la fenêtre.**

6. **Servez-vous de la commande Correction automatique des yeux rouges pour supprimer le rouge des yeux de vos sujets.**

   Corrigez automatiquement l'effet yeux rouges en cliquant le bouton Auto en regard de Yeux rouges, dans la palette Général, à droite de la fenêtre. Si l'effet n'est pas satisfaisant, essayez l'outil Retouche des yeux rouges, situé dans la palette Retouche, en bas à droite de la fenêtre.

7. **Appliquez toutes les corrections automatiques nécessaires (Retouche optimisée, Niveaux, Contraste et Correction colorimétrique).**

   Toutes ces commandes se trouvent dans le menu Accentuation ou dans les palettes Général, Eclairage et Couleur, à droite de la fenêtre de l'application.

   Tous ces outils sont analysés en détail à la section "Appliquez des corrections automatiques", précédemment dans ce chapitre. N'oubliez pas que, généralement, une seule correction suffit. Ne les additionnez pas. Si l'une d'entre elles n'a pas l'effet escompté, cliquez le bouton Réinitialiser dans l'angle supérieur droit de l'aperçu de l'image et essayez-en une autre. Si vous n'êtes pas satisfait, rendez-vous à l'étape 8. Sinon, passez directement à l'étape 9.

8. **Si les corrections automatiques ne sont pas satisfaisantes, servez-vous des curseurs disponibles avec les commandes Retouche optimisée, Niveaux, Contraste et Couleur des palettes à droite de la fenêtre de l'application.**

   Voici une brève description de chaque réglage disponible :

   - *Eclaircir les tons foncés :* Déplacez le curseur vers la droite pour éclaircir les zones foncées de l'image sans toucher aux zones claires.

   - *Obscurcir les tons clairs :* Déplacez le curseur vers la droite pour obscurcir les zones claires de l'image sans toucher aux zones foncées.

   - *Contraste de tons moyens :* Règle le contraste des valeurs moyennes (grises) sans affecter les tons clairs et foncés.

   - *Saturation :* Règle l'intensité des couleurs.

- *Teinte :* Modifie toutes les couleurs de l'image. Créez une sélection avant de changer la couleur d'un élément. Sinon, utilisez ce réglage avec modération.
- *Température :* Rend les couleurs plus chaudes (rouges) ou plus froides (bleues.) Ce réglage sert également à corriger les couleurs de peau ou les images trop froides, comme un paysage enneigé, ou trop chaudes, comme un coucher de soleil.
- *Ton :* Règle le ton une fois la température ajustée pour ajouter du vert ou du rouge à la couleur.

Si le résultat ne vous convient toujours pas, optez pour l'une des corrections manuelles analysées au Chapitre 10.

Vous pouvez également appliquer des corrections à des portions sélectionnées de l'image. Pour ce faire, le mode Retouche rapide donne accès à l'outil Sélection rapide, lequel est étudié au Chapitre 7.

9. **Terminez vos corrections en recourant aux commandes de la palette Retouche.**

En voici les options :

- *Retouche des yeux rouges :* Si Correction automatique des yeux rouges n'a pas fonctionné, faites appel à cet outil, dont l'emploi est expliqué à la section "Correction automatique des yeux rouges", précédemment dans ce chapitre.
- *Blanchit les dents* : Comme son nom l'indique, ce nouvel outil sert à blanchir les dents. Choisissez au préalable la taille appropriée dans la palette déroulante Forme avant d'appliquer cette correction (pour en savoir plus sur les formes, reportez-vous au Chapitre 12). Avec un diamètre de forme supérieur à la zone de la dent, vous blanchissez/éclaircissez tout ce que vous touchez – lèvres, menton, etc. Cliquez la dent. Cet outil crée une sélection et la blanchit simultanément. Après votre premier clic, l'option de la barre d'options Nouvelle sélection devient Ajouter à la sélection. Si vous dépassez la limite de la dent, cliquez le bouton Soustraire de la sélection et cliquez la zone à retirer. Lorsque vous avez terminé, choisissez Sélection/Désélectionner ou appuyez sur Ctrl/⌘+D.

- *Transforme un ciel gris en ciel bleu* : Cliquez ou faites glisser votre pointeur sur les zones du ciel à transformer. Définissez la taille de la forme et l'option de sélection, comme pour l'outil Blanchit les dents, décrit dans la puce précédente. Si vous cliquez le ciel, il est sélectionné et éclairci en même temps. Une fois le travail terminé, choisissez Sélection/Désélectionner ou appuyez sur Ctrl/⌘+D.
- *Filtre rouge contraste élevé :* Cet outil convertit l'image en niveaux de gris avec contraste élevé. La manière de procéder et les options sont semblables à celles des outils Blanchit les dents et Transforme un ciel gris en ciel bleu, décrits dans les puces précédentes. La Figure 9.9 présente une image en couleurs convertie en niveaux de gris.

Figure 9.9 : L'outil Filtre rouge contraste élevé convertit une image en couleurs en image en niveaux de gris.

TRUC

En mode Retouche standard, ces outils de correction sont regroupés (parmi d'autres) sous les outils Forme dynamique et Détail de forme dynamique. Consultez le Chapitre 10 pour en savoir plus sur ces outils.

N'OUBLIEZ PAS

10. **Enfin, réglez la netteté de votre image de manière automatique, en cliquant le bouton Auto, ou manuelle, en déplaçant le curseur de la palette Netteté.**

    Cette correction doit être la dernière que vous apportez à votre image.

Dupliquez à l'aide de l'outil Tampon de duplication

Vous avez la possibilité de dupliquer des éléments. En fait, l'outil Tampon de duplication prélève des pixels d'une zone et les copie, ou les *duplique*, sur une autre zone. Par rapport à une sélection copiée et collée, la duplication conserve mieux les contours estompés des éléments, tels que les ombres, comme le montre la Figure 9.10.

PhotoSpin

Figure 9.10 : L'outil Tampon de duplication permet de dupliquer de manière réaliste les éléments dont le contour est estompé, comme les ombres.

L'étendue de cet outil ne s'arrête pas là. Il sert également à corriger les défauts comme les rayures et toute autre imperfection. Si l'outil Tampon de duplication a quitté l'équipe des outils de retouche pour rejoindre celle des outils de correction à leur arrivée, il reste disponible pour certaines tâches de retouche.

Voici comment utiliser l'outil Tampon de duplication :

1. **En mode Retouche standard, dans la palette d'outils, choisissez l'outil Tampon de duplication.**

2. **Dans la barre d'options, choisissez une forme dans la palette des formes prédéfinies, puis, si besoin, définissez sa taille à l'aide du curseur Epaisseur.**

   La taille de la forme doit correspondre à la partie que vous dupliquez. Si vous dupliquez un objet de grande taille, adaptez la forme à sa taille. Pour réparer des petits défauts, choisissez une forme de taille réduite. Les formes de contour estompé produisent des résultats plus naturels. Pour en savoir plus sur les formes, reportez-vous au Chapitre 12.

3. **Définissez les paramètres Mode de dessin et Opacité.**

   Les modes sont étudiés au Chapitre 11. Pour donner un aspect fantomatique à votre image dupliquée, tapez un pourcentage d'opacité inférieur à 100 %.

4. **Sélectionnez ou désélectionnez l'option Aligné.**

   Si Aligné est activé, la zone d'échantillon se déplace avec le pointeur. Si vous voulez appliquer la zone d'échantillon à partir du point de prélèvement initial à chaque interruption et à chaque reprise, ne sélectionnez pas l'option Aligné.

5. **Sélectionnez ou désélectionnez l'option Tous les calques.**

   Avec cette option, vous pouvez prélever les pixels de tous les calques visibles. Si elle n'est pas sélectionnée, l'outil ne duplique qu'à partir du calque actif. Consultez le Chapitre 8 pour apprendre à exploiter les calques.

6. **En appuyant sur Alt/Option, cliquez la zone de l'image à dupliquer pour définir la source de duplication.**

7. **Cliquez ou faites glisser le pointeur sur la zone où faire apparaître la zone à dupliquer, comme dans la Figure 9.11.**

   Pendant que vous déplacez le pointeur de l'outil, une icône de croix suit votre mouvement. Il s'agit de la zone d'échantillon que vous dupliquez ; le pointeur de l'outil se trouve quant à lui là où vous appliquez la duplication. La croix suit le déplacement de votre souris. Ainsi, vous savez toujours quelle zone de l'image vous êtes en train de dupliquer. En conséquence, gardez un œil sur la croix, car vous risquez de dupliquer des éléments indésirables.

Figure 9.11 : Outil Tampon de duplication en cours de duplication.

N'OUBLIEZ PAS

Si vous dupliquez un élément, essayez de ne pas relâcher votre souris. De même, lorsque vous retouchez un défaut, ne l'aggravez pas. Un ou deux clics suffisent généralement. Si vous appliquez le Tampon de duplication sans modération, vous risquez de créer des taches sur votre image et de montrer que vous l'avez retouchée.

Retouchez l'image à l'aide du Correcteur

L'outil Correcteur ressemble au Tampon de duplication dans la mesure où il duplique des pixels d'une zone vers une autre. En revanche, le Correcteur est plus efficace, car il prend en compte la tonalité (tons clairs, foncés et moyens) de la zone à retoucher. Il récupère la *texture* de la zone prélevée (*source*), puis utilise les *couleurs* situées à proximité du pointeur que vous déplacez sur la zone défectueuse (*destination*). Les zones claires, moyennes et foncées restent intactes, ce qui donne un effet réaliste et naturel, contrairement au résultat que l'on obtient souvent avec le Tampon de duplication.

Voici comment corriger une photo :

1. **Ouvrez une image nécessitant une retouche et sélectionnez l'outil Correcteur dans la palette d'outils du mode Retouche standard.**

   Il est possible d'effectuer la correction entre deux images, mais il faut que leur mode de couleurs soit identique, par exemple RVB dans les deux cas. La Figure 9.12 présente un homme à qui l'on a retiré quelques années.

2. **Dans la palette déroulante Forme de la barre d'options, spécifiez le diamètre et la dureté de votre forme.**

   Si besoin, définissez également son pas, son angle et son arrondi. Toutes ces options sont détaillées au Chapitre 12. Ajustez la taille de la forme selon le défaut. Le choix du diamètre de la forme est capital si vous voulez obtenir un effet réaliste.

3. **Choisissez un mode de fusion.**

   Dans la plupart des cas, il est préférable de conserver le mode Normal. Le mode Remplacer conserve les textures, comme le bruit ou le grain, autour de la zone corrigée.

PhotoSpin

Figure 9.12 : Balayez le temps en deux minutes à l'aide de l'outil Correcteur.

4. **Choisissez l'une des options Source :**

   - *Echantillon :* Récupère les pixels de l'image. La plupart des corrections nécessitent cette option.
   - *Motif* : Utilise les pixels du motif choisi dans la palette déroulante.

5. **Sélectionnez ou désélectionnez l'option Aligné.**

   Dans la majorité des cas, il est conseillé de la sélectionner. Voici en quoi consiste chaque option :

   - *Aligné est sélectionné* : Lorsque vous cliquez ou déplacez le pointeur de l'outil, une croix apparaît à proximité. Elle représente le point d'échantillon, ou *source*, et suit l'outil en indiquant toujours la zone que vous échantillonnez.
   - *Aligné n'est pas sélectionné* : L'outil applique les pixels du point d'échantillon d'origine, quel que soit le nombre de fois où vous interrompez et reprenez l'opération.

6. Sélectionnez l'option Tous les calques pour corriger tous les calques visibles de l'image.

Si cette option n'est pas sélectionnée, vous ne corrigez que le calque actif.

Si vous voulez garder la possibilité de retoucher l'image ultérieurement, sélectionnez Tous les calques et ajoutez un nouveau calque vide sur l'image à retoucher. En retouchant l'image, les pixels apparaissent sur le nouveau calque et non sur l'image elle-même. Ainsi, vous pouvez régler l'opacité et le mode de fusion du calque corrigé.

7. Définissez le point source en cliquant et en appuyant sur Alt/ Option.

Cliquez la zone de l'image à définir comme source de duplication. Dans notre exemple, nous avons cliqué une zone lisse du front.

8. Relâchez la touche Alt/Option et cliquez ou déplacez le pointeur sur la zone de l'image à retoucher.

Gardez toujours un œil sur la croix, car elle indique la zone source. Nous avons appliqué l'outil sur les rides sous et autour des yeux et sur le front (voir Figure 9.12). L'homme de la photo n'a plus de ride, sans avoir subi aucune opération de chirurgie.

Précisez vos retouches avec le Correcteur de tons directs

Alors que le Correcteur permet de retoucher de grandes zones, le Correcteur de tons directs est idéal pour les petites imperfections. Celui-ci ne requiert pas de source d'échantillon. Il prélève automatiquement un échantillon autour de la zone à retoucher. Vous avez là un outil rapide, simple et souvent efficace. En revanche, vous ne contrôlez pas la zone source, donc surveillez toujours l'opération.

Voici comment corriger rapidement des petits défauts avec l'outil Correcteur de tons directs :

1. **Ouvrez une image et sélectionnez l'outil Correcteur de tons directs en mode Retouche standard.**

   L'outil Correcteur de tons directs va effacer les grains de beauté de l'homme de la Figure 9.13.

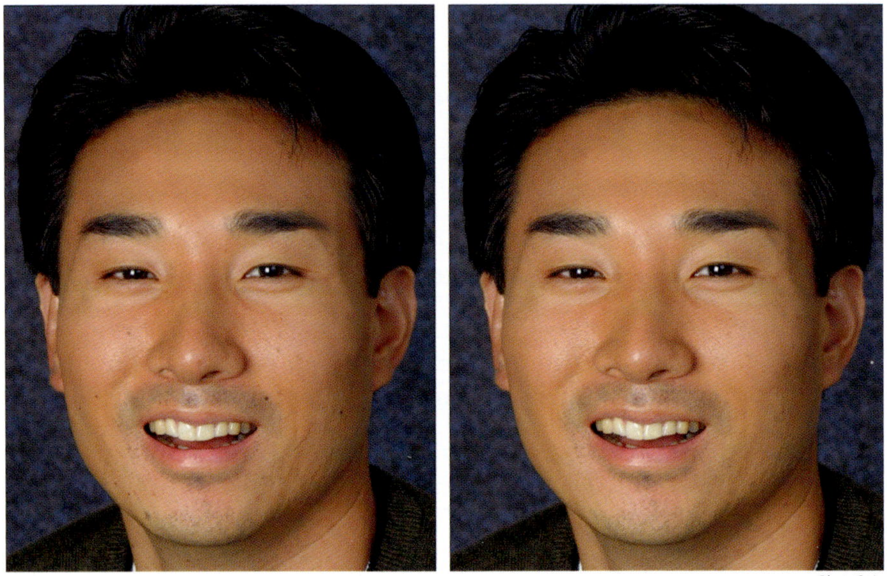

PhotoSpin

Figure 9.13 : Ils y sont à gauche, mais plus à droite.

2. **Dans la barre d'options, cliquez la flèche pour dérouler la palette des formes prédéfinies et spécifiez le diamètre et la dureté de votre forme.**

   Sélectionnez une forme un peu plus grande que la zone à corriger.

3. **Dans la barre d'options, choisissez un mode de fusion.**

   À l'instar du Correcteur, le mode le plus courant est Normal.

4. **Choisissez une option de Forme :**

- *Similarité des couleurs* : Utilise les pixels situés à proximité du contour de la sélection pour corriger la zone.
- *Nouvelle texture* : Exploite tous les pixels de la sélection pour créer une texture et corriger le défaut.

TRUC

Commencez par essayer Similarité des couleurs et, si le résultat ne vous convient pas, annulez et essayez Nouvelle texture.

5. **Sélectionnez Tous les calques pour corriger tous les calques visibles de l'image.**

   Si vous ne sélectionnez pas l'option, vous ne retouchez que le calque actif.

6. **Cliquez ou faites glisser le pointeur sur la zone à retoucher.**

   Nous avons cliqué les grains de beauté avec le Correcteur de tons directs. Pour effacer les rides autour des yeux, nous avons récupéré le Correcteur, car nous devions spécifier la source d'échantillon pour obtenir un effet réaliste.

Éclaircissez et foncez avec Densité + et Densité –

Les outils Densité + et Densité – s'appuient sur des anciennes techniques de correction utilisées dans les chambres noires. Les photographes corrigeaient les négatifs comportant des zones trop claires ou trop sombres en réglant l'exposition et le contraste. Nos outils sont encore plus efficaces, car ils sont plus flexibles et plus précis. Pour spécifier la taille et la dureté de votre outil, il suffit de choisir parmi les nombreuses formes possibles. Vous pouvez également limiter la correction à plusieurs gammes de tonalité de l'image – tons foncés, moyens ou clairs. Enfin, vous réglez le degré de correction appliqué en spécifiant un pourcentage d'exposition.

N'OUBLIEZ PAS

N'utilisez ces outils que sur des zones restreintes, comme le visage de la fille de la Figure 9.14, et avec modération. En outre, n'oubliez pas qu'il est impossible d'ajouter des détails inexistants. Si vous essayez d'éclaircir des zones très foncées contenant peu de détails, vous obtenez des zones grises. Si vous foncez des zones trop claires, vous allez obtenir des taches blanches.

Figure 9.14 : Servez-vous des outils Densité + et Densité – pour éclaircir et foncer des petites zones.

Voici comment procéder :

1. **Choisissez l'outil Densité + (pour foncer) ou Densité – (pour éclaircir) dans la palette d'outils en mode Retouche standard.**

2. **Dans la palette des formes prédéfinies, sélectionnez une forme et réglez sa taille si nécessaire.**

   Les formes plus grandes et estompées répartissent l'effet sur une zone plus étendue et améliorent la fusion avec la zone périphérique.

3. **Dans la liste Gamme, sélectionnez Tons foncés, Tons moyens ou Tons clairs.**

   Choisissez Tons foncés pour foncer ou éclaircir les zones les plus sombres de l'image. Sélectionnez Tons moyens pour régler les tons d'obscurité moyenne. Choisissez Tons clairs pour éclaircir ou foncer les zones claires.

   L'image d'origine de la Figure 9.14 possédait principalement des zones foncées que nous avons éclaircies.

4. **Dans la barre d'options, réglez le paramètre Exposition pour déterminer le degré de correction à appliquer à chaque coup.**

Commencez avec un pourcentage peu élevé pour contrôler le degré d'application des outils. Ce paramètre correspond à l'opacité que vous définissez avec l'outil Pinceau. Nous l'avons défini à 10 %.

5. **Peignez sur les zones à éclaircir ou à foncer.**

   Si les résultats ne vous conviennent pas, appuyez sur Ctrl/⌘+Z pour annuler.

Étalez de la peinture

L'outil Doigt étale la couleur des pixels situés sous le pointeur que vous déplacez. En comparaison, imaginez que vous faites glisser un pinceau sur un tableau mouillé. Cet outil sert à créer des effets. S'il est utilisé sans modération, il tord l'image. Avec une application plus subtile, il adoucit les contours des objets de manière plus naturelle qu'avec l'outil Goutte d'eau. Vous pouvez également appliquer un effet de peinture à des images, comme dans la Figure 9.15. Appliquez toutefois cet outil avec modération, car il peut supprimer des détails et causer des ravages.

PhotoSpin

Figure 9.15 : L'outil Doigt donne l'impression que l'image a été peinte.

Voici comment se servir de l'outil Doigt :

1. **En mode Retouche standard, dans la palette d'outils, choisissez l'outil Doigt.**
2. **Choisissez une forme dans la palette des formes prédéfinies.**

   Sélectionnez une petite forme pour modifier des petites zones, comme des contours. Les formes plus grandes intensifient l'effet.
3. **Sélectionnez un mode de fusion dans la liste Mode.**
4. **Servez-vous du curseur Intensité ou de la zone de texte pour définir l'intensité de l'effet.**

   Plus la valeur est faible, plus l'effet est léger.
5. **Si votre image contient plusieurs calques, sélectionnez Tous les calques pour produire l'effet avec les pixels de tous les calques visibles.**

   L'effet d'étalement n'apparaît que sur le calque actif, mais l'aspect est un peu différent, selon les couleurs des calques sous-jacents.
6. **Servez-vous de l'option Peinture au doigt pour étaler la couleur de premier plan.**

   Au lieu d'utiliser la couleur située sous le pointeur, cette option étale la couleur de premier plan chaque fois que vous appliquez l'outil. Pour obtenir le meilleur résultat, activez directement le mode Peinture au doigt en appuyant sur la touche Alt lors de l'application. Relâchez la touche pour revenir au mode Normal.
7. **Peignez sur les zones à étaler.**

   N'oubliez pas que cet outil est capable de transformer complètement l'image. Si les résultats ne vous conviennent pas, appuyez sur Ctrl/⌘+Z pour annuler, puis diminuez davantage le pourcentage Intensité (voir étape 4).

Atténuez des détails avec l'outil Goutte d'eau

L'outil Goutte d'eau peut remplir deux objectifs : réparer et créer des effets artistiques. Il peut adoucir un petit défaut ou une partie d'un contour trop brut. Ajoutez un peu de flou à un élément pour donner l'impression qu'il bougeait au moment d'être photographié ou pour mettre en évidence le point principal, comme dans la Figure 9.16, où nous avons tout atténué sauf le visage de la petite fille. L'outil Goutte d'eau diminue le contraste des pixels adjacents de la zone atténuée.

Son emploi et ses options sont les mêmes que ceux de l'outil Doigt, analysé à la section précédente. Assurez-vous de choisir une petite forme pour atténuer des petites zones.

PhotoSpin

Figure 9.16 : L'outil Goutte d'eau peut attirer l'attention sur un point de l'image.

Accentuez des détails avec l'outil Netteté

L'outil Netteté produit l'effet opposé de l'outil Goutte d'eau. Il augmente le contraste des pixels adjacents pour donner l'illusion que les détails sont plus nets. Employez-le toutefois avec modération, car vous risquez de créer du grain et du bruit sur vos images.

Gardez la main légère et concentrez-vous sur des zones restreintes. Par exemple, il arrive que les yeux d'une personne nécessitent une légère accentuation, comme dans la Figure 9.17. Vous pouvez aussi accentuer une zone pour la mettre en évidence par rapport à son arrière-plan.

PhotoSpin

Figure 9.17 : Réservez l'outil Netteté aux petites zones, comme les yeux.

TRUC

Pour appliquer l'outil Netteté, sélectionnez-le dans la palette d'outils et suivez les étapes de la section "Atténuez des détails avec l'outil Goutte d'eau". Voici en outre quelques conseils relatifs à l'outil Netteté :

- Choisissez une valeur faible, comme 25 % ou moins.
- Accentuez progressivement votre élément pour éviter l'apparition de grain et de bruit.
- Dans la mesure où l'accentuation augmente le contraste, si vous appliquez d'autres réglages de contraste, comme Niveaux, vous allez intensifier davantage la zone accentuée.

TRUC

Si vous devez accentuer la totalité de votre image, choisissez plutôt Accentuation/Accentuation ou Accentuation/Régler la netteté. Ces fonctionnalités offrent davantage d'options et un meilleur contrôle.

Modifiez les couleurs avec l'outil Eponge

L'outil Eponge absorbe ou applique de la couleur. En termes plus techniques, il réduit ou augmente l'intensité, ou *saturation*, de la couleur des images en couleurs ou en niveaux de gris. En effet, avec le mode Niveaux de gris, il assombrit ou éclaircit la valeur de luminosité des pixels.

À l'instar des outils Goutte d'eau et Netteté, il change la saturation des zones sélectionnées afin de les mettre en évidence ou en retrait.

Voici comment appliquer l'outil Eponge sur votre image :

1. **En mode Retouche standard, dans la palette d'outils, choisissez l'outil Eponge.**

   Appuyez sur Maj+O pour alterner entre les outils Eponge, Densité + et Densité –.

2. **Choisissez une forme dans la palette des formes prédéfinies.**

   Choisissez une forme épaisse et estompée pour modifier la saturation d'une zone étendue.

3. **Dans la liste Mode, choisissez Désaturer ou Saturer pour diminuer ou augmenter respectivement l'intensité de la couleur.**

4. **Spécifiez le pourcentage de Flux à l'aide du curseur ou de la zone de texte.**

   Le *flux* représente la vitesse à laquelle l'effet de saturation ou de désaturation s'applique.

5. **Peignez sur les zones dont vous voulez modifier la saturation des couleurs.**

   Dans l'exemple de la Figure 9.18, nous avons saturé l'une des femmes de manière à attirer l'attention sur elle et désaturé les autres.

PhotoSpin

Figure 9.18 : L'outil Eponge augmente ou diminue l'intensité des couleurs de l'image.

Remplacez une couleur

L'outil Remplacement de couleur remplace la couleur d'origine d'une image par celle du premier plan. Cet outil remplit plusieurs objectifs :

- Colorer une image en niveaux de gris pour donner l'aspect d'une photo peinte à la main.
- Changer complètement la couleur d'un ou de plusieurs éléments de l'image, comme dans la Figure 9.19.
- Éliminer l'effet yeux rouges (ou jaunes chez les animaux) si les autres méthodes automatiques ne conviennent pas.

PhotoSpin

Figure 9.19 : L'outil Remplacement de couleur remplace la couleur de l'image par celle du premier plan.

Cet outil est très pratique, car il préserve toutes les tonalités de l'image. La couleur qui s'applique n'est pas opaque comme celle que vous peignez avec l'outil Pinceau. Lorsque vous remplacez une couleur, les tons moyens, foncés et clairs sont conservés. L'outil Remplacement de couleur prélève d'abord les couleurs d'origine de l'image, puis les remplace par la couleur de premier plan. En spécifiant la méthode d'échantillonnage, les limites et la tolérance, vous contrôlez la gamme de couleurs à remplacer.

Pour remplacer une couleur par celle du premier plan, procédez comme suit :

1. **En mode Retouche standard, dans la palette d'outils, choisissez l'outil Remplacement de couleur.**

   Il partage le menu des outils Pinceau et Crayon.

2. **Spécifiez le diamètre et la dureté de la forme dans la palette déroulante Forme.**

3. **Choisissez l'un des modes :**

   - *Couleur* : Ce mode par défaut convient dans quasiment tous les cas. Il fonctionne particulièrement bien pour supprimer l'effet yeux rouges.
   - *Teinte* : Semblable à Couleur, il est moins intense et produit un effet plus subtil.
   - *Saturation* : Ce mode sert à convertir la couleur de l'image en niveaux de gris. Définissez la couleur de premier plan à Noir dans la palette d'outils.
   - *Luminosité :* Contrairement à Couleur, il ne produit pas un effet formidable.

4. **Sélectionnez une option dans la liste Limites.**

   Vous avez deux possibilités :

   - *Contiguës* : Remplace les couleurs contiguës par la couleur immédiatement sous le pointeur.
   - *Discontiguës* : Remplace la couleur échantillonnée partout où elle apparaît sous le pointeur.

5. **Définissez le pourcentage de Tolérance.**

   La *tolérance* renvoie à une gamme de couleurs. Plus elle est élevée, plus la gamme de couleurs échantillonnées est large et vice versa.

6. **Sélectionnez l'option Lissage.**

   Le lissage estompe légèrement les bords des zones échantillonnées.

7. **Cliquez dans l'image ou faites glisser le pointeur.**

   La couleur de premier plan remplace les couleurs d'origine des zones échantillonnées. Dans l'exemple de la Figure 9.19, nous avons défini la couleur de premier plan au noir.

TRUC

Si vous souhaitez être très précis, effectuez une sélection avant de remplacer les couleurs. Cette sélection nous a permis de ne pas "déborder" sur la fillette dans notre figure et de nous en tenir à la zone avoisinante.

10

Corrigez le contraste, la couleur et la luminosité

Dans ce chapitre :

- Corrigez les tons foncés, les tons clairs et le contraste.
- Supprimez les dominantes couleurs.
- Réglez la teinte et la saturation.
- Supprimez et remplacez la couleur.
- Réglez la couleur de la peau.
- Exploitez les variations de couleurs.
- Supprimez le bruit et les artéfacts.
- Supprimez la poussière, les rayures et les taches.
- Accentuez et atténuez votre image.
- Servez-vous des outils Forme dynamique.

Si la correction automatique de vos images ne vous a pas convaincu, vous trouverez dans ce chapitre toutes les réponses à vos besoins. En effet, Elements offre plusieurs manières de réparer et améliorer les images. Si une correction automatique ne convient pas, passez à l'opération manuelle. Si vous n'êtes toujours pas satisfait, prenez directement vos photos au format Camera Raw, si votre appareil le permet. Element gère en effet très bien ce format et vous permet de traiter vos images en fonction de vos exigences spécifiques.

Servez-vous du Chapitre 9 et de celui-ci pour constituer une sorte de processus logique de correction et de réparation de vos images, dont voici un exemple :

1. **Recadrez, redressez et redimensionnez vos images, si nécessaire.**

2. **Corrigez la luminosité et réglez la gamme tonale de vos tons foncés, clairs et moyens afin d'afficher le maximum de détails.**

   Il suffit souvent de corriger la luminosité pour résoudre les petits problèmes de couleur. Dans le cas contraire, réglez la balance des couleurs.

3. **Supprimez les dominantes couleurs et réglez la saturation, si nécessaire.**

4. **Attelez-vous à la retouche des défauts en faisant appel aux outils de correction et aux filtres disponibles.**

5. **Accentuez votre image si vous pensez qu'elle nécessite davantage de clarté et de netteté.**

6. **Appliquez des effets spéciaux à votre convenance.**

   Cette série d'étapes suit une cohérence que vous pouvez adopter pour préparer vos images, puis les imprimer, les envoyer et les partager avec vos amis et famille.

Réglez la luminosité

Elements possède quelques outils manuels qui règlent la luminosité si vous trouvez que les outils automatiques décrits au Chapitre 9 ne sont pas adéquats. Les outils manuels procurent en effet davantage de contrôle en ce qui concerne le réglage du contraste global et la gestion des détails des zones foncées, claires et moyennes. Tous les réglages de luminosité sont disponibles en mode Retouche standard et Retouche rapide.

Corrigez l'éclairage avec Tons foncés/Tons clairs

La commande Tons foncés/Tons clairs offre un bon moyen de corriger les zones dont l'exposition n'est pas optimale. Cette fonctionnalité corrige particulièrement bien les photos prises avec un éclairage trop puissant ou une source de lumière provenant de l'arrière (rétro-éclairées). Généralement, sur ces images, le sujet est partiellement ou complètement entouré d'ombre, comme dans l'image d'origine (à gauche) de la Figure 10.1.

Figure 10.1 : Corrigez l'éclairage de vos images avec le réglage Tons foncés/Tons clairs.

Voici comment appliquer le réglage Tons foncés/Tons clairs :

1. **En mode Retouche standard ou Retouche rapide, choisissez Accentuation/Régler l'éclairage/Tons foncés/Tons clairs et vérifiez que la case Aperçu est cochée.**

   La correction s'applique automatiquement à l'aperçu à l'ouverture de la boîte de dialogue.

2. **Si le réglage par défaut n'est pas parfait, déplacez les curseurs (ou tapez des valeurs) pour régler le degré de correction des tons foncés (zones sombres), tons clairs (zones claires) et tons moyens (zones de luminosité moyenne).**

   Ne perdez pas de vue votre objectif, à savoir révéler davantage les détails des zones claires et foncées de l'image. Si, après ces réglages, votre image nécessite encore une correction, ajoutez ou supprimez du contraste dans les zones des tons moyens.

3. **Cliquez OK pour appliquer les réglages et fermer la boîte de dialogue.**

   Pour recommencer l'opération, appuyez sur Alt/Option et cliquez le bouton Réinitialiser (à la place du bouton Annuler).

Appliquez le réglage Luminosité/Contraste

Malgré son appellation, la commande Luminosité/Contraste ne produit pas de miracle en matière d'éclairage (foncer ou éclaircir une image) ou de contraste. Les utilisateurs se ruent généralement vers cette commande à cause de son nom et de sa simplicité, mais après en avoir réalisé les limites, ils optent généralement pour des outils plus efficaces et offrant un meilleur contrôle comme Tons foncés/Tons clairs et Niveaux.

Le problème de la commande Luminosité/Contraste provient du fait qu'elle applique le même réglage à toutes les zones de l'image. Par exemple, vous pouvez avoir une photo dont certaines zones claires nécessitent d'être assombries et dont les tons moyens et foncés sont parfaits. Le curseur Luminosité n'est pas assez élaboré pour faire cette distinction. Par conséquent, lorsque vous foncez les zones claires de l'image, vous foncez autant les tons moyens et foncés. Pour compenser ce surplus d'assombrissement, vous allez essayer de régler le paramètre Contraste, lequel ne résout en rien le problème.

Moralité, si vous voulez exploiter la commande Luminosité/Contraste, sélectionnez uniquement les zones nécessitant une correction, comme dans la Figure 10.2 (les sélections sont détaillées au Chapitre 7). Une fois la sélection effectuée, choisissez Accentuation/Régler l'éclairage/Luminosité/Contraste.

Cette commande est également disponible en mode Modification guidée.

Figure 10.2 : Réservez le réglage Luminosité/Contraste à la correction de zones sélectionnées (à gauche) plutôt qu'à la totalité de l'image (à droite).

Obtenez le bon contraste avec Niveaux

Si vous recherchez la puissance et l'efficacité pour corriger la luminosité et le contraste (voire la couleur) de votre image, vous trouverez votre bonheur avec la commande Niveaux. Certes, sa boîte de dialogue est un peu plus complexe que celle des autres commandes de réglage d'éclairage et de couleurs, mais dès lors que vous aurez compris comment elle fonctionne, vous ne pourrez plus vous en passer.

Pour vous faire une idée générale de son effet, essayez la commande Niveaux automatiques, détaillée au Chapitre 9. La commande Niveaux, sa version manuelle, procure davantage de contrôle. En outre, contrairement à la commande Luminosité/Contraste, Niveaux permet d'assombrir et d'éclairer 256 tons différents. N'oubliez pas que Niveaux s'applique à la totalité de l'image, à un simple calque ou à une zone sélectionnée. Vous pouvez également l'appliquer en passant par un calque de réglage, comme l'explique le Chapitre 8.

Si la retouche d'image vous intéresse vraiment, il vous faut absolument savoir maîtriser la commande Niveaux. Voici comment l'appliquer :

1. **En mode Retouche standard ou Retouche rapide, choisissez Accentuation/Régler l'éclairage/Niveaux.**

   Nous vous conseillons de choisir le mode Retouche standard, car il donne accès à la palette Infos de l'étape 2.

La boîte de dialogue Niveaux s'affiche, présentant un *histogramme*. Ce graphique illustre la répartition des pixels de l'image à chacun des 256 niveaux de luminosité disponibles. Les tons foncés apparaissent à gauche de l'histogramme, les tons moyens au milieu et les tons clairs à droite. Outre l'histogramme des couches RVB composites (la totalité de l'image), vous pouvez visualiser l'histogramme des couches Rouge, Vert ou Bleu à l'unité en les sélectionnant dans la liste déroulante Couche.

Même si vous modifiez généralement l'ensemble de votre document en utilisant la couche RVB, vous avez la possibilité de modifier n'importe quelle couche de couleur de l'image en sélectionnant la couche spécifique dans le menu déroulant Couche. Vous pouvez aussi régler uniquement des zones sélectionnées, ce qui est très pratique lorsque seule une zone de l'image a besoin d'être réglée.

2. **En mode Retouche standard, choisissez Fenêtre/Infos pour ouvrir la palette appropriée.**
3. **Définissez manuellement les points noirs et blancs à l'aide des pipettes de la boîte de dialogue ; commencez par sélectionner l'outil Point blanc, puis survolez l'image avec le pointeur.**
4. **Observez la palette Infos, essayez de trouver le blanc le plus clair de l'image, puis cliquez ce point pour le sélectionner.**

   Le blanc le plus clair possède les valeurs RVB les plus élevées.

5. **Répétez les étapes 3 et 4 avec l'outil Point noir et recherchez le point le plus foncé de l'image.**

   Le noir le plus foncé possède les valeurs RVB les plus basses.

   Si vous retrouvez un noir et un blanc parfaits, les pixels restants se redistribuent entre ces deux points.

   Vous pouvez aussi réinitialiser les points noirs et blancs en déplaçant les triangles noir et blanc de la section Niveaux de sortie, sous l'histogramme. Il est également possible de taper des valeurs dans les zones de texte Niveaux d'entrée. Les trois cases représentent respectivement les triangles noir, gris et blanc. Choisissez des nombres entre 0 et 255 dans les cases du noir et du blanc.

6. **Servez-vous de l'outil Point gris pour supprimer les éventuelles dominantes couleurs. Sélectionnez une partie grise neutre de l'image, c'est-à-dire une zone où les valeurs de rouge, vert et bleu ont la même valeur dans la palette Infos.**

   Si votre image est en niveaux de gris, vous ne pouvez pas utiliser l'outil Point gris.

   Si vous n'êtes pas sûr de votre gris neutre, vous pouvez également supprimer une dominante couleur en choisissant une couche de couleur dans la liste déroulante Couche et en effectuant l'une des opérations suivantes :

   - Choisissez la couche Rouge et faites glisser le curseur des tons moyens vers la droite pour ajouter du cyan ou vers la gauche pour ajouter du rouge.
   - Choisissez la couche Vert et faites glisser le curseur des tons moyens vers la droite pour ajouter du magenta ou vers la gauche pour ajouter du vert.
   - Choisissez la couche Bleu et faites glisser le curseur des tons moyens vers la droite pour ajouter du jaune ou vers la gauche pour ajouter du bleu.

7. **Si nécessaire, réglez les curseurs Niveaux de sortie au bas de la boîte de dialogue Niveaux.**

   Déplacez le triangle noir vers la droite pour réduire le contraste des tons foncés et éclaircir l'image. Déplacez le triangle blanc vers la gauche pour réduire le contraste des tons clairs et assombrir l'image.

8. **Réglez les tons moyens à l'aide du triangle gris de la section Niveaux d'entrée.**

   La valeur par défaut est définie à 1,00. Faites glisser le triangle vers la gauche pour éclaircir les tons moyens et vers la droite pour les assombrir. Vous pouvez également taper une valeur.

9. **Cliquez OK pour appliquer vos paramètres et fermer la boîte de dialogue.**

   Votre image doit être nettement améliorée, comme le montre la Figure 10.3.

Figure 10.3 : Améliorez le contraste d'une image **via** la commande Niveaux.

TRUC

Si vous cliquez le bouton Auto, Elements applique les mêmes réglages que la commande Niveaux automatiques du Chapitre 9. Observez les changements et la redistribution des pixels dans l'histogramme.

Réglez la couleur

Il semble parfois impossible d'obtenir la couleur parfaite. On peut éviter une dominante couleur lorsque l'on prend la photo, en ajoutant, par exemple (ou en enlevant, selon le cas), un flash ou un filtre d'objectif. Après coup, il est généralement possible de corriger la couleur *via* l'un des réglages proposés par Elements. On peut en outre modifier la couleur d'une image de manière à créer un effet particulier. N'oubliez pas que tous ces réglages de couleurs s'appliquent à la totalité de l'image, à un seul calque ou uniquement à une sélection.

Tous les réglages de couleurs sont disponibles en mode Retouche standard ou Retouche rapide, excepté Suppression de la frange du calque, réservé au mode Retouche standard.

TRUC

Si vous prenez vos photos au format Camera Raw, vous pouvez ouvrir et corriger vos fichiers dans la boîte de dialogue Camera Raw. Souvenez-vous que les fichiers Camera Raw n'ont pas été traités par l'appareil. Vous contrôlez totalement la couleur et l'exposition. Pour en savoir plus, consultez le Chapitre 4.

Supprimez automatiquement les dominantes couleurs

Si vous avez déjà pris une photo dans un bureau ou une salle de classe, vous avez peut-être constaté la présence d'une mauvaise teinte verte sur l'image, résultat de l'éclairage au néon. Pour supprimer cette dominante couleur de vert, appliquez la commande Supprimer la dominante couleur. Cette fonctionnalité règle la couleur globale de l'image et supprime la dominante couleur.

Pour corriger votre image, procédez comme suit :

1. **En mode Retouche standard ou Retouche rapide, choisissez Accentuation/Régler la couleur/Corrections de la dominante couleur.**

   La boîte de dialogue Supprimer la dominante couleur s'affiche. Déplacez-la pour mieux visionner votre image. Cette commande est également disponible en mode Modification guidée.

2. **Cliquez une zone de la photo qui doit apparaître en blanc, noir ou gris neutre, comme le montre la Figure 10.4.**

Figure 10.4 : Débarrassez-vous des dominantes couleurs grâce à la commande Supprimer la dominante couleur.

   Dans notre exemple, nous avons cliqué le ciel de l'image à gauche.

   Les couleurs de l'image se règlent selon la couleur que vous choisissez. Comment choisir ? La réponse dépend du sujet de l'image. Faites des tests. Vous ne risquez pas grand-chose, puisque vous ne faites que modifier un aperçu ; le réglage ne s'applique que lorsque vous cliquez OK. Si vous estimez avoir tout gâché, cliquez le bouton Réinitialiser pour rétablir l'état antérieur de l'image.

3. **Si le réglage vous convient, cliquez OK pour l'accepter et fermer la boîte de dialogue.**

Si la commande Supprimer la dominante couleur n'est pas satisfaisante, essayez d'appliquer un filtre à la photo, comme l'explique la section "Réglez la température des couleurs à l'aide des filtres", plus loin dans ce chapitre. Par exemple, si votre photo contient trop de vert, essayez d'appliquer un filtre magenta.

Appliquez la commande Teinte/Saturation

La commande Teinte/Saturation permet de régler les couleurs de l'image en fonction de leur teinte, leur saturation et leur clarté. La *teinte* correspond à la couleur de l'image, la *saturation* à l'intensité, ou la richesse, de cette couleur et la *clarté* à la valeur de luminosité.

Voici comment régler la couleur à l'aide de la commande Teinte/Saturation :

1. **En mode Retouche standard ou Retouche rapide, choisissez Accentuation/Régler la couleur/Teinte/Saturation.**

   La boîte de dialogue Teinte/Saturation s'ouvre. Cochez la case Aperçu pour pouvoir visualiser vos réglages. Cette commande est également disponible en mode Modification guidée.

2. **Dans la liste Modifier, sélectionnez toutes les couleurs (Global) ou choisissez une couleur à régler.**

3. **Faites glisser le curseur de l'un des attributs suivants pour régler les couleurs :**

   - *Teinte :* Décale dans la roue chromatique toutes les couleurs dans le sens des aiguilles d'une montre (vers la droite) ou dans le sens inverse (vers la gauche).

   - *Saturation :* Augmente (vers la droite) ou diminue (vers la gauche) l'intensité des couleurs. Si vous déplacez le curseur complètement à gauche, votre image apparaît en niveaux de gris.

- *Luminosité :* Augmente les valeurs de luminosité en ajoutant du blanc (vers la droite) ou les diminue en ajoutant du noir (vers la gauche).

La barre de couleurs supérieure au bas de la boîte de dialogue représente les couleurs dans l'ordre où elles apparaissent dans la roue chromatique avant d'appliquer les modifications. La barre inférieure présente les couleurs une fois les modifications appliquées.

TRUC

Si vous sélectionnez une couleur à régler à l'unité, des curseurs apparaissent entre les deux barres de couleurs pour vous permettre de définir la gamme de couleurs à régler. Pour sélectionner, ajouter ou soustraire des couleurs de la gamme, choisissez l'un des outils Pipette et cliquez dans l'image.

La boîte de dialogue Teinte/Saturation permet également de colorer des images, notamment pour créer des images sépia.

TRUC

Servez-vous de la commande Teinte/Saturation pour créer des photos teintées, comme celle de la Figure 10.5. Vous pouvez également effectuer des sélections d'une image en niveaux de gris et appliquer une teinte différente à chaque sélection pour créer par exemple des effets amusants avec des portraits. Les images teintées véhiculent des ambiances particulières et peuvent transformer des photos de qualité médiocre en véritables bijoux artistiques.

PhotoDisc/Getty Images

Figure 10.5 : Réglez la couleur, l'intensité ou la luminosité de votre image à l'aide de la commande Teinte/Saturation.

Appliquez la commande Suppression de la couleur

Nous parlons sans cesse de la couleur et de ses réglages, mais il arrive parfois que celle-ci soit tout simplement de trop. Grâce à la commande Suppression de la couleur, vous supprimez en toute simplicité toutes les couleurs d'une image, d'un calque ou d'une sélection. Dans la Figure 10.6, nous avons sélectionné la partie droite de l'image et appliqué la commande Suppression de la couleur. Pour ce faire, choisissez Accentuation/Régler la couleur/Suppression de la couleur.

PhotoDisc/Getty Images

Figure 10.6 : Supprimez les couleurs à l'aide de la commande Suppression de la couleur.

TRUC

La commande Suppression de la couleur a parfois tendance à trop atténuer l'image. Dans ce cas, réglez le contraste à l'aide de l'un des outils de correction d'éclairage, comme Niveaux automatiques, Contraste automatique ou Niveaux.

Avec la commande Convertir en noir et blanc, vous convertissez une sélection, un calque ou une image entière en niveaux de gris. En revanche, contrairement à Suppression de la couleur qui retire automatiquement la couleur, Convertir en noir et blanc propose de sélectionner une méthode de conversion en choisissant un style d'image. Si vous voulez préciser le résultat, ajoutez ou supprimez des couleurs (Rouge, Vert ou Bleu) ou du contraste en déplaçant les curseurs Intensité jusqu'à obtenir l'apparence souhaitée. En réalité, vous n'ajoutez pas de couleur, vous modifiez la quantité de données des couches de couleurs. Pour en savoir plus au sujet des couches, reportez-vous au Chapitre 2.

Échangez les couleurs via Remplacement de couleur

La commande Remplacement de couleur permet de remplacer des couleurs spécifiées par d'autres couleurs. Commencez par sélectionner les couleurs à remplacer en créant un *masque*, à savoir une sélection effectuée en désignant des zones blanches (sélectionnées), noires (non sélectionnées) et grises (partiellement sélectionnées). Reportez-vous au Chapitre 8 pour en savoir plus sur les masques. Réglez ensuite la teinte et/ou la saturation de ces couleurs sélectionnées.

Voici comment remplacer des couleurs :

1. **En mode Retouche standard ou Retouche rapide, choisissez Accentuation/Régler l'éclairage/Remplacement de couleur.**

   La boîte de dialogue Remplacement de couleur apparaît. Cochez la case Aperçu.

2. **Choisissez Sélection ou Image :**

   - *Sélection* : Affiche le masque dans la zone Aperçu. Les zones noires ne sont pas sélectionnées, les grises le sont partiellement et les blanches complètement.
   - *Image* : Affiche l'image dans la zone Aperçu.

3. **Cliquez les couleurs à sélectionner dans l'image ou dans la zone Aperçu.**

4. **Cliquez en appuyant sur Maj ou cliquez l'outil Pipette avec le signe plus (+) pour ajouter des couleurs.**

5. **Appuyez sur la touche Alt/Option ou cliquez l'outil Pipette avec le signe moins (-) pour supprimer des couleurs.**

6. **Pour ajouter des couleurs semblables à celles que vous avez sélectionnées, servez-vous du curseur Tolérance, et précisez votre sélection en ajoutant ou en supprimant des couleurs de la sélection.**

7. **Déplacez les curseurs Teinte et/ou Saturation pour changer respectivement la couleur et l'intensité des couleurs. Faites glisser le curseur Luminosité pour éclaircir ou assombrir l'image.**

   Réglez la Luminosité avec précaution, car vous risquez de trop réduire la gamme de tonalités et de gâcher le résultat.

8. **Visualisez le résultat dans la fenêtre d'image.**

9. **Si vous êtes satisfait, cliquez OK pour appliquer les paramètres et fermer la boîte de dialogue.**

   Dans la Figure 10.7, nous avons remplacé la couleur orange des tulipes par du jaune.

Corbis Digital Stock

Figure 10.7 : Servez-vous de la commande Remplacement de couleur pour substituer une couleur.

Corrigez une image via Réglage des courbes de couleur

Elements a emprunté à Photoshop l'une de ses fonctionnalités les plus utilisées : Courbes. Elle n'a pas exactement le même nom et elle se révèle un peu moins sophistiquée, mais cela ne signifie pas qu'elle est moins efficace pour améliorer la gamme des tonalités des images en couleurs. Elle ajuste les tons clairs, foncés et moyens de chaque couche de couleur (voir Chapitre 2). Appliquez par exemple cette commande sur les images dont les éléments de premier plan apparaissent trop sombres à cause du rétroéclairage. Elle sert également à corriger les images surexposées et délavées.

Voici comment appliquer cet outil de réglage à une sélection, un calque ou une image entière :

1. **En mode Retouche standard ou Retouche rapide, choisissez Accentuation/Régler l'éclairage/Réglage des courbes de couleur.**

   La boîte de dialogue Régler les courbes de couleur apparaît. Cochez la case Aperçu. Déplacez la boîte de dialogue sur le côté de manière à visualiser la fenêtre d'image pendant les réglages.

2. **La section Sélectionner un style propose différents réglages de courbe. Choisissez votre style de courbe tout en observant votre image dans la fenêtre Après.**

3. **Si vous souhaitez être précis, servez-vous des curseurs de réglage concernant les tons clairs, la luminosité, le contraste et les tons foncés, comme le montre la Figure 10.8.**

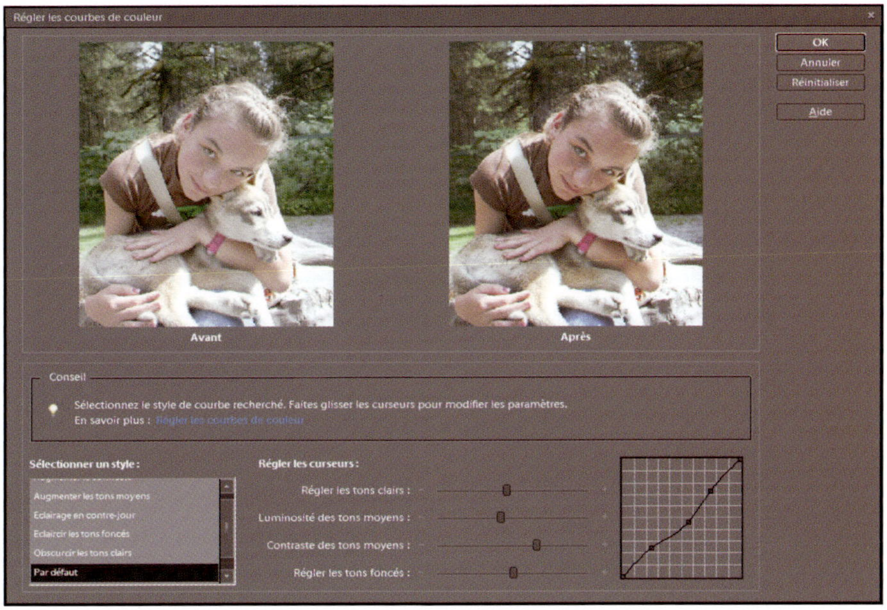

Figure 10.8 : Le réglage des courbes de couleur fournit des commandes de base et avancées.

Le graphique situé à droite de la fenêtre représente la distribution des tonalités dans l'image. La première fois que vous ouvrez la boîte de dialogue Régler les courbes de couleur, la gamme des tonalités de votre image apparaît sous la forme d'une ligne droite. Lorsque vous déplacez les curseurs, la ligne se déforme et la gamme s'ajuste en fonction de vos valeurs.

4. **Dès lors que vos réglages vous conviennent, cliquez OK.**

5. **Pour recommencer, cliquez le bouton Réinitialiser.**

Observez la Figure 10.9 pour constater la différence.

Figure 10.9 : La commande Régler les courbes de couleur améliore la gamme des tonalités des images en couleurs.

Réglez la couleur de la peau

Il arrive que les visages apparaissent sur les photos avec une teinte indésirable de vert, de rouge ou d'une autre couleur. Pour rectifier ce problème, Elements offre une commande spécialement conçue pour régler la couleur globale de l'image et redonner un aspect naturel à la couleur de peau.

Voici comment l'utiliser :

1. **Ouvrez votre image en mode Retouche standard ou Retouche rapide, cochez la case Aperçu et effectuez l'une des manipulations suivantes :**

   - *Sélectionnez le calque à modifier.* Si l'image ne contient pas de calque, elle sera modifiée dans sa totalité.

   - *Sélectionnez les zones où il est nécessaire de régler la couleur de peau.* Seules les zones sélectionnées seront modifiées. Il est judicieux d'effectuer cette sélection si la couleur des autres éléments vous convient et que vous voulez uniquement retoucher la couleur de peau. Pour en savoir plus sur les sélections, consultez le Chapitre 7.

2. **Choisissez Accentuation/Régler la couleur/Coloration de la peau.**

   La boîte de dialogue Coloration de la peau s'affiche. Cette commande est également disponible en mode Modification guidée.

3. **Dans la fenêtre d'image, cliquez la portion de peau à corriger.**

   La commande règle la couleur de la peau, ainsi que celle de l'image entière, du calque ou de la sélection, selon ce que vous avez sélectionné à l'étape 1.

4. **Si le résultat ne vous convient pas, cliquez une autre zone ou déplacez les curseurs Peau et Lumière ambiante :**

   - *Hâle* : Ajoute ou supprime du marron à la coloration de la peau.
   - *Rougeur* : Ajoute ou supprime du rouge à la coloration de la peau.
   - *Température* : Règle la couleur globale de la peau, la rendant plus chaude (vers le rouge à droite) ou plus froide (vers le bleu à gauche).

5. **Si vous êtes satisfait, cliquez OK pour appliquer le réglage et fermer la boîte de dialogue.**

   La coloration de la peau est modifiée, comme le montre la Figure 10.10.

PhotoSpin

Figure 10.10 : Modifiez le teint de vos amis à l'aide de la commande Coloration de la peau.

Pour recommencer, cliquez le bouton Réinitialiser. Pour annuler complètement l'opération, cliquez Annuler.

Supprimez la frange des calques

La qualité d'une image composite se reconnaît à la précision des sélections. Si elles sont négligées, une frange apparaît au niveau des contours. Il s'agit de pixels qui entourent les bords des sélections à l'arrière-plan, comme dans la Figure 10.11. Inévitablement, lorsque vous déplacez ou collez une sélection, quelques pixels d'arrière-plan suivent le mouvement. Ils forment ce que l'on appelle une *frange* ou un *halo*. Heureusement, la commande Suppression de la frange du calque remplace la couleur des pixels de la frange par celle des pixels adjacents, lesquels ne contiennent pas la couleur d'arrière-plan. Dans notre exemple, nous avons retiré l'objet de son arrière-plan blanc pour le disposer sur une image bleue. Certains des pixels d'arrière-plan se sont invités dans notre sélection et forment une frange blanche. La commande Suppression de la frange du calque remplace la couleur des pixels de la frange par celle des pixels adjacents, bleue ou rouge dans notre Figure 10.11.

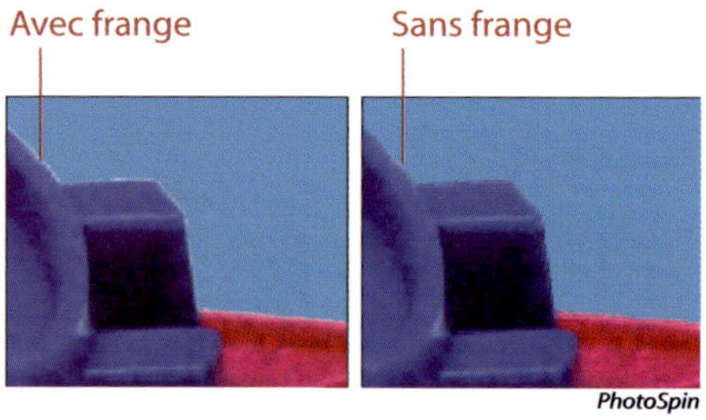

Figure 10.11 : Supprimez la frange colorée autour de vos sélections à l'aide de la commande Suppression de la frange du calque.

Voici comment supprimer la frange de votre sélection :

1. **En mode Retouche standard ou Retouche rapide, copiez et collez une sélection sur un calque nouveau ou existant ou glissez et déposez une sélection sur un nouveau document.**

   Pour en savoir plus sur les sélections, consultez le Chapitre 7.

2. **Choisissez Accentuation/Régler la couleur/Suppression de la frange du calque.**

   La boîte de dialogue Supprimer la frange s'affiche.

3. **Indiquez le nombre de pixels à convertir.**

   Commencez avec 1 ou 2 pour voir si l'effet est suffisant. Sinon, tapez une valeur supérieure.

4. **Cliquez OK pour appliquer la valeur et fermer la boîte de dialogue.**

Corrigez une image via Variantes de couleurs

Cette section présente un dernier moyen de supprimer la dominante couleur d'une image. La commande Variantes est une fonctionnalité de correction de couleurs qui n'a pas changé depuis des années, probablement parce qu'elle est simple à appliquer, à comprendre et qu'elle fonctionne très bien. Elle vous permet d'apporter des corrections en comparant visuellement des vignettes de votre image avec des variantes de couleurs. Servez-vous de cette commande lorsque vous n'identifiez pas clairement le problème de votre couleur ou la dominante couleur de l'image.

Voici comment l'utiliser :

1. **En mode Retouche standard ou Retouche rapide, choisissez Accentuation/Régler la couleur/Variantes de couleurs.**

   La boîte de dialogue Variantes de couleurs apparaît, présentant un aperçu de votre image d'origine (Avant) et l'image corrigée (Après), comme le montre la Figure 10.12.

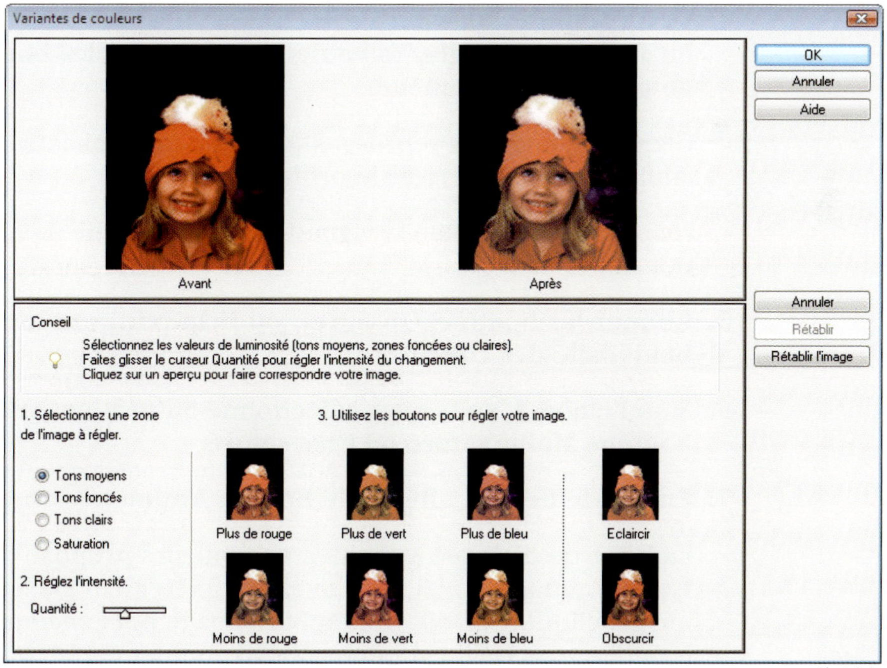

PhotoSpin

Figure 10.12 : Variantes de couleurs permet de corriger visuellement les images en comparant des vignettes.

2. **Sélectionnez une gamme de tonalités ou réglez l'intensité de la couleur (si vous ne savez pas quelle gamme choisir, commencez avec les tons moyens) :**

   - *Tons moyens, Tons foncés, Tons clairs :* Règlent respectivement les zones foncées, moyennes ou claires de l'image.
   - *Saturation :* Règle la richesse de la couleur en la rendant plus intense (*saturée*) ou moins intense (*désaturée*). Si votre image a perdu en couleur avec le temps, augmentez la saturation après avoir corrigé les problèmes de dominante couleur.

   Il suffit généralement de corriger les tons moyens d'une image pour rétablir le bon équilibre. Sinon, réglez également les tons clairs et foncés.

3. **Spécifiez le degré de réglage à appliquer à l'aide du curseur Quantité.**

   Déplacez-le vers la gauche pour réduire l'effet du réglage et vers la droite pour l'augmenter.

4. **Si, à l'étape 2, vous avez sélectionné Tons moyens, Tons foncés ou Tons clairs, réglez la couleur en cliquant les boutons Plus de ou Moins de couleur.**

   Cliquez à plusieurs reprises si la première application n'est pas suffisante pour corriger le problème.

   Ne perdez pas de vue la vignette Après, qui reflète vos corrections en temps réel.

5. **Cliquez les boutons Obscurcir ou Eclaircir pour modifier la luminosité des couleurs.**

6. **Si, à l'étape 2, vous avez sélectionné Saturation, cliquez les boutons Moins saturé ou Plus saturé.**

7. **En cas de besoin, cliquez le bouton Annuler.**

   La boîte de dialogue Variantes de couleurs propose plusieurs types d'annulation. Si vous avez complètement gâché votre image, cliquez le bouton Rétablir l'image pour recommencer. N'oubliez pas qu'il est impossible d'annuler cette commande une fois appliquée. Cliquez Annuler pour tout arrêter.

8. **Pour appliquer vos réglages et fermer la boîte de dialogue, cliquez OK.**

La commande Variantes de couleurs est très efficace avec les vieilles photos dont les couleurs se sont dégradées. Elle vous permet de corriger facilement la couleur et la saturation de ces images abîmées, que vous voulez à tout prix conserver. Diminuez toujours la couleur omniprésente ou ajoutez celle qui se trouve à l'opposé de la dominante. Par exemple, si l'image est trop rouge, ajoutez du bleu.

Réglez la température des couleurs à l'aide de filtres

La lumière possède sa propre température. Une photo prise avec une température de lumière élevée crée une dominante jaune sur l'image. À l'inverse, si la température de couleurs est faible, la photo ressort trop bleue. Auparavant, les photographes disposaient des filtres en verre coloré devant l'objectif de leur appareil pour régler la température de la lumière. De cette manière, ils réchauffaient ou refroidissaient artificiellement leurs photos ou ajoutaient des teintes de couleur pour créer volontairement des effets spéciaux subtils. Avec la commande Filtre photo, Elements vous propose la version numérique de ces filtres.

Voici comment appliquer ce réglage :

1. **En mode Retouche standard, choisissez Filtre/Réglages/Filtre photo.**

   La boîte de dialogue Filtre photo s'affiche.

   Le filtre photo s'applique également à un calque individuel si vous créez un calque de réglage Filtre photo. Reportez-vous à ce sujet au Chapitre 8.

2. **Dans la boîte de dialogue, sélectionnez Filtre pour choisir un filtre prédéfini parmi ceux de la liste ou Couleur pour définir votre propre filtre de couleur dans le sélecteur.**

   Voici une brève description de chaque filtre prédéfini :

   - *Filtres réchauffants (85), (81) et (LBA)* : Ajustent la balance des blancs d'une image pour réchauffer les couleurs ou les rendre plus jaunes. Le filtre (81) est identique au (85) et au (LBA), sauf qu'il convient mieux pour les petits réglages.

- *Filtres refroidissants (80), (81) et (LBB)* : Ajustent également la balance des blancs, mais en refroidissant les couleurs ou en les rendant plus bleues. Le filtre (81) est identique au (80) et au (LBB), sauf qu'il est conçu pour les réglages légers.

- *Rouge, Orange, Jaune, etc.* : Ces différents filtres de couleurs règlent la teinte, ou couleur, de la photo. Choisissez une couleur pour supprimer une dominante couleur ou pour appliquer un effet particulier.

3. **Réglez le curseur Densité pour spécifier la quantité de couleur à appliquer à l'image.**

4. **Cochez la case Conserver la luminosité pour empêcher le filtre photo d'assombrir l'image.**

5. **Cliquez OK pour appliquer votre filtre et fermer la boîte de dialogue.**

Redistribuez vos couleurs

Elements offre plusieurs commandes qui ont pour objectif de modifier les couleurs de l'image en changeant leur valeur. Elles sont accessibles à partir du menu Filtre/Réglages. La Figure 10.13 présente un aperçu de chacune des commandes, expliquées en outre dans les sections suivantes.

Egaliser

Ce filtre recherche les valeurs les plus lumineuses et les plus sombres de l'image, puis leur attribue des valeurs de blanc et de noir. Il répartit ensuite régulièrement tous les pixels restants sur les niveaux de gris. L'effet qui en résulte dépend de votre image.

Courbe de transfert de dégradé

Cette commande met en correspondance la gamme des niveaux de gris d'une image avec les couleurs d'un fond en dégradé spécifié. Par exemple, les couleurs telles que l'orange, le vert et le violet sont réparties dans les zones foncées, claires et moyennes.

Figure 10.13 : Changez les couleurs de votre image en les redistribuant avec d'autres valeurs.

Inverser

Ce filtre inverse toutes les couleurs de l'image, ce qui crée une sorte de négatif. Le noir devient blanc et les couleurs récupèrent leur teinte complémentaire (le bleu devient jaune, le rouge cyan, etc.).

Seuil

Le filtre Seuil convertit l'image en noir et blanc. Tous les pixels plus clairs qu'une valeur spécifiée deviennent blancs et tous les pixels plus foncés que cette valeur deviennent noirs. Modifiez la valeur de seuil pour obtenir différents niveaux de contraste.

Isohélie

Cette commande réduit le nombre de couleurs de l'image. Choisissez une valeur comprise entre 2 et 255 couleurs. Une valeur faible crée un effet semblable à une illustration, tandis qu'une valeur élevée produit une image plus réaliste.

Réglez la clarté de vos images

Une fois que le contraste et la couleur de votre image sont corrects et que vous avez corrigé tous ses petits défauts (voir Chapitre 9), vous pouvez travailler sa clarté globale. Vous avez probablement déjà corrigé les petites imperfections de l'image à l'aide des outils de correction, mais si votre image souffre d'un problème global, comme de la présence de poussières, de rayures ou d'*artéfacts* (blocs de pixels dégradés ou halos), il vous faut recourir à un filtre. Une fois l'ordre rétabli dans votre image, il vous reste à lui donner un bon aspect. Pourquoi avoir attendu si longtemps ? En fait, lorsque vous améliorez le contraste et la couleur et que vous supprimez les défauts, vous réduisez parfois la clarté et la netteté d'une image. Il est donc préférable de les laisser telles quelles et de s'en occuper uniquement une fois toutes les corrections terminées. De plus, il faut savoir que l'accentuation augmente le contraste. Par conséquent, selon l'accentuation que vous appliquez, vous risquez d'avoir besoin de revenir en arrière et de corriger le contraste *via* les réglages de luminosité décrits à la section "Réglez la luminosité", précédemment dans ce chapitre.

Pour finir, sachez qu'il est parfois utile d'atténuer une image, même si cela vous semble incongru. L'atténuation sert parfois à éliminer des motifs indésirables qui proviennent de la numérisation et à atténuer des arrière-plans qui attirent trop l'attention, de manière à concentrer le regard vers le centre. Vous pouvez même créer une illusion de mouvement.

Supprimez le bruit, les artéfacts, la poussière et les rayures

Les outils qui permettent de supprimer les détails superflus de vos images se trouvent dans le sous-menu Filtre/Bruit, en mode Retouche standard. À l'exception du filtre Ajout de bruit, les autres filtres du groupe sont destinés à éliminer le bruit, la poussière, les rayures et les artéfacts. Voici la liste de ces "nettoyeurs" :

- **Flou intérieur :** Diminue le contraste, sans affecter les contours, pour atténuer la présence de poussières dans l'image. Vous noterez une légère atténuation de l'image, laquelle sert justement à masquer les détails indésirables, mais les contours restent toujours aussi nets.

- **Antipoussière :** Masque les poussières et les rayures de l'image en atténuant les zones concernées par le problème. Il recherche en fait les transitions brutales des tonalités. Spécifiez la valeur du paramètre Rayon, lequel correspond à la taille de la zone à atténuer. Indiquez également une valeur dans le champ Seuil pour déterminer l'intensité du contraste à détecter entre les pixels à atténuer.

  Appliquez ce filtre avec précaution, car il peut supprimer des détails et, au final, empirer l'état de votre image.

- **Médiane :** Réduit le contraste autour des points de poussière. Le fonctionnement de ce filtre est un peu complexe. En conséquence, retenez simplement qu'il assombrit les points clairs, éclaircit les points sombres et n'affecte pas le reste de l'image. Spécifiez la valeur du paramètre Rayon, lequel correspond à la taille de la zone à régler.

- **Réduction de bruit :** Conçu pour supprimer le bruit de lumière et les artéfacts des images. Nous avons utilisé ce filtre pour corriger l'image d'origine (à gauche) de la Figure 10.14. Le *bruit de lumière* est un phénomène qui donne un aspect granuleux aux images. Définissez les paramètres suivants pour réduire le bruit de votre image :

  - *Intensité* : Spécifiez le degré de réduction du bruit.
  - *Conserver les détails* : Un pourcentage élevé préserve les contours et les détails mais réduit la quantité de bruit supprimée.
  - *Réduire le bruit de la couleur* : Supprimez les pixels colorés de manière aléatoire.
  - *Supprimer l'artéfact JPEG* : Supprime les blocs et les halos dus à une compression JPEG de mauvaise qualité.

Figure 10.14 : Appliquez le filtre Réduction de bruit pour supprimer le bruit et les artéfacts.

Atténuez des éléments en cas de besoin

Cela peut sembler étrange de vouloir atténuer une image, mais si votre photo possède trop de grain ou qu'elle est dégradée par un motif moiré, il peut être nécessaire de l'atténuer pour corriger le problème. Il est même parfois utile d'atténuer l'arrière-plan d'une image pour détourner l'attention de détails sans importance ou pour faire ressortir les éléments du premier plan.

Tous les outils d'atténuation se trouvent dans le menu Filtre/Flou en mode Retouche standard ou Retouche rapide, à l'exception de l'outil Goutte d'eau, analysé au Chapitre 9 :

- **Moyenne :** Calcule la valeur moyenne de l'image ou de la sélection, puis recourt à cette valeur pour remplir la zone. Il permet d'adoucir des zones contenant trop de bruit.
- **Flou :** Applique une quantité fixe de flou à la totalité de l'image.
- **Plus flou :** Produit le même effet que Flou, mais de manière plus intense.
- **Flou directionnel :** Imite le flou produit par les objets en mouvement. Spécifiez l'angle du mouvement et la distance du flou.

Cochez la case Aperçu de manière à visualiser l'effet lorsque vous réglez les paramètres.

- **Flou radial :** Vous avez besoin de reproduire le mouvement rotatif d'un objet rond ? Ce filtre a pour effet de créer un effet de flou circulaire. Déterminez la quantité de flou souhaitée. Choisissez la méthode Rotation pour appliquer le flou en lignes circulaires concentriques, comme le montre la vignette, ou Zoom pour créer un flou en étoile, ou *radial*, et imiter l'effet d'un zoom dans l'image. Indiquez le niveau de Qualité souhaité. Il est de notoriété publique que le filtre Flou radial est lent ; par conséquent, Elements propose les options Brouillon (effet rapide, mais granuleux), Normale et Supérieure (effet lent, mais lisse). La différence entre Normale et Supérieure n'est visible que sur de grandes images haute définition. Enfin, précisez où placer le centre du flou en déplaçant la vignette.
- **Flou optimisé :** Fournit plusieurs options relatives à l'application de l'effet. Indiquez la valeur du rayon et du seuil. Commencez par une valeur faible, puis ajustez-la. Choisissez un paramètre de qualité dans le menu correspondant. Sélectionnez un mode. Normal atténue la totalité de l'image ou de la sélection. Contour seul n'atténue que les bords des éléments, en utilisant du noir et du blanc. Masquage du contour atténue également les contours, mais il n'applique que du blanc aux pixels atténués.
- **Flou gaussien :** Ce dernier filtre Flou est probablement celui qui est le plus utilisé. Il n'offre qu'un paramètre, Rayon, qui détermine la quantité de flou souhaitée.

TRUC

Choisissez le filtre Flou gaussien pour camoufler les motifs moirés des images numérisées. Un *motif moiré* apparaît lorsque vous numérisez des images avec trame de demi-teintes. Une *trame de demi-teintes* apparaît lorsqu'une image de tons continus, comme une photo, est numérisée et convertie en motif constitué de lignes répétées (généralement entre 85 et 150 lignes par pouce), puis imprimée. Si, par la suite, vous numérisez cette trame, un second motif est créé et se superpose sur le motif d'origine. Ces deux motifs différents créent un motif moiré dérangeant. Le filtre Flou gaussien n'élimine pas l'effet moiré, il fusionne simplement les points et réduit l'aspect du motif. Déplacez le curseur Rayon jusqu'à trouver un compromis acceptable entre la diminution de l'effet moiré et celle de la netteté. Si par chance vous trouvez un filtre empêchant la superposition dans le logiciel de votre scanner, utilisez-le pour numériser les images avec trame de demi-teintes.

Améliorez la netteté des éléments

Il va de soi que si votre image n'a besoin d'aucune correction de contraste ou de couleur, vous pouvez passer directement à l'étape de l'accentuation. Il arrive que les appareils photo numériques ou les scanners "lissent" un peu trop les images, ce qui n'est pas dû à un réglage de tonalité. Il est même envisageable d'accentuer une zone sélectionnée d'une image de manière à la faire ressortir davantage.

Tout d'abord, il faut savoir qu'il est impossible d'améliorer réellement la mise au point d'une photo après coup. En revanche, il existe un moyen de contourner le problème. Tous les outils d'accentuation fonctionnent en augmentant le contraste entre les pixels adjacents. Les contours deviennent plus distincts, ce qui donne l'impression que la mise au point est améliorée, comme dans la Figure 10.15. N'oubliez pas que vous pouvez faire appel à l'outil Netteté pour améliorer des petites zones, comme l'explique le Chapitre 9. Voici la description des deux commandes d'accentuation :

Figure 10.15 : L'accentuation améliore la mise au point en augmentant le contraste entre les pixels adjacents.

- **Accentuation :** La commande Accentuation, hébergée dans le menu Accentuation en mode Retouche standard et Retouche rapide, est la plus efficace. Ses options permettent de contrôler la quantité d'accentuation et l'étendue des zones à accentuer. Définissez-les pour préciser l'effet de votre accentuation :

- *Gain* : Spécifiez l'intensité de l'accentuation des contours (de 1 à 500 %). Plus la valeur est élevée, plus les pixels avoisinant les contours sont contrastés. Avec 100 % (ou moins), vous obtenez généralement un bon contraste sans apparition de grain.

- *Rayon* : Spécifiez la largeur (entre 0,1 et 250 pixels) des contours que le filtre va accentuer. Plus la valeur est élevée, plus le contour sera large. La valeur que vous définissez dépend principalement de la résolution de l'image. Les images de faible résolution imposent une valeur de rayon plus faible. Au contraire, les images dont la résolution est élevée requièrent un rayon élevé.

  Une rayon très élevé va trop accentuer les contours de l'image et créer un effet trop contrasté.

TRUC

Habituellement, on divise la résolution de l'image par 150 pour déterminer une première valeur de rayon. Par exemple, si la résolution de votre image est de 300 dpi, définissez le rayon à 2, puis ajustez-le à votre convenance.

- *Seuil* : Spécifiez la différence de luminosité (entre 0 et 255) à détecter entre les pixels adjacents pour accentuer le contour. Si la valeur est faible, les contours sont accentués à partir d'une légère différence de contraste. Les valeurs élevées n'accentuent les contours que lorsque le contraste des pixels adjacents est très différent. Nous vous conseillons de laisser cette valeur à 0, sauf si votre image est très granuleuse. Si vous l'augmentez trop, les transitions entre les zones accentuées et les autres risquent de manquer de naturel.

TRUC

Les valeurs que vous définissez pour les paramètres Gain et Rayon accentuent parfois correctement l'image, mais créent en revanche du grain, ou bruit, indésirable. Ce bruit se corrige parfois en augmentant la valeur du Seuil.

- **Régler la netteté :** Si, lorsque vous accentuez votre image, vous recherchez la précision, la commande Accentuation est une bonne option. Régler la netteté, illustrée Figure 10.16, en est une autre. Elle vous permet de contrôler l'intensité d'accentuation appliquée aux zones foncées et claires. En outre, vous pouvez choisir un algorithme d'accentuation.

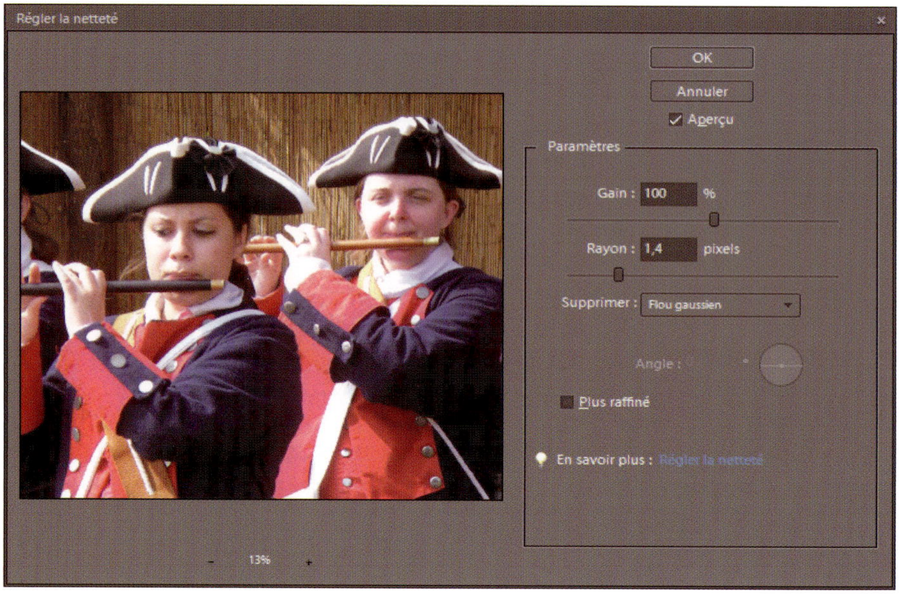

Figure 10.16 : Commande Régler la netteté.

Voici les différentes options à définir :

- *Gain et Rayon* : Reportez-vous aux deux descriptions de la puce Accentuation.
- *Supprimer* : Choisissez votre algorithme d'accentuation. Flou gaussien est l'algorithme employé pour la commande Accentuation. Flou de l'objectif détecte les détails de l'image et essaie de les respecter tout en réduisant les halos indésirables créés avec l'accentuation. Flou directionnel accentue l'atténuation qui se produit lorsque vous bougez l'appareil photo (ou si votre sujet ne tient pas en place).
- *Angle* : Indiquez la direction du mouvement pour l'algorithme Flou directionnel, décrit dans la puce précédente.
- *Plus raffiné* : Exécute l'algorithme avec une vitesse inférieure afin d'améliorer la précision.

Optimisez votre travail avec les outils Forme dynamique

Les outils Forme dynamique font partie des nouvelles fonctionnalités les plus efficaces d'Elements. Si vous utilisez Forme dynamique et Détail de forme dynamique, vous pouvez choisir les zones de l'image où appliquer un réglage ou des effets spéciaux. De plus, ces réglages et effets s'appliquent *via* un calque de réglage, ce qui signifie qu'ils recouvrent vos calques et n'affectent pas votre image de manière définitive. Cela signifie également que les réglages se modifient et s'annulent facilement, le cas échéant.

Voici comment employer l'outil Forme dynamique :

1. **En mode Retouche standard, dans la barre d'outils, sélectionnez l'outil Forme dynamique.**

   Son icône ressemble à un gros pinceau avec un engrenage.

2. **Définissez les attributs de la forme, à savoir son diamètre et sa dureté, dans la palette déroulante Forme.**

   Pour en savoir plus sur les formes, consultez le Chapitre 12.

3. **Dans le menu déroulant à droite de la barre d'options, sélectionnez une catégorie de réglages, puis l'un des réglages prédéfinis, comme le montre la Figure 10.17.**

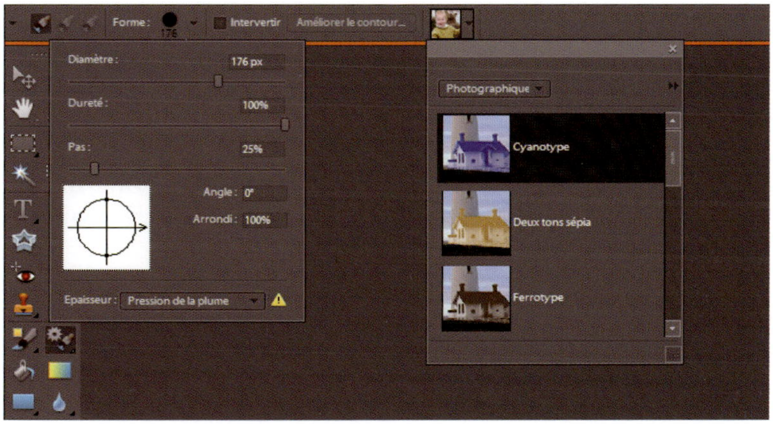

Figure 10.17 : L'outil Forme dynamique vous permet de peindre des réglages.

Vous pouvez déplacer cette palette en la faisant glisser à un autre emplacement de la fenêtre d'image. Ce menu propose des réglages très variés, allant des effets photographiques, comme Deux tons sépia, aux effets naturels, comme Verdure.

4. **Peignez votre réglage sur le calque de votre choix.**

   À mesure que vous peignez, l'outil recherche les contours de votre image et s'y colle. En outre, un contour de sélection apparaît.

   Un nouveau calque de réglage se crée automatiquement après votre premier coup de pinceau. Le masque accompagnant le calque apparaît également sur le calque de réglage. Pour en savoir plus sur les calques de réglage, consultez le Chapitre 8.

5. **Servez-vous des modes Ajouter à la sélection et Soustraire de la sélection pour préciser votre zone.**

   Lorsque vous augmentez ou diminuez votre zone de réglage, vous modifiez votre masque de fusion. En ajoutant des pixels à la zone de réglage, vous ajoutez du blanc au masque. En soustrayant des pixels, vous ajoutez du noir au masque. Les masques de fusion sont étudiés au Chapitre 8.

6. **Si besoin, sélectionnez un autre réglage prédéfini à appliquer à la zone sélectionnée.**

   Il est intéressant de tous les tester pour avoir un aperçu des différentes possibilités.

7. **Si vous estimez qu'il est nécessaire de préciser la zone sélectionnée, cliquez l'option Améliorer le contour (voir Chapitre 7).**

   Si vous préférez appliquer le réglage à la zone qui n'est pas sélectionnée, cochez la case Intervertir de la barre d'options.

   Si vous devez modifier votre réglage, double-cliquez le petit carré noir entouré de rouge situé dans votre image. La boîte de dialogue correspondant à votre réglage s'affiche. Par exemple, si vous double-cliquez le réglage Contraste élevé, vous accédez à la boîte de dialogue Luminosité/Contraste.

8. **Effectuez vos réglages dans la boîte de dialogue et cliquez OK.**

   Vous pouvez aussi cliquer du bouton droit (clic+Ctrl sous Mac) et choisir Modifier les paramètres de réglage dans le menu contextuel, lequel propose également les commandes Supprimer le réglage et Masquer la sélection.

9. **Lorsque vous avez terminé, il suffit de désélectionner les éléments en choisissant Sélection/Désélectionner.**

Il est possible de combiner plusieurs réglages de Forme dynamique. Une fois le premier effet appliqué, redéfinissez l'outil et appliquez un autre réglage.

Voici comment exploiter l'outil Détails de forme dynamique :

1. **En mode Retouche standard, dans la barre d'outils, sélectionnez l'outil Détails de forme dynamique.**

   Il partage le menu de l'outil Forme dynamique et ressemble à un pinceau fin avec un engrenage.

2. **Dans la palette Forme, choisissez une forme prédéfinie et définissez sa taille, puis ses attributs.**

   N'hésitez pas à changer de forme et de taille en cas de besoin. Les formes sont étudiées au Chapitre 12. Pour un meilleur confort, vous pouvez déplacer la palette en la faisant glisser à un autre emplacement de la fenêtre d'image.

3. **Sélectionnez la catégorie de réglages et le réglage prédéfini de votre choix dans le menu de la barre d'options.**

   La Figure 10.18 présente quelques-uns des différents réglages Effets spéciaux.

4. **Peignez votre réglage sur le calque de votre choix.**

   Un nouveau calque de réglage se crée automatiquement après votre premier coup de pinceau, ainsi qu'un masque qui l'accompagne. Pour en savoir plus sur les calques de réglage et les masques de fusion, consultez le Chapitre 8.

5. **Reprenez les étapes 5 à 8 de la liste précédente pour terminer l'opération.**

Figure 10.18 : L'outil Détails de forme dynamique vous permet de peindre des effets spéciaux.

Quatrième partie

Exprimez votre côté artistique

"Eh, regardez l'affiche du commissaire ! Il a réussi à mettre la tête du gars dans une tasse de thé !"

Dans cette partie...

Photoshop Elements ne se limite pas à la retouche d'image. Il est temps de le découvrir d'un point de vue artistique et d'exploiter ses outils de dessin et de peinture sur des photos existantes, mais également sur de nouveaux documents et vos propres dessins. Les outils proposés peuvent faire concurrence aux véritables outils des artistes. Les possibilités d'Elements en matière de création sont infinies. Dans cette partie, vous allez appliquer et personnaliser des effets artistiques selon vos besoins. Nous vous donnerons quelques conseils pour réaliser des images éblouissantes.

Nous expliquerons en outre dans cette section comment manipuler le texte. Si vous prévoyez de créer des affiches, des publicités ou des icônes pour le Web, vous pouvez faire appel aux fonctionnalités de texte d'Elements pour créer du texte et des effets spéciaux.

11

Jouez avec les filtres, les effets et les styles

Dans ce chapitre :

- Manipulez les filtres.
- Découvrez la Galerie de filtres.
- Déformez des éléments grâce au filtre Fluidité.
- Corrigez les déformations de l'appareil photo.
- Améliorez l'image à l'aide d'effets.
- Exploitez les styles de calque.
- Modifiez les couleurs à l'aide des modes de fusion.
- Composez des images avec Photomerge.

Maintenant que vous avez retouché vos images – rogné le contour, corrigé les couleurs, supprimé les défauts, accentué la mise au point –, amusez-vous à les métamorphoser. Pour ce faire, appliquez-leur des filtres, des effets, des styles de calque et des modes de fusion. Ces fonctionnalités permettent d'ajouter une touche d'accentuation, de fantaisie ou simplement de comique à vos images. Les formes d'art les plus simples, y compris en photographie, sont souvent les meilleures. Par exemple, il n'est pas question de retoucher un paysage magnifique ou le portrait capturant parfaitement l'expression d'un enfant souriant. Mais lorsqu'une image se prête volontiers à un peu d'expérimentation artistique, il n'y a pas de raison de s'en priver.

Amusez-vous avec les filtres

Les filtres existent depuis les débuts de l'imagerie numérique, à l'époque où Photoshop n'était qu'un petit programme sans grande envergure. Les *filtres*, appelés également *modules externes*, car on peut les installer ou les supprimer indépendamment, transforment l'apparence d'une image de nombreuses façons, comme le montre la Figure 11.1. Ils corrigent également les images en augmentant leur netteté ou en masquant des défauts, comme l'explique le Chapitre 10. De plus, ils peuvent transformer les images en donnant l'impression qu'elles ont été peintes, morcelées, photocopiées ou éclairées par des spots. Assurez-vous toujours d'avoir créé une sauvegarde de votre image d'origine si vous prévoyez d'enregistrer la version filtrée. Découvrez dans les sections suivantes les bases de l'application d'un filtre et quelques conseils relatifs à ces outils.

Figure 11.1 : Appliquez des filtres pour corriger les imperfections de l'image ou la transformer complètement.

Appliquez des filtres

Les filtres s'appliquent de trois manières différentes :

- **En mode Retouche standard ou Retouche rapide** : Choisissez dans le menu Filtre une catégorie de filtres, puis sélectionnez un filtre spécifique.
- **En mode Retouche standard exclusivement** : Choisissez Fenêtre/Effets pour afficher la palette correspondante. En haut de la palette Effets, cliquez le bouton Filtres. Choisissez une catégorie de filtres dans la liste déroulante située dans l'angle supérieur droit de la palette. Double-cliquez la vignette du filtre de votre choix ou faites-le glisser sur la fenêtre d'image.
- **En mode Retouche standard ou Retouche rapide** : Choisissez Filtre/Galerie de filtres pour appliquer un ou plusieurs filtres à l'image. Pour en savoir plus sur la Galerie de filtres, lisez la section "Travaillez dans la Galerie de filtres", plus loin dans ce chapitre.

Il est impossible d'appliquer des filtres à des images en mode Bitmap ou Couleurs indexées. De plus, certains filtres ne fonctionnent pas sur les images en mode Niveaux de gris. Si vous avez besoin d'un petit rappel concernant les modes de couleurs, consultez le Chapitre 3.

Filtres correcteurs ou destructeurs

Les filtres ne sont pas officiellement classés en groupes, mais on a l'habitude de les répartir en deux catégories de base : les *correcteurs* et les *destructeurs*.

- **Les filtres correcteurs** corrigent généralement un problème de l'image. Ils règlent la couleur, améliorent la mise au point, suppriment la poussière ou les artéfacts, etc. Attention, cela ne signifie pas que les pixels ne sont pas modifiés ! L'image conserve la même apparence globale, en subissant quelques améliorations. Deux des filtres correcteurs les plus courants, Accentuation et Flou, sont abordés au Chapitre 10.

- **Les filtres destructeurs** servent à créer des effets spéciaux. Ils modifient les pixels et l'image est réellement transformée. Ils permettent de créer des effets comme des textures, des coups de pinceau, des mosaïques, des reflets ou des nuages, et déforment les images à l'aide de vagues, de sphères ou d'ondulations.

Filtres d'application directe ou avec options

Tous les filtres, correcteurs ou destructeurs, s'appliquent soit directement, soit après définition de quelques options. Les filtres directs ne proposent ni option ni boîte de dialogue. Il suffit de les sélectionner et de s'émerveiller du résultat. Les autres fonctionnent comme des mini-applications. Lorsque vous sélectionnez un filtre, sa boîte de dialogue s'affiche avec des options à définir. Celles-ci varient en fonction du filtre, mais il en existe au moins une que l'on retrouve avec quasiment tous les filtres : le contrôle de l'intensité du filtre.

Atténuez un filtre

Lorsque vous ne voulez pas appliquer complètement votre filtre à votre image, il vous suffit de l'atténuer légèrement pour diminuer son effet et gagner en réalisme. Voici comment procéder :

1. **Choisissez Calque/Dupliquer le calque, puis cliquez OK dans la boîte de dialogue.**

2. **Appliquez un filtre au calque dupliqué.**

3. **Servez-vous des modes de fusion et des paramètres d'opacité de la palette Calques pour fusionner le calque filtré avec l'image d'origine.**

4. **(Facultatif) À l'aide de l'outil Gomme, effacez des portions de l'image filtrée de votre choix pour permettre à l'image non filtrée d'apparaître par endroits.**

   Par exemple, si vous avez appliqué un filtre Flou gaussien pour atténuer l'effet d'une lumière trop criarde sur un portrait, essayez d'effacer la portion atténuée qui recouvre les yeux du visage de manière à les faire apparaître à travers le calque. Cet effet d'accentuation sur les yeux attire naturellement l'attention.

Appliquez le filtre de manière sélective

Jusqu'à présent, nous avons toujours parlé de l'application des filtres à des *images*, sans jamais apporter davantage de précisions. Sachez qu'il n'est pas obligatoire d'appliquer un filtre à la totalité de l'image. Vous pouvez vous concentrer sur des calques individuels ou des sélections. Les effets sont même généralement meilleurs lorsque le filtre ne concerne qu'une partie de l'image ou d'un calque. Par exemple, il est possible d'atténuer un arrière-plan qui attire trop l'attention de manière à rediriger le regard sur le sujet de l'image. De même, vous pouvez appliquer un filtre Onde ou Océan à l'océan et laisser votre surfeur intact pour éviter l'effet "retouché".

Corbis Digital Stock

Figure 11.2 : L'application sélective d'un filtre permet parfois de conserver le naturel et le réalisme d'une image.

TRUC

En gardant la main légère avec les filtres, vous obtenez généralement un effet plus réussi.

Travaillez dans la Galerie de filtres

Si, au moment d'appliquer votre filtre, une immense boîte de dialogue apparaît, ne vous effrayez pas. Il s'agit de la Galerie de filtres. Vous pouvez y accéder en choisissant Filtre/Galerie de filtres. Elle donne accès à de nombreux filtres et permet en outre d'en définir quelques options.

N'OUBLIEZ PAS

Avant d'appliquer des filtres, enregistrez toujours une copie de votre image, ou créez un calque dupliqué, même si vous passez par la Galerie de filtres. En effet, les filtres modifient définitivement les pixels, et lorsque vous quittez la Galerie de filtres, vous ne pouvez plus supprimer les filtres appliqués.

Pour exploiter la Galerie de filtres, procédez comme suit :

1. **Choisissez Filtre/Galerie de filtres en mode Retouche standard ou Retouche rapide.**

   La fenêtre de la Galerie de filtres s'affiche, comme le montre la Figure 11.3.

2. **Au centre de la fenêtre, choisissez un dossier de catégorie de filtres.**

   Le dossier se développe et présente les filtres qu'il contient. Une vignette illustre l'effet de chaque filtre.

3. **Sélectionnez le filtre de votre choix.**

   Un aperçu dynamique de votre image s'affiche à gauche de la boîte de dialogue. Pour visualiser un autre filtre, sélectionnez-le. Servez-vous des commandes de zoom pour agrandir ou réduire l'affichage dans l'aperçu. Pour masquer le menu Filtre et agrandir la zone de l'aperçu, cliquez la flèche à gauche du bouton OK.

4. **Définissez les paramètres associés au filtre.**

   L'aperçu reflète vos modifications.

5. **Si vous êtes satisfait, cliquez OK pour appliquer le filtre et fermer la boîte de dialogue.**

6. **Pour appliquer un autre filtre, cliquez le bouton Nouveau calque d'effet au bas de la fenêtre.**

Cette étape duplique le filtre existant.

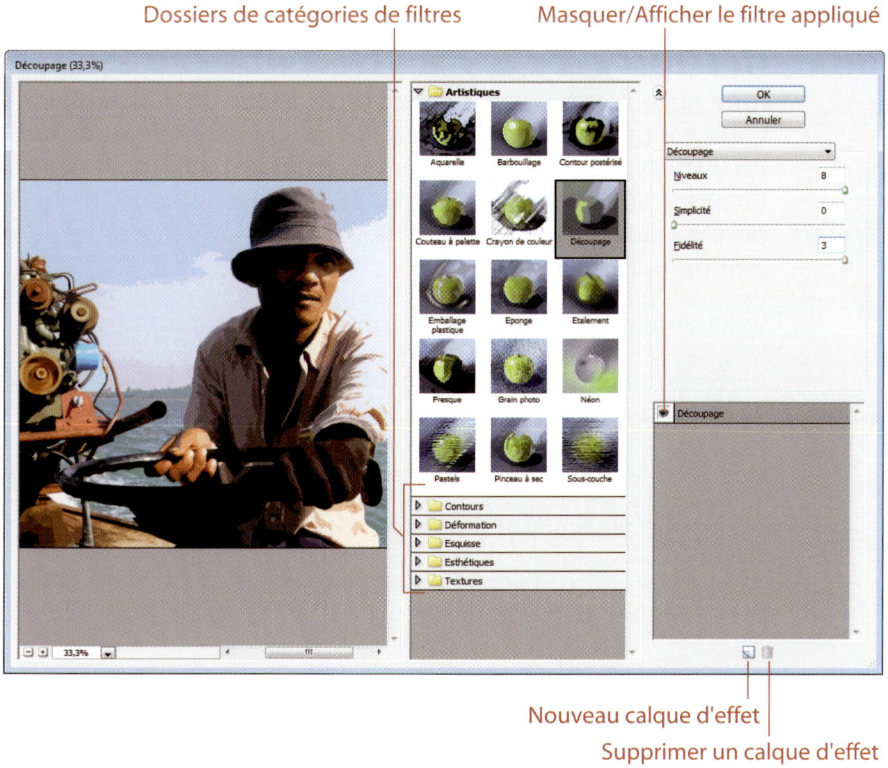

Figure 11.3 : Appliquez et modifiez plusieurs filtres dans la Galerie de filtres.

7. **Choisissez votre nouveau filtre, lequel va remplacer le filtre dupliqué de la zone des filtres appliqués.**

   Chacun des filtres appliqués s'affiche dans la zone inférieure droite de la boîte de dialogue. Pour en supprimer un, sélectionnez-le et cliquez le bouton Supprimer un calque d'effet. Pour modifier les paramètres d'un filtre, sélectionnez-le dans la liste et apportez vos modifications. N'oubliez pas que, lorsque vous modifiez un filtre, vous changez l'apparence de tous ceux que vous avez appliqués par la suite. Enfin, vous pouvez réorganiser l'ordre des filtres appliqués, mais vous transformez ainsi l'effet global.

8. **Lorsque vous avez terminé, cliquez OK pour appliquer les filtres et fermer la boîte de dialogue.**

Déformez des images avec le filtre Fluidité

Le filtre Fluidité n'est pas seulement un filtre, il provoque une déformation que vous manipulez à votre guise. Vous pouvez ainsi tordre, tirer, enrouler, pincer et étaler des parties de votre image. Amusez-vous même à faire maigrir une personne, comme dans la Figure 11.4. Ce filtre de déformation s'applique à la totalité de l'image, à un calque ou à une sélection. Il s'accompagne d'une boîte de dialogue et de son propre panel d'outils (à gauche) et d'options (à droite), comme le montre la Figure 11.4.

Voici comment transformer votre image en la déformant :

1. **Choisissez Filtre/Déformation/Fluidité en mode Retouche standard ou Retouche rapide.**

   Votre image s'affiche dans la zone d'aperçu.

2. **Choisissez votre outil de déformation.**

   De nombreux outils sont disponibles pour vous aider à déplacer l'image dans la fenêtre.

   Voici la description de chacun de ces outils (avec leur raccourci entre parenthèses) :

   • *Déformation (W) :* Pousse les pixels vers l'avant, ce qui crée un effet d'étirement. Appliquez-le par petites touches ou en insistant davantage.

   • *Turbulence (A)* : Faites glisser le pointeur pour mélanger vos pixels de manière aléatoire. Cet outil permet de recréer des tourbillons d'air, de feu et d'eau avec des nuages, des flammes et des vagues. Réglez l'intensité de l'effet en déplaçant le curseur Variation de turbulence, dans la zone Options d'outils. Plus la valeur est élevée, plus l'effet est atténué.

   • *Tourbillon horaire (R) et Tourbillon antihoraire (L) :* Font pivoter les pixels dans le sens des aiguilles d'une montre ou dans le sens inverse. Placez le pointeur sur un point, maintenez enfoncé le bouton de la souris et observez la rotation des pixels sous votre pointeur ou faites glisser ce dernier pour créer un effet de tourbillon en mouvement.

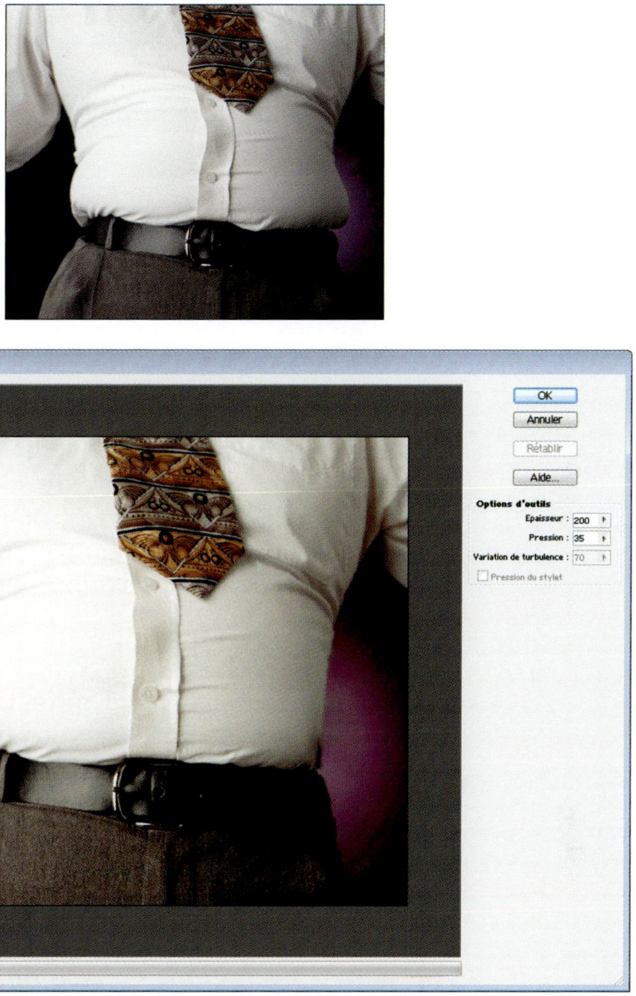

PhotoSpin

Figure 11.4 : Le filtre Fluidité permet de déformer n'importe quelle image.

- *Contraction (P)* : Cliquez et maintenez enfoncé le bouton de la souris ou faites glisser le pointeur pour ramener les pixels vers le centre de la zone recouverte par le pointeur. Pour inverser la direction de l'outil (*dilater*), appuyez sur la touche Alt/Option pendant l'application.

- *Dilatation (B)* : Cliquez et maintenez enfoncé le bouton de la souris ou faites glisser le pointeur vers le bord de la zone recouverte par le pointeur. Pour inverser la direction de l'outil (*contracter*), appuyez sur la touche Alt/Option pendant l'application.

- *Glissement des pixels (S) :* Déplace les pixels vers la gauche lorsque vous faites glisser le pointeur vers le haut. Allez vers le bas pour les déplacer vers la droite. Faites glisser le pointeur dans le sens des aiguilles d'une montre pour agrandir l'objet déformé. Changez de sens pour créer l'effet contraire. Pour inverser chaque direction, appuyez sur Alt/Option pendant la manipulation.

- *Miroir (M)* : Crée une image inversée de vos pixels à 90 degrés par rapport au mouvement de votre outil. Maintenez enfoncée la touche Alt/Option pour placer le reflet dans la direction opposée au mouvement du pointeur. Cet outil est très pratique si vous voulez disposer un reflet sur de l'eau.

- *Zoom (Z)* : À l'instar de l'outil Zoom de la palette d'outils, cet outil zoome en avant et en arrière dans l'image (maintenez enfoncée la touche Alt/Option lorsque vous appuyez sur Z pour zoomer en arrière). Vous pouvez également sélectionner un pourcentage d'agrandissement dans la liste déroulante située dans l'angle inférieur gauche de la fenêtre.

- *Main (H)* : Fonctionne comme l'outil Main de la palette d'outils. Il vous suffit de faire glisser l'outil pour déplacer l'image dans l'aperçu.

3. **Définissez les options de la zone Options d'outils :**

   - *Epaisseur* : Faites glisser le curseur déroulant ou tapez une valeur comprise entre 1 et 600 pixels pour définir la taille de la forme.

   - *Pression* : Faites glisser le curseur ou tapez une valeur comprise entre 1 et 100 pour modifier la pression. Plus la pression est élevée, plus l'effet de déformation s'applique rapidement.

- *Variation de turbulence* : Faites glisser le curseur ou tapez une valeur comprise entre 1 et 100 pour régler la régularité de l'outil Turbulence.
- *Pression du stylet* : Si vous possédez une tablette graphique, cliquez cette option pour définir la pression de votre stylet.

4. **Si vous pensez être allé un peu trop loin, sélectionnez l'outil Reconstruction (E) et maintenez enfoncé le bouton de la souris ou faites glisser le pointeur sur les portions déformées de l'image à reconstruire.**

   La reconstruction est plus rapide au centre du diamètre de la forme. Pour reconstruire partiellement votre image, définissez une faible pression et observez attentivement l'image lorsque vous appliquez l'outil sur les zones déformées.

5. **Cliquez OK pour appliquer les déformations et fermer la boîte de dialogue.**

   Si vous ne voulez pas valider vos déformations et que vous souhaitez recommencer, cliquez le bouton Rétablir pour récupérer votre image intacte et réinitialiser les paramètres des outils.

Corrigez la distorsion due à l'appareil photo

Si vous avez déjà essayé de photographier un gratte-ciel ou une cathédrale, vus d'en bas, vous avez été obligé d'incliner l'appareil et de placer votre nuque dans une position inconfortable. Tout cela pour obtenir une vue déformée de votre bâtiment, bien plus impressionnant en réalité, comme le montre la Figure 11.5, avec un aperçu de l'image "avant". Désormais, cela ne pose plus aucun problème. Le filtre Correction de la distorsion de l'objectif corrige l'effet de perspective créé par l'inclinaison verticale ou horizontale de l'appareil photo. Il s'occupe en outre de tous les autres types de distorsions provoqués par les dérèglements de l'objectif.

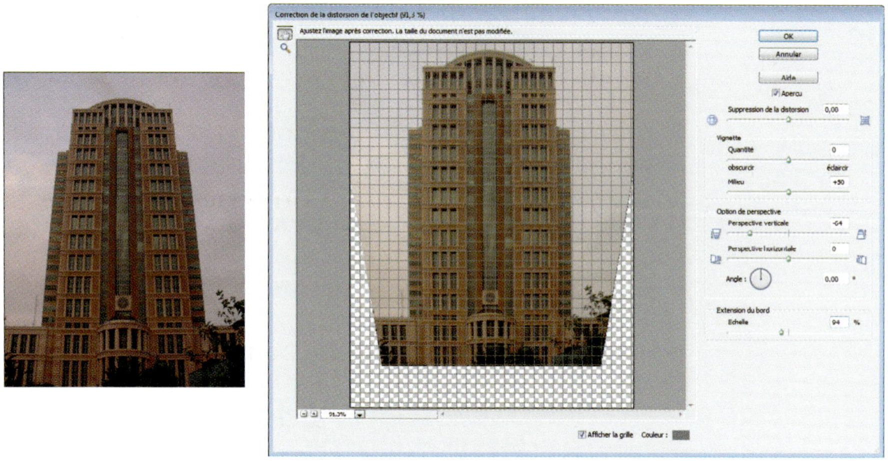

Figure 11.5 : Le filtre Correction de la distorsion de l'objectif corrige les déformations dues à l'inclinaison de l'appareil et aux défauts de l'objectif.

Voici comment appliquer l'outil :

1. **Choisissez Filtre/Corriger la distorsion de l'objectif en mode Retouche standard ou Retouche rapide.**

2. **Dans la boîte de dialogue Correction de la distorsion de l'objectif, commencez par sélectionner l'option Aperçu.**

3. **Définissez vos options de correction :**

   - *Suppression de la distorsion :* Corrige la *distorsion en barillet* des objectifs, qui crée un effet d'étalement ou de sphérisation sur l'image. Cette distorsion est caractéristique des objectifs grand angle. Cette option corrige la distorsion en coussinet, laquelle se traduit par des bords incurvés vers l'intérieur. Ce défaut se produit lorsque l'on emploie un téléobjectif. Déplacez le curseur sans quitter l'aperçu des yeux. Servez-vous de la grille comme guide pour aligner correctement les bords de l'objet.

   - *Quantité* : Règle la quantité de lumière autour des bords de votre photo lorsque l'objectif n'est pas correctement réglé. Définissez une valeur de Milieu pour changer l'épaisseur du réglage. Plus cette valeur est élevée, moins elle affecte l'image. Déplacez ensuite le curseur Quantité et observez l'aperçu.

- *Perspective verticale :* Corrige l'effet de perspective déformée dû à l'inclinaison vers le haut ou vers le bas de l'appareil photo. Servez-vous de la grille pour vous aider à le corriger. Nous avons réglé ce paramètre pour corriger l'immeuble de la Figure 11.5.
- *Perspective horizontale :* Corrige les halos et les taches provoqués par le mouvement de l'appareil photo (ou de votre sujet). Améliorez le résultat en définissant l'angle du mouvement *via* l'option Angle.
- *Angle* : Fait pivoter l'image pour compenser l'inclinaison de l'appareil photo. Il peut être également nécessaire de modifier légèrement l'angle après avoir corrigé la perspective verticale ou horizontale.
- *Echelle* : Lorsque vous corrigez la perspective de votre image, des zones blanches sont susceptibles d'apparaître sur votre zone de travail. Vous avez la possibilité de modifier l'échelle de votre image vers le haut ou vers le bas pour la rogner et éliminer ces zones. La mise à l'échelle vers le haut interpole l'image vers le haut jusqu'à atteindre les dimensions d'origine. Par conséquent, assurez-vous de commencer avec une image dont les dimensions en pixels, ou la résolution, sont suffisantes pour éviter une sévère dégradation. Pour en savoir plus sur la résolution et l'interpolation, reportez-vous au Chapitre 3.
- *Afficher la grille :* Affiche et masque la grille. Choisissez en outre la couleur de votre grille.
- *Zoom* : Modifiez le niveau de zoom à votre convenance.

4. **Cliquez OK pour appliquer la correction et fermer la boîte de dialogue.**

Déguisez vos images

Outre la multitude de filtres mis à votre disposition, Elements vous offre de nombreux effets qui servent à améliorer vos photos. Notez que certains effets créent automatiquement une copie du calque sélectionné, alors que d'autres ne fonctionnent que sur des images aplaties.

Pour en savoir plus sur les calques, lisez le Chapitre 8. Enfin, contrairement aux filtres, il est impossible de prévisualiser le résultat d'un effet sur une image ou du texte, et il n'existe pas d'options à spécifier.

Voici comment appliquer un effet :

1. **Sélectionnez le calque d'image de votre choix dans la palette Calques.**

   Si vous n'appliquez l'effet qu'à une sélection, effectuez-la au préalable.

2. **Choisissez Fenêtre/Effets.**

3. **En haut de la palette, cliquez le bouton Effets de la photo.**

4. **Choisissez une catégorie d'effets de photo dans la liste déroulante située dans l'angle supérieur droit de la palette.**

   - *Cadre :* Propose des effets qui améliorent les bords du calque ou de la sélection, comme le montre la Figure 11.6.
   - *Photo décolorée, Couleur monochrome, Photo ancienne et Photo vintage :* Avec ces effets, l'image est décolorée, recolorée avec une seule teinte, transformée en croquis ou en photo ancienne.
   - *Effets divers :* Incluent une grande variété d'effets qui ajoutent de la neige, une couche en peau de lézard ou des néons à l'image ou lui donnent un effet de peinture à l'huile.
   - *Tout afficher :* Affiche tous les effets de la liste.

PhotoSpin

Figure 11.6 : Améliorez vos images en ajoutant des effets aux calques d'image et de texte.

5. **Dans la palette Effets, double-cliquez l'effet de votre choix ou faites-le glisser sur l'image.**

   Les styles et effets s'affichent par vignette ou en liste. Pour modifier l'affichage, cliquez le bouton Plus dans l'angle supérieur droit de la palette.

TRUC

Les effets s'appliquent également au texte. Sélectionnez votre calque de texte et suivez les étapes 2 à 5 de la liste précédente. Une boîte de dialogue vous signale que le calque de texte doit être simplifié avant que l'effet puisse être appliqué. Cela signifie que vous ne pourrez en revanche plus modifier le texte.

Ajoutez des ombres, des lueurs, etc.

Les filtres et les effets de photo travaillent main dans la main avec les styles de calque. Conçus pour améliorer eux aussi les calques d'image et de texte, les styles de calque se déclinent sous plusieurs formes, des simples ombres et biseaux aux styles bien plus complexes, comme les boutons et les motifs. Le principal avantage des styles de calque est leur effet non destructeur. Contrairement aux filtres, ils ne modifient pas les données des pixels. Il est possible de les modifier et même de les supprimer si les résultats ne sont pas satisfaisants.

Retenez ces quelques points importants concernant les styles de calque :

- **Les styles de calque ne s'appliquent qu'à des calques.** Par conséquent, si votre calque ne comporte qu'un arrière-plan, vous devez le convertir au préalable en calque.
- **Les styles de calque sont dynamiquement liés au contenu d'un calque.** Si vous déplacez ou modifiez le contenu des calques, les résultats se mettent à jour.
- **Lorsque vous appliquez un style de calque à un calque, le symbole fx apparaît en regard du nom du calque dans la palette.** Double-cliquez ce symbole pour ouvrir la boîte de dialogue Paramètres de style et définir les options nécessaires pour obtenir le résultat voulu.

Appliquez des styles de calque

Les styles de calque sont stockés dans plusieurs bibliothèques. Vous avez la possibilité d'ajouter des ombres, des lueurs, des bords biseautés ou estampés, comme des effets de néon, plastique, chrome, etc. La Figure 11.7 présente un échantillon des différents styles.

Figure 11.7 : Ajoutez une dimension à votre image en appliquant des ombres et des biseautages à l'objet ou au texte.

Voici comment appliquer un style :

1. **Sélectionnez le calque d'image ou de texte de votre choix dans la palette Calques.**
2. **Choisissez Fenêtre/Effets.**
3. **En haut de la palette, cliquez le bouton Styles de calque.**
4. **Choisissez une bibliothèque de styles dans la liste déroulante située dans l'angle supérieur droit de la palette :**
   - *Biseautages :* Ce style ajoute du relief aux bords extérieur et intérieur du contenu du calque de manière à donner une dimension à l'élément. Les styles Estampage créent l'illusion que les éléments ressortent ou rentrent dans la page. Modifiez l'apparence de ces styles à votre guise, selon le type de biseautage choisi. Réglez l'angle d'éclairage, la distance

(proximité de l'ombre par rapport au contenu du calque), la taille, le sens et l'opacité.

- *Ombres portées et internes :* Ajoutent une ombre portée ou interne à un calque. Choisissez parmi les différentes ombres disponibles, certaines incluant du bruit, un néon ou un contour. Vous pouvez régler l'angle d'éclairage, la distance, la taille et l'opacité.
- *Lueurs externes et internes :* Ajoutent un léger halo au niveau des bords intérieur et extérieur du contenu du calque. Réglez l'apparence de la lueur en modifiant son angle d'éclairage, sa taille et son opacité.
- *Visibilité :* Cliquez Affichage, Masquer ou Opaque pour afficher, masquer ou afficher partiellement le contenu du calque. Le style de calque reste dans la palette.
- *Complexe et autres :* Les styles de calque restants rassemblent une grande variété d'effets, des simples boutons en verre aux effets plus exotiques comme Groovy ou Impressions de rose. Tous ces styles de calque se personnalisent à l'aide de paramètres semblables à ceux des autres styles de la liste.

5. **Dans la palette Effets, double-cliquez l'effet de votre choix ou faites-le glisser sur l'image.**

   Le style s'applique au calque, avec ses paramètres par défaut. Notez que les styles de calque se cumulent, ce qui signifie que vous pouvez appliquer plusieurs styles – même extraits de bibliothèques différentes – à un seul calque.

   Pour modifier les paramètres du style, double-cliquez le symbole *fx* dans la palette Calques ou choisissez Calque/Style de calque/Paramètres de style.

TRUC

Les styles de calque s'appliquent également aux calques de texte, lesquels n'ont pas besoin d'être simplifiés.

Exploitez les styles de calque

Voici quelques conseils en ce qui concerne les styles de calque :

- **Supprimer un ou plusieurs styles de calque.** Choisissez Calque/Style de calque/Effacer le style de calque ou faites glisser l'icône *fx* de la palette Calques vers l'icône de poubelle.
- **Copier et coller des styles de calque sur d'autres calques.** Sélectionnez le calque contenant le style de calque et choisissez Calque/Style de calque/Copier le style de calque. Sélectionnez le ou les calques auxquels appliquer l'effet et choisissez Calque/Style de calque/Coller le style de calque. Vous pouvez également glisser et déposer un effet d'un calque vers un autre en maintenant enfoncée la touche Alt/Option.
- **Masquer ou afficher des styles de calque.** Choisissez Calque/Style de calque/Masquer tous les effets ou Afficher tous les effets.
- **Mettre un style de calque à l'échelle.** Choisissez Calque/Style de calque/Mise à l'échelle des effets. Cochez la case Aperçu et tapez une valeur comprise entre 1 et 1 000 %. Cette commande met le style à l'échelle sans affecter l'élément.

Appliquez des modes de fusion

Elements prend en charge 25 modes de fusion. Les *modes de fusion* déterminent l'interaction des couleurs entre les calques et lorsque vous peignez un calque. Non seulement ils créent des effets intéressants, mais ils s'appliquent, se modifient et se suppriment aisément, sans toucher aux pixels de l'image.

Les différents modes de fusion sont regroupés dans une liste déroulante en haut de la palette Calques, en mode Retouche standard. Ne cherchez pas à mémoriser les descriptions de tous les effets des sections suivantes. Le meilleur moyen de les appliquer sans hésitation consiste à tous les essayer sur un ou plusieurs calques pour observer le résultat, lequel varie selon les couleurs des calques d'image.

Les modes de fusion généraux

Il est inutile de présenter le mode de fusion Normal, car vous le connaissez probablement déjà très bien. Fondu est le deuxième de la liste et, paradoxalement, celui que l'on emploie le moins (ces deux modes sont illustrés par la Figure 11.8).

- **Normal** : Le mode par défaut affiche chaque pixel sans modification.
- **Fondu** : L'effet de ce mode n'est visible que sur un calque dont le paramètre d'opacité est inférieur à 100 %. Il laisse certains pixels des calques inférieurs, sélectionnés de manière aléatoire, traverser le calque cible (sélectionné).

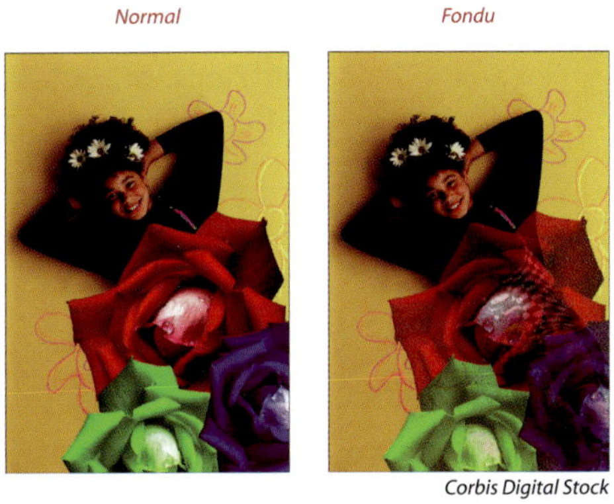

Figure 11.8 : Le mode de fusion Fondu affiche de manière aléatoire les pixels d'un calque au travers d'un autre calque.

Les modes de fusion qui assombrissent

Ces modes de fusion produisent des effets qui assombrissent l'image de différentes manières, comme le montre la Figure 11.9 :

- **Obscurcir** : Remplace les pixels les plus clairs en pixels transparents si ceux du calque cible sont plus clairs que ceux des calques inférieurs. Si les pixels sont plus foncés, ils ne subissent aucune modification.

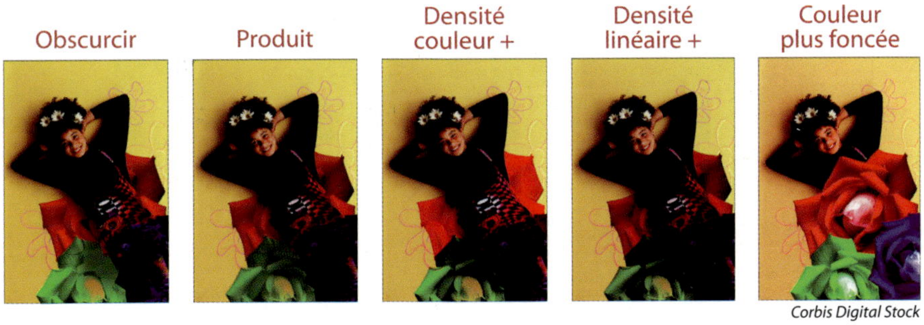

Figure 11.9 : Ces modes de fusion assombrissent vos calques d'image.

- **Produit** : Fusionne le calque cible avec les calques sous-jacents, en assombrissant toutes les couleurs mélangées. Lorsque vous peignez sur le calque avec l'outil Pinceau ou Crayon, chaque trait produit une couleur plus foncée, comme si vous dessiniez avec des marqueurs magiques.
- **Densité couleur +** : Obscurcit les calques situés sous le calque cible et les fusionne avec une couleur, ce qui crée un effet de contraste semblable à l'application d'une teinte foncée sur l'image.
- **Densité linéaire -** : Assombrit les calques situés sous le calque cible en diminuant la luminosité. Son effet est comparable à celui du mode Produit, à la différence qu'il noircit souvent des zones de l'image.
- **Couleur plus foncée** : Lorsque vous fusionnez deux calques, la couleur la plus foncée des deux est conservée.

Les modes de fusion qui éclaircissent

Les modes de fusion qui éclaircissent les calques produisent l'effet inverse des modes de fusion de la section précédente. Ils créent des effets de lumière sur l'image, comme le montre la Figure 11.10 :

- **Eclaircir** : Remplace les pixels les plus foncés en pixels transparents si ceux du calque cible sont plus foncés que ceux des calques inférieurs. Les pixels plus clairs ne subissent aucune modification. Cet effet produit le résultat inverse du mode Obscurcir.

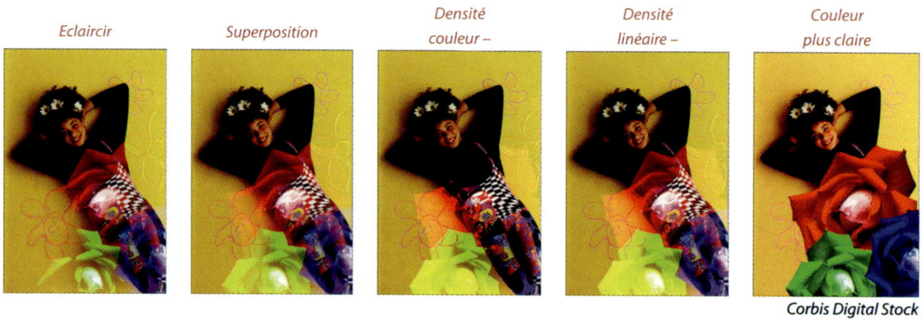

Figure 11.10 : Ces modes de fusion éclaircissent vos calques d'image.

- **Superposition** : Éclaircit le calque cible là où il se mélange avec les calques inférieurs. Cet effet produit le résultat inverse du mode Produit.
- **Densité couleur -** : Éclaircit les pixels des calques situés sous le calque cible et les mélange avec les couleurs du calque supérieur. Ce mode reproduit l'effet d'un décolorant.
- **Densité linéaire -** : Éclaircit les calques situés sous le calque cible en augmentant la luminosité. Son effet est comparable à celui du mode Superposition, à la différence qu'il blanchit souvent des zones de l'image.
- **Couleur plus claire** : Lorsque vous fusionnez deux calques, la couleur la plus claire des deux est conservée.

Les modes de fusion qui éclairent

Ce groupe de modes de fusion affecte la luminosité de vos calques, comme le montre la Figure 11.11 :

- **Incrustation** : Ce mode multiplie les pixels foncés du calque cible et superpose les pixels clairs des calques sous-jacents. Il améliore également le contraste et la saturation des couleurs.
- **Lumière tamisée** : Ce mode assombrit les pixels foncés (niveau de gris supérieur à 50 %) et éclaircit les pixels clairs (niveau de gris inférieur à 50 %). Cet effet équivaut à diriger un projecteur tamisé sur l'image.
- **Lumière crue** : Ce mode multiplie les pixels foncés (niveau de gris supérieur à 50 %) et superpose les pixels clairs (niveau de gris inférieur à 50 %). Cet effet est comparable à un projecteur violent sur l'image.
- **Lumière vive** : Si la couleur des pixels du calque supérieur contient plus de 50 % de gris, ce mode obscurcit les couleurs en augmentant le contraste. Si la couleur des pixels du calque supérieur contient moins de 50 % de gris, il éclaircit les couleurs en diminuant le contraste.

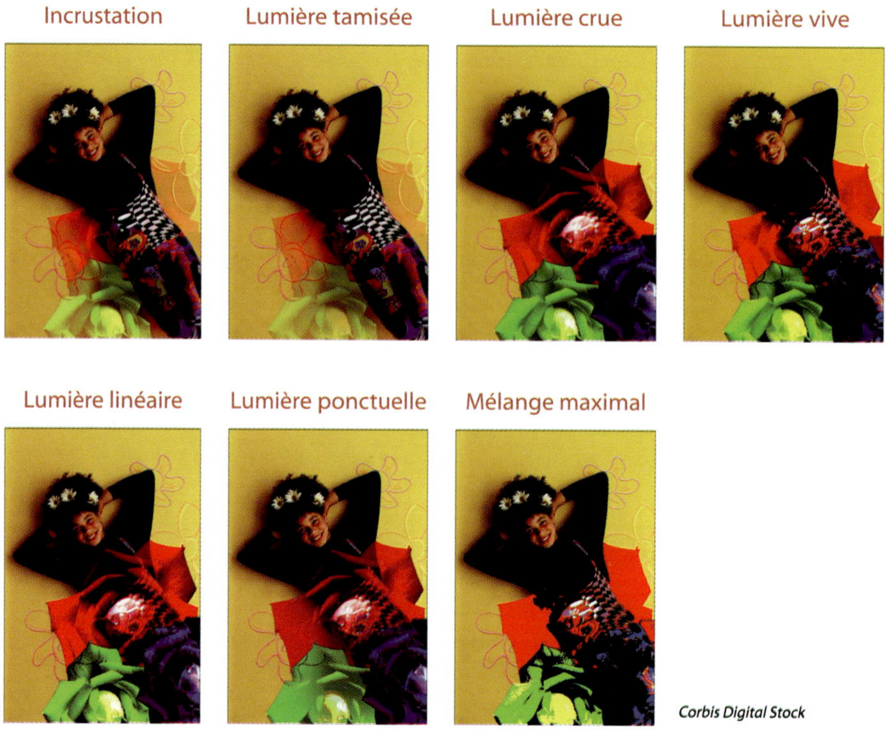

Corbis Digital Stock

Figure 11.11 : Certains modes de fusion règlent la luminosité entre les calques d'image.

- **Lumière linéaire** : Si la couleur des pixels du calque supérieur contient plus de 50 % de gris, ce mode obscurcit les couleurs en diminuant la luminosité. Si la couleur des pixels du calque supérieur contient moins de 50 % de gris, il éclaircit les couleurs en augmentant la luminosité.

- **Lumière ponctuelle** : Si la couleur des pixels du calque supérieur contient plus de 50 % de gris, ce mode remplace les pixels plus foncés que ceux du calque supérieur et ne modifie pas les pixels plus clairs. Si la couleur des pixels du calque supérieur contient moins de 50 % de gris, il remplace les pixels plus clairs que ceux du calque supérieur et ne modifie pas les pixels plus foncés. Ce mode sert généralement à créer des effets spéciaux.

- **Mélange maximal** : Ce mode est identique au mode Lumière vive, à la différence qu'il réduit les couleurs aux blanc, noir, rouge, vert, bleu, jaune, cyan et magenta.

Les modes de fusion qui inversent

Ces modes de fusion inversent les couleurs et créent des effets plutôt surprenants, comme le montre la Figure 11.12 :

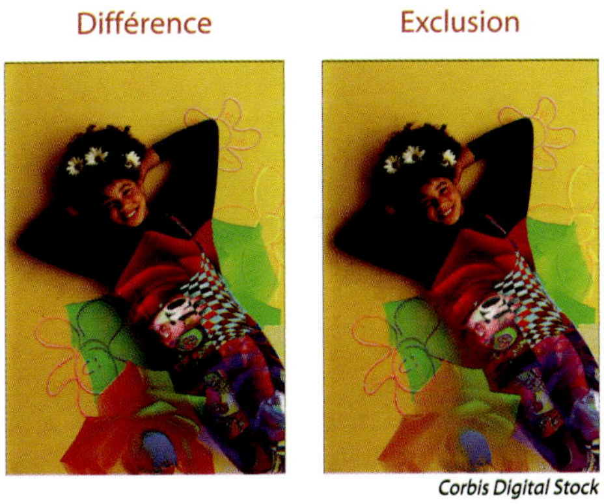

Figure 11.12 : Les modes de fusion Différence et Exclusion inversent les couleurs.

- **Différence** : Produit un effet négatif selon les valeurs de luminosité des calques supérieurs. Si les pixels du calque supérieur sont noirs, les calques sous-jacents ne subissent aucune modification. S'ils sont blancs, le mode inverse les couleurs des calques sous-jacents.
- **Exclusion** : Identique à Différence, mais avec moins de contraste et de saturation. Si les pixels du calque supérieur sont noirs, les calques sous-jacents ne subissent aucune modification. S'ils sont blancs, le mode inverse les couleurs des calques sous-jacents. Les couleurs moyennes se mélangent pour créer des teintes de gris.

Les modes de fusion TSL

Ces modes de fusion s'appuient sur le modèle de couleurs TSL (Teinte, Saturation, Luminosité) pour mélanger les couleurs, comme le montre la Figure 11.13 :

- **Teinte** : Fusionne la *luminance* (luminosité) et la *saturation* (intensité de la couleur) des calques sous-jacents avec la *teinte* (couleur) du calque supérieur.
- **Saturation** : Fusionne la luminance et la teinte des calques sous-jacents avec la saturation du calque supérieur.
- **Couleur** : Fusionne la luminance des calques sous-jacents avec la saturation et la teinte du calque supérieur. Ce mode permet d'appliquer de la couleur tout en préservant les ombres, les zones claires et les détails des calques sous-jacents.

Figure 11.13 : Certains modes de fusion mélangent les couleurs en fonction de leurs teinte, saturation et luminosité.

TRUC

Le mode Couleur est un outil très efficace pour colorier des images. Si vous appréciez l'aspect des photos noir et blanc colorées à la main que l'on utilise pour les cartes de vœux et les affiches, vous pouvez retrouver cet effet *via* une manipulation très simple. Tout d'abord, assurez-vous que votre image noir et blanc est en mode RVB (rouge, vert, bleu) afin qu'elle prenne en charge les couleurs. Créez un nouveau calque dans la palette Calques et définissez-le au mode de fusion Couleur. Sélectionnez l'outil Pinceau, avec une forme estompée, choisissez une couleur et peignez sur votre image. Réglez votre opacité à moins de 100 % pour adoucir l'effet.

- **Luminosité** : À l'opposé du mode Couleur, celui-ci fusionne la teinte et la saturation des calques sous-jacents avec la luminance du calque supérieur. Il préserve également les ombres, tons clairs et détails du calque supérieur et les mélange avec les couleurs des calques sous-jacents.

Exploitez Photomerge

Elements offre une fonctionnalité époustouflante, Photomerge, qui permet de créer des composites magnifiques à partir de plusieurs images. Par exemple, vous pouvez rassembler tous vos amis sur une photo ou améliorer une photo de vacances en retirant les voitures et les passants. Les sections suivantes expliquent comment les quatre commandes Photomerge créent le type de composite dont vous avez besoin.

Panorama Photomerge

La commande Panorama Photomerge combine plusieurs images en une seule image panoramique. Cette opération consiste à faire se chevaucher plusieurs photos pour les assembler. Si vous voulez réussir votre fusion de photos, vous devez disposer de bons fichiers source. Tout d'abord, lorsque vous prenez vos photos, faites se chevaucher vos images individuelles de 15 à 40 %, mais pas au-delà de 50 %. Ensuite, évitez d'employer des objectifs *fish-eye* (œil panoramique) non corrigés contre la distorsion et de conserver le paramètre de zoom de l'appareil. En outre, essayez de conserver les mêmes paramètres d'exposition à chaque prise. Enfin, restez dans la même position et laissez votre appareil au même niveau pour chaque photo. Servez-vous d'un trépied pour être le plus précis possible.

Voici comment créer une image Panorama Photomerge :

1. **En mode Retouche standard, choisissez Fichier/Nouveau/ Panorama Photomerge.**
2. **Dans la première boîte de dialogue Photomerge, sélectionnez vos fichiers source.**

   Servez-vous de la liste déroulante Utiliser pour sélectionner des fichiers et des dossiers.
3. **Cliquez Ajouter les fichiers ouverts pour utiliser tous les fichiers ouverts ou Parcourir pour rechercher vos fichiers et dossiers.**
4. **Sous Disposition, choisissez un mode :**
   - *Automatique* : Elements analyse vos images.
   - *Perspective* : Choisissez ce mode si vous avez pris vos photos avec de la perspective ou avec des angles très marqués. Essayez-le si vous avez utilisé un trépied.
   - *Cylindrique* : Ce mode convient très bien si vous avez pris vos photos avec un objectif grand angle ou si vous avez des photos panoramiques à 360 °.
   - *Repositionnement seul* : Elements ne prend aucune distorsion en compte, il analyse simplement les images et les place dans la meilleure position.

Si vous choisissez l'un des modes précédents, Elements ouvre et assemble automatiquement les fichiers source pour créer le panorama composite dans la zone de travail de la boîte de dialogue. Si le résultat vous convient, passez directement à l'étape 7.

Elements vous prévient lorsqu'il ne parvient pas à assembler automatiquement vos fichiers source. À vous de prendre le relais.

- *Disposition interactive* : Cette option ouvre le volet de la Figure 11.14. Elements tente d'aligner et d'assembler au mieux les images, mais vous devrez probablement retoucher manuellement le panorama.

PhotoSpin

Figure 11.14 : Combinez plusieurs images en un panorama avec Photomerge.

TRUC

Quel que soit le mode choisi, Elements conserve les éléments du panorama sur des calques. Vous remarquerez également qu'un masque de fusion a été ajouté à chaque calque pour mieux fusionner l'image panoramique. Les masques de fusion sont étudiés au Chapitre 8.

5. **Si Elements ne s'en est pas chargé, utilisez l'outil Sélection de l'image (la flèche) pour faire glisser les vignettes d'image de la Boîte à lumière, située dans la partie supérieure de la fenêtre, vers la zone de travail. Vous pouvez également double-cliquer la vignette dans la Boîte à lumière pour l'ajouter à la composition.**

6. **Arrangez et disposez vos images :**

   - *Outil Sélection de l'image :* Positionne les images.
   - *Outil Rotation de l'image* : Effectue des rotations.
   - *Outils Zoom et Déplacement de la vue :* Permettent d'afficher et de déplacer l'image dans la fenêtre.
   - *Vignette Navigateur* : Déplacez le curseur pour agrandir et réduire l'affichage de la composition.
   - *Option Aligner sur l'image :* Met automatiquement les images chevauchées en place.

7. **Pour ajuster le point de fuite, sélectionnez l'option Perspective dans la zone Paramètres, puis cliquez l'image de votre choix avec l'outil Point de fuite.**

   Elements modifie la perspective de la composition. Par défaut, il sélectionne l'image centrale comme point de fuite. Déplacez les autres images si nécessaire.

   Lorsque vous sélectionnez le paramètre Perspective, Elements lie les images qui ne font pas office de point de fuite à l'image Point de fuite. Pour annuler ce lien, cliquez le bouton Repositionnement seul ou séparez les images dans la zone de travail.

8. **Cliquez OK pour créer le panorama.**

   L'image s'ouvre en tant que nouveau fichier dans Elements.

Prise de vue de groupe Photomerge

Tout le monde sait à quel point il est difficile d'avoir une photo où tout le monde sourit, regarde droit devant, ne ferme pas les yeux, etc. Grâce à la commande Prise de vue de groupe Photomerge, vous pouvez prendre plusieurs photos de la même session et fusionner les meilleures.

Voici comment créer une image Prise de vue de groupe Photomerge :

1. **Sélectionnez au moins deux photos dans votre Corbeille des projets.**

2. **Choisissez Fichier/Nouveau/Prise de vue de groupe Photomerge.**

3. **Choisissez la meilleure photo du groupe et faites-la glisser dans le volet Final.**

4. **Dans la Corbeille des projets, sélectionnez l'une des autres photos à définir comme image Source. Faites-la glisser vers le volet Source.**

5. **À l'aide de l'outil Crayon, tracez une ligne autour des portions de la photo Source à fusionner avec la photo Final, comme le montre la Figure 11.15.**

   Votre crayon bleu indique soit les traits, soit les régions, alors mises en évidence *via* une incrustation bleue.

6. **Répétez les étapes 4 et 5 avec les photos restantes.**

   Si vos photos ne sont pas alignées, servez-vous de l'outil Alignement situé sous Options avancées.

7. **Avec l'outil Alignement, cliquez votre image Source et placez 3 marqueurs à trois emplacements importants. Placez également 3 marqueurs dans l'image Final et choisissez les mêmes emplacements.**

8. **Cliquez le bouton Aligner les photos.**

   Plus vos fichiers source sont de bonne qualité, meilleur sera le résultat.

9. **Si vous avez raté votre manipulation, cliquez le bouton Rétablir.**

10. Si le résultat vous convient, cliquez Terminer.

L'image s'ouvre en tant que nouveau fichier dans Elements.

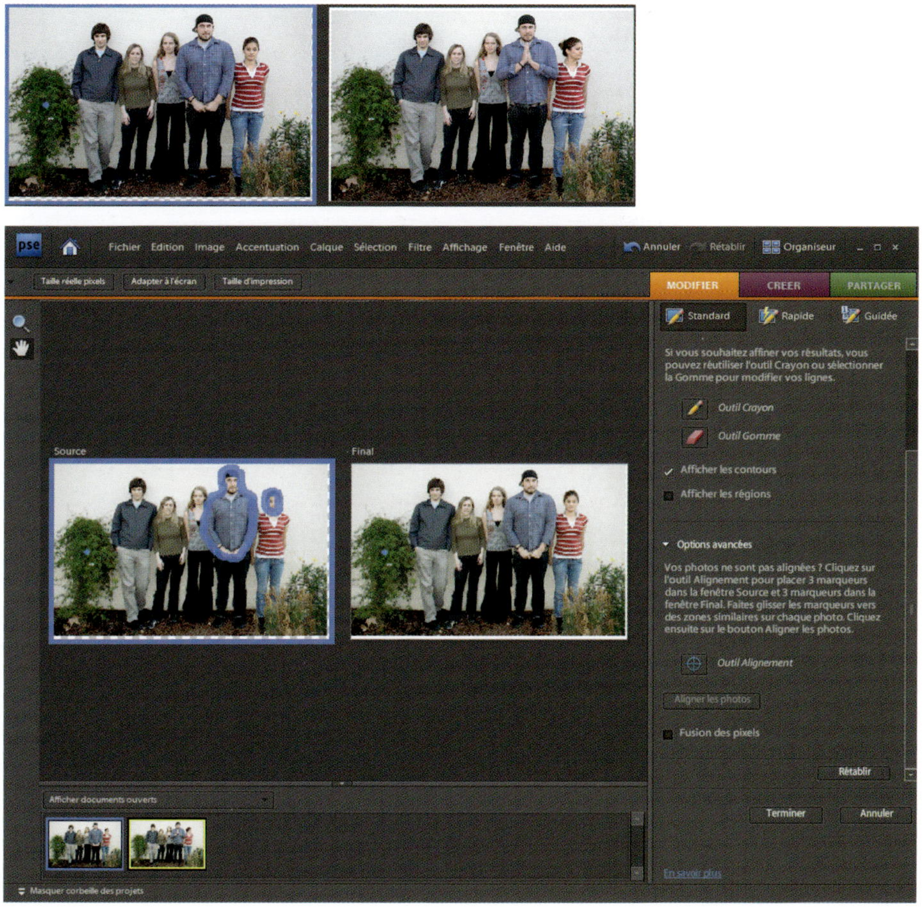

Figure 11.15 : Obtenez la meilleure photo de groupe à partir de plusieurs images.

Visages Photomerge

Visages Photomerge, une fonctionnalité plus amusante qu'indispensable, permet de mélanger les parties de plusieurs visages pour constituer une sorte de visage hybride.

Pour ce faire, procédez comme suit :

1. **Sélectionnez au moins deux photos dans votre Corbeille des projets.**
2. **Choisissez Fichier/Nouveau/Visages Photomerge.**
3. **Choisissez le visage à employer comme "zone de travail" (ou image de départ) et faites-le glisser de la Corbeille des projets vers le volet Final.**
4. **Dans la Corbeille des projets, sélectionnez l'une des autres photos à définir comme image Source. Faites-la glisser vers le volet Source.**
5. **À l'aide de l'outil Alignement, cliquez votre image Source et placez trois marqueurs sur les yeux et la bouche du visage, puis placez trois autres marqueurs aux mêmes emplacements sur l'image Final.**
6. **Cliquez le bouton Aligner les photos.**

   Cette commande dimensionne les images pour mettre en correspondance et aligner les parties du visage. Il est toujours préférable de commencer avec des images de dimensions et d'orientation similaires. Une lumière identique facilite également l'opération.

7. **À l'aide de l'outil Crayon, tracez une ligne autour des parties de la photo Source à fusionner avec la photo Final, comme le montre la Figure 11.16.**

   Votre crayon bleu indique soit les touches, soit les régions, alors mises en évidence *via* une incrustation bleue.

8. **Si vous avez raté votre manipulation, cliquez le bouton Rétablir.**

9. **Si le résultat vous convient, cliquez Terminer.**

Figure 11.16 : Fusionnez deux visages avec Visages Photomerge.

Nettoyage de scène Photomerge

Nettoyage de scène Photomerge (voir Figure 11.17) permet d'obtenir la meilleure image possible en supprimant les éléments indésirables, comme des voitures, des passants, etc.

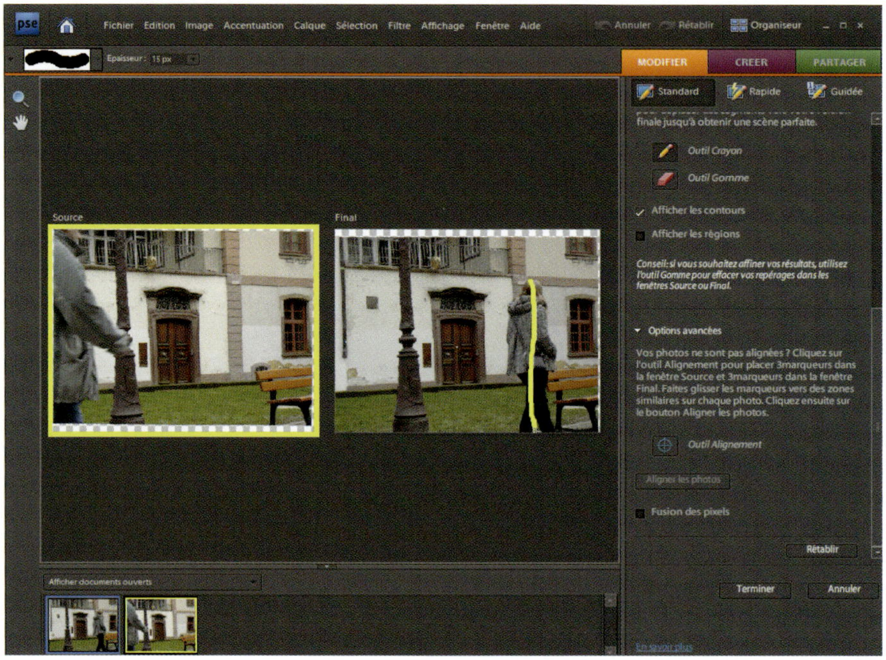

Figure 11.17 : Éliminez les éléments superflus à l'aide de Nettoyage de scène Photomerge.

Pour rassembler les meilleures conditions, prenez plusieurs photos avec le même angle et à la même distance. La commande fonctionne mieux lorsque les éléments à retirer sont en mouvement.

Voici comment créer un composite avec Nettoyage de scène Photomerge :

1. **Sélectionnez au moins deux photos dans votre Corbeille des projets.**

2. **Choisissez Fichier/Nouveau/Nettoyage de scène Photomerge.**

   Elements aligne automatiquement et au mieux vos images.

3. **Choisissez la meilleure photo de la scène et faites-la glisser dans le volet Final.**

4. **Dans la Corbeille des projets, sélectionnez l'une des autres photos à définir comme image Source. Faites-la glisser vers le volet Source.**

5. **Avec l'outil Crayon, tracez une ligne autour des éléments de la photo Final à remplacer par le contenu de la photo Source.**

6. **Répétez les étapes 4 et 5 avec les photos restantes de la scène.**

   Si vos photos ne sont pas alignées, servez-vous de l'outil Alignement situé sous Options avancées.

7. **Avec l'outil Alignement, cliquez votre image Source et placez 3 marqueurs à trois emplacements importants.**

   Placez également 3 marqueurs dans l'image Final et choisissez les mêmes emplacements.

8. **Cliquez le bouton Aligner les photos, comme le montre la Figure 11.17.**

   Plus vos fichiers source sont similaires (cadrage, angle), meilleur sera le résultat de la fusion.

9. **Si vous avez raté votre manipulation, cliquez le bouton Rétablir.**

10. **Si le résultat vous convient, cliquez Terminer.**

    L'image s'ouvre en tant que nouveau fichier dans Elements.

12

Dessinez et peignez

Dans ce chapitre :

- Choisissez des couleurs.
- Dessinez avec le Crayon.
- Peignez à l'aide de l'outil Pinceau.
- Remplissez et ajoutez une bordure à vos sélections.
- Appliquez de la couleur avec le Pot de peinture.
- Créez des dégradés et des motifs.
- Créez et modifiez toutes sortes de formes.

Vous l'avez compris, Elements est un programme de retouche d'image tout-en-un qui offre d'innombrables outils destinés à sélectionner, réparer, organiser et partager vos images. Il suppose à cet effet que vous voudrez ajouter des nuances de couleurs, soit par applications libres avec un pinceau ou un crayon, soit *via* une forme géométrique ou représentative. Rassurez-vous, l'art du dessin et de la peinture n'est pas exclusivement réservé aux détenteurs de la fibre artistique, puisque Elements met à votre disposition une grande quantité de formes prédéfinies. En fait, il suffit de savoir sélectionner un outil et de faire glisser le pointeur pour être capable de dessiner et peindre.

Choisissez des couleurs

Avant de commencer à dessiner ou à peindre, vous pouvez changer la couleur par défaut. Si vous avez lu les précédents chapitres de ce livre, vous avez sans doute passé en revue les différents outils d'Elements et remarqué les deux cases de couleurs qui empiètent l'une sur l'autre au bas de la palette. Il s'agit des deux catégories de couleurs : *premier plan* et *arrière-plan*. Voici comment elles fonctionnent selon les outils :

- Lorsque vous ajoutez du texte, peignez avec l'outil Pinceau ou créez une forme, vous appliquez la couleur de premier plan.
- Sur le calque Arrière-plan d'une image, vous utilisez la couleur d'arrière-plan pour appliquer l'outil Gomme ou augmenter la taille de la zone de travail.
- Lorsque vous choisissez l'outil Dégradé en conservant les paramètres du dégradé par défaut, il se compose d'une transition entre la couleur de premier plan et celle de l'arrière-plan.

Elements propose trois manières de choisir les couleurs de premier et d'arrière-plan : le Sélecteur de couleur, la palette Nuancier et l'outil Pipette, qui prélève la couleur d'une image.

Exploitez le Sélecteur de couleur

Par défaut, Elements définit le noir et le blanc comme couleurs de premier plan et d'arrière-plan. Si vous effectuez des tests de couleurs et souhaitez rétablir les couleurs par défaut, appuyez sur la touche D. Pour basculer entre la couleur de premier plan et la couleur d'arrière-plan, appuyez sur X. Si vous voulez appliquer une autre couleur, cliquez l'une des cases et choisissez une autre couleur dans le Sélecteur de couleur, illustré Figure 12.1.

Voici comment définir une couleur à l'aide du Sélecteur de couleur :

1. **Dans la palette d'outils, cliquez la case de couleur Premier plan ou Arrière-plan.**

   Le Sélecteur de couleur apparaît.

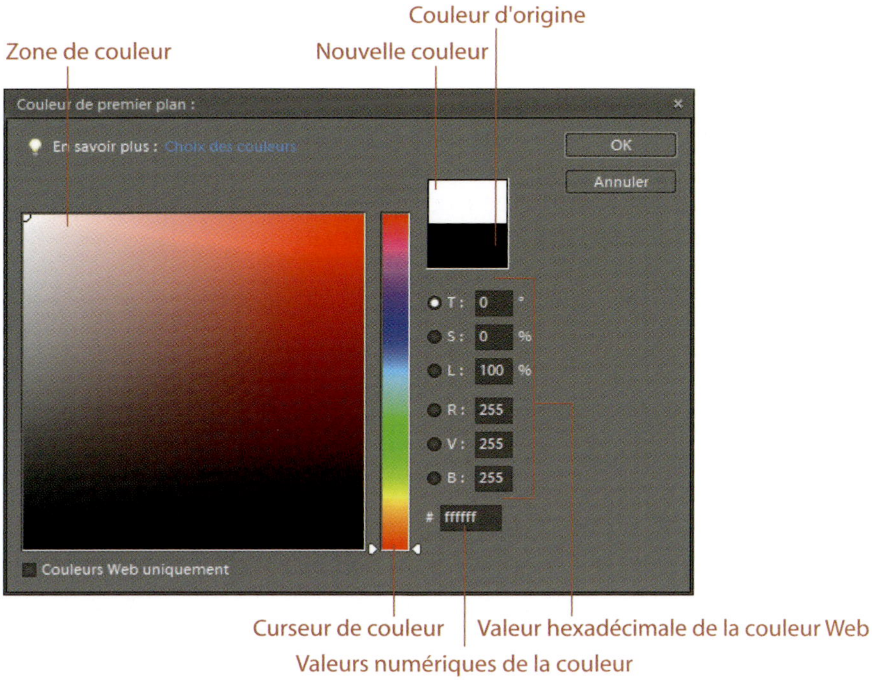

Figure 12.1 : Sélecteur de couleur.

2. **Faites glisser le curseur de couleur ou cliquez la barre de couleur pour vous rapprocher de la teinte de couleur souhaitée.**

3. **Cliquez dans le grand carré de gauche, ou *zone de couleur*, pour préciser votre choix de couleur.**

   Le pointeur en forme de cercle définit votre couleur. Les deux nuanciers dans l'angle supérieur droit de la boîte de dialogue mettent en comparaison votre nouvelle couleur et celle du premier plan ou de l'arrière-plan d'origine.

   Les valeurs numériques à droite de la boîte de dialogue changent en fonction de la couleur sélectionnée. Si d'aventure vous connaissez les valeurs de la couleur dont vous avez besoin, il vous suffit de les saisir dans les zones de texte. Souvenez-vous que les valeurs RVB (rouge, vert, bleu) s'appuient sur des niveaux de luminosité compris entre 0 (noir) et 255 (blanc). Vous avez également la possibilité de taper des valeurs TSL (teinte, saturation, luminosité) ou encore la formule hexadécimale des couleurs Web.

4. **Lorsque vous avez trouvé la couleur qui vous convient, cliquez OK.**

Explorez la palette Nuancier

Figure 12.2 : Palette Nuancier.

La deuxième manière de choisir une couleur de premier ou d'arrière-plan consiste à la sélectionner dans la palette Nuancier. Imaginez-la comme une véritable palette de peintre, mais en version numérique. Outre les couleurs prédéfinies, elle propose de mélanger et stocke vos propres couleurs pour un usage ultérieur. Vous pouvez ouvrir plusieurs palettes pour certains types de projets ou images. Par exemple, vous pouvez avoir une palette de couleurs de peau pour retoucher des portraits. Choisissez Fenêtre/Nuancier pour l'afficher, comme le montre la Figure 12.2.

Pour sélectionner une couleur dans la palette Nuancier, cliquez la case de couleur de votre choix. Peu importe l'outil avec lequel vous travaillez. Dès que vous survolez la palette avec l'outil, celui-ci se transforme en pipette qui prélève la couleur et la définit comme nouvelle couleur de premier plan ou d'arrière-plan.

TRUC

Bien que la palette Nuancier ne présente aucune difficulté, voici quelques conseils concernant son emploi :

- **Changer la couleur d'arrière-plan.** Cliquez la case de la couleur d'arrière-plan dans la palette d'outils ou cliquez une case en appuyant sur Ctrl/⌘.
- **Employer les couleurs prédéfinies.** Pour charger une bibliothèque de nuancier prédéfini, sélectionnez-la dans la liste déroulante de la palette Nuancier. Elements propose des bibliothèques spécifiques aux éléments Web, aux filtres photo et aux systèmes Windows.

- **Ajouter une couleur à la palette Nuancier.** Pour ajouter une couleur à la palette Nuancier, choisissez Nouvelle nuance dans le menu Plus de la palette ou cliquez une portion vide dans la palette. Attribuez-lui un nom et cliquez OK.

- **Enregistrer des nuances.** Choisissez Enregistrer le nuancier dans le menu Plus de la palette. Nous vous conseillons d'enregistrer la bibliothèque dans le dossier Color Swatches du dossier Presets. Si ce dossier ne se présente pas par défaut, vous le retrouvez à l'aide du chemin d'accès `Adobe\Photoshop Elements\7.0\Presets\Color Swatches`.

- **Charger des nuanciers.** Si vous voulez charger une bibliothèque personnalisée, choisissez Plus/Charger un nuancier. Dans la boîte de dialogue, sélectionnez votre bibliothèque dans le dossier Color Swatches. La nouvelle bibliothèque s'ajoute à celle en cours.

  Le Gestionnaire des paramètres prédéfinis donne également accès aux nuanciers. Pour en savoir plus, consultez le Chapitre 2.

- **Supprimer des nuances.** Pour supprimer une nuance, faites-la glisser vers l'icône de poubelle au bas de la palette ou cliquez-la en appuyant sur Alt/Option.

- **Changer l'apparence de la palette.** Cliquez le bouton Plus dans l'angle supérieur droit pour afficher la palette avec des vignettes, petites ou grandes, ou une liste, petite ou grande.

- **Remplacer la bibliothèque de nuancier en cours par une autre bibliothèque.** Dans le menu Plus, choisissez Remplacer le nuancier. Sélectionnez une bibliothèque dans le dossier Color Swatches.

Prélevez une couleur avec l'outil Pipette

Elements procure une troisième façon de choisir une couleur : *via* l'outil Pipette. Ce dernier permet de prélever une couleur présente dans une image et de l'utiliser pour un autre élément. Par exemple, vous pouvez appliquer à votre texte le même vert que l'arrière-plan d'une image, comme dans la Figure 12.3. Pour ce faire, sélectionnez l'outil Pipette (ou appuyez sur I) et cliquez une nuance de vert à l'arrière-plan. L'outil prélève la couleur et la définit comme nouvelle couleur de premier plan. Il ne vous reste plus qu'à créer le texte avec cette nouvelle couleur.

Corbis Digital Stock

Figure 12.3 : L'outil Pipette prélève une couleur de l'image à appliquer à d'autres éléments, comme du texte.

L'emploi de l'outil Pipette implique quelques considérations :

- **Prélever une nouvelle couleur de premier plan ou d'arrière-plan.** Évidemment, vous pouvez sélectionner la nuance de premier plan ou d'arrière-plan dans la palette d'outils avant de prélever une couleur, mais si la nuance de couleur de premier plan est active, lorsque vous maintenez enfoncée la touche Alt/Option, vous prélevez une nouvelle couleur de premier plan et vice versa.

- **Choisir une couleur à partir de n'importe quelle image.** Si vous avez ouvert plusieurs images, vous avez la possibilité de prélever une couleur dans l'une d'elles et de l'appliquer dans n'importe quelle autre image.
- **Choisir la taille du prélèvement dans la barre d'options.** Avec l'option Echantillon ponctuel, vous sélectionnez la couleur du pixel cliqué. Autrement, Elements peut calculer la moyenne des couleurs des pixels d'une zone comprenant 3 × 3 ou 5 × 5 pixels.
- **Sélectionner des couleurs Web sécurisées.** Si vous cliquez l'image du bouton droit, le menu contextuel propose l'option Copier la couleur en HTML, laquelle récupère la formule hexadécimale Web de cette couleur prélevée et la copie dans le Presse-papiers. Collez ensuite cette formule dans un fichier HTML ou sélectionnez l'outil Texte et choisissez Edition/Coller pour afficher la formule dans l'image.
- **Basculez entre la Pipette et les autres outils.** Elements vous permet d'employer temporairement l'outil Pipette lorsque vous appliquez les outils Pinceau, Crayon, Remplacement de couleur, Dégradé, Pot de peinture, Emporte-pièce ou Forme. Il suffit dans ce cas d'appuyer sur Alt/Option, puis de relâcher la touche pour retrouver votre outil d'origine.

Dessinez à l'aide des outils Crayon et Pinceau

Si vous avez lu la première partie de ce chapitre et découvert tous les moyens de choisir une couleur, vous êtes probablement impatient de savoir comment peindre et dessiner avec cette couleur. Les outils Crayon et Pinceau vous permettent de mettre en pratique vos compétences créatives, comme l'expliquent les sections suivantes.

TRUC

Lorsque vous employez ces deux outils, l'utilisation d'une tablette graphique numérique sensible à la pression est fortement conseillée. En effet, elle remplace la maladresse et l'hésitation associées à l'emploi de la souris par des sensations très proches de l'emploi d'un crayon et d'un pinceau.

Dessinez avec l'outil Crayon

L'outil Crayon trace des contours nets et bien définis. Impossible d'obtenir des bords doux et estompés, comme avec l'outil Pinceau. En fait, il est tout simplement impossible de *lisser* les bords d'un trait de crayon (voir section suivante pour le lissage). N'oubliez pas que si vous dessinez autre chose que des lignes verticales ou horizontales, vous voyez apparaître des irrégularités sur vos lignes en grossissant l'affichage. Cela ne signifie évidemment pas qu'il faut jeter le Crayon par la fenêtre. Ces traits aux contours nets peuvent être parfaits pour des éléments Web. De plus, le Crayon peut s'effacer lui-même, ce qui est très pratique pour les croquis numériques, comme le montre la Figure 12.4.

Illustration : Chris Blair

Figure 12.4 : L'outil Crayon peut s'employer pour les dessins numériques.

Voici comment maîtriser l'utilisation de l'outil Crayon :

1. **Dans la palette d'outils, sélectionnez l'outil Crayon ou appuyez sur la touche N.**

   Par défaut, la pointe de la forme de l'outil mesure 1 pixel.

2. **Dans la barre d'options, définissez les options du Crayon, en commençant par une forme prédéfinie. Cliquez la flèche et choisissez une forme dans la palette déroulante des formes prédéfinies.**

   Pour charger une autre bibliothèque prédéfinie, cliquez le menu en haut à droite de la palette.

TRUC

Ne vous limitez pas aux formes traditionnelles par défaut. Découvrez par exemple les formes Effets spéciaux ou Formes d'outil variées, situées dans la liste déroulante Formes de la palette. Vous serez surpris de la diversité des formes qui s'offre à vous pour créer des images ou améliorer vos créations photographiques.

Ouvrez le menu déroulant de la palette des formes pour enregistrer, renommer ou supprimer des formes individuelles et enregistrer, charger et réinitialiser des bibliothèques de formes. Reportez-vous à cet effet à la section suivante.

3. **Définissez la taille de votre forme.**

   Les diamètres en pixels des formes prédéfinies sont indiqués sous les vignettes des formes. Si vous voulez changer la taille de la pointe, faites glisser le curseur Epaisseur ou tapez une valeur.

4. **Choisissez un mode de fusion.**

   Les modes de fusion affectent la manière dont votre couleur interagit avec celle de la zone de travail. Ils sont étudiés au Chapitre 11.

5. **Si vous voulez que l'arrière-plan apparaisse à mesure que vous dessinez, réglez l'opacité en faisant glisser le curseur ou en tapant un pourcentage d'Opacité inférieur à 100 %.**

   Moins ce pourcentage est élevé, plus les images de l'arrière-plan passent au travers.

   N'OUBLIEZ PAS

   Vous devez dessiner sur un calque séparé situé au-dessus de vos images pour pouvoir régler l'opacité et les modes de fusion après coup. Pour en savoir plus sur les calques, consultez le Chapitre 8.

6. **Sélectionnez l'option Inversion auto si vous voulez l'activer.**

   Cette option sert à supprimer des portions de vos coups de crayon. Par exemple, imaginez que votre premier plan est noir, que votre arrière-plan est blanc et que vous appliquez des coups de crayon noirs. En activant Inversion auto, vous appliquez du blanc si vous repassez l'outil sur les traits noirs. Si vous recouvrez l'arrière-plan blanc, vous appliquez du noir.

7. **Cliquez et faites glisser la souris pour dessiner.**

   Pour tracer une ligne droite, cliquez au point de départ, relâchez le bouton de la souris, puis cliquez en appuyant sur Maj à l'arrivée.

Peignez à l'aide de l'outil Pinceau

L'outil Pinceau crée des traits aux bords estompés. La netteté des coups de pinceau dépend de la forme utilisée. Par défaut, même la forme la plus nette est légèrement estompée dans la mesure où elle est lissée. Le *lissage* sélectionne partiellement une rangée de pixels autour du contour afin de créer l'illusion de bords estompés. Vous pouvez également sélectionner des formes plus estompées, qui possèdent un contour progressif. Pour en savoir plus à ce sujet, reportez-vous au Chapitre 7.

Les options de l'outil Pinceau sont quasiment les mêmes que celles de l'outil Crayon, à la différence que la fonctionnalité Inversion auto n'est pas disponible. Voici un aperçu des options propres au Pinceau :

- **Aérographe** : Cliquez le bouton Définir pour activer les fonctions de l'aérographe de la barre d'options et le mode Aérographe. Ce faisant, plus vous maintenez enfoncé le bouton de la souris, plus le Pinceau applique de la peinture et plus l'effet de l'aérographe se répand.
- **Options de la tablette** : Si vous travaillez avec une tablette graphique sensible à la pression, définissez les options relatives à son contrôle (taille, diffusion, opacité, arrondi, variation de teinte). Plus vous appuyez avec le stylet, plus vous augmentez l'effet de ces options.
- **Options supplémentaires** : Cliquez l'icône de pinceau pour accéder à des options supplémentaires. Celles-ci, dynamiques, changent lorsque vous appliquez l'outil. Consultez la Figure 12.5 pour découvrir chaque option. En voici la liste :
  - *Estomper :* Plus la valeur est faible, plus le coup

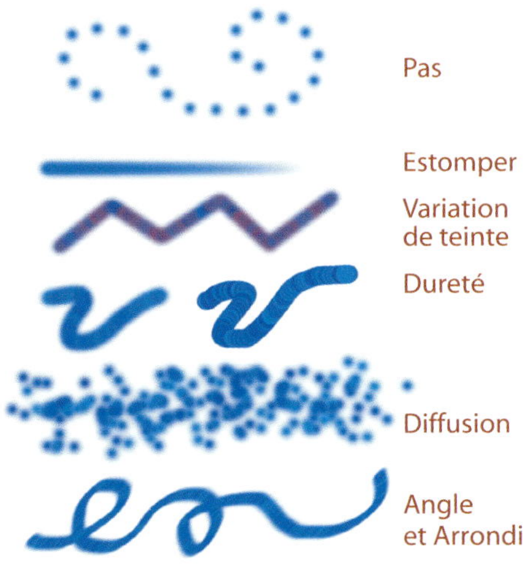

Figure 12.5 : Définissez les options du pinceau pour personnaliser votre pinceau.

de pinceau s'estompe rapidement. Si la valeur est définie à zéro, le trait n'est pas estompé.

- *Variation de teinte :* Fait varier la couleur du trait entre les couleurs de premier et d'arrière-plan. Plus la valeur est élevée, plus la variation est fréquente.
- *Diffusion :* Plus la valeur est élevée, plus le pinceau se diffuse et se répand.
- *Pas :* Plus le nombre est élevé, plus les touches de peinture sont espacées.
- *Dureté* : Plus la valeur est élevée, plus la forme est nette.
- *Angle* : Si vous créez une forme ovale en réglant l'arrondi (voir puce suivante), cette option détermine l'angle du coup de pinceau oval. Il est nettement plus simple de faire glisser les points et la flèche sur le diagramme que d'essayer de deviner les valeurs des zones de texte.
- *Arrondi :* Avec 100 %, la forme est totalement circulaire. Plus le pourcentage est faible, plus la forme se transforme en ellipse.

TRUC

Pour verrouiller ces paramètres dynamiques et les appliquer à toutes vos formes, cochez la case Conserver ces paramètres pour toutes les formes.

À l'instar de l'outil Crayon, le Pinceau possède d'autres fonctionnalités dans la liste déroulante de la palette des formes prédéfinies. En voici une brève description :

- **Enregistrer la forme** : Enregistre une forme personnalisée comme forme prédéfinie. Reportez-vous à cet effet à la section suivante.
- **Renommer la forme** : Le nom d'une forme ne vous convient pas ? Cette option vous permet de lui en attribuer un autre.
- **Supprimer la forme** : L'ensemble de la forme vous déplaît ? Supprimez-la *via* cette option.
- **Réinitialiser les formes** : Rétablit les paramètres par défaut de la bibliothèque de formes en cours.

- **Enregistrer les formes** : Enregistre les formes personnalisées dans une bibliothèque séparée.
- **Charger les formes :** Charge une bibliothèque de formes prédéfinies ou personnalisées.
- **Options d'affichage** : Jeu de commandes qui régit l'affichage des pointes de formes. L'affichage est défini par défaut à Vignette du contour, qui indique l'apparence du coup de pinceau. Les autres commandes disponibles incluent Texte seul, Petite vignette, Grande vignette, Petite liste et Grande liste.

Les bibliothèques de formes se gèrent également *via* le Gestionnaire de paramètres prédéfinis. Reportez-vous au Chapitre 2 pour en découvrir l'usage.

Créez votre propre forme

Maintenant que vous avez défini toutes vos options et que vous adorez votre forme, nous vous conseillons de l'enregistrer comme forme prédéfinie de manière à pouvoir la réutiliser ultérieurement. Dans le menu déroulant de la palette des formes prédéfinies, choisissez Enregistrer la forme. Attribuez-lui un nom et cliquez OK. Votre nouvelle forme personnalisée apparaît au bas de la palette des formes.

Il existe une autre manière de créer une forme, et ce à partir de tout ou partie de votre image. En ce qui concerne l'image, il peut s'agir d'une photo ou de n'importe lequel de vos dessins.

Voici comment créer une forme à partir de votre image :

1. **Sélectionnez une partie de votre image à l'aide d'un outil de sélection.**

   Si vous voulez exploiter l'image ou le calque dans sa totalité, désélectionnez tout.

   Pour en savoir plus sur les sélections, consultez le Chapitre 7.

2. **Choisissez Edition/Définir une forme ou Edition/Définir une forme d'après la sélection.**

L'une ou l'autre des commandes apparaît, selon votre sélection à l'étape 1.

3. **Attribuez-lui un nom et cliquez OK.**

   La nouvelle forme apparaît au bas de la palette des formes et représente une version en niveaux de gris de votre image. Lorsque vous l'utilisez, elle applique automatiquement la couleur de premier plan, comme le montre la Figure 12.6.

Digital Vision

Figure 12.6 : Créez une forme personnalisée à partir d'une portion de votre image.

Utilisez la Forme impressionniste

L'outil Forme impressionniste a été conçu pour appliquer de la peinture sur des photos et les transformer en de véritables œuvres d'art. Des options vous permettent de modifier le style de vos coups de pinceau.

Voici comment utiliser ce pinceau artistique :

1. **Dans la palette d'outils, sélectionnez l'outil Forme impressionniste.**

   Il s'agit d'un pinceau situé devant une spirale. Vous pouvez aussi appuyer sur B ou Maj+B pour alterner entre les pinceaux.

2. Définissez les options du pinceau.

Les options Formes, Epaisseur, Mode et Opacité sont identiques à celles de l'outil Pinceau, décrit à la section "Peignez à l'aide de l'outil Pinceau", précédemment dans ce chapitre. Forme impressionniste possède toutefois ses propres options, accessibles en cliquant le dernier bouton de la barre d'options, portant l'icône de l'outil :

- *Style* : Cette liste déroulante contient plusieurs styles de formes, comme Etroit long ou Courbure large longue.
- *Zone* : Détermine la taille de la forme. Plus la valeur est élevée, plus la zone couverte est large.
- *Tolérance* : Détermine le niveau de similarité entre les pixels pour qu'ils soient transformés par la forme.

3. Faites glisser le pointeur dans l'image et appliquez vos coups de pinceau, comme dans la Figure 12.7.

Le meilleur moyen de réaliser l'étendue de cet outil est d'ouvrir votre image préférée, de sélectionner l'outil et de l'essayer.

Corbis Digital Stock

Figure 12.7 : La Forme impressionniste transforme votre photo en peinture.

Remplissez et ajoutez une bordure à vos sélections

Même avec la meilleure volonté, il est quasiment impossible de créer n'importe quel type d'élément sur une zone de travail avec le Crayon ou le Pinceau. Essayez par exemple de dessiner un cercle parfait ou une étoile à cinq branches. Elements propose deux manières de créer ce type d'objets. Si vous avez créé une sélection, vous pouvez la remplir ou définir son contour pour créer cet élément, plutôt que de dessiner ou de peindre dedans. La commande Remplir la sélection ajoute une couleur ou un motif à la totalité de la sélection, tandis que Contour de la sélection n'applique la couleur qu'au bord du contour de la sélection.

Remplissez la sélection

Vous ne trouverez pas d'outil Remplissage dans la palette d'outils. Les concepteurs du programme ont préféré ne pas surcharger la palette et ont placé les commandes Remplir la sélection et Contour de la sélection dans le menu Edition. Voici comment remplir une sélection :

1. **Sélectionnez l'outil de sélection de votre choix et créez votre sélection sur un nouveau calque.**

   Il n'est pas obligatoire de créer un nouveau calque pour créer la sélection à remplir, mais nous vous le conseillons. De cette manière, si la sélection remplie ne vous convient pas, il vous suffit de supprimer le calque pour récupérer votre image ou arrière-plan dans leur état d'origine. Reportez-vous aux Chapitres 7 et 8 pour en savoir plus sur les sélections et sur les calques.

2. **Sélectionnez la couleur de premier plan ou d'arrière-plan, puis choisissez une couleur de remplissage.**

   Reportez-vous à la section "Choisissez des couleurs" si vous avez besoin d'un petit rappel.

3. **Choisissez Edition/Remplir la sélection.**

   La boîte de dialogue Remplir le calque s'affiche, illustrée Figure 12.8.

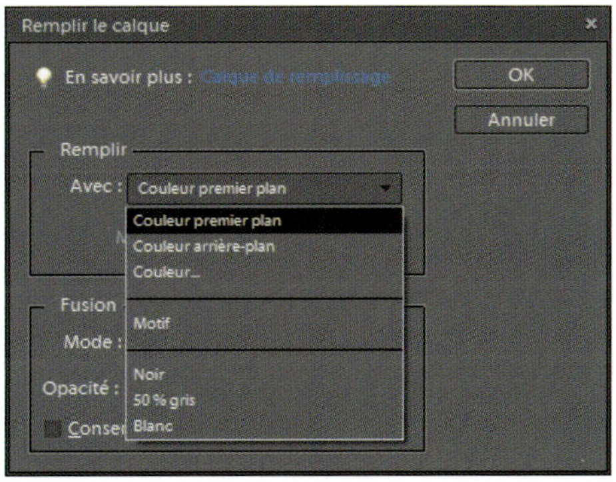

Figure 12.8 : Remplissez votre sélection ou votre calque avec une couleur ou un motif.

   Si vous préférez sauter l'étape de la boîte de dialogue Remplir le calque (et les autres boîtes de dialogue de cette procédure), servez-vous des raccourcis clavier existants :

- *Pour remplir la sélection avec la couleur de premier plan* : Appuyez sur Alt+Retour arrière (Option+Suppr sous Mac).
- *Pour la remplir avec la couleur d'arrière-plan :* Appuyez sur Ctrl+Retour arrière (⌘+Suppr sous Mac).

4. **Choisissez votre remplissage dans le menu déroulant Avec.**

   Vous pouvez remplir la sélection avec la couleur de premier plan ou d'arrière-plan ou choisir Couleur, Noir, 50 % gris, Blanc ou Motif. Si vous sélectionnez Couleur, le Sélecteur de couleur apparaît. Si vous choisissez Motif, vous devez choisir un motif dans la palette déroulante Motif personnalisé. Pour en savoir plus à ce sujet, reportez-vous à la section "Exploitez les motifs", plus loin dans ce chapitre.

   Si votre image ne comporte pas de contour de sélection actif, la commande s'appelle Remplir le calque et vous remplissez la totalité de votre calque.

5. **Dans la zone Fusion, indiquez si vous voulez conserver la transparence et ainsi remplir uniquement les portions de la sélection qui contiennent des pixels (les zones non transparentes).**

   Bien qu'il soit possible de choisir un *mode de fusion* (manière dont la couleur de remplissage interagit avec les couleurs sous-jacentes) et un pourcentage d'opacité, il est préférable de ne pas régler ces paramètres dans cette boîte de dialogue. Vous ajusterez ces paramètres ultérieurement à l'aide des commandes de la palette Calques, dont la flexibilité de retouche est bien supérieure.

6. **Cliquez OK.**

   La couleur ou le motif remplit la sélection.

Appliquez la commande Contour de la sélection

Définir le contour d'une sélection permet de créer des bords colorés, ou *bordures*, de sélections ou de calques. Libre à vous de placer ensuite cette bordure à l'intérieur ou à l'extérieur du contour de la sélection ou de la centrer. Voici comment procéder :

1. **Choisissez une couleur de premier plan et effectuez une sélection.**
2. **Choisissez Edition/Contour de la sélection.**

   La boîte de dialogue Contour apparaît.

3. **Définissez les paramètres à votre convenance.**

   De nombreux paramètres sont les mêmes que ceux de la boîte de dialogue Remplir le calque, analysée à la section précédente. Voici un bref aperçu des options propres aux contours :

   - *Epaisseur* : Tapez une valeur comprise entre 1 et 250 pixels.
   - *Position :* Spécifiez comment appliquer le contour : hors de la sélection, à l'intérieur de la sélection ou au centre de la sélection.

4. **Cliquez OK pour appliquer le contour.**

   Dans la Figure 12.9, nous avons appliqué un contour centré de 30 pixels à notre sélection.

Figure 12.9 : Appliquez un contour à une sélection pour créer une bordure colorée.

Appliquez de la couleur avec le Pot de peinture

L'outil Pot de peinture est un très vieux résident de la palette d'outils. Reconnaissable à son icône de pot de peinture, il associe l'effet de la commande Remplir la sélection et de l'outil Baguette magique. Il crée une sélection en fonction de la similarité de couleur des pixels, puis remplit immédiatement cette sélection avec une couleur ou un motif. À l'instar de la Baguette magique, le Pot de peinture est idéal lorsque le nombre de couleurs est limité, comme dans la Figure 12.10.

Corbis Digital Stock

Figure 12.10 : L'outil Pot de peinture effectue une sélection et la remplit simultanément.

Pour utiliser le Pot de peinture, il suffit de cliquer à l'intérieur de la sélection à remplir. Définissez tout de même vos options au préalable :

- **Remplissage** : Choisissez si vous allez appliquer la couleur de premier plan ou un motif. Si vous préférez employer la couleur, ne cochez pas la case Motif.
- **Motif** : Si vous sélectionnez Motif, choisissez un motif prédéfini dans la palette déroulante. Pour de plus amples informations sur les motifs, reportez-vous à la section "Exploitez les motifs", plus loin dans ce chapitre.
- **Mode** : Sélectionnez un mode de fusion pour modifier l'interaction de la couleur de remplissage avec la couleur sous-jacente.
- **Opacité** : Réglez l'opacité pour ajuster la transparence du remplissage.
- **Tolérance** : Choisissez une valeur de tolérance qui spécifie le niveau de similarité de couleur des pixels pour qu'ils soient sélectionnés et remplis. Plus la valeur est faible, plus la couleur doit être similaire. La tolérance est analysée à la section sur la Baguette magique au Chapitre 7.
- **Lissage** : Estompe les contours entre les zones remplies et non remplies.

- **Pixels cont.** : Sélectionnez cette option pour sélectionner et remplir uniquement les pixels qui se touchent dans votre sélection. Sinon, des pixels sont sélectionnés et remplis où qu'ils se trouvent dans la sélection.
- **Tous les calques** : Sélectionne et remplit les pixels de la sélection de tous les calques respectant le niveau de tolérance.

Exploitez les dégradés multicolores

Si une couleur ne vous suffit pas, sachez qu'il est possible de remplir une sélection ou un calque avec un dégradé. Un *dégradé* constitue une fusion de deux ou davantage de couleurs qui se transforment progressivement d'une couleur à l'autre. Bien qu'Elements vous offre un grand nombre de dégradés prédéfinis, il est également amusant et très simple de créer votre propre dégradé.

Appliquez un dégradé prédéfini

À l'instar des couleurs, des motifs et des formes, les dégradés prédéfinis mis à votre disposition sont très nombreux. Il est également possible de charger des bibliothèques à partir du menu déroulant de la palette des dégradés.

Voici comment appliquer un dégradé prédéfini :

1. **Effectuez la sélection à remplir d'un dégradé.**

   En créant la sélection sur un nouveau calque, vous gardez la possibilité de modifier le dégradé ultérieurement sans endommager l'image sous-jacente.

   Si vous n'effectuez pas de sélection, le dégradé s'applique à la totalité du calque ou de l'arrière-plan.

2. **Dans la palette d'outils, sélectionnez Dégradé ou appuyez sur la touche G.**

3. **Dans la barre d'options, cliquez la flèche vers le bas pour ouvrir la palette déroulante des dégradés et choisir un dégradé prédéfini.**

Vous êtes libre de charger d'autres bibliothèques prédéfinies. Certaines bibliothèques, comme Harmonies des couleurs ou Métaux, proposent des dégradés très intéressants.

4. **Choisissez votre type de dégradé en cliquant l'une des icônes.**

   Observez la Figure 12.11 pour découvrir chaque option.

5. **Définissez les autres options de la barre d'options :**

   - *Mode* : Sélectionnez un mode de fusion pour modifier l'interaction de la couleur du dégradé avec les couleurs sous-jacentes.
   - *Opacité* : Spécifiez l'opacité ou la transparence du dégradé.
   - *Invers. :* Inverse l'ordre d'application des couleurs.
   - *Simul.* : Ajoute du *bruit*, ou informations aléatoires, pour estomper les bandes du dégradé, visibles à l'impression.
   - *Transp.* : Ne sélectionnez pas cette option si vous voulez qu'Elements ignore les zones transparentes du dégradé et les rende opaques.

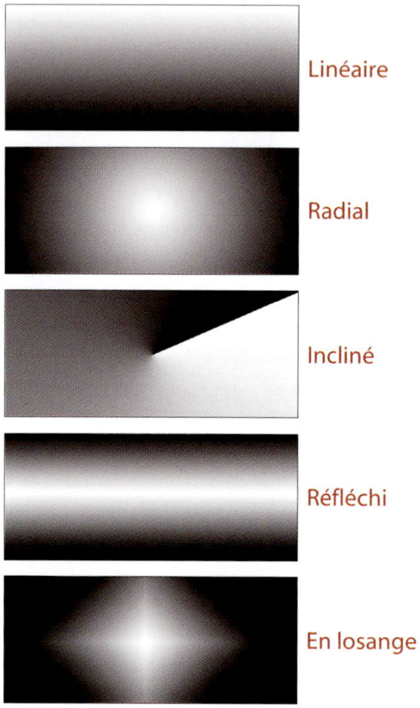

Figure 12.11 : Choisissez l'un des cinq types de dégradé.

6. **Placez votre outil au point de départ du dégradé, à l'intérieur de la sélection ou du calque.**

7. **Faites-le glisser dans n'importe quelle direction vers le point d'arrivée du dégradé.**

   TRUC

   Avec un mouvement long, vous obtenez une transition plus subtile entre les couleurs, tandis qu'un mouvement court produit une transition plus brutale. Maintenez enfoncée la touche Maj pour diriger le dégradé avec un angle de 45 degrés.

8. **Relâchez le bouton de la souris pour appliquer le dégradé.**

   Dans la Figure 12.12, nous avons appliqué un dégradé radial Orange Jaune de la bibliothèque prédéfinie Harmonies des couleurs 2 à un soleil sélectionné. Nous avons sélectionné l'option Inverser et fait glisser le pointeur du centre du soleil vers la pointe d'un rayon.

Figure 12.12 : Nous avons rempli notre sélection du soleil avec un dégradé radial Orange Jaune.

Personnalisez vos dégradés

S'il vous semble impossible de mettre la main sur le dégradé dont vous avez besoin, il vous suffit de créer le vôtre. L'Editeur de dégradé vous permet de créer votre propre dégradé, en utilisant le nombre de couleurs que vous voulez. Une fois le dégradé créé, vous pouvez l'enregistrer comme dégradé prédéfini pour un usage ultérieur.

Voici comment créer un dégradé personnalisé :

1. **Dans la palette d'outils, sélectionnez l'outil Dégradé.**
2. **Dans la barre d'options, cliquez le bouton Modifier.**

   La boîte de dialogue Editeur de dégradé s'affiche, illustrée Figure 12.13.

3. **Sélectionnez un dégradé prédéfini existant à employer comme base du nouveau dégradé.**
4. **Dans le menu déroulant, choisissez votre type de dégradé entre Uniforme ou Bruit.**

   Le dégradé Bruit contient des couleurs aléatoires. Il crée chaque fois un résultat différent.

Notez qu'à l'instant où vous commencez à modifier le dégradé existant, son nom change et devient Personnalisé.

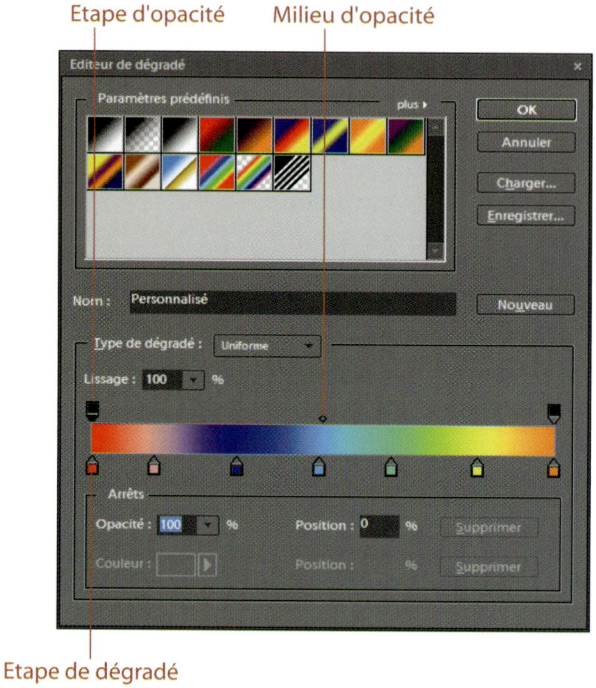

Figure 12.13 : Servez-vous de l'Editeur de dégradé pour modifier et personnaliser des dégradés.

5. **Définissez les options concernant le dégradé Uniforme ou Bruit, selon votre choix à l'étape 4 :**

   • *Si vous avez choisi Uniforme :* Réglez le pourcentage Lissage pour ajuster la douceur des transitions entre les couleurs.

   • *Si vous avez choisi Bruit* : Choisissez un Modèle de couleur pour définir la gamme de couleurs. Vous pouvez également régler le paramètre Cassure, qui détermine la douceur des transitions entre les couleurs. Cliquez Restreindre les couleurs pour éviter les couleurs trop saturées. L'option Ajouter de la transparence ajoute de la transparence aux couleurs aléatoires. Cliquez le bouton Phase initiale aléatoire pour générer un nouveau dégradé aléatoire. Passez ensuite directement à l'étape 15 pour terminer la procédure.

6. **Si vous créez un dégradé uniforme, choisissez la première couleur du dégradé en cliquant la première étape de couleur à gauche sous la barre du dégradé (voir Figure 12.13).**

   Le triangle situé au-dessus de l'étape devient noir pour indiquer que vous définissez le point de départ du dégradé.

7. **Choisissez la couleur de départ en double-cliquant l'étape de couleur à gauche et en sélectionnant une couleur dans le Sélecteur de couleur qui s'affiche.**

   Dans la zone Arrêts, cliquez la nuance de couleur ou choisissez Premier plan, Arrière-plan ou Couleur utilisateur dans le menu Couleur. Si vous choisissez une couleur avec l'option Premier plan ou Arrière-plan, lorsque vous changez l'une de ces couleurs, la couleur de vos dégradés change automatiquement. Cependant, si vous ouvrez à nouveau l'Editeur de dégradé, vous pouvez retrouver la couleur de premier plan ou d'arrière-plan d'origine en sélectionnant l'option Couleur utilisateur.

8. **Sélectionnez la couleur de fin du dégradé en cliquant l'étape de couleur à droite. Répétez l'étape 7 pour définir la couleur.**

9. **Changez le pourcentage de quantité d'une couleur par rapport à une autre en déplaçant l'étape de couleur du point de départ ou de l'arrivée vers la gauche ou vers la droite. Faites glisser le curseur du milieu (icône de diamant) pour déterminer où mélanger les couleurs à niveau égal.**

   La position du point du milieu change également si vous tapez une valeur dans la zone Position.

10. **Pour ajouter une autre couleur, cliquez sous la barre du dégradé à l'endroit où vous voulez ajouter la couleur. Définissez une couleur de la même manière qu'à l'étape 7.**

11. **Répétez l'étape 10 pour ajouter des couleurs.**

12. **Pour ajouter de la transparence à votre dégradé, sélectionnez un arrêt d'opacité (voir Figure 12.13) et réglez le curseur d'Opacité pour spécifier la quantité de transparence voulue.**

    Par défaut, un dégradé possède des couleurs opaques à 100 %. Vous pouvez atténuer un dégradé et le rendre transparent de manière à faire apparaître une portion de l'image située sous le dégradé.

Les arrêts d'opacité s'ajoutent comme les étapes de couleur.

13. **Réglez vos arrêts de couleur et d'opacité et leur curseur de milieu pour déterminer les pourcentages de chaque couleur.**

14. **Vous redéfinissez les couleurs à votre guise. Pour supprimer une étape de couleur, faites-la glisser au-dessus ou en dessous de la barre du dégradé.**

15. **Lorsque vous avez terminé, nommez votre dégradé et cliquez le bouton Nouveau.**

    Votre dégradé s'ajoute au menu Paramètres prédéfinis.

TRUC

Pour que tous ces efforts ne soient pas perdus, il est conseillé d'enregistrer vos dégradés. Pour ce faire, cliquez le bouton Enregistrer de la boîte de dialogue Editeur de dégradé. Enregistrez les dégradés prédéfinis en cours, avec votre nouveau dégradé, sous le nom de la bibliothèque en cours ou d'une nouvelle. Vous pourrez ainsi charger cette bibliothèque à l'avenir. Les dégradés prédéfinis se gèrent également à l'aide du Gestionnaire de paramètres prédéfinis, comme l'explique le Chapitre 2.

Exploitez les motifs

Si vous voulez vous amuser à vêtir une personne d'un pantalon léopard, d'un pull couleur sable et d'une veste imitant le lierre, vous allez adorer les motifs. S'il ne faut pas en abuser, les motifs peuvent parfois remplir des sélections ou des calques. Ils s'appliquent également sur des images à l'aide des outils Tampon de motif et Correcteur. Elements propose de nombreux motifs prédéfinis. Si, malgré tout, vous ne trouvez pas votre bonheur, il ne vous reste plus qu'à créer les vôtres.

Appliquez un motif prédéfini

Si les motifs s'appliquent à l'aide de nombreux outils, nous nous en tiendrons à leur emploi en tant que remplissage. Pour remplir un calque ou une sélection avec un motif prédéfini, procédez comme suit :

1. **Choisissez le calque ou la sélection à remplir.**

   Une nouvelle fois, nous vous conseillons d'effectuer votre sélection sur un nouveau calque de manière à le modifier aisément ultérieurement.

2. **Choisissez Edition/Remplir la sélection ou Remplir le calque et choisissez Motif dans la liste Avec.**

3. **Cliquez la flèche vers le bas et sélectionnez un motif dans la palette déroulante Motif personnalisé, comme le montre la Figure 12.14.**

   Si aucun des motifs proposés ne vous convient, choisissez une autre bibliothèque prédéfinie en cliquant le menu déroulant de la palette et en sélectionnant une autre bibliothèque au bas du sous-menu.

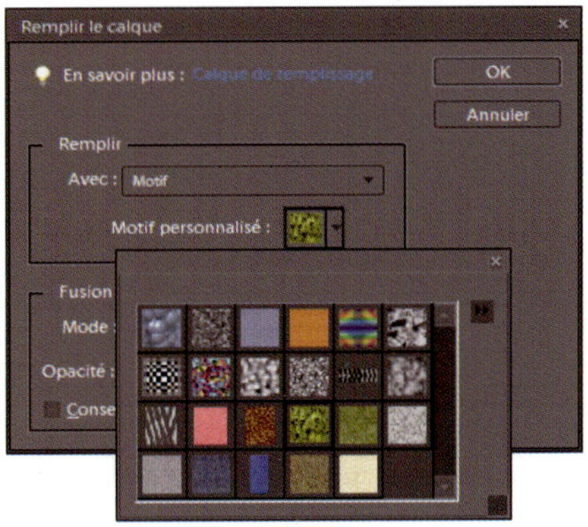

Figure 12.14 : Remplissez votre sélection ou votre calque avec l'un des motifs prédéfinis d'Elements.

4. **Définissez les autres options de remplissage à votre convenance comme Mode, Opacité ou Conserver les zones transparentes.**

   Ces options sont détaillées à la section "Remplissez et ajoutez une bordure à vos sélections", précédemment dans ce chapitre.

5. **Cliquez OK pour remplir le calque ou la sélection avec le motif choisi.**

Créez un nouveau motif

Il est parfois nécessaire de créer son propre motif. Les motifs se créent aisément à partir de n'importe quelle photo ou peinture créée dans Elements. Pour laisser partout une trace de votre passage, numérisez votre signature, ou logo, définissez-la comme motif et employez-la avec l'outil Tampon de motif.

Voici comment créer votre propre motif :

1. **Ouvrez l'image photographique, peinte ou numérisée qui contient la zone à employer comme motif.**

2. **Servez-vous de l'outil Rectangle de sélection pour sélectionner la zone à convertir en motif.**

   Vérifiez que l'option Contour progressif est définie à 0.

   Si vous n'effectuez aucune sélection, Elements utilise le calque dans son ensemble comme base pour le motif.

3. **Choisissez Edition/Définir le motif d'après la sélection ou Edition/Utiliser comme motif.**

4. **Tapez le nom de votre motif dans la boîte de dialogue Nom du motif qui s'affiche.**

   Votre nouveau motif apparaît maintenant dans toutes les palettes Motif du programme.

Outre remplir une sélection avec un motif, vous pouvez l'appliquer comme un tampon à l'aide de l'outil Tampon de motif. Reportez-vous à ce sujet au Chapitre 9.

Créez des formes de toutes sortes

Cette section va quitter le monde des pixels pour vous conduire dans un tout autre univers, celui des vecteurs. Avant d'analyser les moindres détails des formes, attardons-nous un instant sur la différence entre les pixels et les vecteurs :

- **Les images pixellisées décrivent une forme placée sur une grille de pixels.** En augmentant la taille d'une image pixellisée, vous diminuez sa qualité. Des blocs apparaissent sur l'image. Pour en savoir plus sur le redimensionnement d'images pixellisées, reportez-vous au Chapitre 3.

- **Les vecteurs décrivent une forme de manière mathématique.** Les formes se composent de tracés comprenant des lignes, des courbes et des points d'ancrage. Comme les formes vectorielles sont mathématiques, elles se redimensionnent sans perte de qualité.

La Figure 12.15 présente les deux types d'images.

Lorsque vous créez une forme dans Elements, vous créez un élément vectoriel. Les formes s'installent sur un calque spécial appelé, sans surprise, *calque de forme*. Elles permettent de créer des logos, des boutons Web et d'autres illustrations.

Figure 12.15 : Les images Elements peuvent être vectorielles (au-dessus) ou pixellisées (en dessous).

Dessinez une forme

Elements offre un riche assortiment d'outils de forme. Pour dessiner une forme dans votre document, procédez comme suit :

1. **Dans la palette d'outils, sélectionnez l'outil de forme de votre choix.**

   Appuyez sur Maj+U pour alterner entre les outils disponibles. Tous les outils suivants possèdent des options de géométrie, décrites dans la section "Spécifiez les options de géométrie", plus loin dans ce chapitre. Voici les outils disponibles :

   - *Rectangle et Ellipse* : À l'instar de leurs équivalents en sélection, maintenez enfoncée la touche Maj en faisant glisser le pointeur pour produire un carré ou un cercle et maintenez enfoncée la touche Alt pour dessiner la forme à partir du centre.
   - *Rectangle arrondi :* Cet outil fonctionne comme le Rectangle normal à la différence qu'il possède une valeur de rayon qui arrondit les angles du rectangle.
   - *Polygone* : Cet outil crée un polygone avec un nombre spécifié de côtés, compris entre 3 et 100.

- *Trait :* Cet outil trace une ligne dont l'épaisseur est comprise entre 1 et 1 000 pixels. Vous pouvez également ajouter des flèches aux extrémités.
- *Forme personnalisée* : Cet outil est le plus varié. De nombreuses formes prédéfinies sont à votre disposition. Maintenez enfoncée la touche Maj pour conserver les proportions ou Alt/Option pour dessiner une forme à partir du centre.

2. **Dans la barre d'options, cliquez la flèche vers le bas à droite de l'outil pour spécifier les options de géométrie.**

   Les sections qui suivent décrivent en détail les différentes options de géométrie.

   Si vous avez choisi l'outil Forme personnalisée à l'étape 1, cliquez la flèche vers le bas pour accéder à la palette déroulante des formes et sélectionner celle de votre choix. Pour accéder à d'autres bibliothèques de formes prédéfinies, ouvrez le menu déroulant de la palette.

3. **Sélectionnez une couleur dans la palette déroulante des couleurs de la barre d'options.**

   Cliquez le bouton Autres couleurs pour ouvrir le Sélecteur de couleur.

4. **Choisissez un style dans la palette déroulante Style.**

   Si vous voulez doter la forme d'effets de biseautage ou autres, choisissez un style dans la palette. Les styles sont décrits au Chapitre 11.

5. **Faites glisser l'outil dans le document pour dessiner la forme que vous avez définie.**

   La forme apparaît dans la fenêtre d'image sur son propre calque de forme, comme le montre la palette Calques. La Figure 12.16 présente notre forme, Perruque 9 (coiffure japonaise).

Figure 12.16 : Les formes personnalisées sont extrêmement diversifiées.

Dessinez plusieurs formes

Une fois que vous avez créé un calque de forme, vous pouvez y dessiner d'autres formes et ainsi ajouter, soustraire, chevaucher et croiser des formes exactement comme vous créez des sélections. Voici comment procéder :

1. **Sélectionnez l'un des boutons d'état de la barre d'options.**

   Voici les possibilités :

   - *Créer un nouveau calque de forme :* Crée le premier calque de forme.
   - *Etendre la zone de la forme* : Combine et joint deux ou davantage de formes.
   - *Soustraire de la zone de forme* : Soustrait une forme d'une autre forme.
   - *Intersection des zones de forme* : Crée une forme à partir des zones qui se chevauchent.
   - *Exclure les zones de forme se chevauchant* : Crée une forme à partir des zones qui ne se chevauchent pas.

2. **Choisissez votre outil de forme et dessinez la forme suivante.**

   Dans la Figure 12.17, nous avons terminé notre forme en ajoutant un visage.

Figure 12.17 : Ajoutez une forme à votre calque de forme.

Spécifiez les options de géométrie

Les options de géométrie définissent l'apparence des formes. Elles se situent dans la barre d'options et s'affichent en cliquant la flèche vers le bas.

Options de géométrie du Rectangle et du Rectangle arrondi

Voici la liste des options des formes Rectangle et Rectangle arrondi :

- **Libre** : Vous donne carte blanche en ce qui concerne la taille ou la forme du rectangle.
- **Carré** : Permet de tracer un carré parfait.
- **Taille fixe** : Permet de tracer des rectangles de taille fixe, spécifiée par vos valeurs de largeur et de hauteur.
- **Rapport L/H** : Permet de définir la proportion du rectangle. Par exemple, définissez la largeur (L) à 2 et la hauteur (H) à 1 pour tracer un rectangle deux fois plus large que haut.
- **A partir du centre** : Permet de tracer la forme à partir du centre.
- **Magnétisme des pixels** : Aligne la forme avec les pixels de l'écran.
- **Rayon** : Option du Rectangle arrondi qui applique le rayon à un cercle utilisé pour arrondir les angles. Cette option se trouve directement sur la barre d'options et non dans le menu déroulant des options de géométrie.

Options de géométrie de l'Ellipse

La forme Ellipse possède les mêmes options que les rectangles, à l'exception de l'option Magnétisme des pixels. L'option Cercle permet de créer un cercle parfait.

Options de géométrie du Polygone

Voici les options de géométrie de la forme Polygone :

- **Rayon** : Définissez le rayon d'un cercle utilisé pour arrondir les angles d'un polygone lorsque vous sélectionnez l'option Angles arrondis.
- **Angles arrondis** : Arrondit les angles.
- **Etoile** : Crée un polygone en forme d'étoile.
- **Côtés indentés de** : Détermine l'indentation des côtés vers l'intérieur.

- **Branches arrondies** : Arrondit les angles internes des côtés indentés.
- **Côtés** : Spécifie le nombre de côtés du polygone ou le nombre de points de l'étoile.

Options de géométrie du Trait

Les paramètres de géométrie du Trait concernent les flèches que l'on peut ajouter aux extrémités du trait. Vous avez également la possibilité de régler l'épaisseur, la taille et la concavité du trait pour modifier les formes des flèches.

Options de géométrie de la Forme personnalisée

Les options de la Forme personnalisée sont semblables à celles des autres formes, avec deux options supplémentaires :

- **Proportions définies** : Dessine une forme en fonction des proportions de la première forme que vous avez créée.
- **Taille définie** : Dessine une forme en fonction de la taille de la première forme que vous avez créée.

Modifiez des formes

De nombreux outils et techniques permettent de modifier les formes que vous avez créées. Voici les possibilités en matière de modification :

- **Sélectionner** : Choisissez l'outil Sélection de forme pour déplacer une ou plusieurs formes sur leur calque. Cet outil appartient au groupe des outils de formes.
- **Déplacer** : Choisissez l'outil Déplacement (appuyez sur V) pour déplacer la totalité du contenu du calque de forme.
- **Supprimer** : Sélectionnez une forme et appuyez sur Suppr pour la supprimer.
- **Transformer les formes** : Choisissez l'outil Sélection de forme et sélectionnez votre forme. Choisissez Image/Forme Transformation et sélectionnez la transformation appropriée.

- **Changer la couleur** : Double-cliquez la vignette du calque de forme dans la palette Calques. Dans le Sélecteur de couleur qui s'affiche, choisissez la nouvelle couleur.
- **Dupliquer une forme** : Maintenez enfoncée la touche Alt/Option et déplacez la forme à l'aide de l'outil Déplacement.

TRUC

Pour convertir votre forme vectorielle en forme pixellisée, cliquez le bouton Simplifier de la barre d'options ou choisissez Calque/Simplifier le calque. Il devient impossible de modifier une forme simplifiée, à l'exception des pixels. En revanche, vous pouvez maintenant appliquer des filtres au calque. Reportez-vous au Chapitre 11 pour découvrir l'emploi des filtres.

13

Travaillez avec le texte

Dans ce chapitre :

- Les fondements des éléments textuels.
- Créez du texte de ligne et du texte de paragraphe.
- Définissez les options de texte.
- Modifiez du texte.
- Texte simplifié (tramé).
- Masque de texte.
- Stylisez et déformez du texte.

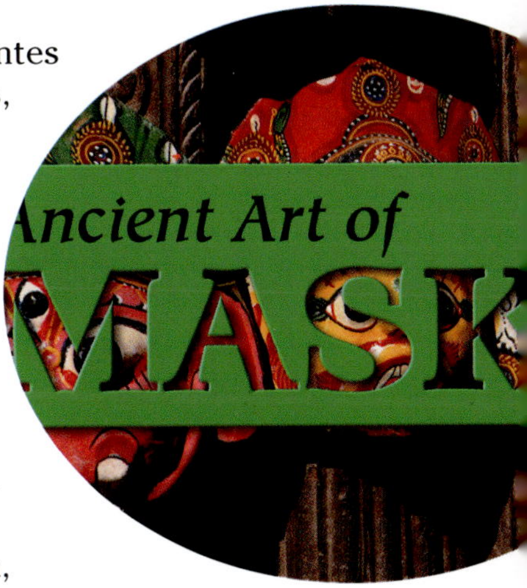

Bien que dans ce livre nous ayons répété maintes fois qu'une image vaut mieux que mille mots, nous serions bien négligents si nous ne mentionnions pas le pouvoir des mots. Vous pensez peut-être qu'il est inutile de s'attarder sur les outils de texte. D'accord. Nous n'insisterons pas : sautez ce chapitre.

Supposons cependant que vous deviez ajouter un titre, une manchette, voire un court paragraphe à une image. Bien que Photoshop Elements ne soit en aucun cas un logiciel de traitement de texte ou même de mise en page, il met à votre disposition des outils de création, d'édition, de stylisation et de déformation du texte.

Les fondements des éléments textuels

Elements propose quatre outils de texte. Deux d'entre eux permettent de saisir du texte horizontalement et les deux autres d'orienter le texte verticalement. Ne vous souciez pas des outils de texte verticaux. Bien que vous puissiez les exploiter, ils sont surtout destinés au marché asiatique, pour saisir des caractères chinois ou japonais. Les outils de texte horizontaux et verticaux possèdent des attributs identiques, nous n'étudierons donc que les deux outils horizontaux et, dans un but de simplification, nous les appellerons outils Texte et Masque de texte :

- **Texte :** Servez-vous de cet outil pour saisir du texte. Le texte est créé sur son propre calque de texte, excepté en mode Bitmap ou en mode Couleurs indexées, qui ne prennent pas les calques en charge.

  Nous parlerons beaucoup de calques dans ce chapitre, aussi, si vos connaissances en matière de calque sont rouillées, reportez-vous au Chapitre 8.

- **Masque de texte :** Cet outil ne crée pas de vrai texte, mais une bordure de sélection de la forme du texte saisi. La bordure de sélection s'ajoute au calque actif. Vous pouvez ensuite l'exploiter comme toute autre sélection.

  Nous parlons également beaucoup de sélections dans ce chapitre. Pour de plus amples informations sur les sélections, reportez-vous au Chapitre 7.

Il existe deux modes de saisie du texte dans Elements : le texte de ligne et le texte de paragraphe. Les outils Texte et Masque de texte les utilisent l'un et l'autre. Voici une brève description de chacun (nous détaillerons le processus de création de texte au cours des prochaines sections) :

- **Ligne :** Utilisez ce mode si vous ne devez saisir que quelques mots. Pour créer une ligne de texte, sélectionnez l'outil Texte, cliquez dans l'image et tapez. Le texte apparaît en même temps que votre saisie et, de fait, se poursuit même au-delà de la limite de l'image ! Souvenez-vous que le texte en ligne ne passe jamais à la ligne. Pour passer à la ligne suivante, vous devez appuyer sur Entrée.

- **Paragraphe :** Servez-vous de ce mode pour saisir des morceaux de texte plus conséquents sur une image. Pour créer un texte de paragraphe, cliquez et faites glisser l'outil Texte. Vous déterminez ainsi une zone de texte dans laquelle vous pouvez saisir. Tout le texte est alors saisi dans cette zone de texte délimitée et redimensionnable. Si une ligne de texte est trop longue, Elements passe automatiquement à la ligne.

Elements affiche et imprime le texte dans deux formats différents. Chaque format possède ses avantages et ses inconvénients. Vous devrez choisir en fonction de vos besoins. Voyons ce qu'il en est pour chacun d'eux :

- **Vectoriel :** Initialement, tout le texte saisi dans Elements est créé sous forme vectorielle. Le texte vectoriel génère des contours redimensionnables sans produire de bords crénelés dans les diagonales. Le texte vectoriel reste entièrement éditable et s'imprime toujours avec la meilleure qualité possible, propre et net. Il s'agit du format de texte par défaut dans Elements.

- **Tramé :** Lorsque Elements convertit le texte vectoriel en pixels, il est tramé. Elements appelle ce processus de tramage *simplification*. Lorsque le texte est simplifié, il n'est plus modifiable, mais il est converti en image tramée. On simplifie généralement un texte vectoriel pour y appliquer des filtres et produire un effet spécial ou fusionner le texte avec l'image. Il n'est pas possible de simplifier le texte sans perdre en qualité ou risquer des bords crénelés. Pour de plus amples informations, reportez-vous à la section "Simplifier du texte", plus loin dans ce chapitre.

Créez du texte de ligne

La majorité du texte saisi l'est en mode texte. Le texte de ligne répond aux besoins des textes courts, comme des manchettes, des étiquettes, des logos ou des titres de page Web.

Le texte de ligne est ainsi nommé car il est précédé d'un point d'ancrage, lequel marque le point de départ de la ligne de texte. Rappelez-vous que les lignes de texte de ligne ne passent pas automatiquement à la ligne, comme le montre la Figure 13.1.

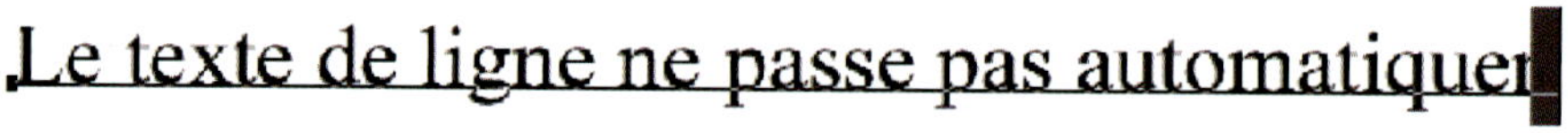

Figure 13.1: Le texte de ligne ne passe pas automatiquement à la ligne et peut sortir de l'image.

Voici comment créer une ligne de texte :

1. **Dans l'Éditeur, en mode Retouche standard, ouvrez une image ou créez un nouveau fichier Elements vide (Fichier/Nouveau).**
2. **Dans la palette d'outils, sélectionnez l'outil Texte.**

   Vous pouvez aussi appuyer sur la touche T.

3. **Sur l'image, cliquez à l'endroit où insérer le texte.**

   Le *pointeur en forme de I* crée le point d'insertion lorsque vous cliquez.

   Une petite ligne horizontale, située environ à un tiers de la hauteur du pointeur en I, désigne la *ligne de base* (la ligne sur laquelle repose le texte) du texte horizontal.

4. **Servez-vous de la barre d'options pour spécifier les options de texte.**

   Toutes les options sont détaillées plus loin dans ce chapitre, à la section "Spécifier les options de texte".

5. **Tapez le texte et appuyez sur Entrée pour commencer une nouvelle ligne.**

   Lorsque vous appuyez sur Entrée, vous insérez un retour chariot qui ne bouge pas.

6. **Une fois la saisie terminée, cliquez le bouton de validation (l'icône d'une coche verte) dans la barre d'options.**

   Vous pouvez également valider votre saisie en appuyant sur Entrée sur le pavé numérique ou en cliquant n'importe quel autre outil de la palette d'outils. Elements crée un nouveau calque de texte. Les calques de texte apparaissent dans la palette Calques et sont désignés par l'icône T.

Créez un texte de paragraphe

Si vous devez saisir un texte de taille plus importante, il est préférable de saisir du texte de paragraphe. La saisie est identique à celle d'un logiciel de traitement de texte ou de mise en page, excepté que le texte se trouve dans une zone de texte. Lorsque vous saisissez le texte et atteignez la limite de la zone de texte, Elements passe automatiquement à la ligne suivante.

Voici comment saisir un texte de paragraphe :

1. **Ouvrez une image ou créez un nouveau fichier Elements vide.**
2. **Dans la palette d'outils, sélectionnez l'outil Texte ou appuyez sur la touche T.**
3. **Sur l'image, insérez et dimensionnez la zone de texte en vous servant de l'une des deux méthodes suivantes :**
   - *Faites glisser le pointeur pour créer une zone de texte de la taille souhaitée.* Une fois le bouton de la souris relâché, servez-vous des poignées d'angle et de bord pour redimensionner la zone.
   - *Maintenez la touche Alt/Option enfoncée et cliquez dans l'image.* La boîte de dialogue Taille du texte de paragraphe s'ouvre. Saisissez les dimensions exactes de la zone de texte. Cliquez OK pour créer la zone de texte. Si nécessaire, servez-vous des poignées pour la redimensionner.
4. **Servez-vous de la barre d'options pour spécifier les options de texte.**

   Nous détaillerons les options dans la prochaine section.
5. **Saisissez le texte. Pour commencer un nouveau paragraphe, appuyez sur Entrée.**

   Elements passe automatiquement à la ligne lorsque le texte atteint le bord de la zone de texte, comme le montre la Figure 13.2.

   Si vous saisissez plus de texte que la zone peut en contenir, une icône de débordement apparaît. Redimensionnez la zone de texte en faisant glisser l'une des poignées de dimensionnement.

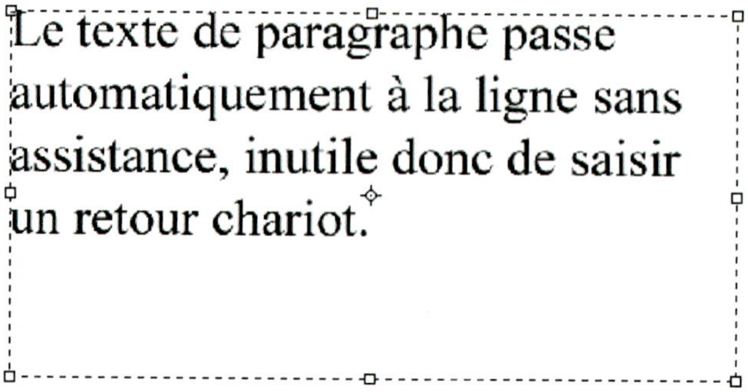

Figure 13.2 : Le texte de paragraphe passe automatiquement à la ligne pour s'adapter à la zone de texte.

6. **Cliquez le bouton de validation (l'icône d'une coche verte) dans la barre d'options ou appuyez sur Entrée sur le pavé numérique.**

   Elements crée un nouveau calque de texte.

Spécifiez les options de texte

La barre d'options propose plusieurs paramètres de caractère et de texte de paragraphe, comme l'illustre la Figure 13.3. Ces options permettent de préciser le texte lié et associé à vos images.

Voici une description de chaque option disponible dans la barre d'options, de gauche à droite :

- **Famille de polices :** Sélectionnez la police dans la liste déroulante. Elements propose un menu de polices WYSIWYG (*What You See Is What You Get*, impression conforme à la visualisation). Après chaque nom de police, le mot *Sample* donne un échantillon de la police. Il n'est plus nécessaire de sélectionner une police sans savoir à quoi elle ressemble. Chaque police est également précédée d'une abréviation qui vous indique son type :
  - *a :* Polices Adobe Type 1 (PostScript).
  - *TT :* Polices TrueType.
  - *O :* Polices OpenType.

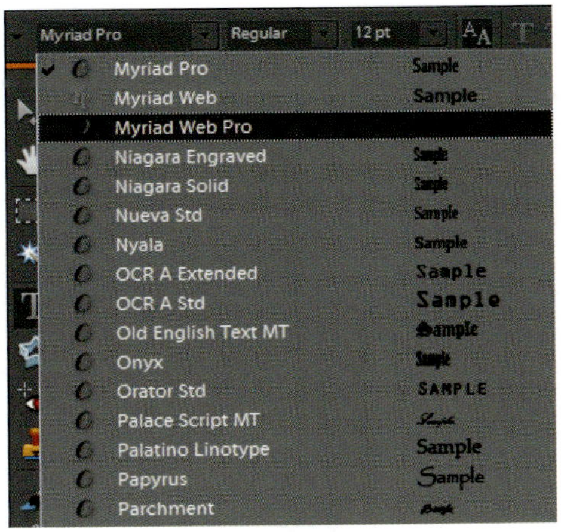

Figure 13.3 : Spécifiez les options de texte, comme la police et la taille, avant de commencer la saisie.

Les polices sans abréviation sont des polices bitmap.

- **Style de la police :** Certaines familles de polices possèdent d'autres styles comme *light* ou *condensed*. Seuls les styles disponibles pour une police spécifique apparaissent dans la liste. C'est ce que l'on appelle également un *menu WYSIWYG*.
- **Corps de la police :** Sélectionnez la taille du texte dans la liste déroulante ou tapez la taille souhaitée dans la zone de texte. La taille de texte se mesure généralement en points (72 points correspondent environ à 1 pouce avec une résolution de 72 ppp). Pour basculer en millimètres ou en pixels, dans le menu Edition/Elements, choisissez Préférences, puis Unités et règles.
- **Lissé :** Sélectionnez l'option Lissé pour adoucir les contours crénelés du texte. Le lissage adoucit le bord d'un pixel, comme le montre la Figure 13.4. Vous activerez généralement cette option. La seule occasion pour laquelle vous la désactiverez sera sans doute pour la création de texte de petite taille destiné à être affiché à l'écran, comme dans une page Web. Les bords lissés sont parfois difficiles à lire.

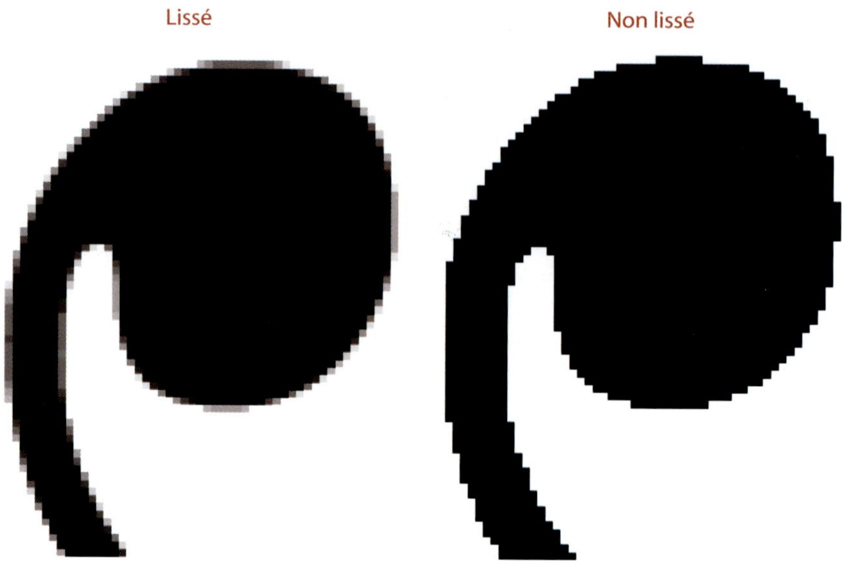

Figure 13.4 : Le lissage adoucit les bords du texte.

- **Faux gras :** Servez-vous de cette option pour simuler le style gras lorsqu'il n'existe pas de vrai style gras (dans la liste Style). Sachez cependant qu'il n'y a là rien d'exceptionnel et que l'application de faux styles déforme parfois les proportions d'une police. Servez-vous de préférence de polices disposant de vrais styles et, s'ils n'existent pas, eh bien, tant pis !
- **Faux italique :** Cette option crée un style italique factice et amène le même avertissement que l'option Faux gras.
- **Souligné :** Ce paramètre souligne le texte, de la manière suivante.
- **Barré** : Choisissez cette option pour ~~barrer~~ le texte.
- **Alignement du texte :** Ces trois options alignent le texte horizontalement sur la marge de gauche, de droite ou au centre. Si vous avez saisi du texte verticalement, ces options pivotent de 90 degrés dans le sens horaire et alignent le texte en haut, en bas et au centre.

- **Interligne :** L'interligne correspond à l'espace entre les lignes de base des lignes de texte. Une *ligne de base* est une ligne imaginaire sur laquelle repose la ligne de texte. Vous pouvez opter pour un interligne automatique ou préciser l'espace à appliquer. Avec l'interlignage automatique, Elements utilise 120 % de la taille du texte. Ainsi, un texte d'une taille de 10 points aura un interligne de 12 points. Elements ajoute 20 % pour éviter que le bas des lettres les plus basses ne chevauche le haut des lettres les plus hautes sur la ligne en dessous.
- **Couleur du texte :** Cliquez la case de couleur pour sélectionner la couleur du texte dans un Sélecteur de couleur. Vous pouvez également choisir une couleur dans la palette Nuancier.
- **Style :** Cliquez cette option pour accéder à une palette déroulante de styles prédéfinis que vous pouvez appliquer à votre texte. Pour de plus amples informations sur cette option et l'option Créer un texte déformé (décrite à la prochaine puce), reportez-vous à la section "Styliser et déformer du texte", plus loin dans ce chapitre.
- **Créer un texte déformé :** Cette option amusante déforme le texte de plus d'une dizaine de manières différentes.
- **Modifier l'orientation du texte :** Sélectionnez le calque de texte et cliquez cette option pour basculer entre les orientations de texte horizontale ou verticale.
- **Annuler :** Cliquez ce bouton (ou appuyez sur Echap) pour annuler votre action et ne pas saisir le texte. Utilisez cette option ou l'option Valider uniquement après avoir cliqué avec l'outil Texte dans votre image.
- **Valider :** Cliquez ce bouton pour appliquer le texte à l'image.

Modifiez le texte

Si vous avez lu la première partie de ce chapitre et avez parcouru avec nous les diverses options disponibles pour le texte dans Elements, vous savez qu'il est possible d'appliquer ces paramètres avant ou après avoir saisi le texte. Pour corriger les erreurs de frappe, ajouter ou supprimer du texte, modifier les options de texte, procédez comme suit :

1. **Dans la palette d'outils, sélectionnez l'outil Texte.**

2. **Sélectionnez le calque de texte dans la palette Calques ou cliquez dans le texte pour sélectionner automatiquement le calque de texte.**

3. **Effectuez l'une des actions suivantes :**

   • *Pour modifier la famille, la taille, la couleur ou toute autre option de texte* : Si vous voulez modifier tout le texte, sélectionnez simplement le calque de texte dans la palette Calques. Si vous souhaitez uniquement modifier des portions de texte, sélectionnez-le texte en faisant glisser le pointeur avec l'outil Texte.

   • *Pour supprimer du texte* : Sélectionnez le texte en faisant glisser le pointeur avec l'outil Texte. Appuyez sur la touche Retour arrière/Suppr.

   • *Pour ajouter du texte :* Placez le point d'insertion en cliquant avec le pointeur en I dans la ligne de texte. Tapez votre texte.

4. **Lorsque vous avez terminé les modifications de texte, cliquez le bouton Valider.**

Vous devrez occasionnellement transformer le texte. Pour ce faire, vérifiez que le calque de texte est bien sélectionné dans la palette Calques. Dans le menu Image, choisissez Transformation/Transformation manuelle. Cliquez une poignée de la zone de texte et faites glisser pour pivoter ou redimensionner. Appuyez sur Ctrl/⌘ et faites glisser une poignée pour déformer le texte. Une fois terminé, double-cliquez dans la zone de texte pour valider la transformation. Pour de plus amples informations sur les transformations, reportez-vous au Chapitre 9.

Simplifiez le texte

Comme nous l'avons vu dans la section "Les fondements des éléments textuels", précédemment dans ce chapitre, Elements propose deux formats d'affichage et d'impression du texte : *vectoriel* et *tramé*. Tant que le texte demeure au format vectoriel dans un calque de texte, il peut être modifié et redimensionné.

Il est cependant parfois nécessaire de *simplifier* le texte, autrement dit de le convertir en pixels. Une fois simplifié, vous pouvez lui appliquer des filtres, des dégradés et des motifs ou des couleurs de remplissage. Si vous utilisez des calques et aplatissez l'image (vous fusionnez les calques en une unique image d'arrière-plan), le calque de texte est également simplifié et fusionné avec les autres pixels de l'image. Quoi qu'il en soit, si vous appliquez un filtre à un calque de texte, Elements vous signale que le calque de texte doit être simplifié avant de poursuivre et vous laisse le choix de cliquer OK (vous acceptez la simplification) ou Annuler.

Pour simplifier le texte, sélectionnez le calque de texte dans la palette Calques puis, dans le menu Calque, choisissez Simplifier le calque. Elements convertit alors le calque de texte (l'icône T disparaît) en calque standard sur lequel le texte s'affiche désormais sous forme de pixels sur un arrière-plan transparent, comme le montre la Figure 13.5.

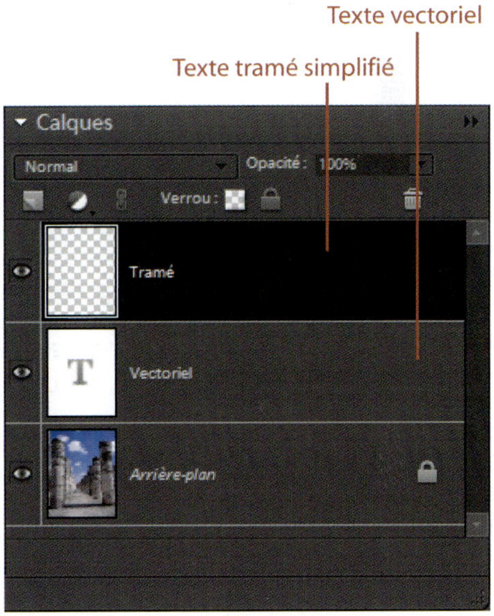

Figure 13.5 : La simplification d'un calque de texte convertit le texte vectoriel en pixels.

ATTENTION

Pour ne pas avoir à recréer le texte depuis le début, n'oubliez pas d'y apporter toutes les modifications nécessaires avant la simplification, y compris le redimensionnement. Une fois le texte simplifié, il n'est plus possible de le redimensionner sans risquer les crénelages. Le texte simplifié engendre un autre inconvénient : bien qu'à l'écran il ressemble au texte vectoriel, il ne s'imprime jamais de manière aussi claire et nette que ce dernier. Même si vous optez pour des paramètres haute résolution, le texte simplifié s'accompagne toujours d'un léger crénelage. Aussi, si vous tentez d'appliquer des couleurs ou des filtres à votre texte, faites une copie du calque de texte avant de le simplifier, puis masquez la copie.

Masque de texte

L'outil Masque de texte combine du texte et une image. Contrairement à son plus conventionnel cousin, l'outil Masque de texte ne crée pas de nouveau calque, mais une sélection sur le calque actif. Optez pour cet outil si vous devez remplir du texte avec une image ou découper du texte dans une image de sorte de monter l'arrière-plan au travers, comme dans la Figure 13.6.

Une sélection reste une sélection, peu importe la manière dont elle a été créée. En conséquence, même si elle prend la forme d'un texte, elle fonctionne comme une sélection. Il est possible de la déplacer, de la modifier et de l'enregistrer.

Voici comment créer un masque de texte :

1. **Dans l'Éditeur, en mode Retouche standard, ouvrez l'image de votre choix.**

   Nous avons sélectionné la texture Roches rouges.

2. **Convertissez l'arrière-plan en calque en double-cliquant le mot Arrière-plan dans la palette Calques et cliquez OK.**

   Cette étape permet d'égayer ultérieurement le texte avec des styles.

3. **Dans la palette d'outils, sélectionnez l'outil Masque de texte horizontal.**

4. **Dans la barre d'options, spécifiez les options de texte, comme la police, le style et la taille, avant de commencer la saisie.**

5. **Cliquez dans l'image et saisissez le texte. Une fois terminé, cliquez le bouton Valider de la barre d'options.**

   Une bordure de sélection de la forme du texte apparaît sur l'image.

6. **Dans le menu Sélection, choisissez Intervertir pour désélectionner les lettres et sélectionner tout le reste.**

7. **Appuyez sur la touche Retour arrière pour supprimer tout hormis le texte.**

   Votre texte est à présent rempli par l'image.

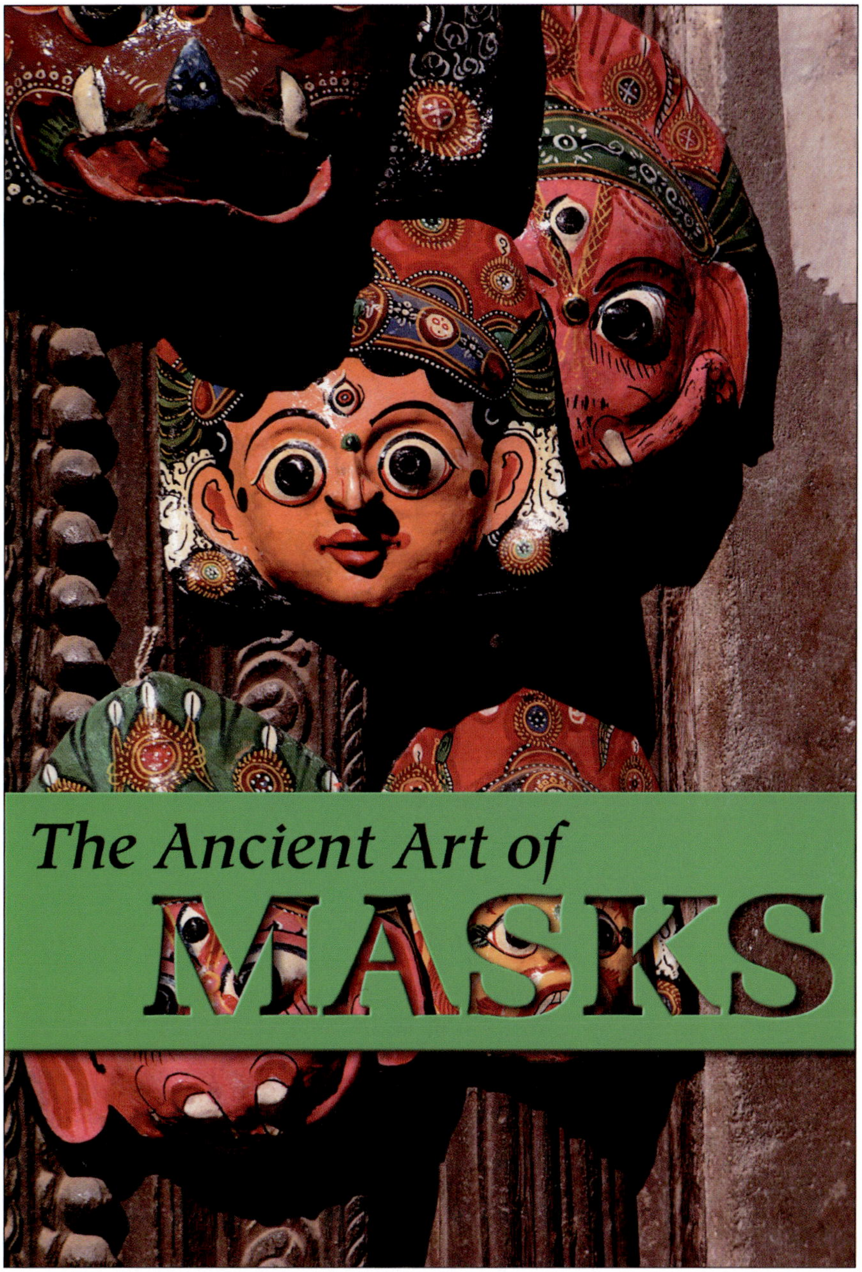

Corbis Digital Stockz

Figure 13.6 : L'outil Masque de texte permet de découper le texte dans des couleurs pleines ou des calques d'image.

8. **Dans le menu Sélection, choisissez Désélectionner.**

9. **Testez l'application de styles de calque à votre texte.**

   Si la palette Effets n'est pas affichée, dans le menu Fenêtre, choisissez Effets. Dans la palette Effets, cliquez le bouton Styles de calque (le deuxième à gauche). Sélectionnez le style de calque de votre choix dans la liste, comme Ombres portées ou Biseautage. Pour finir, double-cliquez le style. Dans la Figure 13.7, nous avons utilisé une ombre portée et un biseautage. Pour de plus amples informations sur les styles de calque, reportez-vous au Chapitre 11.

Figure 13.7 : Remplissez le texte avec des images en vous servant de l'outil Masque de texte.

TRUC

Pour admirer votre texte sur un arrière-plan plein, comme nous l'avons fait, créez un nouveau calque et, dans le menu Édition, choisissez Remplir le calque et sélectionnez la couleur dans la liste déroulante Avec.

Stylisez et déformez du texte

Si vous avez créé un masque de texte dans la précédente section, vous savez qu'Elements ne se limite pas à l'écriture de lettres noires sur une image. En quelques clics, vous pouvez déformer et styliser le texte. Si vous n'y prêtez pas garde, votre typographie créative risque de faire de l'ombre à l'image.

Réglez l'opacité du texte

Si vous avez consulté le Chapitre 8 avant de lire ce chapitre, vous savez que les calques sont des versions numériques des anciens calques transparents. Il est possible de modifier l'opacité des éléments placés sur les calques pour faire apparaître, selon divers niveaux de transparence, le calque placé en dessous. Cette option est également valable pour un calque de texte. Examinez la Figure 13.8 pour voir l'effet des différents pourcentages d'opacité de notre calque de texte sur le calque de chutes d'eau à l'arrière-plan.

Pour modifier l'opacité d'un calque de texte, sélectionnez-le dans la palette Calques, cliquez la flèche située à droite du pourcentage d'opacité et faites glisser le curseur. Plus le pourcentage est faible, moins le texte est opaque (et plus le calque à l'arrière est visible).

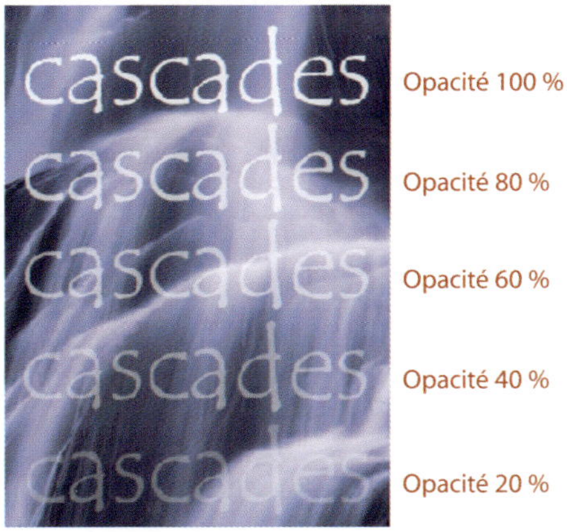

Figure 13.8 : Vous pouvez régler l'opacité des calques de texte pour faire ressortir le calque en dessous.

Appliquez des filtres au texte

L'une des choses les plus intéressantes que l'on puisse faire avec le texte dans Elements et qu'il est impossible de réaliser dans un traitement de texte ou un programme de mise en page est l'application d'effets spéciaux, comme des filtres. Il est possible de donner l'impression que le texte s'embrase, coule ou se déplace, comme le montre la Figure 13.9 à laquelle nous avons appliqué un flou directionnel. Le seul inconvénient est qu'il faut simplifier le texte avant de lui appliquer un filtre. Veillez donc à réaliser toutes les tâches d'édition avant d'appliquer un filtre. Pour appliquer un filtre, il suffit de sélectionner le calque de texte dans la palette Calques et de choisir un filtre dans le menu Filtre. Pour de plus amples informations sur les filtres, reportez-vous au Chapitre 11.

Corbis Digital Stock

Figure 13.9 : Application d'un flou directionnel à du texte pour donner la sensation de vitesse.

Peignez le texte avec des couleurs et des dégradés

Pour modifier la couleur du texte, il suffit de le sélectionner et de choisir une couleur dans le Sélecteur de couleur. Mais comment procéder si l'on souhaite obtenir un résultat moins conventionnel, comme les coups de pinceau aléatoires de la Figure 13.10 ? L'opération est plus simple qu'il n'y paraît. Comme pour l'application de filtres au texte, il faut d'abord simplifier le texte. Ceci fait, sélectionnez une couleur, prenez l'outil Pinceau avec les paramètres de votre choix et peignez. Dans notre exemple, nous avons employé un pinceau Flux de granit, qui se trouve dans les pinceaux Effets spéciaux. Nous avons employé un diamètre de 39, 15 et 6 pixels et avons simplement donné quelques coups de pinceau.

TRUC

Pour limiter la couleur ou le dégradé à la zone de texte, sélectionnez le texte et cliquez en appuyant sur Ctrl/⌘ le calque qui contient le texte ou en verrouillant la transparence du calque dans la palette Calques.

Vous pouvez également appliquer un dégradé au texte. Voici comment procéder après avoir simplifié le texte :

1. **Dans la palette d'outils, sélectionnez l'outil Dégradé.**
2. **Dans la barre d'options, cliquez la flèche située à côté du Sélecteur de dégradé.**
3. **Choisissez un dégradé.**

   Pour créer un dégradé personnalisé, reportez-vous au Chapitre 12.

4. **Positionnez le curseur de dégradé sur le texte, à l'emplacement où le dégradé doit démarrer et faites glisser jusqu'à la position finale du dégradé.**

   Vous n'aimez pas le résultat ? Faites à nouveau glisser le pointeur jusqu'à obtenir le résultat souhaité. Vous pouvez faire glisser n'importe quel angle sur n'importe quelle longueur, même en dehors du texte. Dans la partie inférieure de l'image de la Figure 13.10, nous avons employé le dégradé Cuivre et avons fait glisser le pointeur du haut au bas des lettres. Nous avons également verrouillé les pixels transparents sur le calque pour confiner le dégradé au texte.

Figure 13.10 : Appliquez de la couleur (haut) ou un dégradé (bas) à votre texte.

Déformez le texte

Si un texte horizontal ou vertical est trop rigide à vos yeux, essayez l'une des déformations que propose la fonctionnalité Texte déformé. L'intérêt dans ce cas est que le texte reste totalement éditable. Cette fonctionnalité est amusante et simple d'emploi. Dans la barre d'options, cliquez le bouton Créer un texte déformé (le bouton marqué d'un T souligné d'une ligne courbe). Cette action ouvre la boîte de dialogue Déformer le texte. Dans la liste déroulante Style, se trouve une large gamme de déformations avec des noms descriptifs comme Dilatation, Renflement ou Compression.

Une fois le style de déformation sélectionné, réglez l'orientation, l'inflexion et le degré de déformation en faisant glisser les curseurs. Le paramètre Inflexion affecte le pourcentage de déformation et les paramètres Déformation horizontale et verticale définissent la perspective de la déformation. Les résultats des paramètres choisis sont instantanément visibles sur le texte. Nous pourrions vous fournir des explications techniques sur ces réglages, mais la meilleure manière de comprendre leur fonctionnement reste de les essayer. Reportez-vous à la Figure 13.11 pour un aperçu des styles de déformations. Les noms parlent d'eux-mêmes.

TRUC

Il est également possible d'utiliser une commande Transformation, comme Perspective ou Inclinaison, pour manipuler le texte. Reportez-vous au Chapitre 8 pour découvrir tous les détails sur la transformation.

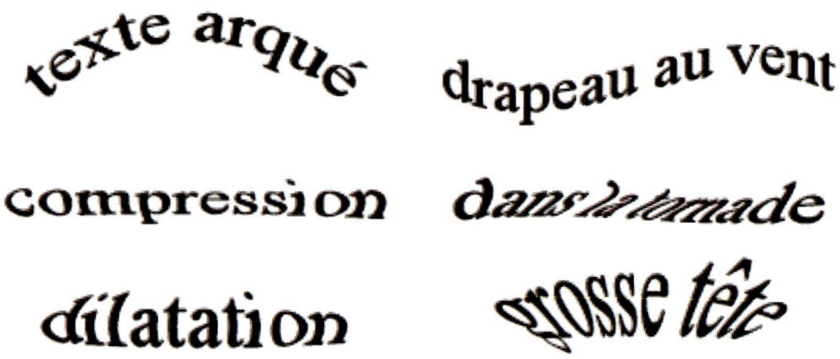

Figure 13.11 : Le texte reste entièrement éditable après qu'on lui a appliqué des déformations avec la commande Déformer le texte.

Cinquième partie

Imprimez, créez et partagez

Dans cette partie...

Cette dernière partie est entièrement consacrée à la sortie des photos et à leur déploiement. À l'instar de nombreuses autres fonctionnalités d'édition, il existe une large palette de méthodes de production des fichiers. La plus classique, par laquelle nous commencerons cette partie, consiste à imprimer les photos sur une imprimante de bureau. Nous verrons ensuite les questions liées à l'impression dans des laboratoires professionnels et des services d'impression.

Outre l'impression, il existe un certain nombre d'options de partage des images, que nous détaillerons dans les derniers chapitres. Nous y parlerons de diaporama, de vidéodisque, d'hébergement Web, d'envoi par email et de partage via des services en ligne. Les opportunités sont nombreuses et vous aurez plaisir à découvrir les possibilités que propose Photoshop Elements en matière de sortie et de partage de photos.

14

Imprimez

Dans ce chapitre :

- Préparez les fichiers pour l'impression.
- Exploitez les profils d'imprimante.
- Utilisez des imprimantes Epson, HP et Canon.
- Faites appel aux services d'impression professionnels.
- Commandez des impressions en ligne.
- Les autres options d'impression d'Elements.

L'un des principaux défis auxquels doivent faire face les utilisateurs de programmes tels que Photoshop Elements, ainsi que les professionnels qui exploitent son cousin, Adobe Photoshop, est la restitution raisonnable sur papier de ce que l'on voit à l'écran. Vous trouverez toutes sortes d'ouvrages sur l'impression couleur (comment obtenir la bonne couleur, comment étalonner son équipement et comment créer des profils colorimétriques) ayant tous pour objectif d'obtenir la meilleure correspondance entre l'écran de l'ordinateur et l'impression. Il n'est rien de plus décourageant que de passer du temps à mettre au point une image dans laquelle on a réussi à faire ressortir les bleus brillants de l'écran pour obtenir d'obscurs violets lors de l'impression.

Si vous avez lu les Chapitres 2 et 3, vous avez déjà quelques notions sur la gestion des couleurs, les profils colorimétriques et la résolution d'imprimante.

Il vous faut maintenant comprendre comment fonctionne votre imprimante ou votre service d'impression et comment imprimer correctement vos images.

Dans ce chapitre, nous détaillerons les options, très nombreuses, qui définissent les attributs d'impression de votre imprimante couleur et vous donnerons quelques conseils pour obtenir les meilleurs résultats possibles lorsque vous faites appel à un service d'impression. S'il le faut, relisez ce chapitre plusieurs fois pour être sûr de bien comprendre le processus d'impression d'images de bonne qualité. Le temps passé sur ce chapitre devrait vous éviter quelques désagréments, du moins nous l'espérons.

Préparez les images pour l'impression

Avant de transférer vos images à votre imprimante de bureau ou votre service d'impression, préparez chaque image. Dans le cadre de la préparation des fichiers, plusieurs points doivent être pris en considération, dont les suivants :

- **Définir la résolution et la taille.** Avant d'imprimer un fichier, servez-vous de la boîte de dialogue Taille de l'image (Image/Redimensionner/Taille de l'image) pour définir la taille de l'image et la résolution optimale de l'imprimante. Les fichiers ayant une résolution trop élevée peuvent générer des images de qualité inférieure à celles produites par des fichiers optimisés pour l'imprimante. Consultez la documentation de votre imprimante pour les recommandations relatives à la résolution. En règle générale, une résolution de 300 ppp (pixels par pouce) est un choix optimal pour les imprimantes qui impriment sur papier haute qualité. Si vous imprimez sur papier ordinaire, les résolutions donnent souvent de bons, voire de meilleurs résultats.

- **Effectuer toutes les corrections de luminosité et de couleur avant l'impression.** Il semble logique que vous vouliez vous assurer du rendu optimal de vos images avant de les envoyer à l'imprimante. Si votre moniteur est correctement étalonné, comme nous l'avons vu au Chapitre 2, vous devriez voir une représentation acceptable de l'aspect de vos images avant de les imprimer.

- **Choisir la gestion des couleurs avant l'impression.** Comme nous le verrons dans la prochaine section, il existe trois méthodes de gestion des couleurs. Il est important que vous connaissiez les profils de votre imprimante et que vous sachiez les exploiter avant de lancer l'impression.

Exploitez les profils colorimétriques de l'imprimante

Au Chapitre 2, nous avons vu comment créer des profils colorimétriques pour un moniteur et comment sélectionner un espace de travail de couleurs. La dernière phase de la gestion des couleurs consiste à convertir les couleurs du profil colorimétrique de l'espace de travail en profil colorimétrique de l'imprimante. Pour l'essentiel, cette conversion consiste à restituer précisément les couleurs du moniteur dans l'espace de travail actuel en couleurs reproduites par l'imprimante. Pour imprimer une couleur précise, vous devez disposer du profil colorimétrique employé par l'imprimante à l'impression.

Comment Elements exploite les profils colorimétriques

Photoshop Elements propose trois méthodes de gestion des couleurs à l'heure d'imprimer les fichiers :

- **Laisser l'imprimante gérer les couleurs :** Cette méthode laisse l'imprimante décider du profil employé lors de l'impression de la photo. Votre imprimante fait son choix en fonction du papier que vous avez sélectionné pour l'impression des photos. Par exemple, si vous avez opté pour du Papier Photo Glacé Premium, votre imprimante choisit le profil associé à ce papier. Si vous choisissez un autre papier, l'imprimante prend un autre profil colorimétrique. Cette méthode est entièrement automatique. Le choix du profil colorimétrique s'effectue au moment de l'impression.

- **Laisser PSE gérer les couleurs :** Si vous faites ce choix, ce n'est plus l'imprimante qui gère les couleurs, mais Elements. Vous devez ensuite choisir le profil colorimétrique. Toutes les imprimantes de bureau, de qualité moyenne aux modèles les plus coûteux, proposent de nombreux profils colorimétriques.

- **Aucun système de gestion des couleurs** : Optez pour cette solution si le profil colorimétrique est incorporé à l'une de vos images. Vous emploierez rarement cette option. En effet, sauf si vous savez comment incorporer des profils ou si vous recevez des fichiers avec des profils incorporés, ne choisissez pas cette option dans la boîte de dialogue Imprimer.

Chacune de ces trois options demande d'effectuer un choix relatif à la gestion des couleurs. Comme nous le verrons plus loin dans ce chapitre, vous choisissez comment sont gérées les couleurs des images imprimées. Toutes ces sélections sont uniques et dépendent de votre imprimante.

Convertissez une couleur en profil d'imprimante

La troisième option de la précédente section mentionne l'impression d'un fichier avec une couleur convertie. Si vous choisissez l'une des deux premières options de conversion des couleurs (vous sélectionnez le profil ou vous laissez l'imprimante le sélectionner), l'image à l'écran ne change pas. La conversion se produit au moment de l'impression.

Il est possible de convertir physiquement la couleur de l'image en un profil donné de l'imprimante, auquel cas vous voyez à l'écran la conversion de la couleur avant d'imprimer le fichier. D'une certaine manière, vous vérifiez la couleur avant de gaspiller de l'encre et du papier. Utilisez cette méthode pour imprimer des fichiers avec des couleurs précises.

Avec Windows, vous pouvez télécharger un utilitaire gratuit sur le site Dry Creek Photo (`www.drycreekphoto.com`) qui convertit la couleur d'un espace de travail en profil colorimétrique. Supposons que vous vouliez imprimer des images dans un magasin disposant d'une borne d'impression et que voulez être sûr d'employer le bon profil pour l'équipement d'impression. Vous devez convertir la couleur de votre espace de travail (dans ce cas, le meilleur choix sera RVB) dans le profil employé par l'imprimante et le papier photo commandé.

Voici comment préparer un fichier pour imprimer avec un service de photos ou sur votre imprimante de bureau, laquelle installe des profils pour les papiers employés :

1. **Effectuez toutes les modifications nécessaires dans Elements et enregistrez les fichiers au format TIFF.**

   Vous devez employer le format TIFF pour utiliser le convertisseur mentionné à l'étape 6.

2. **Téléchargez les profils colorimétriques à partir du site Web de votre fournisseur.**

   Presque tous les services d'impression publient des profils colorimétriques pour leur équipement. Si plusieurs profils vous sont proposés, veillez à choisir le profil adapté à votre papier.

   Si vous faites appel à un laboratoire de photos qui vous demande de convertir les couleurs en profils incorporés, rendez-vous sur des sites Web de laboratoires indépendants pour télécharger des profils.

   Pour convertir les couleurs en celles de votre imprimante, utilisez le profil colorimétrique installé pour l'imprimante.

3. **Copiez les profils dans le dossier des couleurs de votre système : C:\WINDOWS\system32\spool\drivers\color.**

   Ce dossier stocke tous les profils colorimétriques. Le chemin d'accès est le même pour Windows XP et Windows Vista.

   Si vous optez pour le profil colorimétrique de votre imprimante, ce dossier contient tous les profils colorimétriques installés par l'imprimante lors de l'installation de son pilote.

4. **Téléchargez un convertisseur en vous rendant sur le site** `www.drycreekphoto.com/tools/profile_converter` **et en cliquant le lien ProfileConverterSetup.zip.**

   Il vous faut un utilitaire pour convertir les fichiers qui exploitent l'espace colorimétrique Adobe RGB (1998) ou sRGB en l'espace colorimétrique employé par les ordinateurs de votre service d'impression. Heureusement, l'outil Dry Creek Photo est un convertisseur gratuit de qualité.

   TRUC

   Le site Web Dry Creek Photo constitue une excellente source d'informations pour la gestion et le profilage des couleurs. Outre des services de profilage de couleurs personnalisés, Dry Creek

Photo héberge un certain nombre de profils colorimétriques différents correspondant à de nombreuses imprimantes.

5. **Une fois le fichier téléchargé sur votre disque dur, double-cliquez le fichier d'installation et suivez les quelques étapes de l'assistant d'installation.**

6. **Dans le menu Démarrer, choisissez Tous les programmes, Dry Creek Photo, Profile Converter, ICC Profile Converter.**

   L'interface très simple du programme s'ouvre, comme le montre la Figure 14.1.

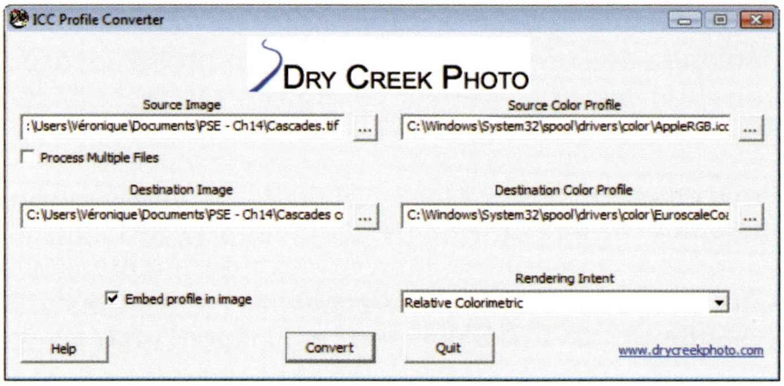

Figure 14.1 : Sélectionnez les options de conversion du profil colorimétrique et cochez la case Embed profile in image avant de cliquer le bouton Convert.

7. **Cliquez les points de suspension (…) Source Image et sélectionnez le fichier source.**

   Il s'agit du fichier enregistré au format TIFF à imprimer.

8. **Cliquez les points de suspension Source Color Profile et sélectionnez le profil colorimétrique source.**

   Ce profil colorimétrique est incorporé au fichier source.

9. **Cliquez les points de suspension Destination Image et sélectionnez le dossier de destination du fichier.**

10. **Cliquez les points de suspension Destination Color Profile et sélectionnez le profil colorimétrique employé par l'équipement où vous voulez passer commande.**

Les profils colorimétriques sont enregistrés dans le dossier des couleurs Windows, veillez donc à choisir ce dossier pour les profils colorimétriques de l'imprimante de destination.

11. **Pour traiter plusieurs fichiers, cochez la case Process Multiple Files.**

12. **N'oubliez pas de cocher la case Embed Profile in Image et cliquez le bouton Convert.**

    Après avoir cliqué Convert, le convertisseur de profil gère la conversion et enregistre les fichiers dans le dossier de destination.

Imprimez sur des imprimantes à jets d'encre Epson

Les paramètres d'impression varient d'un fabricant à l'autre. Nous ne pourrons donc pas détailler toutes les imprimantes dans ce chapitre. Nous avons choisi de commencer par les imprimantes couleurs de bureau Epson, mais nous verrons également les options d'impression des imprimantes à jets d'encre d'entrée de gamme HP et Canon.

Si vous possédez une imprimante d'une marque différente ou faites appel à un service qui en utilise, lisez attentivement la section relative au processus qu'implique l'impression des fichiers. Quel que soit le type d'imprimante, vérifiez le profil colorimétrique employé et la manière dont la couleur est ou n'est pas gérée. Les cases à cocher et les commandes des menus peuvent être différentes, mais le processus reste le même pour toutes les imprimantes qui impriment des photos.

Au cours des dernières années, au moins la moitié des appels passés aux supports techniques ont été émis par des clients ayant des problèmes de précision des couleurs de leurs imprimantes à jets d'encre Epson et autres. Nous ne parlons pas ici de légères différences entre l'écran et l'imprimante, mais de très importants changements de couleurs. Évidemment, presque tous les résultats étranges proviennent d'une erreur mineure au cours du paramétrage du fichier à imprimer, et plus particulièrement de la gestion des couleurs dans la boîte de dialogue Imprimer.

Les profils colorimétriques dépendent également de l'encre employée, sans compter que le remplissage des cartouches avec de l'encre générique peut (dans certains cas) engendrer un décalage dans les couleurs. De même, si les buses ne sont pas propres et ne projettent pas uniformément l'encre, le résultat est parfois étrange.

Nous vous proposerons des paramètres qui fonctionnent correctement et permettent d'obtenir des résultats précis sans stress ni frustration. Employez les paramètres exactement tels que nous les décrivons et vous obtiendrez des résultats de qualité sur des imprimantes professionnelles et de bureau.

Lorsque vous installez le pilote d'imprimante, l'utilitaire d'installation installe également un certain nombre de profils colorimétriques. Vous pouvez choisir les profils dans la boîte de dialogue Imprimer de Photoshop Elements et contrôler l'intégralité de l'impression en vous servant du profil fourni par le fabricant de l'imprimante.

Vous pouvez également imprimer à partir de l'Organiseur en sélectionnant une ou plusieurs miniatures dans la fenêtre et en choisissant ensuite Fichier/Imprimer. Nous employons le mode Retouche standard pour les exemples de ce chapitre, car il est fréquent de réaliser quelques retouches finales avant l'impression.

Vous choisissez la manière dont Elements exploite ces profils. Vous pouvez :

- Laisser votre imprimante gérer la couleur. La sélection du profil est automatique et vous ne faites aucun choix dans la boîte de dialogue Imprimer.
- Laisser Photoshop Elements gérer la couleur, auquel cas vous devez faire certains choix relatifs au profil colorimétrique à employer et au processus de gestion des couleurs.

Nous parlons ici de deux points très différents. Le premier problème concerne la gestion des couleurs qui revient à choisir qui gère la couleur : l'imprimante ou personne. L'autre problème consiste à choisir le profil colorimétrique. Vous devez faire votre choix parmi plusieurs combinaisons d'options. Il est possible de choisir un profil puis d'activer ou non la gestion des couleurs ou encore de ne pas choisir de profil colorimétrique et de décider d'activer ou non la gestion des couleurs. Ces choix sont essentiels pour obtenir des couleurs imprimées correctes.

Toutes ces méthodes sont décrites au cours des prochaines sections.

Sélectionnez automatiquement le profil pour les imprimantes Epson

La méthode de sélection automatique du profil existe et, selon le modèle d'imprimante, il peut être nécessaire de faire ce choix.

Les options dépendent toutes de l'installation ou non par l'imprimante de profils colorimétriques sur l'ordinateur. Si vous achetez une imprimante couleur d'entrée de gamme à moins de 100 € le logiciel d'installation n'installera sans doute pas de profil colorimétrique. Dans ce cas, l'imprimante gère la couleur en se servant des profils prédéfinis intégrés à sa mémoire.

Les modèles haut de gamme (au-delà de 100 €) installent souvent des profils colorimétriques individuels. Vous les trouverez dans la liste Profil de l'imprimante de la boîte de dialogue Imprimer. Dans ce cas, vous pouvez choisir le profil correspondant au papier employé et laisser Elements gérer la couleur.

Calibrez les fichiers pour l'impression

Lorsque nous parlons de calibrer les fichiers, nous faisons référence à la largeur et à la hauteur physiques, ainsi qu'à la résolution. Si vous imprimez les images en 21 x 29,7 cm, consultez la boîte de dialogue Taille de l'image (Image/Redimensionner/Taille de l'image) pour vérifier que la largeur et la hauteur sont définies pour les dimensions du papier. Cette boîte de dialogue accueille un autre paramètre particulièrement important : la résolution de l'image. Suivez les recommandations du fabricant de l'imprimante en matière de résolution, en fonction du papier employé. Si vous ne trouvez pas de conseil dans le manuel d'utilisation, choisissez 300 ppp (pixels par pouce) pour imprimer sur du papier glacé de qualité, comme le Papier Photo Glacé Premium Epson.

Surtout, ne définissez pas une résolution d'image supérieure à celle par défaut de votre photo. Par exemple, pour une photo 13 x 18 cm à 300 ppp, n'essayez pas de calibrer la photo en A4 à 300 ppp. Vous risquez d'obtenir des résultats non souhaités. Si vous devez agrandir l'image, revenez à l'image d'origine de votre appareil photo numérique, modifiez la correction des couleurs et choisissez la dimension de sortie appropriée. Si l'image d'origine est plus petite que la taille souhaitée, vous êtes coincé et n'obtiendrez pas de qualité d'impression supérieure aux capacités de capture de votre appareil photo.

Au Chapitre 2, nous avons vu qu'il existait deux choix d'espace de travail des couleurs. Ces choix sont sRGB ou Abode RVB (1998). L'espace de travail sert à afficher la couleur sur le moniteur. Nous avons également parlé de l'étalonnage du moniteur qui rapproche autant que possible les couleurs affichées des couleurs réelles.

Lorsque l'on imprime une image, la couleur de l'espace de travail (sRGB ou Adobe RGB [1998]) est convertie en couleur de l'imprimante. Il faut donc mettre en correspondance toutes les couleurs de l'espace de travail sRGB avec celles du profil de l'imprimante pour obtenir un résultat aussi proche que possible de ce que l'on voit à l'écran. Elements s'occupe de cette conversion des couleurs. Il ne vous reste qu'à faire le bon choix quant au déroulement de cette conversion.

Voici comment imprimer à partir de l'espace de couleurs natif :

1. **Choisissez Fichier/ Imprimer.**

   La boîte de dialogue Imprimer qui s'ouvre contient tous les paramètres nécessaires.

2. **Sélectionnez l'orientation de l'impression.**

   Vous avez le choix entre Portrait et Paysage, comme le montre la Figure 14.2.

3. **Choisissez l'imprimante.**

   Sélectionnez l'imprimante dans la liste déroulante Imprimante.

4. **Définissez les attributs de l'impression.**

   Sélectionnez le nombre de copies, la position, l'échelle et les éléments de sortie.

Figure 14.2 : Cliquez l'orientation correspondant à votre photo.

Dans la section Gestion des couleurs de la boîte de dialogue Imprimer, illustrée Figure 14.3, choisissez comment gérer les couleurs à l'impression.

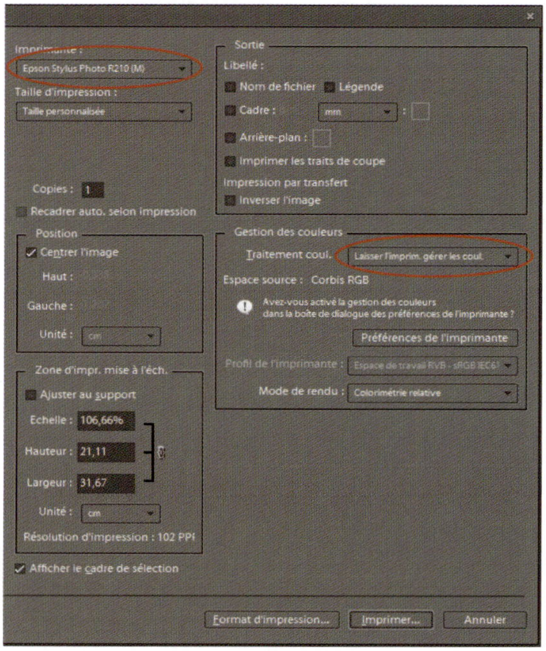

Figure 14.3 : Servez-vous des options de la section Gestion des couleurs de la boîte de dialogue Imprimer pour gérer les couleurs.

5. **Dans la liste déroulante Traitement couleurs, sélectionnez Laisser l'imprimante gérer les couleurs.**

   Cette option exploite l'espace de travail chromatique actuel et convertit plus tard la couleur de l'espace de travail en fichier de sortie de l'imprimante lorsque vous ouvrez la boîte de dialogue du pilote de l'imprimante. Comme le montre la Figure 14.3, l'Espace source est Corbis RGB. La section Gestion des couleurs de la boîte de dialogue Imprimer indique que la couleur va être convertie de Corbis RGB, l'espace de travail, en l'espace colorimétrique géré par l'imprimante.

6. **Dans la boîte de dialogue Imprimer, cliquez Imprimer.**

Le fichier ne s'imprime pas encore. Pour l'instant, la boîte de dialogue Imprimer de Windows s'ouvre, comme le montre la Figure 14.4.

7. **Vérifiez que l'imprimante cible est sélectionnée et cliquez Préférences.**

   La boîte de dialogue du pilote d'impression d'ouvre.

   Chaque imprimante propose une boîte de dialogue différente après que l'on a cliqué Préférences dans la boîte de dialogue Imprimer. La Figure 14.5 montre la boîte de dialogue des propriétés de l'imprimante Epson Stylus Photo R210. Bien que de nombreuses imprimantes Epson proposent une boîte de dialogue identique, certaines imprimantes Epson, en particulier le haut de gamme, proposent des boîtes de dialogue différentes. En outre, les imprimantes d'autres fabricants présentent des paramètres totalement différents.

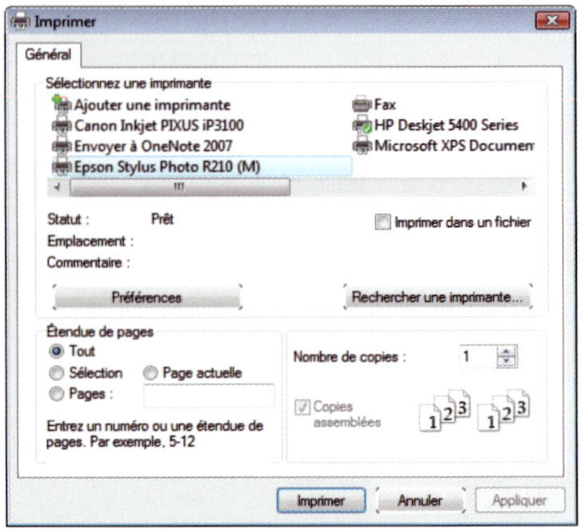

Figure 14.4 : Dans la boîte de dialogue Imprimer d'Elements, cliquez Imprimer pour ouvrir la boîte de dialogue Imprimer de Windows.

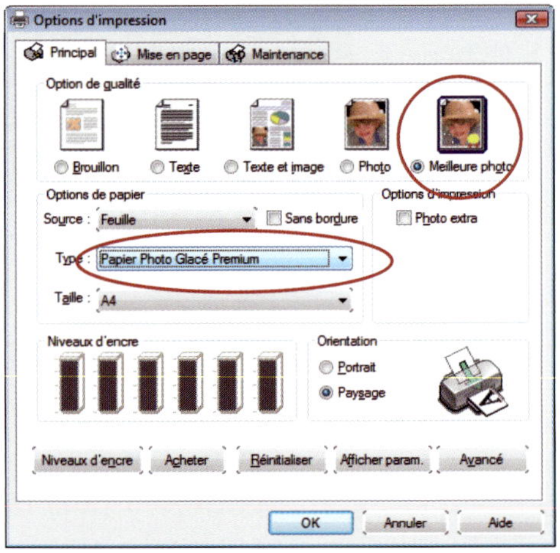

Figure 14.5 : Sélectionnez le type de papier dans la liste déroulante Type et l'option Meilleure photo.

8. **Définissez les attributs de l'impression.**

   Dans notre exemple Epson, sélectionnez le Papier Photo Glacé Premium (ou un autre papier) dans la liste déroulante Type et sélectionnez l'option Meilleure photo, comme le montre la Figure 14.5.

Il est maintenant temps de gérer les couleurs du fichier. Cette étape est essentielle dans le processus d'impression.

9. **Cliquez le bouton Avancé et, dans la boîte de dialogue Remarque qui s'affiche, cliquez Continuer.**

   La boîte de dialogue des paramètres avancés s'affiche, comme le montre la Figure 14.6.

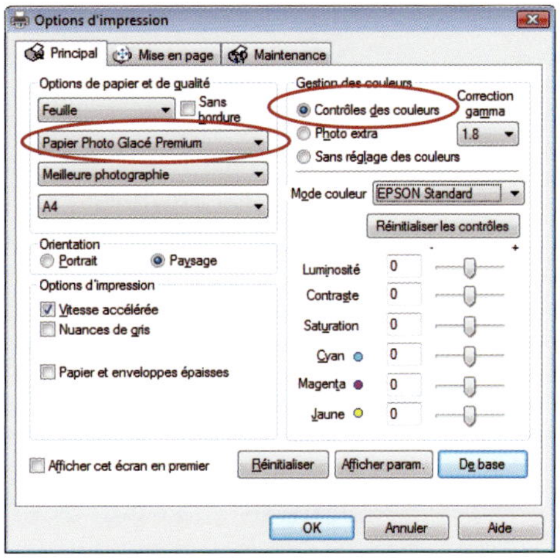

Figure 14.6 : Cliquez Avancé puis Continuer pour accéder aux paramètres avancés du pilote d'imprimante Epson.

10. **Sélectionnez les options dans la boîte de dialogue des paramètres avancés.**

    Voici les choix les plus importants :

    - *Sélectionner le type de papier.* Vous avez déjà sélectionné le type de papier ? La deuxième liste déroulante de la section Options de papier et de qualité détermine l'application des encres. Choisissez le même papier qu'à l'étape 8.
    - *Activer la gestion des couleurs.* Dans la mesure où nous laissons le pilote d'impression déterminer la couleur, il faut être sûr de sélectionner l'option Contrôles des couleurs. Ce paramètre indique au pilote d'impression de sélectionner automatiquement un profil d'imprimante pour le type de papier choisi.
    - *Définir le mode colorimétrique.* N'utilisez pas Epson Vivid. Ce choix produit des résultats inférieurs sur les photos. Choisissez Meilleure photo, le standard Epson ou Adobe RGB, en fonction de votre imprimante (voir Figure 14.6).

TRUC

Si vous imprimez souvent des fichiers avec les mêmes paramètres, vous pouvez les enregistrer en cliquant le bouton Enregistrer les paramètres.

11. **Pour imprimer la photo, cliquez deux fois OK.**

    Votre fichier est envoyé à l'imprimante. La couleur est automatiquement convertie de l'espace de travail source sRGB ou Adobe RGB (1998) en celui du profil du pilote d'impression sélectionné.

Sélectionnez un profil d'imprimante

Il est également possible de gérer les couleurs en sélectionnant un profil d'imprimante dans la liste des profils disponibles installés avec l'imprimante. Alors que dans la précédente section nous avons utilisé l'imprimante pour gérer la couleur, cette fois nous laisserons Photoshop Elements s'en charger.

Les étapes de cette section sont les mêmes que celles décrites dans la précédente section. Lorsque vous choisissez Fichier/Imprimer, vous ouvrez la boîte de dialogue Imprimer d'Elements. Pour laisser Elements gérer la conversion de couleur, procédez comme suit dans la boîte de dialogue Imprimer :

1. **Dans la liste déroulante Profil de l'imprimante, sélectionnez le profil des couleurs correspondant au papier choisi pour imprimer l'image.**

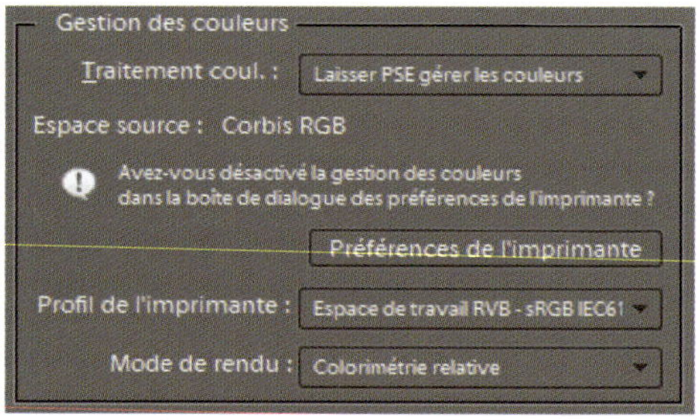

Figure 14.7 : Choisissez un profil d'imprimante qui correspond au papier employé.

    Dans cet exemple, nous avons choisi un papier mat épais, comme le montre la Figure 14.7 (notez que les profils colorimétriques personnalisés, que vous achetez chez les prestataires de services de profilage, s'accompagnent de modes de rendu spécifiques. Pour ce papier, on recommande la Colorimétrie relative, sélectionnée dans la liste Mode de rendu, comme le montre la Figure 14.7.)

2. **Cliquez Imprimer.**

    La deuxième boîte de dialogue Imprimer s'ouvre.

3. Cliquez le bouton Propriétés.

Vous parvenez à la boîte de dialogue de la Figure 14.5.

4. Sélectionnez l'option Meilleure photo. Dans la liste déroulante Type, sélectionnez le papier recommandé.

Les profils colorimétriques personnalisés s'accompagnent de recommandations quant au papier à sélectionner.

5. Cliquez Avancé et Continuer pour arriver à la boîte de dialogue de la Figure 14.6.

Le choix du papier est automatiquement récupéré dans la boîte de dialogue précédente (étape 2 de la section précédente). Le seul paramètre qui change concerne la section Gestion des couleurs.

6. Sélectionnez l'option Sans réglage des couleurs, comme le montre la Figure 14.8.

Dans la mesure où vous avez sélectionné le profil colorimétrique à l'étape 1 et où vous laissez Elements gérer la couleur, vérifiez que la gestion des couleurs est désactivée. Si vous ne la désactivez pas, vous obtiendrez un double profilage.

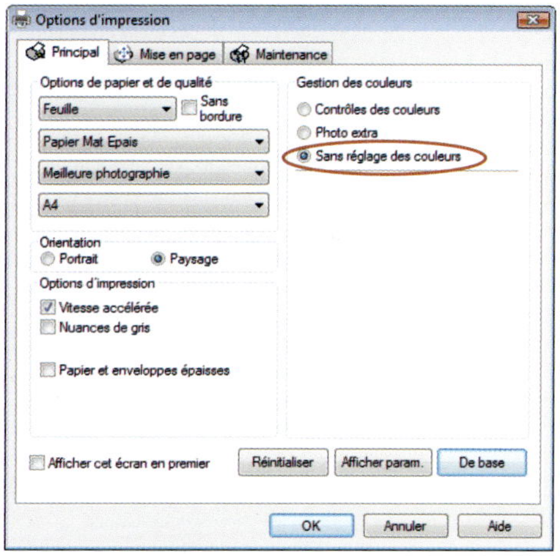

Figure 14.8 : Sélectionnez l'option Sans réglage des couleurs.

TRUC

Le choix entre une gestion personnelle ou automatique des couleurs a été simplifié dans Photoshop Elements. Dans la section Gestion des couleurs de la boîte de dialogue, un message différent s'affiche chaque fois que vous effectuez une sélection dans la liste déroulante Traitement couleurs. Sous Espace source, le message vous demande si vous avez pensé à désactiver la gestion des couleurs. Chaque fois que vous sélectionnez une option dans la liste Traitement couleurs, prenez le temps de lire ce message. Il vous sert de pense-bête pour les recommandations relatives à la gestion des couleurs.

Imprimez avec un profil personnalisé

L'impression d'un profil personnalisé est très simple. Rappelez-vous d'utiliser le profil ayant exactement les mêmes paramètres que ceux employés pour imprimer la cible test lors de la création du profil. Pour les profils personnalisés, utilisez toujours le processus de sortie Aucun système de gestion des couleurs.

Éclaircissons ce concept. Lorsque vous générez la cible test pour le service de profilage où vous avez éventuellement commandé un profil personnalisé créé pour votre imprimante, ce service vous demande d'imprimer la cible sans conversion de couleur d'aucune sorte. La cible doit refléter les couleurs réelles générées par l'imprimante à partir d'un échantillon connu, sans aucune modification, de manière à connaître les conditions d'impression et le type de matériel. Le profil résultant indique exactement au moteur de couleurs comment modifier les données sorties pour les faire correspondre aussi précisément que possible à l'espace chromatique employé ou à un profil colorimétrique différent préalablement incorporé.

Pour réaliser cette opération de la manière la plus correcte possible, l'imprimante ne doit pas être autorisée à modifier les données imprimées. Tout le processus doit être effectué par Photoshop Elements. Supposons donc que vous disposiez d'un profil personnalisé prêt à l'emploi. Voici comment le configurer :

1. **Utilisez un convertisseur de profil pour convertir la couleur.**

   Sous Windows, servez-vous d'un utilitaire comme Dry Creek Photo Profile Converter (pour de plus amples informations, reportez-vous à la section "Convertissez une couleur en profil d'imprimante", précédemment dans ce chapitre).

   TRUC

   Si vous avez récupéré un profil personnalisé chez un fournisseur de média, servez-vous de ce média et des paramètres appropriés recommandés pour l'imprimante, même si toutes les autres instructions de cette section sont les mêmes.

2. **Ouvrez le fichier converti dans Elements et, dans le menu Fichier, choisissez Imprimer.**

3. **Dans la boîte de dialogue Imprimer, sélectionnez le profil d'imprimante Aucun système de gestion des couleurs, comme le montre la Figure 14.9.**

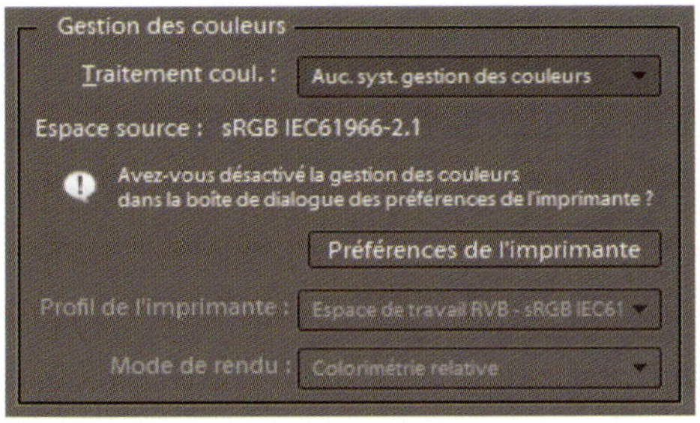

Figure 14.9 : Sélectionnez Aucun système de gestion des couleurs lorsque vous imprimez avec des couleurs converties.

4. **Désactivez la gestion des couleurs.**

   Servez-vous des mêmes paramètres d'impression que ceux employés lorsque vous laissez Elements déterminer la couleur. Veillez à désactiver la gestion des couleurs, tel que décrit dans la précédente section (reportez-vous à la Figure 14.7).

Imprimez sur des imprimantes à jets d'encre HP

Quelle que soit l'imprimante employée, le processus d'impression suit la même logique que celle décrite pour imprimer avec des imprimantes Epson dans les précédentes sections. Malheureusement, chaque fabricant emploie des boîtes de dialogue et des noms de commandes de menu différents qui peuvent vous embrouiller si vous tentez d'appliquer les processus décrits pour une autre imprimante.

Les trois méthodes de gestion des couleurs (décrites dans la section "Comment Elements exploite les profils colorimétriques", précédemment dans ce chapitre) s'appliquent à toutes les imprimantes, mais les boîtes de dialogue, les boutons et les choix de menu diffèrent.

Si vous possédez une imprimante HP, vous savez probablement où choisir le papier et la meilleure sélection de photo. Le paramètre le plus obscur reste sans doute le choix de la gestion des couleurs. Nous ne détaillerons pas chaque étape de l'impression sur une imprimante HP d'entrée de gamme. Étudiez la prochaine section pour découvrir comment gérer les couleurs.

À l'instar de toutes les imprimantes, sur une imprimante HP, vous disposez de trois choix de gestion des couleurs :

- **Laisser votre imprimante déterminer les couleurs.** Procédez comme suit :

  1. **Cliquez Fichier/Imprimer pour ouvrir la boîte de dialogue Imprimer.**
  2. **Dans la liste déroulante Profil de l'imprimante, sélectionnez la gestion des couleurs de l'imprimante et cliquez Imprimer.**

     La deuxième boîte de dialogue Imprimer s'ouvre.
  3. **Cliquez Préférences pour ouvrir la boîte de dialogue Options d'impression.**
  4. **Sur l'onglet Avancé, cliquez Graphique puis Gestion des couleurs de l'image. Dans la liste déroulante Méthode de CCI, sélectionnez ICM géré par l'imprimante, comme le montre la Figure 14.10.**

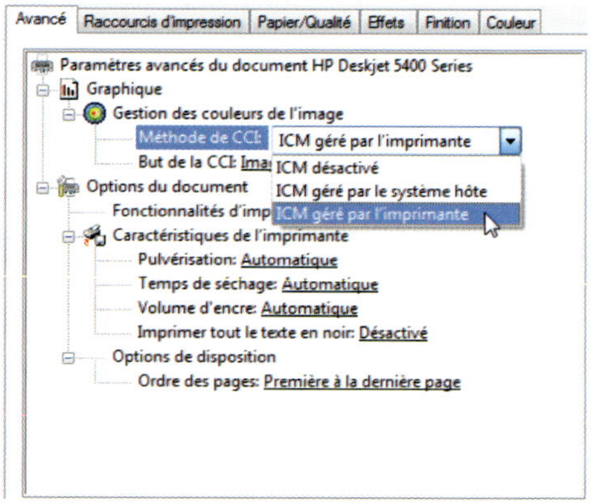

Figure 14.10 : Cliquez l'onglet Avancé et sélectionnez ICM géré par l'imprimante.

- **Laisser Elements déterminer la couleur.** Suivez les précédentes étapes, mais cette fois sélectionnez un profil colorimétrique dans la boîte de dialogue Imprimer (voir étape 2) et sélectionnez ICM désactivé dans l'onglet Avancé (voir étape 4).

- **Imprimer un fichier avec des couleurs converties.** Suivez les précédentes étapes, mais cette fois sélectionnez un profil colorimétrique identique à la source dans la boîte de dialogue Imprimer (voir étape 2) et sélectionnez ICM désactivé dans l'onglet Avancé (voir étape 4).

Imprimez sur des imprimantes Canon

À l'instar des imprimantes Epson et HP (décrites dans les précédentes sections), pour les imprimantes Canon, vous suivez la même logique et choisissez d'activer ou de désactiver la gestion des couleurs. Avec les imprimantes couleurs Canon, la section de la boîte de dialogue du pilote d'impression est encore plus difficile à trouver que sur les imprimantes Epson et HP.

Lorsque vous imprimez sur des imprimantes Canon, vous contrôlez la gestion des couleurs de l'une des manières suivantes :

- **Laisser votre imprimante déterminer les couleurs.** Procédez comme suit :

  1. **Cliquez Fichier/Imprimer pour ouvrir la boîte de dialogue Imprimer.**
  2. **Dans la liste déroulante Profil de l'imprimante, sélectionnez la gestion des couleurs de l'imprimante et cliquez Imprimer.**

     La deuxième boîte de dialogue Imprimer s'ouvre.
  3. **Cliquez Préférences pour ouvrir la boîte de dialogue Options d'impression.**
  4. **Dans la section Couleur/Intensité de l'onglet Principal, sélectionnez l'option Manuel, comme le montre la Figure 14.11.**

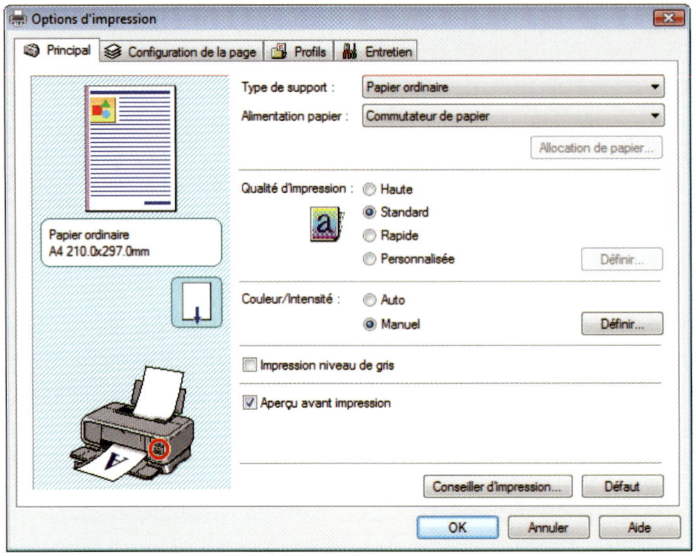

Figure 14.11 : Sélectionnez l'option Manuel dans la section Couleur/Intensité.

5. **Cliquez le bouton Définir pour ouvrir la boîte de dialogue Réglage des couleurs manuel.**
6. **Cochez la case Activer ICM (Windows Image Color Management), comme le montre la Figure 14.12.**

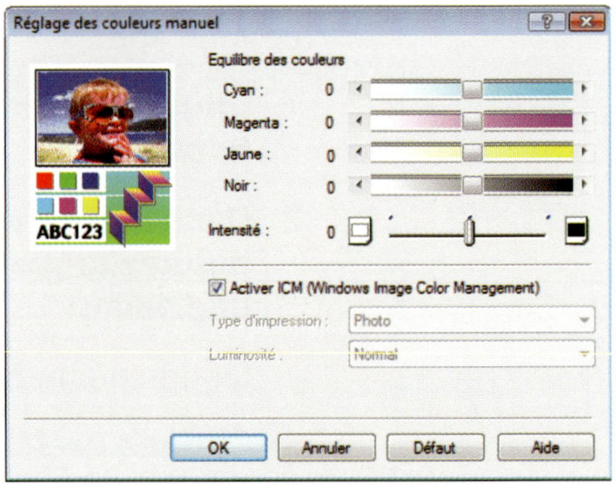

Figure 14.12 : Cochez la case Activer ICM (Windows Image Color Management).

- **Laisser Elements déterminer la couleur.** Suivez les précédentes instructions et supprimez la coche de la case Activer ICM (Windows Image Color Management) à l'étape 6.
- **Imprimer un fichier avec des couleurs converties.** Sélectionnez la même source dans la boîte de dialogue Imprimer (voir étape 2) et supprimez la coche de la case Activer ICM (Windows Image Color Management) à l'étape 6.

Soumettez les fichiers aux services d'impression

Sur les sites Web des services d'impression, vous trouverez généralement des instructions relatives aux formats de fichier acceptés et aux résolutions et dimensions recommandées. Si vous ne trouvez pas d'instructions sur le site Web, appelez et renseignez-vous quant aux attributs de fichier acceptés.

En règle générale, voici quelques points à prendre en considération lorsque vous soumettez des fichiers, si vous ne trouvez pas d'instructions :

- **Espace de travail colorimétrique** : Demandez toujours au fournisseur quel espace de travail il préfère employer pour convertir les couleurs. Les services en ligne recommandent généralement l'espace de travail sRGB.
- **Résolution** : Pour les imprimantes photos, choisissez une résolution de 300 ppp (pixels par pouce). Reportez-vous au Chapitre 3 pour en savoir plus sur la résolution des images.
- **Dimensions** : En règle générale, servez-vous de la dimension d'impression pour les images. Par exemple, si vous voulez obtenir des tirages 10 x 15 cm, dimensionnez les images en 10 x 15 cm et 300 ppp.
- **Format de fichier** : Certains centres n'acceptent que les images JPEG. S'ils n'acceptent pas le format TIFF, localisez les images converties enregistrées avec le convertisseur Dry Creek ICC Profile Converter et procédez comme suit (sous Windows) :

  1. **Ouvrez le ou les fichiers TIFF dans Photoshop Elements et choisissez Fichier/Enregistrer sous.**
  2. **Vérifiez que la case Profil ICC est cochée dans les Options d'enregistrement de la boîte de dialogue Enregistrer sous. Sélectionnez le format JPEG et cliquez Enregistrer.**

     Le profil employé avec Dry Creek ICC Profile Converter est indiqué comme Profil ICC. Dans la Figure 14.13, vous voyez un profil incorporé (reportez-vous à la section "Convertissez une couleur en profil d'imprimante", précédemment dans ce chapitre, pour de plus amples informations sur le convertisseur Dry Creek).

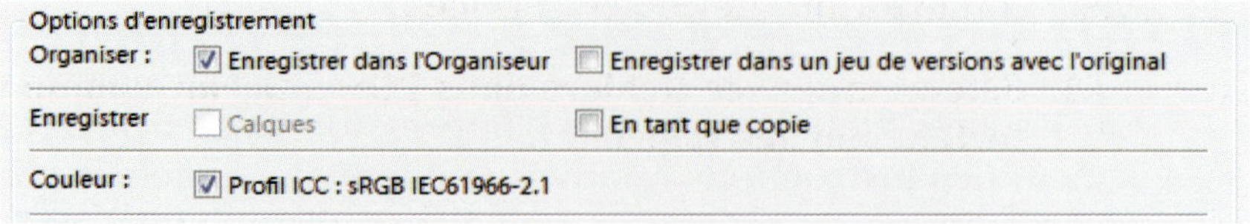

Figure 14.13 : Il est possible de convertir les formats de fichier TIFF en JPEG et de conserver les profils incorporés lorsque l'on enregistre les fichiers dans Elements.

- **Support de stockage** : Sur les bornes d'impression, vous pourrez parfois employer un disque USB ou une clé USB amovibles. Tous les centres d'impression acceptent une large palette de cartes mémoire employées dans les appareils photo numériques. Veillez à utiliser votre carte mémoire et non un support USB au moment de passer commande. Si vous possédez une carte mémoire CompactFlash II ou tout autre support employé dans les appareils photo numériques, copiez les fichiers sur ces supports avant de passer commande.

TRUC

Les distributeurs qui hébergent des sites Web proposant des profils téléchargeables et des informations de commande acceptent probablement le téléchargement de fichiers en ligne. Cette fonctionnalité permet de gagner du temps à l'heure de passer commande. Dans certains cas, les services en ligne retournent les images par courrier pour vous éviter d'attendre. Nous allons détailler ce système de commande en ligne dans la prochaine section.

Utilisez des services d'impression en ligne

Photoshop Elements prend en charge le programme Adobe Photoshop Services qui regroupe les services Adobe Systems et Kodak EasyShare, une division de Kodak. Le programme Services propose de commander des tirages en ligne et de partager les photos et les projets, ainsi qu'une vaste gamme de produits de tirage pour les particuliers et les professionnels.

À l'heure d'écrire ces lignes, vous pouvez profiter de 10 tirages gratuits. Il peut donc être intéressant de consulter ce service, en particulier si vous voulez commander des tirages et les recevoir par courrier à la maison ou au bureau.

Voici comment profiter de ce service :

1. **Sélectionnez les fichiers dans l'Organiseur comme vous le feriez pour les imprimer.**

2. **En mode d'édition ou dans l'Organiseur, choisissez Fichier/ Commander des tirages. Vous pouvez également cliquer l'onglet Partager de la Corbeille des palettes, puis le bouton Commander des tirages.**

   L'assistant Kodak EasyShare s'ouvre, comme le montre la Figure 14.14. La première page est un formulaire vous permettant de créer un compte.

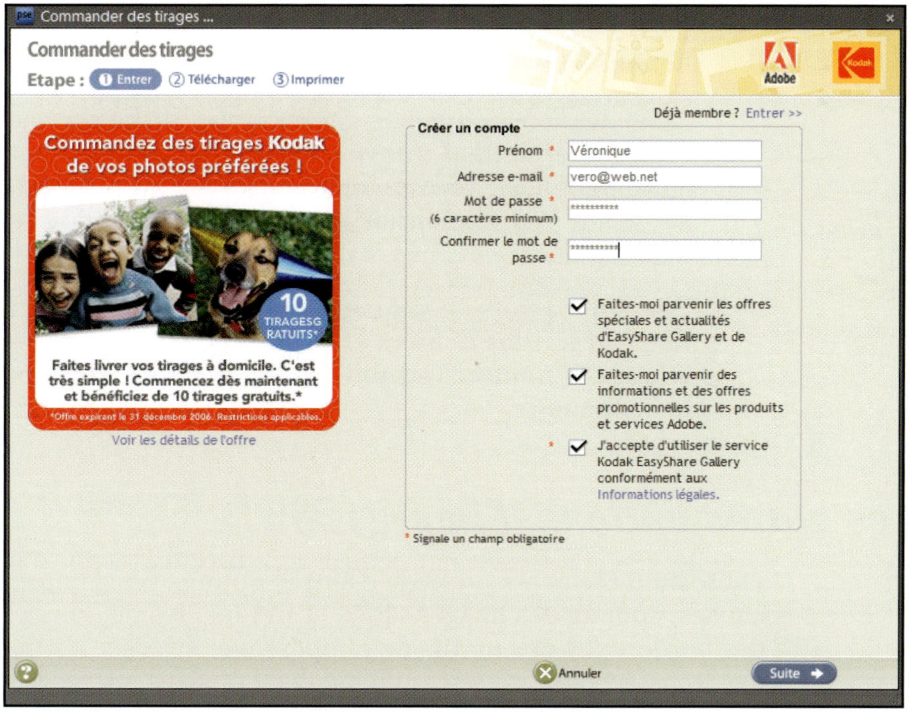

Figure 14.14 : Dans le menu Fichier, choisissez Commander des tirages pour ouvrir l'assistant Kodak EasyShare.

Si vous passez une commande depuis votre bureau où le service informatique vous empêche de vous connecter à certaines sources externes, vous devrez modifier les paramètres du pare-feu. Demandez à une personne du service informatique de vous aider à créer la connexion.

3. **Si vous ne disposez pas encore de compte, remplissez les informations et les différentes étapes de l'assistant en cliquant le bouton Suivant de chaque page. Si vous disposez déjà d'un compte, fournissez vos informations de connexion.**

   Les fichiers sélectionnés dans l'Organiseur sont automatiquement chargés à l'étape 1 de l'assistant.

4. **Il est possible de modifier la commande en supprimant des fichiers et de définir des tailles et des quantités différentes.**

   L'une des fonctionnalités intéressantes de ce service est l'option permettant d'envoyer des doubles des tirages à une autre personne. Vous pouvez conserver un carnet d'adresses sur le site Web du fournisseur et indiquer qui doit recevoir la commande.

5. **Poursuivez votre commande avec l'aide de l'assistant pour télécharger vos fichiers et confirmer votre commande, et cliquez le bouton Terminer sur la dernière page pour valider la commande.**

Les autres options d'impression

Photoshop Elements propose d'autres options pour imprimer d'autres choses, comme des images vidéo et des feuilles de contacts, ajouter des bordures et des motifs de remplissage, inverser les images pour des transferts par chaleur, comme ceux réalisés sur les T-shirts au fer à repasser. Ces options sont accessibles à partir de la boîte de dialogue Imprimer. La majorité de ces options sont intuitives et simples d'utilisation. Cherchez, testez et amusez-vous. Au moment d'imprimer, suivez nos conseils pour obtenir les meilleures couleurs.

15

Diffusez des photos

Dans ce chapitre :

- Les options de conditionnement.
- Générez un diaporama.
- Gravez des CD et des DVD.
- Créez des fichiers à visionner sur le Web.
- Sites et blogs de photos.
- Folioscopes.

Elements est un outil de conditionnement puissant que vous pouvez exploiter pour déployer vos photos et les visualiser sur un écran, et pas uniquement celui de votre ordinateur. Vous pouvez éditer les photos ou assembler vos créations que vous exporterez ensuite pour un visionnage sur le Web. Il est même possible de préparer les fichiers pour les diffuser sur votre poste de télévision.

Pour de plus amples informations sur les résolutions et les modes colorimétriques, reportez-vous au Chapitre 3. Les exigences de sortie pour l'impression des fichiers, que nous avons étudiées au Chapitre 14, sont très différentes de celles employées pour un visionnage sur écran.

Dans ce chapitre, nous allons étudier les options à définir pour le visionnage sur le Web et un écran en commençant par les bases, y compris comment enregistrer des images pour le Web (ou le visionnage à l'écran), configurer un diaporama et graver les images sur CD et DVD.

Tour d'horizon des options de partage et d'impression d'Elements

Avant de plonger dans le vif du sujet, il serait bon de se familiariser avec les options disponibles en matière de visionnage, de partage et d'impression des images. Lorsque l'on ouvre l'Organiseur et que l'on examine la Corbeille des palettes, deux volets sont disponibles sur le côté droit : Créer et Partager. Ces volets sont également accessibles en mode Retouche standard et Retouche rapide. Les options disponibles dans les volets sont identiques dans chaque espace d'édition.

La Figure 15.1 montre les options du menu de chaque élément :

- **Créer** : Le volet Créer contient les options permettant de créer différents types de projets avec des photos comme des albums, des calendriers, des collages, des galeries en ligne et des diaporamas.

- **Partager** : Dans le volet Partager, on trouve des options de partage des photos : développement en ligne, envoi par messagerie électronique, commande de tirages et écriture sur CD et DVD.

N'OUBLIEZ PAS

Chaque volet contient un bouton Plus d'options. Cliquez ce bouton pour afficher les options de création et de partage supplémentaires.

Au Chapitre 14, nous avons vu comment commander des tirages en ligne en se servant de l'option Commander des tirages du volet Partager. Dans ce chapitre et le Chapitre 16, nous allons traiter des diverses commandes du volet Créer et des autres options du volet Partager.

Figure 15.1 : Les deux onglets proposent un certain nombre d'options de partage et de création.

Créez un diaporama

Les options de création de diaporamas que propose Photoshop Elements sont incroyables. Toutes les options de production et d'édition vous sont proposées.

Servez-vous, par exemple, des fonctionnalités de l'Éditeur de diaporama Photoshop Elements pour créer des diaporamas PDF et des fichiers de films.

Créez un projet

On commence par créer un fichier de projet dans l'Éditeur de diaporama, puis on l'exporte pour différents usages. Dans cette section, vous découvrirez comment créer et enregistrer un projet. Dans la section suivante, vous plongerez dans l'exportation.

Voici comment créer un diaporama éditable et exportable :

1. **Ouvrez l'Organiseur et sélectionnez les images à utiliser dans le diaporama.**

2. **Cliquez le bouton Créer dans la Corbeille des palettes et cliquez Diaporama.**

   La boîte de dialogue des Préférences de diaporama s'ouvre. Toutes les options de cette boîte de dialogue peuvent être ajustées dans l'Éditeur de diaporama. Inutile donc de faire votre choix ici. Si vous ne voulez plus afficher la boîte de dialogue Préférences de diaporama, supprimez la coche de la case Afficher cette fenêtre à la création d'un nouveau diaporama.

3. **Cliquez OK dans la boîte de dialogue Préférences de diaporama.**

   L'Éditeur de diaporama s'ouvre, comme le montre la Figure 15.2.

4. **Si votre Éditeur de diaporama est différent de celui de la Figure 15.2, agrandissez la fenêtre en cliquant le bouton Agrandir, dans l'angle supérieur droit de la fenêtre de l'Éditeur.**

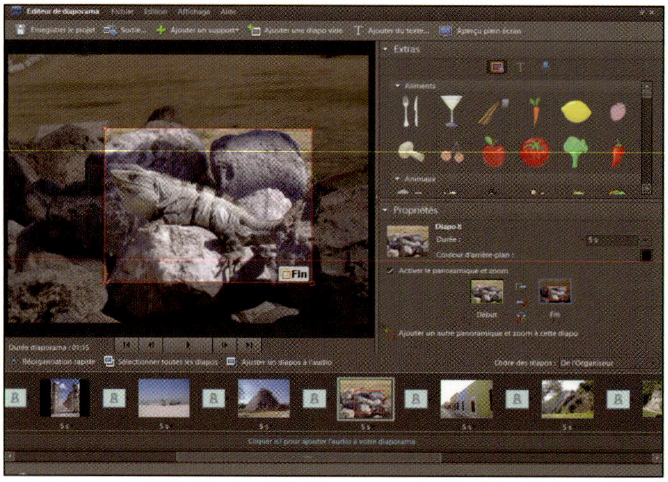

Figure 15.2 : Créez vos diaporamas dans l'Éditeur de diaporama.

Vous voyez ainsi le storyboard dans la partie inférieure de l'écran et la Corbeille des palettes sur la droite de l'Éditeur.

5. **(Facultatif) Créez une vue panoramique et zoom.**

   Lors du visionnage des diapositives, vous pouvez zoomer et faire un panoramique de la diapositive. Cochez la case Activer le panoramique et zoom et cliquez la vignette Début. Un rectangle apparaît dans la zone d'aperçu. Déplacez l'une des quatre poignées d'angle pour redimensionner le rectangle. Cliquez dans le rectangle pour le déplacer dans l'aperçu.

   Pour la position finale, cliquez la vignette Fin et dimensionnez le rectangle sur un niveau de zoom ou toute autre vue qui vous convienne. Dans la Figure 15.2, on a sélectionné la vignette Fin et dimensionné le rectangle pour zoomer sur une portion de la photo.

6. **(Facultatif) Ajoutez un graphisme.**

   Dans le volet Extras de la Corbeille des palettes, vous pouvez choisir parmi de nombreuses illustrations. Faites simplement glisser une illustration vers la diapositive. Pour faire d'abord apparaître une diapositive vide, puis y insérer du texte et des illustrations, dans la barre d'outils Raccourcis placée dans la partie supérieure de l'Éditeur, cliquez Ajouter une diapo vide.

7. **(Facultatif) Ajoutez du texte.**

   Dans le volet Extras de la Corbeille des palettes, cliquez l'outil Texte et faites glisser le style de texte de votre choix dans la diapositive vide ou la diapositive ouverte dans le diaporama. Le volet Propriétés s'affiche dans la Corbeille des palettes. Le texte que vous faites glisser dans la diapositive est un délimiteur de texte. Pour modifier le texte, dans le panneau Propriétés, cliquez Modifier le texte. Vous pouvez aussi sélectionner une police, sa taille et son style, ainsi que la couleur du texte et son alignement. Après avoir défini ces attributs, cliquez dans le texte et placez-le à l'endroit de votre choix.

8. **(Facultatif) Définissez les transitions.**

   Les icônes entre les diapositives dans le storyboard (au bas de l'Éditeur de diaporama) désignent la transition par défaut appliquée au diaporama. Chaque transition peut être modifiée indépendamment des autres. Cliquez la flèche qui pointe vers la droite, à côté de l'icône de transition, pour ouvrir un menu contextuel qui propose un certain nombre de transitions, comme le montre la Figure 15.3. Pour appliquer la même transition à toutes les diapositives, cliquez la commande Appliquer à tout.

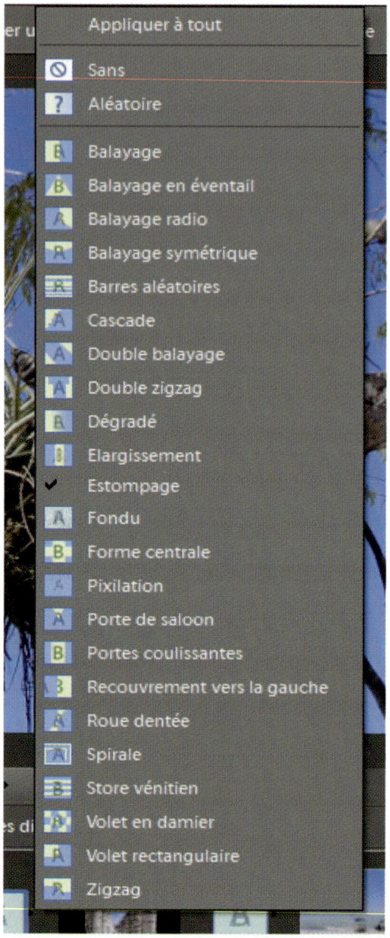

Figure 15.3 : Cliquez l'une des flèches pointant vers la droite d'une icône de transition pour afficher le menu contextuel des transitions.

Modérez l'usage des transitions. L'abus de transitions différentes produit un diaporama d'amateur qui distrait les spectateurs.

9. **(Facultatif) Ajoutez du son et un support.**

   Vous pouvez ajouter du son à une diapositive en choisissant Ajouter un support/Son de l'Organiseur (ou du dossier). Sélectionnez un fichier son et cliquez OK.

Il est également possible d'ajouter des vidéos à une diapositive existante ou à une nouvelle diapositive. Lors du visionnage, le diaporama lit le fichier vidéo. Choisissez Ajouter un support/ Photos et vidéos de l'Organiseur (ou du dossier).

Ce même jeu de commandes peut servir à ajouter des images au diaporama.

10. (Facultatif) Enregistrez vos propres sons.

Pour ajouter une narration, dans la Corbeille des palettes, cliquez l'outil Commentaire (représenté par un microphone, à droite de l'outil Texte). Le volet Extras change pour vous proposer des outils d'enregistrement et d'importation de fichiers son. Cette option nécessite un microphone correctement configuré sur l'ordinateur.

11. (Facultatif) Ajustez les diapositives au son.

Si vous disposez de 3 minutes de son et que la durée de la diapositive est de 2 minutes 30 secondes, vous pouvez, d'un simple clic de souris, adapter la durée de la diapositive aux 3 minutes du son. Il suffit de cliquer l'outil Ajuster les diapos à l'audio, sous l'aperçu de l'image.

Pour ajuster manuellement la durée, cliquez la flèche pointant vers le bas, à côté du temps, sous les vignettes du storyboard.

12. Dans la barre Raccourcis, cliquez Enregistrer le projet puis, dans la boîte de dialogue qui s'ouvre, tapez le nom et cliquez Enregistrer.

Le projet s'ajoute dans l'Organiseur et reste disponible pour toute modification ultérieure. Il est également possible d'ouvrir le projet pour enregistrer un certain nombre de formats de sortie différents, comme nous l'expliquons dans la prochaine section.

13. Prévisualisez le diaporama.

Avant d'exporter le diaporama, affichez-en un aperçu en cliquant les boutons placés directement sous la zone d'aperçu de l'image. Pour visionner l'aperçu en plein écran, dans la barre Raccourcis, cliquez le bouton Aperçu plein écran, puis le bouton Lecture.

Exportez vers des diapositives et des vidéos

Une fois le projet créé, vous avez le choix entre plusieurs options de sortie. Vous pouvez écrire le projet sur disque pour l'archiver et inclure les diaporamas sur vidéodisque ou DVD. Il est aussi possible d'envoyer le diaporama par mail, de partager le projet en ligne, d'écrire un projet à visionner sur un téléviseur ou d'enregistrer un diaporama en PDF ou en fichier vidéo Windows.

Voici comment écrire un diaporama PDF ou un fichier vidéo :

1. **Dans la fenêtre de l'Organiseur, double-cliquez la vignette du projet.**

   Le projet s'ouvre dans l'Éditeur de diaporama Adobe Photoshop Elements.

2. **Dans la barre Raccourcis, cliquez Sortie.**

   L'assistant Sortie diaporama s'ouvre, comme le montre la Figure 15.4.

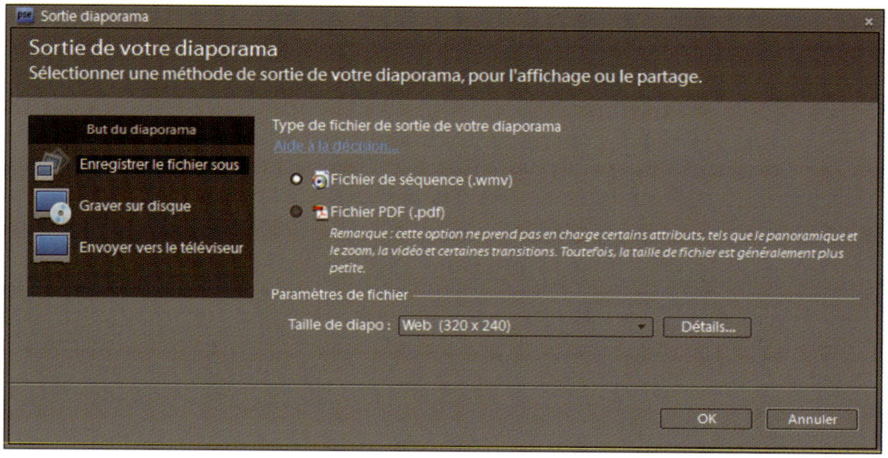

Figure 15.4 : Dans l'Éditeur de diaporama Photoshop Elements, sélectionnez Sortie pour ouvrir l'assistant Sortie diaporama.

3. **Sélectionnez le type de fichier vers lequel réaliser l'exportation.**

   Sélectionnez Fichier de séquence (.wmv) pour exporter un fichier vidéo Windows. La vidéo exportée peut être visionnée dans Elements ou dans le Lecteur Windows Media. Vous pouvez importer la vidéo dans tous les programmes qui prennent en charge les fichiers .wmv.

   Pour créer un diaporama PDF, sélectionnez Fichier PDF (.pdf). Si vous créez un diaporama PDF, certaines fonctionnalités d'animation, comme les effets de zoom et les transitions, n'apparaissent pas dans le fichier PDF résultant.

4. **La boîte de dialogue qui s'ouvre vous invite à ajouter le fichier de sortie à l'Organiseur : cliquez Oui.**

   Pour visionner le fichier, double-cliquez sa vignette dans l'Organiseur.

Ouvrez des fichiers PDF multipages dans Elements

Si vous créez un diaporama et l'exportez vers un document PDF, vous pouvez ouvrir individuellement les pages PDF dans Elements. Il est capable d'ouvrir n'importe quel document PDF créé à partir de n'importe quel outil PDF. Voici comment procéder :

1. **Dans l'Organiseur, sélectionnez un fichier à ouvrir et cliquez l'option Retouche standard dans la barre Raccourcis.**

   Sélectionnez bien le fichier et cliquez Retouche standard. Ne double-cliquez pas le fichier dans l'Organiseur. En effet, cette action ouvre le fichier dans Adobe Reader.

   Lorsque l'on ouvre le fichier en mode Retouche standard, la boîte de dialogue Importer un fichier PDF, illustrée Figure 15.5, s'affiche.

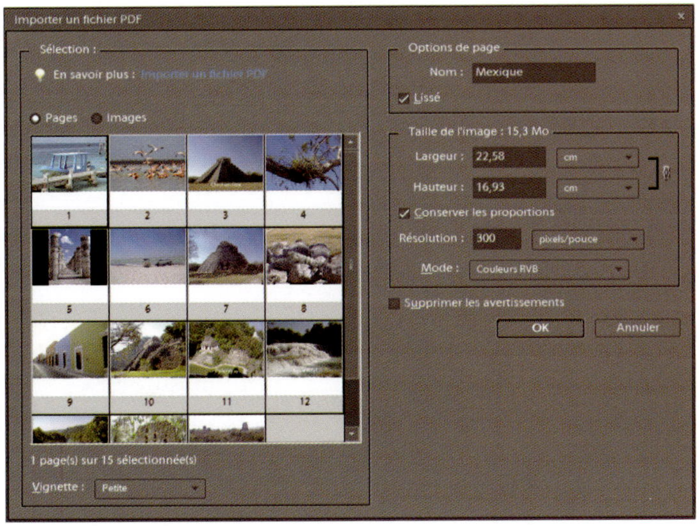

Figure 15.5 : Sélectionnez un fichier PDF dans Elements pour ouvrir la boîte de dialogue Importer un fichier PDF.

2. **Dans la boîte de dialogue, sélectionnez une ou plusieurs pages et précisez la résolution et le mode colorimétrique.**

   Pour sélectionner plusieurs pages non contiguës, appuyez sur la touche Ctrl/⌘ tout en cliquant les pages à ouvrir.

3. **Cliquez OK pour ouvrir les pages PDF dans des fenêtres d'image individuelles.**

Écrivez les créations sur CD et DVD

Il est possible de produire vos créations optimisées, diaporamas et images, pour la télévision, un CD ou un DVD, en se servant de l'assistant Sortie diaporama. Si vous disposez d'une vidéo, mais ne possédez pas de graveur de DVD, sachez que la majorité des lecteurs DVD actuels permettent de visionner des vidéodisques écrits sur CD. Les CD ne peuvent toutefois pas accueillir autant de contenu que les DVD.

La résolution des vidéodisques (VCD, *Video Compact Disk*) est inférieure à celle des DVD (un vidéodisque est un flux vidéo de 1 150 kbps avec une résolution de 352 x 240 pour le standard NTSC, alors que celle d'un DVD est de 720 x 480 à des vitesses de bits oscillant entre 3 000 et 9 800 kbps). On peut enregistrer 80 minutes de VCD sur un CD 700 Mo (74 minutes sur un CD de 650 Mo).

Pour graver sur un CD ou un DVD, procédez comme suit :

1. **Ouvrez un projet dans l'assistant Sortie diaporama en double-cliquant le projet dans l'Organiseur.**

2. **Dans l'Éditeur de diaporama, cliquez Sortie.**

3. **Dans l'assistant Sortie diaporama, cliquez Graver sur disque.**

4. **Sur la première page, cliquez OK.**

   Pour ajouter d'autres diaporamas sur le même disque, cochez la case Inclure les diaporamas supplémentaires créés sur ce disque. Sinon, cliquez simplement OK pour graver le diaporama sur un disque.

5. **Choisissez le format du fichier.**

   Choisissez NTSC ou PAL, comme l'illustre la Figure 15.6. Le format NTSC est habituellement employé aux États-Unis et au Japon, alors qu'en Europe on utilise le format PAL. Vérifiez le format employé par vos lecteurs vidéo et votre télévision avant de faire votre choix.

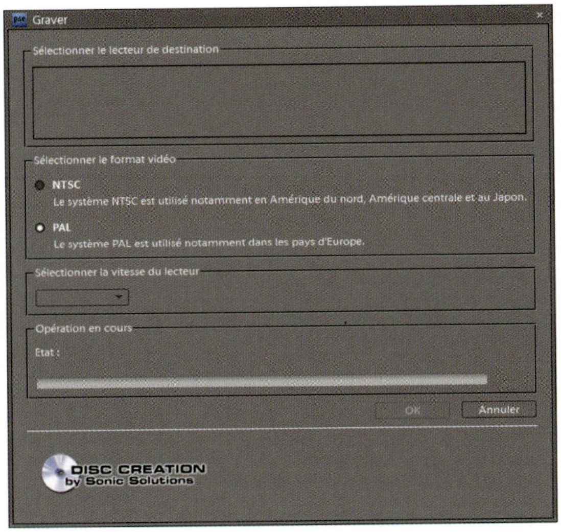

Figure 15.6 : Tapez un nom et sélectionnez le format d'exportation dans l'assistant Sortie diaporama.

6. **Cliquez OK.**

   La boîte de dialogue Graver s'ouvre ainsi que le lecteur CD de l'ordinateur.

7. **Insérez un CD et cliquez OK.**

   La barre d'état montre la progression du processus d'écriture.

Une fois l'écriture terminée, ouvrez le lecteur CD/DVD et retirez le disque. Placez-le dans le lecteur DVD et appuyez sur Lecture. La lecture du film démarre automatiquement, comme un vidéodisque du commerce.

Visionnez vos fichiers sur le Web

Il est également possible de visionner ces photos sur le Web. Avec Photoshop Elements, inutile de connaître la conception de pages Web et le codage HTML. Elements crée tout ce dont vous avez besoin pour télécharger des collections attractives sur votre site Web. Il propose, en outre, tous les outils d'édition nécessaires à la préparation des fichiers pour d'autres types d'hébergements Web. Que vous souhaitiez diffuser des galeries d'images ou héberger des images sur votre blog, Elements vous offre toutes les fonctionnalités d'édition nécessaires.

Créez un album photos en ligne

On ajoute généralement des galeries d'images aux sites Web par le biais de liens et/ou d'animations. Vous pouvez préparer une galerie d'images en ligne et laisser Elements gérer le codage HTML pour concevoir une diffusion attrayante de vos images avec une apparence professionnelle.

Il est vraiment très simple de créer une page Web avec vos photos. Voici comment procéder :

1. **Ouvrez l'Organiseur et sélectionnez les photos à diffuser sur un site Web.**

2. **Dans la Corbeille des palettes, cliquez Partager et Album en ligne dans le volet des options.**

   Le volet Détails de l'album s'ouvre dans la Corbeille des palettes.

3. **Faites glisser les photos de l'Organiseur vers le volet Détails de l'album.**

   Si vous avez créé un album, comme nous l'avons vu au Chapitre 6, vous pouvez l'ouvrir dans l'Organiseur. Dans la Corbeille des palettes, cliquez Organiser, puis l'album. Cette option vous évite d'avoir à réaliser le tri parmi les photos, dans la fenêtre de l'Organiseur.

   ATTENTION

   Commencez par sélectionner les photos dans l'Organiseur, puis cliquez Partager et Album en ligne. Toutes les photos sélectionnées sont ajoutées au nouvel album.

4. **Choisissez la cible du partage.**

   Le premier volet de la nouvelle création est le volet Détails de l'album. Dans ce volet, vous choisissez le mode de distribution de l'album : la Vitrine Photoshop, un CD/DVD ou un site FTP. Sélectionnez l'option de votre choix, comme le montre la Figure 15.7.

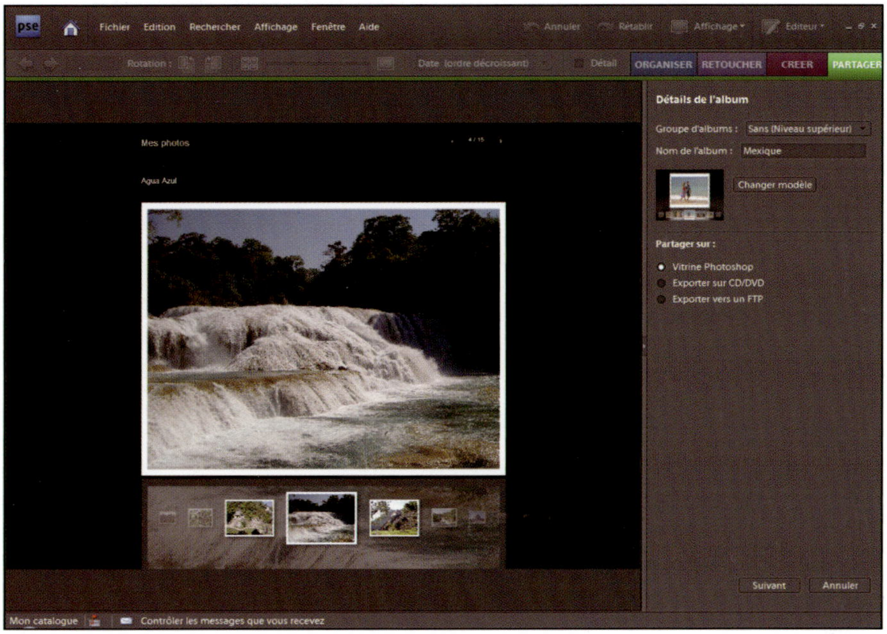

Figure 15.7 : Choisissez le mode de partage et cliquez Suivant pour prévisualiser la galerie.

5. **Choisissez un modèle.**

   Dans le volet Détails de l'album, cliquez Changer modèle pour afficher un certain nombre de modèles que vous pouvez exploiter. Sélectionner un modèle et cliquez Suivant pour afficher le volet suivant.

6. **Sélectionnez les options de l'album.**

   Si vous optez pour la Vitrine Photoshop, vous devrez ouvrir une session sur votre compte. Si vous choisissez une autre option, remplissez les champs du titre, du sous-titre et de l'adresse de messagerie.

7. **Cliquez Suivant.**

   Un aperçu de votre galerie s'affiche, avec les effets d'animation. Vérifiez le fichier.

8. **Enregistrez la galerie.**

9. **Cliquez Suivant et téléchargez le fichier sur Photoshop.com ou un site FTP, ou gravez un CD/DVD.**

Si vous ne parvenez pas à vous connecter à votre site FTP *via* Elements, servez-vous d'un programme FTP pour télécharger les fichiers. Veillez à bien télécharger l'intégralité du dossier qu'Elements a créé. Dans ce dossier se trouve un fichier index.html créé par Elements. Vous pouvez ajouter des liens vers ce fichier à partir d'autres pages Web et héberger d'autres créations, toutes visibles en suivant d'autres liens Web.

Feuilletez les photos avec un folioscope

Sous les boutons des différents éléments de création et de partage des volets Créer et Partager, Elements propose un bouton Plus d'options. Cliquez ce bouton pour afficher un menu proposant d'autres éléments de création/partage. Dans le volet Créer, le menu Plus d'options contient un certain nombre d'éléments comme Jaquette et Étiquette de CD/DVD, VCD avec menu et Folioscope.

L'option Folioscope crée une petite vidéo qui feuillette les photos à l'écran ou sur le téléviseur. Voici comment procéder :

1. **Ouvrez l'Organiseur et sélectionnez les fichiers à utiliser.**

   Vous devez sélectionner au moins deux fichiers pour créer un folioscope.

2. **Dans la Corbeille des palettes, cliquez le volet Créer et Plus d'options/Folioscope.**

   Le Folioscope Photoshop Elements s'ouvre, comme le montre la Figure 15.8.

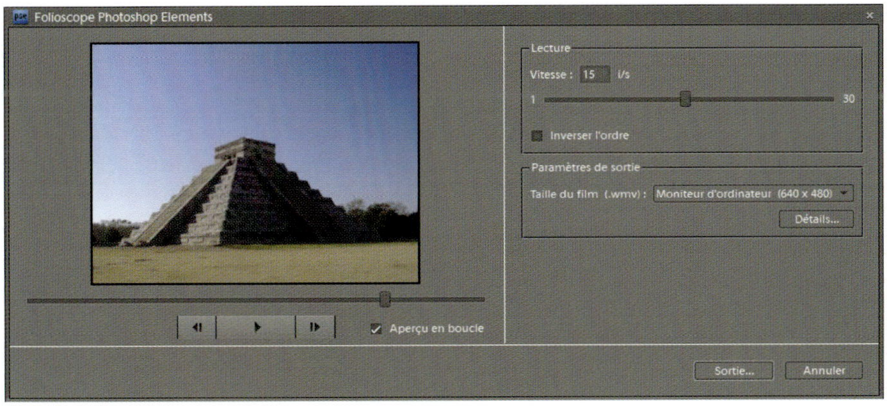

Figure 15.8 : La boîte de dialogue Folioscope Photoshop Elements permet de sélectionner la vitesse de défilement et la taille du film.

3. **Définissez la vitesse de lecture en tapant une valeur dans la zone de texte Vitesse ou en déplaçant le curseur.**

   Pour feuilleter les photos, préférez les vitesses lentes, comme une ou deux images par seconde (i/s). Vous pouvez aussi choisir la taille du fichier vidéo à partir des options de la liste déroulante Taille du film.

4. **Cliquez Sortie.**

   La boîte de dialogue Enregistrer le folioscope s'ouvre.

5. **Tapez un nom de fichier et cliquez Enregistrer.**

Le fichier est enregistré au format .wmv. Vous pouvez ensuite utiliser Microsoft Movie Maker pour graver le fichier sur CD ou DVD.

16

Créations et partage

Dans ce chapitre :

- Assemblage de créations : les fondamentaux.
- Créez des pages d'album photos.
- Créez des cartes de vœux et des cartes postales.
- Créez des étiquettes de CD et de DVD.
- Les services de partage.
- Services en ligne.

Adobe Photoshop Elements propose un certain nombre de créations que l'on peut partager à l'écran ou imprimer. À partir des volets Créer et Partager de la Corbeille des palettes, dans l'Organiseur et les deux modes d'édition, vous profitez d'une large palette d'outils de création et de partage.

Au Chapitre 15, nous avons vu comment créer des fichiers pour un visionnage à l'écran et sur le Web. Dans ce chapitre, nous étudierons les créations destinées à l'impression et au partage. Tout se trouve dans Elements, mais chut ! n'en parlez pas aux utilisateurs de Photoshop, car ce dernier ne dispose pas de toutes ces incroyables fonctionnalités.

Découvrez l'assemblage de créations

Au Chapitre 15, nous avons parlé de diaporamas, de vidéodisques, de galeries en ligne et de folioscopes. Ces créations offrent des options de sortie différentes comme l'envoi par email, l'écriture sur disque et la création de divers documents HTML, sans oublier la création de PDF.

Pour exploiter les autres options (Albums photos, Collages photos, Calendriers photos, Cartes de vœux, Pièces jointes et Partage en ligne), servez-vous des volets Créer et Partager. Toutes ces créations sont destinées à être imprimées ou envoyées sous forme de fichiers à un service d'impression en ligne ou à des amis et de la famille.

ATTENTION

Lorsque vous développez une création pour l'envoyer à un service en ligne ou la partager avec d'autres utilisateurs, vous commencez impérativement par sélectionner les photos à y incorporer. Par exemple, avant de créer un album photos en cliquant le bouton Catalogue de photos dans le volet Créer, vous devez d'abord sélectionner les photos. Si vous cliquez le bouton et que rien ne se produit, il est fort probable que vous n'avez pas sélectionné de photos.

De nombreuses options suivent la même procédure de création. Voici les outils nécessaires à la production d'une création disponible dans les volets Créer et Partager :

- **Options de disposition.** Sélectionnez quelques photos dans l'Organiseur et cliquez l'un des boutons du volet Créer, comme Catalogue de photos, pour afficher le volet Projets. Vous y trouvez des informations relatives à la nouvelle création.

  Lisez les informations d'aide et cliquez Suivant pour afficher le deuxième volet, illustré Figure 16.1. Dans la partie supérieure du volet, vous choisissez une option de mise en page. Sélectionnez l'une ou l'autre option : Disposition aléatoire de photos ou Choisissez une disposition de photos. Sous ces options, Elements propose une galerie déroulante de thèmes.

- **Remplissage automatique avec photos de la corbeille des projets.** Par défaut, cette case est cochée et les fichiers affichés dans la Corbeille des projets sont ajoutés au projet.

- **Inclure les légendes.** Cochez cette case pour afficher les légendes des figures sur chaque page, sous leurs photos respectives.
- **Nombre de pages.** Elements crée automatiquement le nombre de pages adapté au nombre de photos sélectionnées dans l'Organiseur. Certaines créations requièrent un nombre minimal de pages pour produire un projet. Le Catalogue de photos, par exemple, exige au moins 18 pages.

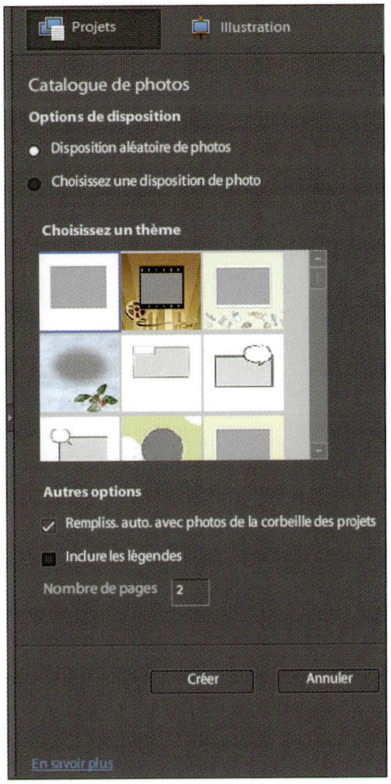

Figure 16.1 : La Corbeille des palettes contient toutes les options nécessaires à la création d'un nouveau projet.

Une fois la création assemblée, cliquez le bouton Créer. Elements ajoute les photos sélectionnées au thème choisi. Soyez patient et attendez qu'Elements termine sa tâche.

Lorsque la création est terminée, le document apparaît comme toute autre image ouverte dans Elements. Vous pouvez rogner, modifier et imprimer les images. Pour l'enregistrer, dans le menu Fichier, choisissez Enregistrer sous et, dans la boîte de dialogue du même nom, tapez un nom et cliquez Enregistrer.

Créez un Catalogue de photos

Elements propose plusieurs méthodes créatives pour produire un album photos. Les options du volet Catalogue de photos permettent de choisir des thèmes, d'ajouter des illustrations et du texte, d'imprimer les pages de l'album ou d'envoyer les fichiers à un service en ligne pour une impression professionnelle.

Voici comment créer un Catalogue de photos :

1. **Dans l'Organiseur, sélectionnez les fichiers et cliquez le volet Créer.**

   La procédure est la même pour toutes les créations. On commence par sélectionner les fichiers dans l'Organiseur (ou un mode d'édition) et on clique ensuite le volet Créer dans la Corbeille des palettes. Dans l'idéal, il est préférable de créer un album, comme nous l'avons vu au Chapitre 6, et de cliquer l'album pour l'afficher dans la fenêtre de l'Organiseur. Toutefois, après avoir affiché un album dans l'Organiseur, vous devez toujours sélectionner toutes les photos.

   Pour sélectionner toutes les photos affichées dans la fenêtre de l'Organiseur, appuyez sur Ctrl/⌘+A.

2. **Dans le volet Créer, cliquez le bouton Catalogue de photos.**

   Que vous travailliez dans l'Organiseur ou dans un mode d'édition, vous trouverez l'option Catalogue de photos dans le volet Créer. Ce volet change pour vous proposer les différentes options disponibles. Si vous démarrez dans l'Organiseur, cliquer Catalogue de photos dans le volet Créer ouvre les photos sélectionnées en mode Retouche standard.

3. **Choisissez une photo pour la page de garde.**

   La première photo de la Corbeille des projets en mode Retouche standard est utilisée comme page de garde du Catalogue de photos. Pour la remplacer par une autre photo, faites glisser la vignette de l'image à la première place, dans la Corbeille des projets.

4. **Choisissez une disposition.**

5. **Dans le volet Créer, sélectionnez un thème.**

   Dans la galerie déroulante Choisissez un thème, sélectionnez le thème qui vous convient.

6. **(Facultatif) Cochez la case Inclure les légendes.**

   Ne cliquez cette case que si vous voulez ajouter les légendes des photos sous les images.

7. **Cliquez Créer.**

   Patientez quelques minutes pendant qu'Elements dispose la ou les pages. Une fois les pages créées, le volet Illustrations remplace le volet Projets. Vous pouvez y choisir diverses illustrations à ajouter aux pages de l'album, comme des cadres et des ombres portées, du texte, des cliparts ou masquer les images avec des pochoirs. Dans la Figure 16.2, la liste déroulante montre les options d'arrière-plan : images, graphiques, formes, texte et modifier le thème. Les options affichées dans le volet dépendent de votre choix dans cette liste déroulante.

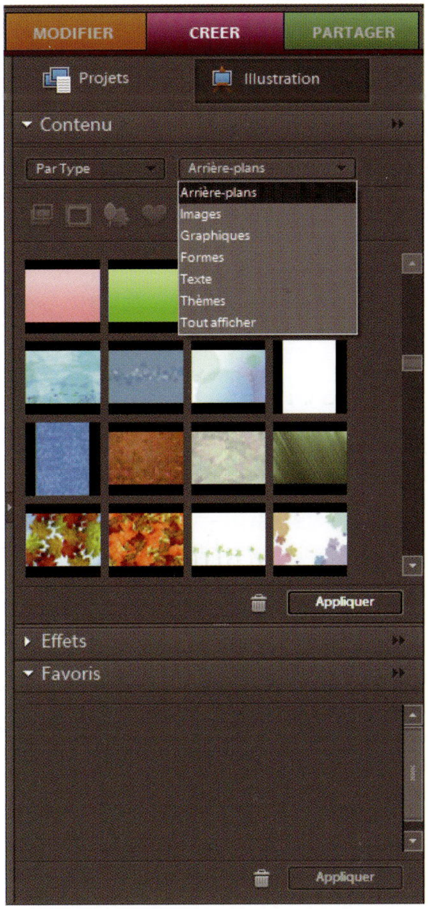

Figure 16.2 : Dans le volet Illustrations, vous ajoutez des éléments graphiques et textuels aux pages de l'album.

8. **(Facultatif) Ajoutez du texte à une page.**

   Dans le menu déroulant, illustré Figure 16.2, choisissez Texte et faites glisser une police et un style de texte vers la page ou cliquez le bouton Appliquer dans le volet. Vous pouvez, par exemple, ajouter un titre à la page de garde. Supprimez ensuite le texte par défaut et tapez votre propre texte.

9. **Comme pour tout projet Elements, choisissez Fichier/Enregistrer pour enregistrer le projet.**

Toutes les options du volet Illustrations s'emploient de la même manière. Pour modifier l'arrière-plan, par exemple, choisissez Arrière-plan dans la liste déroulante illustrée Figure 16.2, cliquez un arrière-plan dans le volet et faites-le glisser sur la page (ou cliquez Appliquer). Pour ajouter des cadres et des ombres aux images, choisissez Formes dans la liste, sélectionnez le cadre et faites-le glisser ou cliquez Appliquer.

Elements propose de nombreuses options d'édition. N'hésitez pas à en tester plusieurs pour voir comment elles modifient l'apparence du Catalogue de photos.

Une fois l'album créé, vous pouvez l'imprimer sur votre imprimante de bureau en cliquant le bouton Imprimer, situé sous la fenêtre de l'image.

N'OUBLIEZ PAS

Lorsque vous éditez une image ou une photo, une barre équipée de deux icônes apparaît sous l'image. La coche sert à accepter la modification et le cercle barré représente le bouton Annuler.

Meilleurs vœux !

Les cartes de vœux suivent la même procédure que la création d'un Catalogue de photos, avec des volets d'options similaires : à l'instar des options d'un album photos, vous sélectionnez un modèle et un thème.

Voici comment créer des cartes de vœux personnalisées :

1. **Ouvrez l'Organiseur et sélectionnez une photo.**

2. **Dans le volet Créer, cliquez Carte de vœux.**

   Le mode Retouche standard s'ouvre et le volet Créer présente des options identiques à celles proposées pour le Catalogue de photos.

3. **Sélectionnez un thème et une disposition.**

   Choisissez un thème et une disposition dans les galeries déroulantes Choisissez un thème et Choisissez une disposition, comme le montre la Figure 16.3.

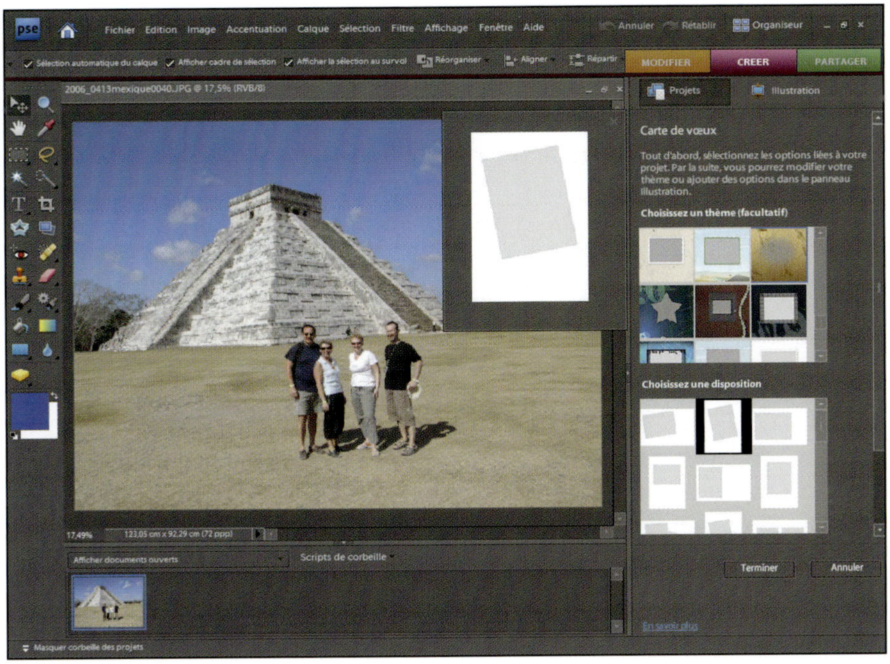

Figure 16.3 : Ajoutez un thème et une disposition.

4. **Cliquez Terminer.**

   La photo affichée dans la Corbeille des projets (celle que vous avez sélectionnée dans l'Organiseur à l'étape 1) est associée au thème et à la disposition choisis à l'étape 3. Vous pouvez modifier la création dans la fenêtre de l'image avec les outils d'édition.

5. **Ajoutez du texte.**

   Cliquez l'outil Texte et ajoutez du texte à la carte, comme le montre la Figure 16.4.

6. **Enregistrez le fichier.**

Lorsque vous créez un projet et ajoutez des photos aux pages du

Figure 16.4 : Ajoutez du texte à votre carte.

projet, celles-ci s'ajoutent sous forme de calques. Pour ajouter du texte ou des modifications avec la palette d'outils, cliquez le volet Modifier et servez-vous des outils que vous avez déjà utilisés dans les autres sessions d'édition. Autrement dit, avec le texte, vous n'êtes pas limité aux options du volet Illustrations.

Créez des étiquettes de CD et de DVD

Elements propose une autre option de création simple : les étiquettes de CD et de DVD. À partir du volet Créer, cliquez Plus d'options et choisissez un élément du menu : Jaquette de CD, Jaquette de DVD ou Étiquette de CD/DVD. Avec les modèles fournis dans le volet, Elements propose une méthode simple pour imprimer vos propres étiquettes et jaquettes de CD et de DVD.

Cette fonctionnalité reste toutefois limitée. Vous devrez faire plusieurs essais avant de mettre en correspondance les images et une étiquette. Il est souvent préférable de faire appel aux modèles proposés pour les étiquettes à imprimer.

Partagez des créations

Elements propose plusieurs options de partage de vos créations. Vous pouvez faire appel au nouveau service d'hébergement Vitrine Photoshop, passer des commandes pour des tirages à des services tiers en ligne ou envoyer vos fichiers à des amis par email.

En ligne sur Vitrine Photoshop

Adobe a simplifié à l'extrême le partage des images en ligne grâce à son nouveau service Vitrine Photoshop. Outre le partage de photos, la Vitrine Adobe Photoshop vous permet de gérer vos galeries en ligne à partir d'un navigateur Web.

Créez un compte dans la Vitrine Photoshop

Vous pouvez créer un compte à partir de la page d'accueil d'Elements, de l'Éditeur ou de l'Organiseur.

Voici comment créer un compte :

1. **Sur la page d'accueil d'Elements, cliquez Se connecter.**

   Vous pouvez également vous servir du bouton Album en ligne du volet Partager (les utilisateurs Mac ont besoin d'Adobe Bridge).

2. **Complétez les champs de formulaire : nom, adresse de messagerie et mot de passe.**

   L'URL qui vous est fournie correspond à votre adresse Web où sont visionnées vos photos et vidéos en ligne.

3. **Cliquez deux fois Suivant.**

4. **Cliquez Terminé.**

Partagez un album photos en ligne

Pour partager un album photos, il suffit de marquer l'album comme partagé dans Elements. Les albums partagés sont téléchargés sur votre compte Photoshop et affichés sur votre URL personnelle.

Voici comment partager un album photos en ligne :

1. **Dans l'Organiseur, cliquez du bouton droit un album photos existant et choisissez Partager dans Photoshop Showcase.**

   Pour créer un nouvel album en ligne, cliquez le bouton Album en ligne du volet Partager. Vous pouvez aussi cliquer l'icône Ajouter dans l'Organiseur, sélectionner Nouvel album, puis le partager. Cliquez ensuite le bouton Ajouter des photos (le signe plus [+]) de la galerie et faites glisser les photos de votre choix dans le volet. Cliquez Partager.

2. **Personnalisez le titre et le sous-titre, modifiez la couleur d'arrière-plan et affichez ou non les légendes des photos. Cliquez Suivant.**

3. **Dans le volet Détails de l'album, cliquez Changer modèle pour choisir un autre modèle dans la galerie, si vous le souhaitez. Sélectionnez l'option Vitrine Photoshop pour partager les photos en ligne.**

   Vous pouvez également exporter vos photos vers un CD/DVD ou un site FTP.

4. **Cliquez Suivant.**
5. **Connectez-vous à votre compte Photoshop Showcase et cliquez deux fois Suivant.**
6. **Spécifiez vos options de partage, comme le montre la Figure 16.5.**

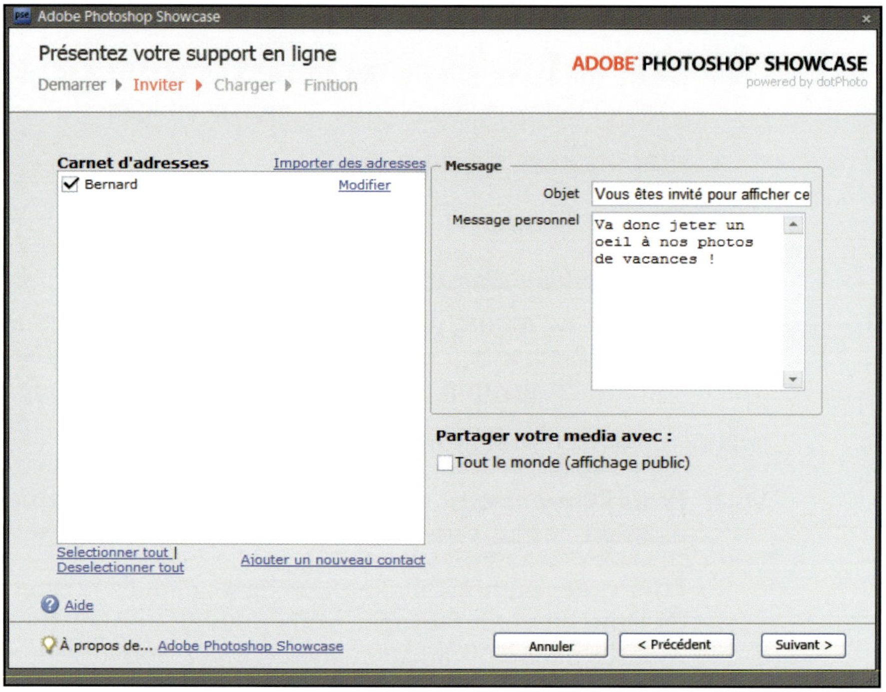

Figure 16.5 : Partagez un album photos en ligne.

Choisissez de partager les photos publiquement par invitation *via* email. Si vous optez pour des invités uniquement, tapez un message et précisez les invités.

7. **Cliquez Suivant.**

Elements télécharge l'album sur le site et vous informe lorsque l'opération est terminée. Cliquez Terminé. La Figure 16.6 montre un album photos en ligne sur Adobe Photoshop Showcase.

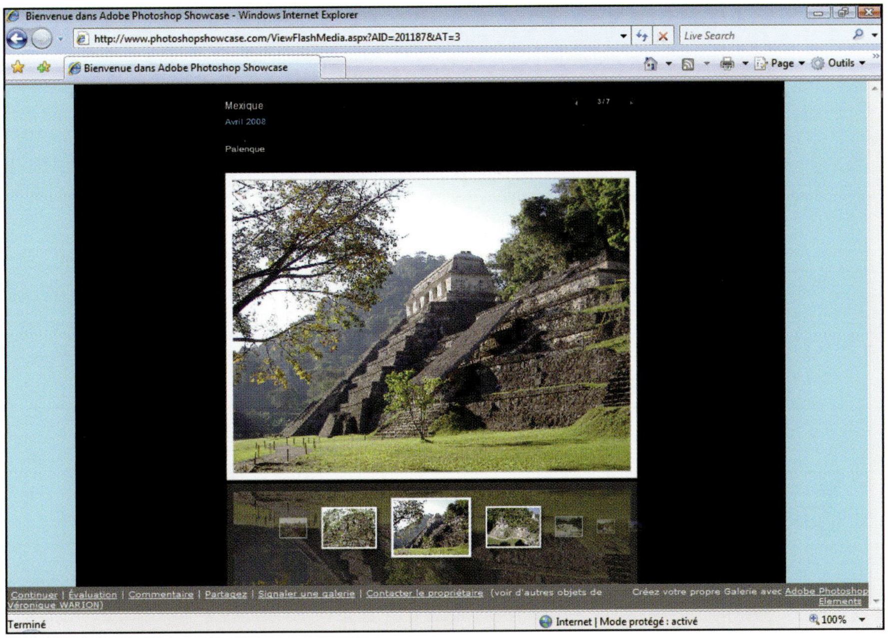

Figure 16.6 : Visionnez un album photos en ligne.

Voici quelques astuces sur les albums en ligne :

- Les albums sont listés dans le volet Organiser.
- Pour modifier un album, cliquez son nom du bouton droit (⌘+cliquez sous Mac).
- Pour arrêter le partage, rendez-vous sur le site Adobe Photoshop Showcase, sélectionnez l'album et, lorsqu'il s'affiche, cliquez le lien Paramètres, dans la partie inférieure de l'écran. Cliquez le bouton Supprimer.
- Pour ajouter ou supprimer des photos, vous devrez recommencer l'opération de partage et supprimer l'ancien album en ligne.

Commandez des tirages en ligne

Il est possible de commander des tirages en ligne directement à partir de Photoshop Elements.

Il suffit de sélectionner les photos à commander et de cliquer Commander des tirages dans le volet Partager.

L'assistant Commander des tirages s'ouvre. Vous y saisissez des informations de connexion et passez votre commande. La procédure est simple et intuitive. Les tirages vous sont envoyés par courrier et vous pouvez les faire livrer à un autre destinataire, comme aux membres de votre famille.

Envoyez des créations par email

Une fois votre création terminée, vous pouvez l'envoyer par courrier électronique à vos amis, votre famille ou toute autre personne en choisissant une commande de menu (nous avons présenté cette méthode et d'autres moyens de partage dans la section "Découvrez l'assemblage de créations", précédemment dans ce chapitre). Il est également possible d'envoyer les photos à un téléphone mobile. Les options se trouvent dans le volet Partager.

Au lieu d'enregistrer le fichier dans Elements puis d'ouvrir votre client de messagerie et de sélectionner la photo à joindre au message, vous pouvez envoyer la photo directement *via* Elements.

Voici comment envoyer une création par email :

1. **Dans l'Organiseur, sélectionnez les photos à envoyer par messagerie électronique.**
2. **Ouvrez le volet Partager et cliquez Message photo.**

   La première fois que vous cliquez ce bouton, une boîte de dialogue s'ouvre vous invitant à sélectionner le client de messagerie.
3. **Si vous utilisez cette fonctionnalité pour la première fois, sélectionnez le client de messagerie dans la boîte de dialogue et cliquez Continuer.**

Vous pouvez employer votre client de messagerie habituel, Windows Mail ou le Service de messagerie Adobe, comme le montre la Figure 16.7. Si vous optez pour le Service de messagerie Adobe, votre création est envoyée *via* le service intégré à Elements, aussi Adobe fait-il office de client de messagerie. Si vous sélectionnez ce service, vous devrez ouvrir une session.

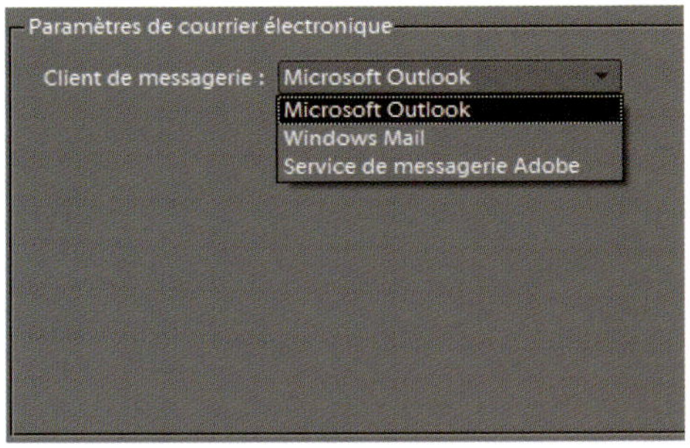

Figure 16.7 : Sélectionnez le service de messagerie avec lequel envoyer la création.

Cliquez Continuer pour afficher le volet de la Figure 16.8.

4. **Dans ce volet, sélectionnez la taille et la qualité des photos et cliquez Suivant.**

5. **Dans le volet suivant, précisez :**

   - *Message.* En option, saisissez un texte à joindre à l'email dans la zone Message.

   - *Sélectionner les destinataires.* Ajoutez des destinataires en cliquant le bouton Modifier les destinataires, situé dans la partie supérieure droite du volet et ajoutez les noms et les adresses de messagerie. Cochez la case en regard du nom de chaque destinataire avec lequel partager les photos.

Figure 16.8 : Cliquez le volet Partager et sélectionnez Pièces jointes.

- *Enregistrer comme flux de partage.* Par défaut, le choix est Non. Conservez ce paramètre si vous voulez simplement joindre un fichier à un email. Pour enregistrer la configuration du fichier, choisissez Oui. Le fichier apparaîtra dans le volet Partage rapide, au bas du volet Partager.

6. **Cliquez Suivant.**

   Les images sont préparées en fonction des attributs spécifiés. Les fichiers sélectionnés sont joints au nouveau message.

7. **Dans le client de messagerie, cliquez Envoyer.**

   Les photos sont envoyées par email aux destinataires identifiés.

Elements utilise votre client de messagerie par défaut, qui peut ou non être le client de messagerie que vous exploitez. Pour modifier le client de messagerie appuyez sur Ctrl/⌘+K lorsque vous êtes dans l'Organiseur. La boîte de dialogue Préférence s'ouvre. Cliquez Partage dans le volet gauche. Dans la liste déroulante Préférences de partage, sélectionnez le client de messagerie qu'Elements doit exploiter.

Message photo

L'autre forme d'envoi par email de vos photos à des amis ou de la famille consiste à utiliser l'option Message photo du volet Partager. Cliquez une ou plusieurs photos dans l'Organiseur et ouvrez le volet Partager. Cliquez le bouton Message photo. Le volet change pour afficher les photos sélectionnées dans l'Organiseur. Ajoutez des photos en cliquant le signe plus (+) ou supprimez des photos en les sélectionnant dans le volet et en cliquant le signe moins (–).

Cliquez le bouton Suivant pour afficher le deuxième volet de l'option Message photo. Ajoutez un message et sélectionnez les destinataires comme vous le feriez pour commander des tirages. Cliquez Suivant pour afficher un volet dans lequel vous pouvez choisir le papier. Faites votre choix parmi les options proposées à gauche.

Lorsque vous avez terminé, cliquez Étape suivante pour choisir une disposition, comme le montre la Figure 16.9. Cliquez Suivant pour ajouter le fichier comme pièce jointe à un message électronique. Ouvrez votre client de messagerie par défaut et cliquez Envoyer.

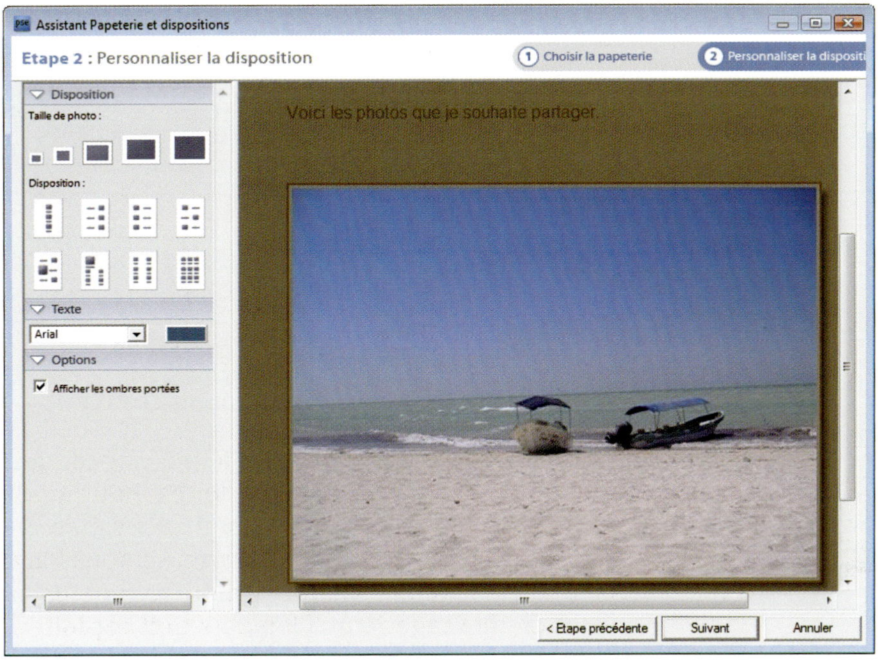

Figure 16.9 : Cliquez Suivant dans le dernier volet pour créer le message électronique.

Sixième partie

Les dix commandements

"Et cette fois-ci, juste pour rire, regardons ce que ça donne avec des oreilles d'éléphant et un nez écrasé."

Dans cette partie...

Cette partie se compose de plusieurs chapitres intéressants qui vous mènent encore plus avant dans les créations que vous pouvez réaliser avec vos photos et les incroyables fonctionnalités d'Elements. Au Chapitre 17, vous découvrirez les dix meilleurs conseils pour composer de plus belles photos, ainsi que la règle des tiers, le cadrage et d'autres astuces simples pour optimiser vos photos. Au cours de la cinquième partie, nous vous avons présenté les créations qu'Elements vous aide à produire, mais pourquoi s'arrêter là ? Le Chapitre 18 vous donne encore d'autres idées de projets personnels et professionnels, comme des prospectus, des posters, des inventaires et bien d'autres.

17

Dix astuces pour composer de meilleures photos

Dans ce chapitre :

- Trouvez le point de focal et utilisez la règle des tiers.
- Éliminez les éléments inutiles et cadrez une prise de vue.
- Exploitez le contraste, les lignes directrices et les points de vue.
- Exploitez la lumière et donnez une direction.
- Tenez compte du mouvement.

Pour réussir une photo, il faut réunir plusieurs facteurs. L'un d'entre eux consiste à se trouver au bon emplacement au bon moment, un autre à savoir raconter une histoire, un autre encore à produire une excellente composition. Malheureusement, nous ne pouvons pas vous apporter d'aide en matière de planification ou de manière de raconter une histoire. En revanche, nous vous prodiguerons plusieurs conseils simples sur la manière de prendre une photo intéressante et harmonieusement composée. Certains de ces conseils se croisent et proposent des concepts voisins, mais ils sont tous gratuits et n'exigent

aucun équipement spécifique. Ils ne demandent qu'un esprit et un œil ouverts souhaitant apprendre.

Trouvez le point de focal

Le point de focal est indubitablement l'un des outils les plus importants d'une composition réussie. Il focalise l'intérêt du spectateur. Lorsque trop d'éléments se concurrencent pour attirer l'attention, la photo manque de point de focal. L'œil ne sait pas où regarder. Une photo sans point de focal perd rapidement de son intérêt pour le spectateur. L'œil cherche à être attiré par le sujet.

Des éléments d'arrière-plan trop présents comme le mobilier, les murs, les tables, les barrières, les bâtiments ou les spectateurs fortuits n'entrent pas dans la valeur compositionnelle ou émotionnelle de la prise de vue. On cherche uniquement à capturer les sourires et les expressions de ses amis et de sa famille.

TRUC

Voici quelques conseils qui vous permettront de trouver le point de focal :

- Choisissez votre sujet et rapprochez-vous de lui.
- Ajoutez un intérêt à vos mises en scène. Les levers et couchers de soleil sont beaux, mais après en avoir admiré plusieurs, on les a tous vus. Essayez plutôt de saisir un pêcheur matinal jetant sa ligne sur un quai ou un enfant examinant un bernard-l'ermite au crépuscule.
- Lorsque c'est possible, essayez d'inclure un élément au premier plan, au milieu ou à l'arrière-plan pour créer une profondeur et donner une échelle. Vérifiez que l'élément est significatif et non un encombrement inutile, comme le montre la Figure 17.1.

Brand X Pictures

Figure 17.1 : En incluant des éléments au premier plan, vous ajoutez de la profondeur à la photo.

Utilisez la règle des tiers

Après avoir choisi le point de focal de votre prise de vue, essayez de placer le point de focal, ou le sujet, à un emplacement de qualité dans l'objectif ou l'écran numérique. Ces emplacements sont fondés sur des principes photographiques appelés *règle des tiers*. Si l'on divise l'image en une grille de neuf segments égaux, comme le montre la Figure 17.2, les éléments les plus attrayants pour l'œil et les plus susceptibles d'être remarqués en premier se situent à l'une des quatre intersections des lignes.

Corbis Digital Stock

Figure 17.2 : Placez le sujet à l'un des points d'intersection de la grille de la règle des tiers.

Lorsque vous composez la prise de vue, essayez de diviser mentalement le cadre en tiers horizontaux et verticaux, et positionnez l'élément visuel le plus important sur l'un des points d'intersection. Lorsque vous photographiez des paysages, souvenez-vous qu'un horizon bas génère une sensation d'espace et de rêve et qu'un horizon haut provoque une sensation d'étouffement et d'intimidation. Pour les portraits rapprochés, essayez de placer le visage ou les yeux d'une personne sur l'un de ces points.

Si la règle des tiers est trop difficile à employer, lorsque vous regardez au travers de votre objectif, répétez-vous "Ne pas rester au centre". Nous avons tous une tendance naturelle à tout centrer. Que tout soit beau et bien organisé. Mais attention, les sujets centrés sont souvent statiques et ennuyeux ! L'asymétrie produit des images plus dynamiques et intéressantes.

Si vous possédez un appareil autofocus, verrouillez la focale lorsque vous quittez le centre. En effet, le capteur de l'autofocus se verrouille sur tout ce qui se trouve au centre de l'objectif. L'autofocus pose également un problème lorsque l'on tente quelque chose d'aussi simple que la photographie de deux personnes (dans ce cas, on cherche à placer les deux personnes au centre) et que l'appareil photo ne cesse de faire le point entre les deux. Centrez le sujet dans l'objectif et appliquez une légère pression sur le mécanisme qui déclenche l'obturateur pour verrouiller la focale. Repositionnez ensuite le sujet et un point intéressant selon la règle des tiers et appuyez sur le déclencheur pour prendre la photo.

Éliminez les éléments inutiles

Contrairement à ce que l'on voit sur les couvertures des tabloïds, les poteaux téléphoniques, antennes de voitures, branchements et autres objets du quotidien ne poussent pas naturellement de la tête des gens. Même s'ils nous font rire, ils n'ont pas leur place dans une photo.

Voici comment éliminer les éléments inutiles de l'arrière-plan :

- **Rapprochez-vous.** Nous sommes tous attentifs à ne pas couper de têtes en prenant nos photos, mais il arrive souvent que l'on photographie trop d'arrière-plan inutile. Remplissez l'objectif avec le sujet. Même s'il est toujours possible de rogner la photo ultérieurement, essayez de remplir le cadre avec le sujet de la photo.

- **Optez pour un angle différent.** Oui, vous avez le droit de tourner votre appareil photo ! La majorité des photos sont horizontales parce qu'il est plus simple de tenir l'appareil de cette manière. Si ce type d'orientation convient à la plupart des prises de vue (photos de groupe et paysages), certains sujets (bâtiments, arbres, cascades, montagnes, girafes, joueurs de basket) méritent le format vertical.
- **Déplacez-vous autour du sujet.** En vous déplaçant, vous éliminez les éléments inutiles. Faites la prise par en dessous ou au-dessus du sujet, si nécessaire.
- **Si possible, déplacez le sujet pour profiter d'un arrière-plan optimal.** Même s'il existe des exceptions, un arrière-plan idéal ne contient généralement pas d'éléments distrayants comme des branches d'arbre, des poteaux, des câbles, des clôtures, des panneaux signalétiques, des lumières brillantes, des couleurs vives, du papier peint chargé, etc. N'incluez que des éléments qui complètent le sujet.
- **Servez-vous des éléments d'arrière-plan pour mettre en valeur et non distraire.** En revanche, si l'arrière-plan est intéressant et apporte un plus à la photo, incluez-le. Exploitez les points de repère célèbres, des accessoires, voire des décorations de l'arrière-plan pour apporter un contexte aux images, comme l'illustre la Figure 17.3.

Figure 17.3 : Servez-vous des éléments d'arrière-plan, comme des décorations, pour définir un événement et ajouter une ambiance.

- **Servez-vous de l'espace autour du sujet pour évoquer une ambiance.** Un grand espace autour d'une personne peut donner une sensation de solitude, au même titre qu'un portrait rapproché crée une sensation d'intimité. Choisissez l'espacement approprié à l'effet escompté.

NOTE TECHNIQUE

Si vous êtes coincé par un arrière-plan distrayant, essayez de le flouter en vous servant d'une ouverture plus grande (comme f/4 au lieu de f/11 ou f/16). Vous augmentez ainsi artificiellement la profondeur de champ (les zones nettes en relation avec le point de focal), de sorte que le sujet se trouve dans la focale alors que l'arrière-plan n'y est pas.

Les utilisateurs d'appareils photo numériques se servent de capteurs réglés à un tiers de la taille du cadre de 35 mm. L'objectif étant très proche du capteur, cela accentue réellement la profondeur de champ. Cette dernière empêche souvent de flouter l'arrière-plan. Ce n'est cependant pas un problème, puisqu'il est également possible de flouter l'arrière-plan en le sélectionnant et en appliquant un filtre de floutage dans Elements. Pour de plus amples informations sur les sélections et le filtre Flou, reportez-vous respectivement aux Chapitres 7 et 10.

Cadrez la prise de vue

Lorsque cela est possible, servez-vous des éléments de premier plan pour cadrer le sujet. Les cadres vous emmènent dans la photo. Utilisez des éléments comme des branches d'arbre, des fenêtres, des passages voûtés et des pas de porte pour cadrer un plan large ou profond, ajouter une sensation de profondeur et créer un point de référence, comme le montre la Figure 17.4. Ne réservez toutefois pas l'usage des cadres aux plans larges ou profonds. Les plans rapprochés peuvent également être cadrés. Inutile également de faire une mise au point nette sur les éléments d'encadrement. Parfois, s'ils sont trop nets, ils détournent du point de focal. Rappelez-vous aussi d'éviter les amalgames !

ImageState

Figure 17.4 : Servez-vous des éléments qui encadrent le sujet.

Exploitez le contraste

Rappelez-vous ceci : "Éclairer l'obscurité, atténuer la lumière." Un sujet éclairé a plus d'impact et d'emphase s'il est pris en photo sur un arrière-plan sombre, et vice versa, comme l'illustre la Figure 17.5. Lorsque l'on regarde une image, les yeux se concentrent d'abord sur la zone la plus contrastée. Bien sûr, il n'est pas toujours simple de trouver un contraste dans l'environnement. En revanche, si vous avez le temps de préparer la prise de vue, essayez d'incorporer cette technique. Rappelez-vous toutefois d'exploiter prudemment le contraste. Il est parfois distrayant, en particulier si les éléments fortement contrastés ne constituent pas le point d'intérêt.

PhotoDisc, Inc./Getty Images

Figure 17.5 : Les prises de vue à contraste élevé requièrent de l'attention.

Exploitez les lignes directrices

Les *lignes directrices* sont des lignes présentes dans les éléments réels de l'image ou dans leur composition. Elles dirigent l'œil dans l'image et, si tout va bien, vers le point d'intérêt. Ces lignes ajoutent une dimension, de la profondeur et de la perspective en conduisant l'œil dans la photo :

- Les lignes diagonales sont dynamiques et évoquent le mouvement.
- Les courbes sont gracieuses et harmonieuses.
- Les lignes horizontales sont apaisantes et donnent une sensation d'équilibre.
- Les lignes verticales sont directes et actives.

Les meilleures lignes directrices pénètrent dans l'image à partir de l'angle inférieur gauche. De nombreux éléments fournissent des lignes directrices naturelles, en particulier sur les photos de paysages ou de panoramas comme les routes, les murs, les barrières, les rivières, les ombres, les arcs-en-ciel et les ponts. La photo de la Figure 17.6 de la Grande Muraille de Chine est un exemple de lignes courbes.

Flat Earth

Figure 17.6 : Inutile d'aller jusqu'en Chine pour trouver des lignes directrices, même s'il est difficile de trouver une courbe ininterrompue aussi longue que la Grande Muraille.

Testez les points de vue

Il n'existe guère d'endroits au monde qui soient fascinants photographiés à moins de deux mètres du sol. C'est malheureusement le point de vue de la majorité d'entre nous. Tentez de rompre avec cette mode en cherchant un point de vue plus intéressant. Essayez, par exemple, de prendre une photo d'au-dessus du sujet (comme une vue d'oiseau) ou d'en dessous (comme une vue de ver de terre). Un angle différent peut rendre l'image plus intéressante :

- **Les angles inattendus peuvent exagérer la taille du sujet.** Le sujet peut paraître plus grand ou plus petit que la normale, comme le montre la Figure 17.7. Testez des angles extrêmes pour les panoramas, qui ont généralement tendance à être statiques, voire ennuyeux.

- **Changer de point de vue peut changer l'ambiance de l'image.** Si la photo de la Figure 17.7 avait été prise d'un angle frontal, elle aurait été plutôt classique. Prise d'en dessous, en regardant vers le haut, on a exagéré la hauteur et on a créé une composition plus forte et attrayante, donnant l'impression d'un gratte-ciel naturel.

- **Optez pour un contact direct de l'œil lorsque vous photographiez des personnes.** Vous ajouterez ainsi du réalisme et une part d'intimité et de chaleur à la photo. Rappelez-vous cependant que les enfants ne se trouvent pas sur le même niveau que les adultes. Nous les photographions souvent d'en-haut, ce qui les fait paraître plus petits qu'ils ne sont en réalité. Agenouillez-vous ou asseyez-vous sur le sol pour vous mettre à leur niveau. Vous remarquerez également que vous êtes moins gêné par un arrière-plan trop présent et que l'éclairage généré par le flash couvre mieux le visage. Procédez de la même manière pour les animaux de compagnie ou les sujets de petite taille comme les fleurs.

Corbis Digital Stock

Figure 17.7 : Les angles extrêmes peuvent exagérer la taille, rendant la prise de vue plus intéressante.

Exploitez la lumière

Lorsque l'on pense à la lumière en photographie, on se rappelle souvent ces anciennes photographies trop ou pas assez exposées. En matière de lumière, il faut non seulement tenir compte de la quantité adéquate de luminosité, mais également des facteurs suivants :

- La direction de la lumière.
- L'intensité de la lumière.
- La couleur de la lumière.
- La lumière naturelle (extérieur) ou artificielle (intérieur).
- L'utilisation créative de la lumière pour diriger l'œil et créer une ambiance.

Si la lumière n'est pas adaptée à la prise de vue, plusieurs choix sont possibles : se dépêcher et attendre, se déplacer, déplacer le sujet, ajouter de la lumière avec un flash ou diffuser la lumière. Bien entendu, votre choix dépendra des circonstances de la prise de vue et du côté pratique. Voici quelques conseils relatifs à la lumière :

- **Pour un photographe, on profite de la meilleure lumière aux petites heures du matin et en fin d'après-midi.** La lumière est plus chaude et douce et les ombres plus longues et moins nettes.
- **Évitez de faire des portraits à midi.** L'abondance de soleil crée des ombres encombrantes et des yeux plissés. Si vous devez prendre une photo à ce moment-là, servez-vous d'un réflecteur pour bloquer une partie de la lumière du soleil ou remplissez les zones d'ombre. Vous pouvez également faire appel à un canevas (un tissu blanc translucide sur le cadre) pour diffuser la lumière.
- **Les journées nuageuses ou obscures apportent des effets intéressants, surtout aux portraits.** La lumière est douce et diffuse et elle aplanit le visage.
- **Les prises de vue à contre-jour (la lumière se trouve derrière le sujet photographié) donnent parfois des résultats bluffant.** La Figure 17.8 en donne un exemple. Pour voir les détails du sujet, et pas uniquement sa silhouette, servez-vous d'un flash complémentaire pour éclairer les zones d'ombre.
- **Vérifiez que la source de lumière la plus lumineuse n'est pas dirigée directement vers l'objectif.** Vous risquez, en effet, des effets inattendus comme les cercles de lumière.
- **Tenez compte de la couleur de la lumière.** La lumière de midi est blanche, celle d'un coucher de soleil est orange et celle du crépuscule est bleue. La couleur de la lumière réchauffe ou refroidit une photo.
- **Utilisez le flash si nécessaire.** Utilisez un flash si les conditions de lumière le nécessitent. Si le flash intégré à l'appareil ne suffit pas, investissez dans un flash annexe.

Corbis Digital Stock

Figure 17.8 : Un contre-jour apporte parfois des effets saisissants.

- **Soyez créatif.** Recherchez ces compositions uniques créées par l'effet complémentaire des zones d'ombre et de lumière ou celui d'une lumière éclairant un sujet particulier. L'éclairage peut créer ou rompre une ambiance ou une émotion. Pensez à un rayon de lumière traversant un trou dans le toit d'une vieille grange. Même avec le temps le plus moche, il est possible de capturer des images d'une luminosité magnifique. Lorsque les objets sont éclairés, ils semblent chatoyés, comme le montre la Figure 17.9.

Corbis Digital Stock

Figure 17.9 : L'éclairage crée un effet particulier sur les objets les plus simples.

Donnez des directives

Si on lit les magazines qui font paraître les plus belles photos de l'année, il semble que le photographe ait chaque fois réussi à capturer un moment exceptionnel. C'est parfois le cas, mais généralement le photographe organise la prise de vue ou attend la bonne lumière ou le bon moment.

Comme un photographe, n'hésitez pas à mettre votre prise en scène :

- **Donnez des directives, indiquez aux personnes où se placer, comment se placer, etc.** Demandez, par exemple, aux personnes de se toucher, de rapprocher leurs oreilles ou de placer leurs bras les uns autour des autres, comme le montre la Figure 17.10.

IT Stock Free

Figure 17.10 : Donnez des directives aux personnes à photographier tout en cherchant à capturer leur personnalité.

- **Choisissez l'emplacement.**
- **Disposez les personnes à proximité d'accessoires comme une voiture ou un arbre.**
- **Multipliez les poses.** Faites asseoir certaines personnes et placez-en d'autres debout.
- **Si vous devez photographier un grand groupe, des enfants turbulents ou des animaux excités, demandez de l'aide.** Veillez simplement que les sujets photographiés soient attentifs et regardent l'objectif.
- **Essayez de détendre les sujets.** Même si la spontanéité produit de belles images, on obtient également d'excellents résultats avec des sujets qui posent, s'ils apprécient l'expérience.

Tenez compte du mouvement

Lorsqu'un sujet est susceptible de se déplacer, comme une voiture, une personne ou un animal, gardez plus d'espace devant le sujet que derrière lui, comme le montre la Figure 17.11. Dans le cas contraire, l'observateur risque inconsciemment de ressentir un effet de départ ou d'inconfort. Laissez la place à la personne ou à l'objet de bouger dans le cadre. De même, si une personne observe un panorama, incluez ce dernier dans le cadre pour donner un point de vue et un contexte à la scène.

Brand X Pictures

Figure 17.11 : Laissez toujours à votre sujet la place de bouger dans le cadre.

18

Dix autres idées de projet

Dans ce chapitre :

- Décorez l'écran de l'ordinateur.
- Annonces publicitaires et ventes aux enchères en ligne.
- Parez des vêtements.
- Créez des posters.
- Créez un inventaire domestique ou une documentation.
- Illustrez des comptes rendus scolaires.

Bien, vous avez publié toutes vos photos de vacances dans une galerie en ligne et créé suffisamment d'albums photos, de diaporamas, de folioscopes et de cartes de vœux pour satisfaire votre famille et vos amis durant des mois. Il semblerait donc que vous soyez prêt à vous attaquer à d'autres projets. Dans ce chapitre, vous trouverez des idées pour exploiter votre collection d'images numériques. Ce chapitre ne fait qu'effleurer la surface. Avec un peu d'imagination, avant de vous en rendre compte, plus rien dans votre vie ne sera dénué de photos.

Papier peint et écran de veille

Si vous appréciez une image au point de passer votre temps devant l'écran, pourquoi ne pas l'utiliser comme arrière-plan de l'ordinateur, autrement dit comme papier peint ? Si vous n'arrivez pas à choisir votre image préférée, assemblez-en plusieurs pour créer un écran de veille.

N'OUBLIEZ PAS

Préférez un arrière-plan gris neutre. Toutefois, dans la mesure où le fond d'écran n'est pas visible tant que vous effectuez des corrections de couleurs, n'hésitez pas à orner le bureau de votre photo préférée. Voici comment transformer une photo en papier peint :

1. **Ouvrez l'Organiseur et sélectionnez les fichiers à utiliser.**
2. **Choisissez Édition/Définir comme papier peint du bureau.**

C'est tout ! Votre photo a été transformée en papier peint.

Si vous disposez de plusieurs photos, vous pouvez créer un écran de veille. Procédez comme suit :

1. **Sélectionnez les photos dans l'Organiseur.**
2. **Choisissez Fichier/Exporter en tant que nouveau(x) fichier(s). Dans la boîte de dialogue Exportation de nouveaux fichiers, choisissez le type de fichier JPEG.**
3. **Sélectionnez la taille de photo et la qualité.**

   Nous vous recommandons une taille correspondant à la résolution du moniteur. Choisissez une qualité maximale de 12.

4. **Cliquez le bouton Parcourir.**
5. **Cliquez le bouton Créer un nouveau dossier, enregistrez les photos JPEG dans ce dossier, et donnez un nom descriptif à ce dernier comme Écran de veille. Cliquez OK.**
6. **Choisissez d'utiliser les Noms originaux ou un Nom de base commun comme écran 1, écran 2, etc.**
7. **Cliquez Exportation.**

   Si tout va bien, Elements vous informe que la commande a été exécutée.

8. **Cliquez OK.**

9. **Dans Windows Vista, choisissez Démarrer/Panneau de configuration.**

10. **Cliquez Apparence et personnalisation puis, sous Personnalisation, cliquez Modifier l'écran de veille.**

11. **Dans la liste déroulante Écran de veille de la boîte de dialogue du même nom, choisissez Photos. Cliquez Paramètres.**

12. **Dans la boîte de dialogue Paramètres de l'écran de veille, cliquez le bouton Parcourir de la section Utiliser les images et les vidéos. Localisez le dossier qui contient les images.**

13. **Cliquez OK et Enregistrer.**

14. **Précisez les autres options comme le délai, les paramètres d'alimentation, etc.**

15. **Cliquez Appliquer et OK pour fermer la fenêtre. Fermez le Panneau de configuration.**

Prospectus, annonces publicitaires et ventes aux enchères en ligne

Tout le monde sait qu'une image vaut mille mots. Que vous vendiez des chiots ou prépariez une grande fête, en ajoutant une photo à votre prospectus, votre message aura plus de chance de passer.

Voici une procédure pour créer rapidement une annonce publicitaire ou un prospectus :

1. **Dans l'Éditeur, en mode Retouche standard, choisissez Fichier/Nouveau/Fichier vide.**

2. **Dans la boîte de dialogue Nouveau, tapez les spécifications du document et cliquez OK.**

   Il est possible de choisir une taille prédéfinie, comme papier A4, dans le menu déroulant Paramètre prédéfini.

Nous vous recommandons de saisir les dimensions et la résolution définitives de la sortie prévue. Pour imprimer votre annonce publicitaire ou votre prospectus sur l'imprimante de bureau ou dans un service d'impression, optez de préférence pour une résolution de 300 pixels par pouce (ppp). Pour de plus amples informations sur la résolution et la taille des images, consultez le Chapitre 3. Conservez le mode colorimétrique Couleur RVB et le Contenu de l'arrière-plan Blanc.

Pour remplir l'arrière-plan avec une couleur, comme nous l'avons fait dans la Figure 18.1, choisissez Édition/Remplir le calque et activez Couleur arrière-plan dans le menu déroulant Avec. Choisissez la couleur dans le Sélecteur de couleur et cliquez OK.

3. **Ouvrez les photos et faites-les glisser avec l'outil Déplacement. Choisissez Fenêtre/Images/Cascade pour visualiser simultanément toutes les photos.**

   Chaque image est automatiquement placée sur un calque distinct. Pour de plus amples informations sur les calques, reportez-vous au Chapitre 8. Si vous souhaitez n'utiliser qu'une partie de l'image, comme nous l'avons fait dans la Figure 18.1, servez-vous de votre méthode de sélection favorite pour découper l'élément. Pour de plus amples informations sur les sélections, reportez-vous au Chapitre 7.

4. **Sélectionnez l'outil Texte, cliquez le calque, ajoutez le texte et positionnez-le avec l'outil Déplacement.**

   Le texte s'insère également sur son propre calque.

PhotoDisc, Inc./Getty Images

Figure 18.1 : Créez rapidement des annonces publicitaires et des prospectus.

5. **Lorsque vous avez terminé, choisissez Fichier/Enregistrer.**

6. **Nommez votre fichier. Dans la liste déroulante Format, choisissez Photoshop (.PSD) et vérifiez que les cases Calques et Couleur sont cochées.**

   Si vous prévoyez d'amener le document à un service d'impression, enregistrez le document au format Photoshop (.pdf). Ainsi, vous n'aurez pas à vous soucier des polices et problèmes de compatibilité ou de mise en page.

7. **Si vous voulez enregistrer une copie de l'annonce ou du prospectus dans l'Organiseur, cochez la case Enregistrer dans l'Organiseur. Cochez aussi les cases Calques, Profil ICC et Extension de fichier en minuscules avant de cliquer Enregistrer.**

TRUC

Si vous préparez des photos pour un site de vente aux enchères en ligne, choisissez une résolution d'image basse, comme 72 ppp et une échelle de 100 %. Enregistrez le fichier au format JPEG pour en réduire la taille tout en préservant les couleurs. Vérifiez également les spécifications relatives aux images publiées sur le site de vente en ligne.

Vêtements, casquettes et autres

De nombreux services de copie, magasins de détail et sites Web proposent d'ajouter des photos aux T-shirts, casquettes, sacs, cravates et autres éléments vestimentaires. Il est cependant simple, et moins coûteux, de réaliser l'opération soi-même.

Achetez des T-shirts, tabliers ou sacs unis, puis faites l'acquisition d'un papier-transfert chez un vendeur de matériel de bureau ou d'informatique. Imprimez les photos sur le papier-transfert (n'oubliez pas de pivoter les images horizontalement d'abord) et servez-vous d'un fer à repasser pour les imprimer sur le tissu.

Posters

Pour des événements spéciaux, des annonces importantes ou simplement des photos de famille, demandez à votre service d'impression ou de copie d'imprimer des posters ou des tirages grande taille. Adressez-vous à votre service d'impression pour connaître la manière exacte de préparer le fichier. Voici quelques questions à poser :

- Quel format de fichier et quelle résolution faut-il choisir ?
- Quelles sont les tailles d'impression proposées ?
- Proposez-vous des services de montage ? Outre les impressions de grande taille, de nombreux services d'impression montent les tirages sur des supports spéciaux comme des toiles. Ces services proposent aussi parfois d'appliquer un film sur les tirages pour les protéger des rayures et des UV.

Inventaires domestiques et professionnels

N'attendez pas une catastrophe naturelle ou un vol pour préparer l'inventaire de vos possessions domestiques ou professionnelles. Prenez votre appareil photo numérique et photographiez vos biens. Double-cliquez une image sélectionnée et ajoutez du texte pour décrire les éléments dans la section légende de l'Organiseur. Vous pouvez aussi choisir Édition/Ajouter une légende. Incluez le fabricant, la marque, la date d'achat et la valeur en euros de chaque pièce.

Créez ensuite un document PDF à partir des différents fichiers en créant un diaporama (voir Figure 18.2). Cliquez le bouton Créer, dans l'angle supérieur droit de la fenêtre de l'application. Cliquez le bouton Diaporama. Définissez les préférences du diaporama et cliquez OK. Dans la boîte de dialogue Éditeur de diaporama, cliquez Sortie. Dans la boîte de dialogue Sortie diaporama, sélectionnez Enregistrer le fichier sous (à gauche) et sélectionnez Fichier PDF. Sélectionnez la Taille de diapo (nous vous recommandons la taille la plus

PhotoSpin

Figure 18.2 : Créez un inventaire de vos biens.

grande pour les inventaires) et cliquez OK. Dans la boîte de dialogue Enregistrer le diaporama au format PDF, nommez le fichier, localisez l'emplacement de sauvegarde et cliquez Enregistrer.

Lorsque le fichier PDF est créé, vous pouvez le télécharger sur un site de stockage en ligne ou graver un CD/DVD et le placer hors site, par exemple dans un coffre ou tout autre endroit sécurisé. En cas de besoin, votre agent d'assurance pourra visionner le fichier PDF avec le logiciel gratuit Adobe Reader. Pour de plus amples informations sur la création de diaporamas et l'écriture sur CD et DVD, reportez-vous au Chapitre 15.

Documentation

Rien n'illustre mieux un processus que des images. Un texte, parlé ou écrit, a toujours plus d'impact lorsqu'il s'accompagne d'images. Servez-vous des photos pour documenter vos projets comme des travaux pour modifier votre maison, la construction d'un meuble, les maquettes, la cuisine, etc. Prenez des photos de chaque phase. Si vous participez à une formation ou un atelier et que l'instructeur le permet, emmenez l'appareil photo en classe. Documentez les différentes positions ou étapes de votre groupe de yoga, poterie ou jardinage pour votre entraînement futur ou pour pouvoir recommencer plus tard, voire l'enseigner à d'autres.

Importez les photos dans l'Organiseur et créez des notes pour chaque phase du projet dans la zone de légende. Vous pouvez aussi faire appel à l'outil Texte pour créer le texte associé à l'image. Sortez les images sur un fichier PDF (décrit dans la précédente section), comme le montre la Figure 18.3.

Vous luttez contre la disparition des forêts ? Pas de souci. Inutile d'imprimer chacun de vos projets. Chaque fichier peut être conservé sous forme numérique et envoyé par courrier électronique à d'autres utilisateurs. Reportez-vous au Chapitre 16 pour plus d'informations sur le partage des fichiers.

PhotoDisc, Inc./Getty Images

Figure 18.3 : Documentez vos projets pour les recréer plus facilement ultérieurement.

Rapports et projets scolaires

Rien n'anime davantage un compte rendu que quelques photos. Vous faites un rapport sur la botanique ? Incluez quelques gros plans de fleurs accompagnés de légendes sur les différentes parties qui les composent. Vous devez rendre un devoir sur les habitudes des lémuriens de Madagascar ? Aventurez-vous dans le zoo local et prenez quelques clichés. Créez un simple collage des lémuriens en train de manger, de dormir et de faire toutes ces choses que font les lémuriens. Servez-vous de la commande Collage Photo du volet Créer (pour plus d'informations, reportez-vous au Chapitre 16). Vous pouvez aussi créer votre propre collage en faisant des sélections dans l'Éditeur (voir Chapitre 7) avant de les faire glisser sur une toile vide. En fait, l'acquisition d'un appareil photo de base pour vos enfants pourrait augmenter leur enthousiasme pour les devoirs.

Ce n'est pas tout

Voici quelques autres idées intéressantes : des invitations amusantes à un dîner, des cartes de visite professionnelles (si vous n'avez besoin que d'un nombre limité de cartes), des enveloppes cadeaux ou des étiquettes de boîtes de rangement avec photo du contenu. Les possibilités sont infinies.

Index

D

F

J

L

M

Q

R

S

"Et si on essayait de mettre un filtre
Ondulation sur des photos de nous ? Peut-être
qu'on aurait des têtes marrantes !"

"J'ai l'impression que vous n'avez pas tous compris que ce cours sur les masques était en rapport avec Photoshop Elements."